子藏

法家部

慎子卷

附申子

1

華東師範大學「子藏」編纂中心編

總編纂 方勇

副總編纂 吳平

國家圖書館出版社

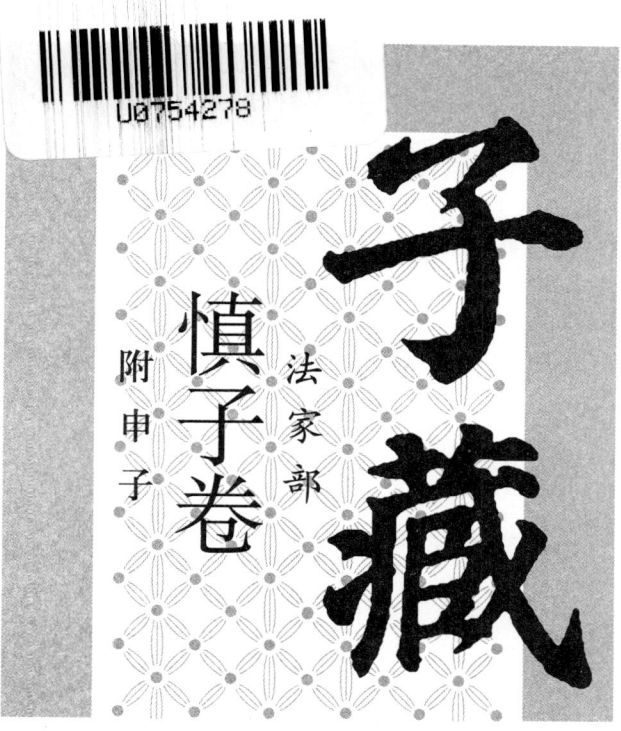

圖書在版編目(CIP)數據

子藏・法家部・慎子卷(附申子)(全二册)/方勇編纂. —北京:國家圖書館出版社,2015.7

ISBN 978-7-5013-5600-3

Ⅰ.①子…　Ⅱ.①方…　Ⅲ.①先秦哲學—研究 ②《慎子》—研究　Ⅳ.①B220.5 ②B226.55

中國版本圖書館 CIP 數據核字(2015)第 103244 號

書　　名	子藏・法家部・慎子卷(附申子)(全二册)
著　　者	方　勇　編纂
責任編輯	張愛芳
助理編輯	黄　静
封面設計	敬人書籍設計工作室 吕敬人+吕旻
出　　版	國家圖書館出版社(100034　北京市西城區文津街7號) (原書目文獻出版社　北京圖書館出版社)
發　　行	010-66114536　66126153　66151313　66175620 66121706(傳真)　66126156(門市部)
E-mail	btsfxb@nlc.gov.cn(郵購)
Website	www.nlcpress.com→投稿中心
經　　銷	新華書店
印　　装	北京華藝齋古籍印務有限責任公司
版　　次	2015年7月第1版　2015年7月第1次印刷
開　　本	787×1092(毫米)　1/16
印　　張	79.5
書　　號	ISBN 978-7-5013-5600-3
定　　價	1300.00圓

子　藏

《子藏》總序

方勇

宇宙綿邈，唶高才之陵替；時世移易，惟百家之代興。信乎諸子之爲顯學也！方今海內右文圖治，操觚懷鉛之士，希風前秀，争崇國學，穿穴百氏，出入九流，不惟後生小子，皆翕然從風，抑或百工商賈，亦欣然景慕矣。乃華東師範大學，敢以振興文教自任，啓動《子藏》工程，搜天下之遺籍，極百家之大觀，其霑溉子學，嘉惠來兹，蔑以加矣。今值是書成編，揆以古例，用製序文，以弁簡端云爾。

昔周道既微，諸侯放恣，上下失序，九流並作。孔丘祖述堯舜，憲章文武，修《春秋》，闢私學，裒其遺言，是爲《論語》。孟軻聞其風，慕而悦之，私淑有得，斯有《孟子》。老聃絶聖棄智，絶仁棄義，知雄守雌，知白守辱，因有《老子》。莊周以虚遠之説，恣縱之言，巵之寓之，重之覆之，遂成《莊子》。墨翟用夏政，倡兼愛，崇節儉，而《墨子》出焉。荀況尊孔氏之學，採衆家之長，而《荀子》備焉。若斯之儔，後先接踵，皆英才特達，奮其智慮，騰口舌以競辯，著文章以立説，乃中土學術之源頭，華夏文化之瑰寶也。

逮嬴政即位，滅典禁學，惟韓非、李斯，相繼鳴高，而百家競唱，頓失聲響。漢承秦政，亦鄙文事，然經世致用之學，廷議對策之文，實因君主望治，固已應運而生。若賈誼《過秦》《治安》，晁錯《賢良》《貴粟》，不讓戰國之縱横；陸賈《新語》、賈氏《新書》，比美諸子之盛藻。方是時也，文帝、竇后，推尊黄老，風被草上，士臣效焉。淮南劉安，廣致門客，纂成《鴻烈》，思以『統天下，理萬物』（《淮南子·要略》），旨近老莊，而博採孔、墨、陰陽、申、韓，黄老之學，至此而集大成。洎漢武改運，一尊儒術，諸家之説，悉摒弗用。迨元、成以還，揚雄著《法言》，王充成《論衡》，發論煌煌，復振子學。漢季士尚横議，王符作《潛夫》，荀悦張《申鑒》，踵武前修，經綸天下，無愧百家。諸子於是乎騰聲，著述以此而增價。

爰及魏晉，士習荀安，虚慕玄遠，爲學空追柱下，博物不離七篇。何晏、王弼之倫，依傍老聃，啓玄風之溟溟；嵇康、阮籍之儔，寄情莊周，避世情之炎炎。向秀、郭象之輩，雖乏奇藻，惟雅尚《莊子》，自有會心；司馬、崔譔之徒，咸有根柢，訓詁《莊》書，類多可述。凡此皆道家之餘響，俗世之殊韻也。嗣後南北懸隔，王道淪失，百家之書，學者未遑，非力有不逮，實世風之日替。然中流有在，綿綿若存，若葛洪《抱朴》，意新辭茂；元帝《金樓》、之推《家訓》、佚名《劉子》，皆識見非凡，不讓前秀。

李唐尊佛老，崇釋道，收士人之心，廣開科第，《老》《莊》《列》《文》，並駕六經，治子之風日盛，注述彬彬而出。然此爲梯進之媒，實非中心好之，固與魏晉玄士有間矣。趙宋謀國，權術是依，承安三教，意非進取。太宗、徽宗，寄心道流，而名士荆公、子瞻之倫，皆助瀾推波。是以老莊復興，闡述者衆，若陳景元、呂惠卿、王元澤、林希逸、褚伯秀，咸有可述。然正議格辯，亦復高漲。呂公著上書請禁，以爲：『主司不得出題老、莊書，舉子不得以申、韓、佛書爲學。』（《宋史·呂公著傳》）葉適則謂：『蓋周之書，大用於世者再，其極皆爲夷狄亂華、父子相夷之禍，然則楊、墨、申、韓之害，曾不若是之遠已！』（《水心先生別集·莊子》）固知老、莊、楊、墨、申、韓之跡未替，與儒學並世而異流矣。

明正德以還，王守仁高張宗旨，與朱子殊科。其後天下從風，若楊慎、焦竑、李贄、方以智者，天資既非尋常比，而筆底風雲，或以佛老通義理，或由莊周自照心，老莊浸盛，一時沛然不可禦者矣。而傅山力倡『經子不分』（《雜記三》），以爲『有子而後有作經者也』（同上），持論高曠，足以動俗。其於《老子》《莊子》《列子》《管子》《墨子》

《公孫》《鄧析》《荀子》《鬼谷》《亢倉》《尹文》《鶡冠》《商君》《淮南》，靡所不究，豈非近代子學之先聲耶！

清帝右文，但嚴於防備，爲政多忌，禁網重羅。故士憚不意之殃，下筆謹慎若寒蟬，放言之未敢，豈高論之煌煌！全身之計，惟耽樸學，此不得不然。高士若盧文弨、王念孫、洪頤煊、俞樾之儔，姚文田、江有誥、馬國翰、孫馮翼之輩，皆智在上人，學通四部，咸矻矻於辨音，肆意於考訂，孜孜於鉤韻，窮年於輯佚，無分經、子之畛域，一視而同仁。子學駸駸，同並經史，樸學實與有力焉。至於辭章之士，貝錦於百家，妙析文理，翫之不已。若林雲銘、宣穎、胡文英、劉鳳苞皆其儔也。清社既屋，政體更易，國運殊艱，禁網難張，兼以西學東漸，觀念開放，論述恣縱，横議隨心，亦勢所必然。如章炳麟、劉師培、聞一多、錢穆、馮友蘭、于省吾、王叔岷、陳奇猷諸公，或以其襟抱之寬博、氣度之恢奇，或以其視界之宏遠、思維之深邃，奮書申志，遥接華夏學術之慧命；鋪議精義，大明九流乎西學湯湯之時；提振子學，百家之説洋洋乎大興，厥功偉矣。

清季新學肇興，民智大張，承學之士，皆思撰述，或倡『西學源於諸子』之論，務欲張揚國粹。鄒伯奇以泰西科技、宗教、文字濫觴於《墨子》，薛福成以西洋電學、化學權輿於《莊子・外物》，張自牧以西人算學、重學、數學、聲學、熱學、光學、電學、化學、醫學、天文學、氣象學、地理學、機械學、測量學、植物學出自《墨子》《關尹》《淮南》《亢倉》《論衡》。鄧實《古學復興論》則謂：『墨荀之名學，管商之法學，老莊之神學，計然、白圭之計學，扁鵲之醫學，孫吳之兵學，皆卓然自成一家言，可與西土哲儒並駕齊驅者也。』如斯之類，皆有激於時，持論雖偏，無補於學術，然推挹九流，用昭萬邦，用心可謂良苦矣。

百年以來，地不愛寶，逸文故書，時有出土，關乎諸子者，在在而有。若敦煌之《老》《列》《莊》，黑水城之呂惠卿《莊子義》，馬王堆之《老子》，定州之《文子》，銀雀山之《孫子》《孫臏》《六韜》《尉繚》，雖殘損不完，亦可補上古文獻之不足，訂傳世文書之訛誤，其爲用也亦大矣。

觀夫百家競聲，流溉無已，至於近世，新境別開，動人心魄。其形諸文字，足以充棟，於六藝以外，蔚爲大國，而於中土文化，影響至鉅，且至深也。歷世通才碩學，或嗜古耽文者，豈能自外於此乎？

昔者莊周，慨百家衆技之蜂起，憫道術將爲天下裂，乃奮著《天下》之篇，放眼古今學問，歷敘其淵源之所自，風流之所及，舉凡墨翟、禽滑釐派，宋鈃、尹文派，彭蒙、田駢、慎到派，關尹、老聃派，莊周派，惠施、桓團、公孫龍派，靡不較論，褒貶偏至，歸宿大道。評較諸子，此爲濫觴。荀況明道，著爲《解蔽》，深譏諸子之偏弊，以爲『墨子蔽於用而不知文，宋子蔽於欲而不知得，慎子蔽於法而不知賢，申子蔽於勢而不知知，惠子蔽於辭而不知實，莊子蔽於天而不知人』，雖見機穎，未必服人；復爲《非十二子》之論，大類訶詈，皆有所激，難稱持平。惟其評騭諸子，流别部居，區分學派，若它囂、魏牟派，陳仲、史鰌派，墨翟、宋鈃派，慎到、田駢派，惠施、鄧析派，子思、孟軻派，仲尼、子弓派，臚陳列示，類多可徵，振響莊周之後，宜乎與《天下》並傳。其門人韓非，著《解老》《喻老》，融法入老，變混宗旨，曲柱下以非其義，意未深接，難免有狂躁之譏。然治老之作，實導乎此也。

炎漢司馬談，著爲《要指》，範圍學藝之名實，綜陰陽、儒、墨、名、法、道德六家，司判得失，先秦學術，大體粗定。劉歆復撰《七略》，增益縱横、農、雜、小説，定爲十家。此百氏分合之歸宿，家數定稱之厥初也。班固《藝文志》深探本源，論定諸子皆起於『王官』，曲承莊周《天下》『古之道術有在於是者』之論緒，觀流索源，惟義説爛漫而無可徵信。然於儒術得令之際，敢次列儒家於諸子之間，足見學術公論，不爲利禄所淹殺也。孟堅詮敘諸家，雖辟猶水火，然相滅亦相生，誠見理識。至於書録，儒家五十三，道家三十七，陰陽家二十一，法家十，名家七，墨家六，縱横家十二，雜家二十，農家九，小説家十五，統四千三百二十有四篇。十家著述載録，蓋云備矣。百世之下，班《志》所述，稽古猶須賴焉。

典午以後，簿録雲構，鄭默《中經》、荀勗《新簿》、王儉《七志》、阮孝緒《七録》、劉遵《梁東宮四部目録》，多承前志，别類各殊，然大勢所趨，則合爲四部，所謂甲、乙、丙、丁是也。迨《隋志》修纂，參酌先例，定名經、史、子、集，以代甲、乙、丙、丁，後世式焉。其子部則併班《志》諸子略、兵書略、術數略、方技略，所謂儒、道、法、名、墨、縱横、雜、農、小説、兵、天文、曆數、五行、醫方諸類是也。爾後簿録相承，遞爲損益，見備《四庫》，若儒家、兵家、法家、農家、醫家、天文演算法、術數、藝術、譜録、雜家、類書、小説家、釋家、道家咸歸子部，所謂『自六經以外立説者，皆子書也』（《四庫全書總目·子部總敘》）。

六朝以還，道術承變，頗思頡頏儒釋；羽流不甘，亦廣訪祕典，博搜奇編，彙爲道經。始則劉宋陸修静，總括三洞，校理目次，成《三洞經書目録》。唐人復輯《三洞瓊綱》，遞至趙宋，《寶文統録》《大宋天宫寶藏》《政和萬壽道藏》之集，煌煌矣。金、元刊刻，板亦漫滅。今存明正統《道藏》，收録凡五千三百零五卷；萬曆《續道藏》，凡一百八十卷，皆道典之總彙。清彭定求《道藏輯要》、閔一得《道藏續編》，近世守一子《道藏精華録》，續有增補。而諸子遺編，其涉道術者亦録其中，文獻有存，則『藏』之爲用亦大矣。

宋龔士高始輯《五子纂圖互注》，所録五書，一曰《纂圖互注老子章句》，二曰《纂圖互注南華真經》，三曰《纂圖互注荀子》，四曰《纂圖互注揚子法言》，五曰《纂圖互注文中子》。後此以往，叢刻疊見。明李瀚《新刊五子書》、歐陽清《五子書》、張懋寀《楊升庵先生評注先秦五子全書》、許宗魯《六子書》、顧春《六子書》、陶原烺《六子全書》、謝汝韶《二十家子書》、陸明揚《紫薇堂四子》、吳勉學《二十子全書》、史起欽《諸子纂要》、董逢元《四子全書》、陳楠《四子書》、黄之寀《二十子》、張登雲《中立四子集》、閔齊伋《三子合刊》，皆明人標榜家數之遺風；復有周子義《子彙》、馮夢禎《先秦諸子合編》、方疑《且且庵初箋十六子》、佚名《合諸名家批點諸子全書》、汪定國《諸子裒異》、歸有光《諸子彙函》，清有吳鼒《韓晏合編》、王子興《十子全書》、王纕堂《廿二子全書》、馮雲鵷《聖門十六子書》、崇文書局《子書百家》、浙江書局《二十二子》、鴻文書局《二十五子彙函》、育文書局《子書二十八種》，民國有五鳳樓主人《子書四十八種》、陳乃乾《周秦諸子斠注十種》、國學整理社《諸子集成》，則學術爲宗，入門稱便。若斯之類，陳陳相因，或採擇未精，或板刻漫漶，然其別裁分體，或配隸自殊，或槖函衆家，或籠罩百氏，不惟惠及學人，即今從事編纂，亦可酌採其法，漁弋其所録之文也。

縱覽千祀，詳觀衆志，目録所載，子部所列，不啻充棟汗牛，抑亦塞乎區宇矣。然歷世編録，子部所收，端緒茫如，最稱龐雜，舉凡凌雜不倫，無可附麗者，皆可强入之，不足以爲準式。且儒者用心，排斥異端，官方纂輯，六藝爲先，子書非所矚目也。若《四庫》標榜『全書』，所收《管子》《晏子》《老子》《莊子》《墨子》《商君》《荀子》《韓子》《吕覽》《淮南》白文本，與乎相關研治之著作，僅得數十。宋明以還，雖好事者恒有，動輒災梨禍棗，刊爲子書叢編，亦不過攫要摘精，豈可窺其大全乎！兩岸隔絶之日，臺灣有嚴靈峰者，用展襟抱，旁搜廣輯，日有孜孜，於《老》《列》《莊》《墨》《荀》《韓》諸子，所得甚夥，影印成編，彙爲《無求備齋諸子集成》，功駕前人之上。然嚴公以一己之力，雖黽勉從事，蓋有不支焉。且以一水相隔，子學卷帙所儲，實以大陸爲富，而得之爲難，豈可諧其夙願！又爲技術所限，所印六子集成，模糊不清者，蓋居其泰半，學人多病之，可爲歎息者也。

今海内昇平，文運昭回，凡志懷天下者，莫不欲高翥青冥，周覽八極，收古今政道人生之智慧，綜歷代成敗得失之經驗，鑒别中西學藝，重建强國話語，亟思奮勵，所以修齊而治平也。華東師範大學，用敢以振興文命自任，以副天下之望，遂勉先秦諸子研究中心垂意，廣徵高識學人，搜四方遺文，綜百家大觀，嘉惠學人，貽功來葉。予雖不敏，豈敢不勉！先是創辦《諸子學刊》，用弘斯業；繼而編纂《子藏》，求全且精，庶或無愧於古人，而來葉知所歸。年前春三月，禮邀宿儒碩學，共論滬上。大德如傅璇琮、卿希泰、陳鼓應、許抗生、陸永品、王水照、蕭漢明、張雙棣、趙逵夫、鄭傑文、張湧泉、廖名春諸先生，皆慷慨相持，莫不奮言，學人共識，皆融此際。未克與會之李學勤先生，欣然惠賜雅論，亦云：『如能彙集成爲《子藏》，實在是功莫大焉。』是知編纂《子藏》，乃人心之所向，爲時代之事業，以故當下起行，一往無前也。

夫『子藏』者，言網羅放佚，次第編摩，俾子學遺籍，盡彙一藏也。『藏』爲儲物之所，佛典之總謂《佛藏》，道經之彙稱《道藏》。今總彙子學遺編，則謂之《子藏》也。蓋漢孝武以還，儒術獨尊，莫與比盛，公私册府，皆庋藏其籍，而他家子書，則多散佚，難以尋覓，故採掇搜羅，彙爲一藏，與天下共之，其嘉惠學林也甚溥矣哉！

劉勰云：『諸子者，入道見志之書。』（《文心雕龍·諸子》）誠哉斯言！然披觀志録，子部配隸，殊有可議。如《漢志》所列『農家』，多勸農桑，或言耕稼之書；『小説家』則有《周考》二十六篇，班固自注曰『考周事也』，亦非『入道見志』之書明矣。《隋志》合《漢志》諸子略、兵書略、術數略、方技略而爲『子部』，歸攝天文、曆數、五行、醫方，此皆方術，殊非見志。《四庫》『子部』，旨在兼包，採擇失統，諸如推步、算書、數學、占候、相宅相墓、占卜、命書相書、陰陽五行、雜技術、書畫、琴譜、篆刻、器物、食譜、雜學、雜考、雜説、雜品、雜纂、雜編、雜事、異聞、瑣語，無所不包，門類有失於冗雜。然沿用已久，積非成是，見諸《中國叢書綜録》。準是以求，則津逮多迷，雜學充斥，而子學『入道見志』之旨，益惑於簿録。今之治子學者，若尤而效之，援爲法戒，則必長見笑於大方之家矣。

若乃觀諸叢刻，宋明以降，『子學』固與『子部』别矣。其中尚見疑似者，如王纕堂《廿二子全書》録《古三墳》一卷、《忠經》一卷、《農説》一卷、《佛説四十二章經》一卷、《葬經》一卷，崇文書局《子書百家》録《齊民要術》十卷、《焦氏易林》四卷、《燕丹子》三卷、《山海經》十八卷、《海内十洲記》一卷、《搜神記》二十卷、《博物志》十卷，浙江書局《二十二子》録《竹書紀年統箋》十二卷、《補注黄帝内經素問》二十四卷，皆非入道之書，亦無關見志。惟嚴靈峰輯《無求備齋諸子集成》，並《周秦漢魏諸子知見書目》，去取之間，頗具識力，足資參詳。

揚搉古今，參稽舊説，折衷群議，雜以私意，輒以爲《子藏》之『子』，當取思想史『諸子百家』之『子』，而非因襲目録學『經、史、子、集』之『子』也。善乎章炳麟《諸子略説》所言：『所謂諸子學者，非專限於周秦，後代諸家，亦得列入，而必以周秦爲主。』持是以求，本藏所録，非止先秦，其漢魏六朝之子書，並歷世學人校覈、注釋、研究專著，皆搜羅盡備。故子書正言，可得而理，曰：《老子》《莊子》《墨子》《子華子》《管子》《鬻子》《晏子》《鄧析子》《文子》《尹文子》《亢桑子》《惠子》《公孫龍子》《曾子》《子思子》《孔子家語》《孔叢子》《商君書》《慎子》《申子》《尸子》《鬼谷子》《孫子》《吳子》《司馬法》《尉繚子》《六韜》《三略》《素書》《關尹子》《鶡冠子》《陰符經》《荀子》《韓非子》《呂氏春秋》《新語》《新書》《淮南子》《春秋繁露》《鹽鐵論》《新序》《法言》《太玄》《桓譚新論》《白虎通》《論衡》《獨斷》《中論》《申鑒》《昌言》《傅子》《抱朴子》《金樓子》《劉子》，流別清晰，皆子學之本體。若以思想史言之，儒術本爲子學，視彼《漢志》，即以《孟子》入諸子。訖乎『五四』，儒學受挫，學者堅稱，《論語》《孟子》，亦莫非子學，故《諸子集成》以置簡首。以彼例此，《子藏》亦當録之，方可名副其實，而此二書，亦體有所適，義有攸歸焉。至於歷世校覈、注釋、研究專著，録止於民國卅八年（一九四九），而出土簡帛，其有關乎諸子者，則下限無隔。

《子藏》之纂，要義有二，一曰『全』，二曰『精』。『全』也者，即凡例合收録原則者，務必搜盡無餘，俾世之治是學者，得盡窺全豹焉。『精』也者，仿《四部叢刊》之法，版本必善，務欲精益求精，庶無貽譏於大方也。故手稿、抄本，搜輯具備，用昭册府；諸印本並存者，則較善甄擇，然後去取焉。明清以還，傳學多有眉批、圈點，皆足見讀者會心，若標點整理，或僅摘版心，縮小影印，則大失原意，此學者之所病也。《子藏》版面，設爲十六開本，原大影印，以存本真，不施點畫，以免重蹈諸叢編之失。全藏收書，約計五千。今視阮孝緒《七録》，析『子兵録』爲十一部，若『儒部』『道部』『法部』『名部』『墨部』『雜部』『兵部』是也；又《道藏》分『洞真』『洞玄』『洞神』『太玄』『太平』『太清』『正乙』諸部，佛藏亦多分部以統衆經。故《子藏》特設諸『部』，以標識各家，分攝衆子，亦利分輯刊行，士林稱便焉。並爲衆著，各製提要，按子系列，先出單行之本（較小系列作適當合併），後則彙爲總目提要。提要其備，務求準確簡要，著者生平、世次、爵里，悉爲臚列，以爲知人論世之資；簡述内容，大體先存焉；詳敘版本流變，讀者知所用力焉。

然則《子藏》之纂，廣搜博採，薈萃群籍，若渤澥納百川之流，太倉聚萬斛之粟，自有子書以來，無有如斯之富有美備，蔚然稱盛，不特册府藉資充盈，用垂久遠，凡四方治子學者，蓋不俟於遐搜之力，患乎旁稽之艱，亦可愜意饜心，足資觀覽矣。惟工程浩大，周折殊多，且是非交至，弗暇接將。然一意學術，雖千萬人，吾往矣。志意既立，則義無反顧；

兼且諸路（涉及文學、史學、哲學、文獻學等）學者之鼎力支持，四方同仁之通力合作，公私庋藏，若中國國家圖書館、中國科學院圖書館、上海圖書館、南京圖書館、北京大學圖書館、復旦大學圖書館、北京師範大學圖書館等，莫不相助，編纂遂稱順利。信乎夫子之言，德不孤，必有鄰也！

辛卯（二〇一一年）仲秋謹撰

前言

崔志博

《子藏·法家部·慎子卷》共收書三十六種，並附《申子》十四種，整合成精裝十六開本兩册予以出版。本卷收録目前所知有關《慎子》輯佚本、節選本、校勘本、批校本、注釋本及相關研究著作等，集《慎子》各種版本及研究文獻之大成。

一

慎子，名到。《史記·孟子荀卿列傳》載：『慎到，趙人。』《漢書·藝文志》稱慎子：『名到，先申、韓，申、韓稱之。』另有趙岐、焦循所持慎子名滑釐，字到之説。《孟子·告子下》載『魯欲使慎子爲將軍』，趙岐注曰：『慎子，善用兵者。』『滑釐，慎子名。』焦循《孟子正義》曰：『釐與來通』，『到與來爲義同』，『慎子名滑釐，字到』。慎滑釐爲魯國善用兵者，史載慎子爲齊稷下游説之士，兩者並非一人。

慎子之生卒年已無從查考。《史記·田敬仲完世家》載：『宣王喜文學游説之士，自如騶衍、淳于髡、田駢、接予、慎到、環淵之徒七十六人，皆賜列第，爲上大夫，不治而議論。』《史記·孟子荀卿列傳》載：『自騶衍與齊之稷下先生，如淳于髡、慎到、環淵、接子、田駢、騶奭之徒，各著書言治亂之事，以干世主，豈可勝道哉？』又據《鹽鐵論·論儒》載，齊湣王時，慎到與接子、田駢、荀卿等一起離開齊國。由此可見，慎子在齊宣王、湣王之世活動較多，其與田駢、接予等人的生活時代相同，均爲戰國中期。宣王公元前三一九年至公元前三〇一年在位，湣王公元前三〇一年到公元前二八四年在位，錢穆《先秦諸子繫年》考訂慎子約生於公元前三五〇年，卒於公元前二七五年，大體可信，今人多採其説。

有關慎子生平事蹟，史料記載甚是有限。《史記》載慎到與田駢、接予等人同在齊國稷下拜上大夫，不治而議論。《戰國策·楚策二》載：『楚襄王爲太子之時，質於齊，懷王薨，太子辭於齊王而歸。齊王隘之，曰：「予我東地五百里，乃歸子；子不予我，不得歸！」太子曰：「臣有傅，請追而問傅。」傅慎子曰：「獻之！地，所以爲身也。愛地不送死父，不義。臣故曰獻之便。」太子入，致命齊王，曰：「敬獻地五百里。」齊王歸楚太子。』此後，又多有襄王求教於慎子的記載。楚太子辭齊歸楚在公元前二九六年，其時慎到尚存，不能排除慎到曾爲楚王太傅的可能。《孟子·告子下》中載慎子在魯欲伐齊國之事，然史料中並無趙人慎子入魯的相關記載，且據孟、慎二人生平推算，孟子若與趙人慎子有交，當在齊國稷下之際，兩者均位列上卿，慎子入魯伐齊幾無可能。《孟子》所載慎子若確有其人，當爲魯國武將，非稷下學士。梁玉繩《漢書人表考》亦曰戰國時慎子有兩人：『《戰國策》有慎子，爲襄王傅；魯亦有慎子，見《孟子》。』明萬曆間，有吳人慎懋賞自認爲慎子後人，編纂《慎子內外篇》，並輯録慎到傳記，曰：『慎到者，趙之邯鄲人也。……到博識彊記，於學無所不究。自孔子之卒，七十子之徒散游列國，或爲卿相，或爲士大夫，故卜子夏館於西河，吳起、段干木、慎到之徒受業於其門，及門弟子者甚衆。慎到與孟軻同時，皆通五經。軻長於《詩》，慎到長於《易》。』（明萬曆七年耕芝館刊本）。慎懋賞所作慎子傳多據古人有關慎子的零星記載演義而來，無文獻可證，難以取信於人。錢穆《先秦諸子繫年》亦稱：『明慎懋賞僞爲《慎子》書，綴其事若較備，然均不足信。』

慎到的學術思想歸屬問題，争議頗多。《莊子・天下》《荀子・天論》《韓非子》等均稱慎子爲道家。《荀子・非十二子》《解蔽》及《呂氏春秋・慎勢》《漢書・藝文志》等皆將慎子歸入法家。《史記・孟子荀卿列傳》載：『慎到，趙人，田駢、接子，齊人。環淵，楚人。皆學黄老道德之術。』以此看來，道家思想是慎到學術思想的重要組成部分，甚至是其學術思想的源頭。《四庫全書總目》評價慎子曰：『今考其書，大旨欲因物理之當然，各定一法而守之，不求於法之外，亦不寬於法之中，則上下相安，可以清浄而治。然法所不行，勢必刑以齊之。道德之爲刑名，此其轉關，所以申、韓多稱之也。』《總目》之言，一語中的，不僅闡申了慎到思想的道家淵源，也説明了慎到思想由道家向法家的『轉關』。郭沫若在《十批判書》中談到：『據這輯本《慎子》來看，差不多全部都是法理論，黄老的氣息比較稀薄，但這一部分的法理論毫無疑問也是道家思想的發展。』誠如郭沫若之言，慎到思想中確有道家成分，但能够確立慎到思想家地位的不是其道家思想，而是其由道家思想衍生創立出的法家理論。

作爲早期法家代表人物，慎到提出的權勢論、法治論、君臣論等思想理論是法家思想的重要源頭之一。慎到認爲在政治統治中，首重權勢。他在《威德》中提出：『賢而屈於不肖者，權輕也；不肖而服於賢者，位尊也。堯爲匹夫，不能治其鄰家；至南面而王，則令行禁止。由此觀之，賢不足以服不肖，而勢位足以屈賢矣。』（《四部叢刊》影印日本天明七年刊《群書治要》本）以權勢論爲基礎，慎子又提出了『立公去私』的法治理論。慎子認爲法治與人治的矛盾實質上是『公』與『私』的矛盾，實行法治就要『官不私親，法不遺愛。上下無事，唯法所在』，這一思想對後世法家有深遠的影響。在君臣論方面，慎子還提出了『立天子以爲天下』『臣事事而君無事』等主張，體現出了鮮明的法家立場。慎子的因循、趣物、崇尚自然等思想也頗具特色，對後世産生了較大的影響。

二

慎子著有《慎子》一書，早佚，今僅存《威德》《因循》《民雜》《德立》《君人》《知忠》《君臣》七篇，另有佚文數十條。《慎子》一書的散佚，與慎子的人生際遇有一定關聯。慎子雖爲稷下先生，但其一生政治建樹不多，其學術也未在當時佔據主流地位。因此，其人其書並未受到當時史家、學人的足够重視，以至於生平記載寥寥，著述散佚零星。

《慎子》一書，各家著録情況不一。《史記・孟子荀卿列傳》稱：『慎到著十二論。』《漢書・藝文志》則著録『《慎子》四十二篇』。《史記集解》引徐廣注曰：『今《慎子》，劉向所定，有四十一篇。』《隋書》《舊唐書》《新唐書》均載『《慎子》十卷，滕輔注』。唐代魏徵等人所編《群書治要》，選録《慎子》七篇，爲《因循》《民雜》《德立》《知忠》《君人》《君臣》等，首篇篇名佚失。然《群書治要》以『採摭群書，剪截淫放』而成書，所選内容不能説明《慎子》的存佚情況。宋代以後文獻著録《慎子》，對其存佚情況有了較爲明確的説明。《宋史・藝文志》載『《慎子》一卷』，鄭樵《通志・藝文略》載：『《慎子》書，舊有十卷四十二篇，今亡九卷三十七篇。』鄭樵所謂《慎子》原有十卷四十二篇乃據《漢書》《隋書》、兩《唐書》而來，『今亡九卷三十七篇』則據宋人所見《慎子》實存篇數而言。由此看來，鄭樵時《慎子》僅存五篇。陳振孫《直齋書録解題》曰：『《唐志》十卷，滕輔注。今麻沙刻本才五篇，固非全書也。……《崇文總目》言三十七篇。』從鄭樵、陳振孫的記述來看，《慎子》流傳至宋代，已有較爲明顯的散佚，由此造成了當時流傳的《慎子》不止一個版本。可知的有三十七篇本和五篇本，而三十七篇本現已散失，僅有五篇本流傳於世。宋王應麟《漢書藝文志考證》曰：『今三十七篇亡，惟有

《威德》《因循》《民雜》《德立》《君人》五篇。』元陶宗儀《説郛》卷四十收《慎子》五篇，明周子義萬曆四至五年刊《子彙》本亦爲五篇，兩者所録篇名與王應麟所記同，則宋以後《慎子》僅餘五篇。清嘉慶二十年，嚴可均以明《子彙》本爲底本，成《慎子》輯本，其書加入了《群書治要》中《知忠》《君臣》兩篇，另將《威德》篇增加了二百五十三字，並附有滕輔注。清光緒十九年，錢熙祚重輯《慎子》，他參照《子彙》本與《群書治要》，進一步充實了《慎子》七篇的内容。七篇之外還附從古籍引述中輯録而出的佚文數十條。自此，《慎子》一書的篇目與内容已基本固定下來。

明代慎懋賞曾輯《慎子内外篇》，内、外篇各一卷。卷前有《慎子序》《慎子傳》等數篇文章，卷後亦附有《傳補》《外篇之音》等篇。從内容上看，慎懋賞所輯内容超出其他殘本很多。但慎懋賞所輯《慎子》，歷代史志均未著録，來源不明。梁啓超《古書真僞及其年代》曰：『近《四部叢刊》有足本《慎子》，係繆荃孫家藏本，説是名人慎懋賞傳下的，顯係慎懋賞僞造，爲同姓人張目。』故《慎子内外篇》，一般被視爲僞作。儘管争議頗多，但作爲一種古籍，必有其可取之處。

今觀《慎子》七篇，除《威德》篇幅較長以外，其餘六篇均較簡短。可見，現存的七篇也未必爲當初原文。《愼子》一書流傳至今，已有兩千餘年，儘管散佚情況嚴重，但其學術價值依然不可抹殺。這些殘存的段落與零星佚文，彌足珍貴，是愼子留給後人一筆寶貴的財富。

三

愼子的學術思想，在先秦時期便受到一定關注。《莊子·天下》曰：『公而不党，易而無私，決然無主，趣物而不兩。……古之道術有在於是者，彭蒙、田駢、愼到聞其風而悦之。』《莊子》之言，較爲客觀地説明了愼子的道家思想淵源，體現了先秦道家對愼子的關注。荀子將愼子視爲法家，並對其予以大力撻伐。《荀子·解蔽》曰：『愼子蔽於法而不知賢，由法謂之，道盡數矣。』《荀子·天論》曰：『愼子有見於後，無見於先。……有後無先，則群衆無門。』荀子對愼子法家思想的排斥與批判，反映出先秦儒家對愼子學説的關注。集先秦法家思想大成的韓非則繼承和發展了愼子的學説，他在《韓非子·難勢》中進一步完善了愼子權勢説，從而實現了『法』『術』『勢』的有機結合，爲法家思想奠定了堅實的理論基礎。《呂氏春秋·慎勢》對慎子的勢治思想也予以了繼承和闡發，體現出了明確的法家立場。慎子以『勢』爲核心的思想對後世法家造成了深遠的影響，以韓非爲代表的先秦法家對慎子的思想更是予以完善並大力發揚。

漢魏六朝時期，關於慎子的研究較少。漢代關注慎子的主要是《史記》和《漢書》。司馬遷在《孟子荀卿列傳》《田敬仲完世家》中將慎子與田駢、環淵等人並舉，並對慎子的思想及著述有簡要介紹。班固則在《漢書·藝文志》中簡要介紹慎子，並著録《慎子》『四十二篇』，後世慎子研究多認可此説。魏晉時期，影響較大的是東晉太學博士滕輔所作《慎子注》十二卷，原書已佚，《群書治要》《意林》《説郛》等有節録，後世所傳《慎子》多附有滕輔注。

隋唐時期，除史書中著録《慎子》外，魏徵等編《群書治要》以滕輔注本爲底本，節録《慎子》七篇，馬總《意林》摘録《慎子》要語十二條，一般視爲滕輔注本的殘卷。現存《慎子》殘卷，對以上兩家多所借鑒，《慎子治要》《慎子要語》也因此成爲《慎子》研究的重要材料。

元明時期，《慎子》研究的主要人物是陶宗儀和慎懋賞。元陶宗儀以滕輔注本爲底本，節抄《慎子》五篇作一卷本《慎子》。又節録《慎子》原文二條，無注，名曰《讀慎子隨識》。兩者均收入陶宗儀《説郛》之中。明代出現了不同版本的《慎子》。慎懋賞僞作《慎子》，分内外篇，並於篇末附直音。另有潛菴子《慎子》一卷，共五篇，收入《子彙》中。歸有光等有《慎子評點》節録《威德》《因循》《德立》三篇並引諸家雜説爲之作評，收入《諸子彙函》内。其他如李元珍《慎子類編》、陳仁錫《慎子奇賞》、李雲翔《慎子拔萃》等，均是以節録慎子原文的形式來精研其説，頗具參考價值。明代《慎子》研究較爲活躍，不僅相關著述增加，且各家對《慎子》的獨立研究也漸次展開，這對《慎子》研究起到了重要推動作用。

清代輯佚之風盛行，《慎子》研究由單純的節録逐漸發展爲輯校、注解，出現了幾部重要的輯校著作。先有張海鵬《校定慎子》一卷。此後出現了兩部經典之作，一部是嚴可均的《輯校慎子》，另一部是錢熙祚的《校定慎子》。這兩部輯校本，將《慎子》散見的材料輯爲一卷，集前人成果之優長，爲慎子研究提供了精要、直接的材料，有較高的學術價值。其他如洪頤煊《慎子叢録》、李寶淦《慎子文粹》等，均着力於校定文字、文義，成就頗高。

民國時期，諸子學開始受到了學界的廣泛關注，慎子研究煥發出了勃勃生機。這一時期

《愼子》研究出現了大量的學術專著，有力地推進了《愼子》研究的歷史進程。主要的成果有繆荃孫的《輯補愼子》、孫毓修的《愼子內篇校文》、錢基博的《愼子校讀記》、方國瑜的《愼懋賞本愼子疏證》、王斯睿的《愼子校正》等。隨着考辨之風的興起，這一時期的學者還對愼子的生平、思想等相關問題予以了深入的考究探析。代表性成果有錢穆《先秦諸子繫年》、梁啓超《先秦學術年表》等著述中的有關研究文字，另有單篇考證文章如羅根澤《愼懋賞本〈愼子〉辨僞》、金德建《〈愼子〉流傳與真僞》、蔡汝堃《〈愼子〉評考》等。民國時期，愼子的生平、學術思想和《愼子》的流傳、版本、真僞等問題均進入到學者的視野之中，《愼子》研究取得了很大的突破。民國時期的《愼子》研究，不僅成果頗豐，而且大多成果具有很高的學術價值，這爲新時期《愼子》研究的全面、深入開展打下了堅實的基礎。

四

申子，名不害。《史記·老子韓非列傳》載：『申不害者，京人也。』張守節《史記正義》云：『京縣故城在鄭州滎陽縣東南二十里，鄭之京邑也。』關於申不害的生年，沒有確切歷史記載。《史記》云其爲『故鄭之賤臣』，故知申不害曾爲鄭國的小吏，鄭國亡於公元前三七五年，則知此時申不害至少已經成年。據此推測，申不害大概生於鄭繻公之末、鄭康公之初。申不害的卒年，據《史記·韓世家》載爲韓昭侯二十二年。然據現代學者錢穆《韓哀侯懿侯昭侯三世名謚年數考》《申不害考》考證，申不害卒年實爲韓昭侯二十六年，即公元前三三六年，今人多從其説。《史記·韓世家》載：『（昭侯）八年，申不害相韓。』然《史記》所記昭侯元年實際誤後四年，故昭侯八年實爲梁惠王十六年，即公元前三五四年。又《戰國策·韓策一》載：『魏之圍邯鄲也，申不害始合於韓王，然未知王之欲也，恐言而未必中於王也。王問申子曰：「吾誰與而可？」對曰：「此安危之要，國家之大事也。臣請深惟而苦思之。」乃微謂趙卓、韓鼂曰：「子皆國之辯士也。夫爲人臣者，言可必用，盡忠而已矣。」二人各進議於王以事，申子微視王之所説，以言於王，王大説之。』魏圍邯鄲在梁惠王十七年（公元前三五三年），此時申不害初爲韓相，《韓策》中所記之事也符合『始合於韓王』的情景。故可確知申不害相韓時在公元前三五四年。申不害自韓昭侯八年（公元前三五四年）拜爲相國，至昭侯二十六年（公元前三三六年）卒於相位，共爲韓相十九年。據《史記·老子韓非列傳》稱申不害爲相期間，韓國『內修政教，外應諸侯』，『終申子之身，國治兵强，無侵韓者』。可見，申不害相韓是頗有成就的。

申子的學術思想，一般認爲是法家，爲法家『術』論的代表人物。《史記·老子韓非列傳》稱申子『學術以干韓昭侯』，又曰：『申子之學，本於黄老而主刑名。』可見，申子之學，淵源於黄老，與慎子相似，均是由道家轉爲法家。申子的學術核心是『術』，術即君主馭臣之術。申子提出君主應修術行道，以無爲來操生殺之柄，唯此纔能課群臣之能。因此，申子亦强調正名。申子曰：『爲人臣者，操契以責其名。名者，天地之綱、聖人之符。張天地之綱，用聖人之符，則萬物之情無所逃之矣。』（《四部叢刊》影印日本天明七年刊《群書治要》本）同時，申子還提出了明法察令的主張。申子曰：『堯之治也，善明法、察令而已。聖君任法而不任智，任數而不任説。黄帝之治天下，置法而不變，使民安樂其法也。』又曰：『君必有明法正義，若懸權衡以稱輕重，所以一群臣也。』（清同治間濟南黄華館刊本，以下所引均出此本）申子以『術』爲核心的學術思想，是法家思想的重要源頭之一，對後世有深遠影響，韓非等後世法家對申子之説借鑒頗多。

申子著有《申子》一書，原書已佚。現存《申子》殘卷均是其他文獻引用的章句片斷，較爲完整的衹有《群書治要》卷三六所引《大體篇》。《申子》成書流傳之時，不斷散佚，各家著録情況也不盡相同。《史記・老子韓非列傳》載：『申子之學，本於黄老而主刑名，著書二篇，號曰《申子》。』《漢書・藝文志》則著録《申子》六篇。南朝裴駰《史記集解》引劉向《别録》曰：『今民間所有上下二篇，中書六篇，皆合二篇，已備，過太史公所記。』由此可見，《申子》在漢代已有不同傳本，至少有兩篇本和六篇本兩種。《隋書・經籍志》載：『梁有《申子》三卷，韓相申不害撰，亡。』唐張守節《史記正義》引阮孝緒《七略》曰：『《申子》，三卷也。』這兩條記載説明，隋唐之後，《申子》的傳本又出現了三卷本。衹是《隋書》中記載的《申子》亡佚一事不實。除《史記正義》外，《舊唐書》《新唐書》中均著録《申子》三卷，另《群書治要》中收録申子《大體篇》，《意林》節録申子言論六條，可見《申子》在唐代尚存。然而宋代文獻中，對《申子》一書的著録已闕而不見。《宋史》《通志》等文獻中，均未著録《申子》，衹有《太平御覽》等文獻中引述了零星的申子之説。元陶宗儀《説郛》亦僅節録《申子》一條，名之曰《讀申子隨識》。可見，南宋之後，《申子》一書大概已散佚。清馬國翰從《韓非子》《呂氏春秋》《藝文類聚》等文獻中輯出《申子》佚文二十四條，收入其《玉函山房輯佚書》中，可惜漏收了《群書治要》中的《申子》佚文。清嚴可均《全上古三代秦漢三國六朝文》亦有《申子》佚文輯録，内容與馬國翰輯本不盡相同，兩者可相互補缺。《申子》一書，流傳不廣，散佚嚴重，後人輯佚的《申子》殘卷，對申子及其思想的傳承有重要意義。

申子是先秦法家的主要代表之一，他的學説在先秦兩漢時期受到了很多關注，批判與贊同兼而有之。荀子曾批評申子曰：『申子蔽於勢而不知知。』（《荀子·解蔽》）韓非則是批判繼承了申子的學術思想，進一步發展了『術』理論。《韓非子·定法》曰：『今申不害言術而公孫鞅爲法。術者，因任而授官，循名而責實。操生殺之柄，課群臣之所能者，此人主之所執也。』司馬遷評價申子曰：『申子卑卑，施之於名實。』（《史記·老子韓非列傳》）《淮南子·泰族訓》曰：『今商鞅之《啓塞》，申子之《三符》，韓非子之《孤憤》，張儀、蘇秦之從衡，皆掇取之權，一切之術也。』除了評價申子的學術以外，申子治韓的功績也是秦漢諸家評論的重要内容。《史記·老子韓非列傳》曰：『終申子之身，國治兵强，無侵韓者。』《論衡·效力》曰：『韓用申不害，行其《三符》，兵不侵境，蓋十五年。不能用之，又不察其書，兵挫軍破，國併於秦。』秦漢以後，申子之學遭到了冷遇。魏晉時期，申子之學也隱而不顯。唐代，申子之學受到了一定的重視，《群書治要》《意林》《藝文類聚》《北堂書抄》等文獻均節録《申子》。宋代，《申子》一書散佚，由宋到明，僅《太平御覽》《説郛》等文獻節録《申子》部分佚文，申子研究再次遭到遇冷。直到清代，輯佚之風的興起爲申子研究帶來了轉機。馬國翰、嚴可均等人均有《申子》輯本，儘管各家所輯内容多寡不一，但《申子》殘卷卻逐漸得到擴充和豐富。這一時期尚有陸心源《讀申子》、李寶淦《申子文粹》等，亦爲申子研究注入了活力。民國時期，考證輯佚仍然是申子研究的主要方向。錢穆《先秦諸子繫年》對申子生平等問題作了深入考證，其他代表著述有張文治《申子治要》、阮廷卓《申子考佚》等。在中國漫長的歷史中，歷代帝王或多或少都曾借鑒過申子之説，然而從學術、思想角度對申子的審視和認知還遠遠不够。新時期申子研究，在深度和廣度上都有待加强。

五

儘管《慎子》並無完書流傳下來，但梳理其數千年流傳過程可以發現，對其輯佚整理者不在少數。《子藏·法家部·慎子卷》共收得《慎子》輯佚及研究著作三十六種，並《申子》十四種。

本着《子藏》編纂『求全且精』的原則，《慎子卷》在注重全的基礎上，選擇校刊精審的本子以便於讀者查閲。如，國家圖書館藏明萬曆三十年緜眇閣刊《先秦諸子合編》本、萬曆四至五年南京國子監刊《子彙》本、明刊《且且庵初箋十六子》本、清嘉慶十四年刊《墨海金壺》本、民國二十五年上海中華書局排印《四部備要》本等，刊印俱佳，且跨越數百年，基本反映出古人對《慎子》的研究及整理過程。

《子藏·法家部·慎子卷》又注重搜集各種選録著作。如唐魏徵《群書治要》節選本、元陶宗儀《説郛》本、明歸有光《諸子彙函》本、明陳仁錫《子品金函》本等，皆在選録之列。這些節選本有的雖僅隻言片語，但也反映出古人對慎子思想的重視。

《子藏·法家部·慎子卷》還收得幾種稿本，均爲《慎子》之研究著作。如上海圖書館藏民國間錢基博油印本《慎子校釋》、南京圖書館藏民國間錢基博油印本《慎子校讀記》，均爲難得之《慎子》研究著作，必將有助於推動《慎子》之研究。

二〇一三年九月

凡例

一、依據《子藏》『求全且精』的原則，《子藏·法家部·慎子卷》收録《慎子》輯佚、校勘、注釋、研究著作（原則上截止到一九四九年），共三十六種，並附《申子》十四種，整合成精裝十六開本兩册影印出版，提要另以單行本出版發行。

二、本卷所收各書，略以著者生年先後爲序。然自晚清以來，出書年代間隔不斷縮小，晚輩所著或在長輩之前，所以於『略以著者生年先後爲序』原則外，亦不乏視實際情況作適當調整者。如錢基博生於一八六七年，劉咸炘生於一八九六年，而錢基博《慎子校讀記》刊印於民國二十年，而劉咸炘《推十書·子疏》則刊於民國十六年，故將劉咸炘置於錢基博之前。

三、每種書原則上收録最初刊印者，但如有後出轉精的刊本，則視具體情況而定。如有刊本與稿本或抄本並傳者，原則上皆予收録，以便讀者窺其全貌。如本卷所收十四種《慎子》傳本中，有嚴可均抄本、繆荃孫抄校本，嚴可均與繆荃孫均爲清代文獻大家，其所校之《慎子》具有非常高的文獻價值，故一併收入。

四、本卷所收著作，原則上都採用原書全稱。如所收僅爲某書一部分，不便於使用原書全稱者，則作適當處理。如明歸有光《諸子彙函》、焦竑等《兩翰林纂解諸子折衷彙錦》、陳繼儒《藝林粹言》、李廷機《鍥九我李先生續選諸子玄言評苑》等均節選《慎子》，本卷依次改稱爲《慎子》《慎子折衷彙錦》《慎子粹言》《慎子玄言評苑》。

總目録

第一册

慎子一卷 （周）慎到撰 明萬曆三十年（1602）緜眇閣刊《先秦諸子合編》本……一
慎子一卷 （周）慎到撰 明萬曆四至五年（1576—1577）南京國子監刊《子彙》本……一一
慎子一卷 （周）慎到撰 （明）馮夢禎校 明萬曆五年（1577）刊《十八子全書》本……二一
慎子一卷 （周）慎到撰 明刊《且且庵初箋十六子》本……三一
慎子一卷 （周）慎到撰 明刊《十二子》本……五三
慎子一卷 （周）慎到撰 清嘉慶十四年（1809）刊《墨海金壺》本……七五

慎子一卷 (周)慎到 撰 (清)嚴可均 批校 勞格 補校
清嘉慶二十年(1815)嚴可均抄本……九三

慎子一卷 (周)慎到 撰
清道光十三年(1833)王氏棠蔭館刊《二十二子全書》本……一一三

慎子一卷附逸文 (周)慎到 撰 (清)錢熙祚 輯逸並校跋 清道光二十四年(1844)金山錢氏依《墨海金壺》版
重編增刊《守山閣叢書》本……一二五

慎子内篇一卷外篇一卷逸文一卷 (周)慎到 撰 (清)繆荃孫 校輯
清繆氏藕香簃手稿本……一五七

慎子一卷 (周)慎到 撰 佚名 批校
清光緒元年(1875)湖北崇文書局刊《子書百家》本……二四三

慎子一卷 (周)慎到 撰
清抄《養素軒叢書》本……二五三

慎子内篇一卷外篇一卷補遺一卷
逸文一卷附内篇校文一卷 (周)慎到 撰 (清)繆荃孙 補遺 孙毓修 校文
民國間上海商務印書館《四部叢刊》影印
江陰繆氏藕香簃寫本……二七七

慎子一卷附逸文一卷 (周)慎到 撰 (清)錢熙祚 校並輯逸文
民國二十五年(1936)上海中華書局排印《四部備要》本……三六三

慎子治要　（唐）魏徵等 節選　民國八年（1919）上海商務印書館《四部叢刊》影印日本天玥七年（1787）刊《群書治要》本……四一五

慎子　（元）陶宗儀 輯　明抄《說郛·讀子隨識》本……四三三

慎子　（元）陶宗儀 輯　張宗祥 重校　民國十六年（1927）上海商務印書館排印《說郛·讀子隨識》本……四三五

慎子　（明）歸有光 輯評　（明）文震孟 參訂　明天啓五年（1625）刊《諸子彙函》本……四三七

慎子折衷彙錦　（明）焦竑 纂注　（明）陳懿典 評閱　明萬曆間金陵少岡三衢書林刊《兩翰林纂解諸子折衷彙錦》本……四四七

慎子粹言　（明）陳繼儒 選　明刊《藝林粹言》本……四五一

慎子玄言評苑　（明）李廷機 選　明刊《鍥九我李先生續選諸子玄言評苑》本……四五三

慎子奇賞一卷　（明）陳仁錫 評選　明天啓六年（1626）刊《諸子奇賞》本……四六一

慎子　（明）陳仁錫 評選　明刊《子品金函》本……四七五

慎子內篇外篇直音　（明）慎懋賞解　明萬曆七年（1579）慎氏耕芝館刊本……四七七

第二册

慎子叢録　（清）洪頤煊撰　清光緒十三年（1887）吴氏醉六堂刊《讀書叢録》本……一
慎子　（清）王仁俊輯　手稿本《玉函山房輯佚書續編·經籍佚文》……五
慎懋賞慎子傳疏證　羅根澤撰　民國二十年（1931）北平中國大學編《國學叢刊》本……二七
慎子文粹　李寶洤撰　民國六年（1917）上海商務印書館排印《諸子文粹》本……四七
評注慎子精華　張諤撰　民國九年（1920）上海子學社排印《評注䖊子精華》本……五三
慎子書　劉咸炘撰　民國十六年（1927）尚友書塾刊《推十書·子疏》本……五五
慎子校釋一卷　廖西平撰　民國十八年（1929）手稿本……六一

慎子治要　張文治撰　民國十九年（1930）上海文明書局排印《諸子治要》本……一五九
慎子校讀記一卷　錢基博撰　民國二十年（1931）油印《名家四子校讀記》本……一六三
慎子校正　王斯睿撰　民國二十四年（1935）上海商務印書館排印本……二四七
慎子通考　張心澂撰　民國二十八年（1939）上海商務印書館排印《僞書通考》本……三二一
慎子集説　蔡汝堃撰　民國二十九年（1940）上海商務印書館排印本……三二五
申子一卷　（周）申不害撰　清同治間濟南黄華館刊本……三七七
申子一卷　（周）申不害撰　清光緒十年（1884）楚南湘遠堂刊本……三八九
申子治要　（唐）魏徵等節選　民國八年（1919）上海商務印書館《四部叢刊》影印日本天明七年（1787）刊《群書治要》本……四〇一
申子　（元）陶宗儀輯　明抄《説郛·讀子隨識》本……四〇七

申子　（元）陶宗儀輯　張宗祥重校　民國十六年（1927）上海商務印書館排印《説郛·讀子隨識》本……四一一
申子　（周）申不害撰　（清）馬國翰輯　清光緒九年（1883）長沙嫏嬛館刊《玉函山房輯佚書》本……四一三
申子　（周）申不害撰　民國間柯昌濟輯本……四二五
申不害相韓　（清）馬驌撰　清康熙九年（1670）刊《繹史》本……四四一
申不害　（清）嚴可均輯　清光緒二十年（1894）刊《全上古三代秦漢三國六朝文》本……四五三
申子　（清）王仁俊輯　手稿本《玉函山房輯佚書續編》……四五九
申子文粹　李寶淦撰　民國六年（1917）上海商務印書館排印《諸子文粹續編》本……四六五
申子治要　張文治撰　民國十九年（1930）上海文明書局排印《諸子治要》本……四六七
申子逸文一卷　王時潤輯　民國四年（1915）宏文圖書社排印《閒雞軒叢書》本……四七一
申不害　劉咸炘撰　民國十六年（1927）尚友書塾刊《推十書·子疏》本……四七九

第一册目録

愼子一卷　（周）愼到撰　明萬曆三十年（1602）緜眇閣刊《先秦諸子合編》本……一
愼子一卷　（周）愼到撰　明萬曆四至五年（1576—1577）南京國子監刊《子彙》本……一一
愼子一卷　（周）愼到撰　（明）馮夢禎校　明萬曆五年（1577）刊《十八子全書》本……二一
愼子一卷　（周）愼到撰　明刊《且且庵初箋十六子》本……三一
愼子一卷　（周）愼到撰　明刊《十二子》本……五三
愼子一卷　（周）愼到撰　清嘉慶十四年（1809）刊《墨海金壺》本……七五
愼子一卷　（周）愼到撰　（清）嚴可均批校　勞格補校　清嘉慶二十年（1815）嚴可均抄本……九三

慎子　（元）陶宗儀 輯　明抄《説郛·讀子隨識》本……四三三
慎子　（元）陶宗儀 輯　張宗祥 重校　民國十六年（1927）上海商務印書館排印《説郛·讀子隨識》本……四三五
慎子　（明）歸有光 輯評　（明）文震孟 參訂　明天啓五年（1625）刊《諸子彙函》本……四三七
慎子折衷彙錦　（明）焦竑 纂注　（明）陳懿典 評閲　明萬曆間金陵少岡三衢書林刊《兩翰林纂解諸子折衷彙錦》本……四四七
慎子粹言　（明）陳繼儒 選　明刊《藝林粹言》本……四五一
慎子玄言評苑　（明）李廷機 選　明刊《鍥九我李先生績選諸子玄言評苑》本……四五三
慎子奇賞一卷　（明）陳仁錫 評選　明天啓六年（1626）刊《諸子奇賞》本……四六一
慎子　（明）陳仁錫 評選　明刊《子品金函》本……四七五
慎子内篇外篇直音　（明）慎懋賞 解　明萬曆七年（1579）慎氏耕芝館刊本……四七七

（周）慎到 撰

慎子一卷

明萬曆三十年（1602）緜眇閣刊《先秦諸子合編》本

愼子

按漢志四十二篇唐志十卷滕輔注今纔五篇非全書也周氏涉筆稱其去繆悠翦削枝葉本道而附於情主法而責於上五篇雖簡約而明白純正統本貫末則全書宋時已亡逸矣馬氏意林掇取十二條具不見五篇中蓋采諸全書者今録以附篇末云萬曆丁丑夏日余有丁志

目録

慎子

威德一

天有明不憂人之暗地有財不憂人之貧聖人有德不憂人之危也天雖不憂人暗闢戶牖必取己明焉則天無事也地雖不憂人貧伐木刈草必取己富焉則地無事也聖人雖不憂人之危百姓準上而比於下其必取己安焉則聖人無事也故聖人處上能無害人不能使人無己害也則百姓除其害矣聖人之有天下也愛之也非敢取之也百姓之於聖人也養之也非使聖人養己也則聖人無事古者工不兼事

士不兼官工不兼事則事省省則易勝士不兼官則職寡寡則易守故士位可世工事可常百工之子不學而能者非生巧也言有常事也今也國無常道官無常法是以國家日繆教雖成官不足官不足則道理匱矣古者立天子而貴者非以利一人也曰天下無一貴則理無由通通理以為天下也故立天子以為天下非立天下以為天子也立國君以為國非立國以為君也立官長以為官非立官以為官長也法雖不善猶愈於無法所以一人心也夫投鈎以分財投策以分馬非鈎策為均也使得美者不知所以美

使得惡者不知所以惡此所以塞願望也明君動事分職由慧定功分財由法行德制中由禮故欲不得干時愛不得犯法貴不得踰親祿不得踰位士不得兼官工不得兼事以能受事以事受利若是者上無羨賞下無羨財

因循二

天道因則大化則細因也者因人之情也人莫不自為也化而使之為我則莫可得而用是故先王不受祿者不臣不厚祿者不與入人不得其所以自為也則上不取用焉故用人之自為不用人之為我則莫

不可得而用矣此謂之因

民雜三

民雜處而各有所能者不同此民之情也大君者大上也兼畜下者也下之所能不同而皆上之用也是以大君因民之能為資盡包而畜之無能取去焉是故不設一方以求於人故所求者無一足也大君不擇其下故足不擇其下則為下易矣易為下則莫不容容故多下多下之謂大上君臣之道臣有事而君無事也君逸樂而臣任勞臣盡智力以善其事而君無與焉仰成而已事無不治治之正道然也人君自

任而務為善以先下則是代下負任蒙勞也臣反逸矣故曰君人者好為善以先下則下不敢與君爭善以先君矣皆稱所知以自覆掩有過則臣反責君逆亂之道也君之智未必最賢於衆也以未最賢而欲善盡被下則下不贍矣若君之智最賢以一君而盡贍下則勞勞則有倦倦則衰衰則復返於人不贍之道也是以人君自任而躬事則臣不事事也是君臣易位也謂之倒逆倒逆則亂矣人君任臣而勿自躬則臣事事矣是君臣之順治亂之分不可不察也

德立四

立天子不使諸侯疑立諸侯不使大夫疑立正妻不使群妻疑立嫡子不使庶孽疑疑則動兩動兩則爭雜則相傷害在有與不在獨也故臣有兩位者國必亂臣兩位國不亂者君在也恃君不亂矣失君則亂子有兩位者家必亂子兩位而不亂者父在也恃父不亂矣失父則亂臣疑君而無不危國孽疑宗而無不危家

君人五

君人者舍法而以身治則誅賞予奪從君心出然則受賞者雖當望多無窮受罰者雖當望輕無已君舍

法以心裁輕重則同功殊賞同罪殊罰矣怨之所由生也是以分馬之用策分田之用鈎非以策鈎為過於人智所以去私塞怨也故曰大君任法而弗躬則事斷於法法之所加各以分蒙賞罰而無望於君是以怨不生而上下和矣

意林引載十二條附後

小人食於力君子食於道○詩往志也書往誥也春秋往事也○愛赤子不慢其保絕險者不慢其御○措鈞石使禹察之不能識也懸於權衡則氂髮識矣○兩貴不相事兩賤不相使家富則疏族家貧則兄

弟離○不聰不明不能王不瞽不聾不能公海與山
爭水海必得之○有權衡者不可欺以輕重有尺寸
者不可差以長短有法度者不可巧以詐偽○一兎
走百人追之積兎於市過而不顧非不欲兎分定不
可爭也○孝子不生慈父之家忠臣不生聖君之下
○匠人成棺不憎人死利之所在忘其醜也○廊廟
之材非一木之枝狐白之裘非一狐之腋○蔵甲之
國必有兵遁市人可驅而戰安國之兵不由忿起

慎子一卷

(周)慎到 撰

明萬曆四至五年(1576—1577)南京國子監刊《子彙》本

慎子　法家一

趙人慎到

威德一

天有明不憂人之暗地有財不憂人之貧聖人有德不憂人之危也天雖不憂人暗闢戶牖必取已明焉則天無事也地雖不憂人貧伐木刈草必取已富焉則地無事也聖人雖不憂人之危百姓準上而比於下其必取已安焉則聖人無事也故聖人處上能無害人不能使人無已害也則百姓除其害矣聖人之有天下也受之也非取之也百姓之於聖人也養之也非使聖人養

已也則聖人無事古者工不兼事士不兼官工不兼事則事省省則易勝士不兼官則職寡寡則易守故士位可世工事可常百工之子不學而能者非生巧也言有常事也今也國無常道官無常法是以國家日繆教雖成官不足官不足則道理匱矣古者立天子而貴者非以利一人也曰天下無一貴則理無由通通理以爲天下也故立天子以爲天下非立天下以爲天子也立國君以爲國非立國以爲君也立官長以爲官非立官以爲官長也法雖不善猶愈於無法所以一人心也夫投鉤以分財投策以分馬非鉤策爲均也使得美者不知

所以美使得惡者不知所以惡此所以塞願望也明君動事分[redacted]由慧定[redacted]分財由法行德制中由禮故欲不得干時愛不得犯法貴不得踰親祿不得踰位士不得兼官工不得兼事以能受事以事受利若是者上無羡賞下無羡財

因循二

天道因則大（因百姓情遂自然性則功高而道大）化則細（因化民從我非物所樂其理偏狹）因也者因人之情也人莫不自為也化而使之為我則莫可得而用是故先王不受祿者不臣不厚祿者不與入人不得其所以自為也則上不取用焉故用人之自

爲不用人之爲我則莫不可得而用矣此謂之因

民雜三

民雜處而各有所能者不同此民之情也大君者大上也兼畜下者也下之所能不同而皆上之用也是以大君因民之能爲資盡包而畜之無能去取焉是故必埶於方以求於人故所求者無一足也大君不擇其下故足不擇其下則爲下易矣易爲下則莫不容容故多下多下之謂大上君臣之道臣有事而君無事也君逸樂而臣任勞臣盡智力以善其事而君無與焉仰成而已事無不治治之正道然也人君自任而務爲善以先下

則是代下負任蒙勞也臣反逸矣故曰君人者好為善以先下則下不敢與君爭善以先君矣皆稱所知以自覆掩有過則臣反責君逆亂之道也君之智未必最賢於衆也以未最賢而欲善盡被下則下不贍矣若君之智最賢以一君而盡贍下則勞勞則有倦倦則衰衰則復返於人不贍之道也是以人君自任而躬事則臣不事事也是君臣易位也謂之倒逆倒逆則亂矣人君任臣而勿自躬則臣事事矣是君臣之順治亂之分不可不察也

德立四

立天子不使諸侯疑立諸侯不使大夫疑立正妻不使群妻疑立嫡子不使庶孽疑疑則動兩動兩則爭雜則相傷害在有與不在獨也故臣有兩位者國必亂臣兩位國不亂者君在也恃君不亂矣失君則亂子有兩位者家必亂子兩位而不亂者父在也恃父不亂矣失父則亂臣疑君而無不危國孽疑宗而無不危家

君人五

君人者舍法而以身治則誅賞予奪從君心出然則受賞者雖當望多無窮受罰者雖當望輕無已君舍法以心裁輕重則同功殊賞同罪殊罰矣怨之所由生也是

以分馬之用策分田之用鈎非以策鈎爲過於人智所以去私塞怨也故曰大君任法而弗躬則事斷於法法之所加各以分蒙賞罰而無望於君是以怨不生而上下和矣

小人食於力君子食於道 以下十二條載意林

詩往志也書往誥也春秋往事也

愛赤子不慢其保絶險者不慢其御

措鈞石使禹察之不能識也懸於權衡則氂髮識矣

兩貴不相事兩賤不相使家富則踈族家貧則兄弟離

不聰不明不能王不瞽不聾不能公海與山爭水海必

得之

有權衡者不可欺以輕重有尺寸者不可差以長短有法度者不可巧以詐僞

一兎走百人追之積兎於市過而不顧非不欲兎分定不可爭也

孝子不生慈父之家忠臣不生聖君之下

匠人成棺不憎人死利之所在忘其醜也

廊廟之材非一木之枝狐白之裘非一狐之腋

藏甲之國必有兵道市人可驅而戰安國之兵不由忿起

按漢志四十二篇唐志十卷滕輔註今纔五篇非全書也周氏涉筆稱屏去繆悠剪削枝葉本道而附於情主法而責於上五篇雖簡約而明白純正統本貫末則全書宋時已亡逸矣馬氏意林掇取十二條具不見五篇中蓋采諸全書者今錄以附篇末云丁丑夏日潛菴子志

慎子終

萬曆五年刊

慎子一卷

（周）慎到　撰　（明）馮夢禎　校

明萬曆五年（1577）刊《十八子全書》本

愼子　　法家一

趙人愼到

威德一

天有明不憂人之暗地有財不憂人之貧聖人有德不憂人之危也天雖不憂人暗闢戶牖必取已明焉則天無事也地雖不憂人貧伐木刈草必取已富焉則地無事也聖人雖不憂人之危百姓準上而比於下其必取已安焉則聖人無事也故聖人處上能無害人不能使人無已害也則百姓除其害矣聖人之有天下也愛之也非敢取之也百姓之於聖人也養之也非使聖人養

巳也則聖人無事古者工不兼事士不兼官工不兼事則事省省則易勝士不兼官則職寡寡則易守故士位可世工事可常百工之子不學而能者非生巧也言有常事也今也國無常道官無常法是以國家日繆教雖成官不足官不足則道理匱矣古者立天子而貴者非以利一人也曰天下無一貴則理無由通通理以爲天下也故立天子以爲天下非立天下以爲天子也立國君以爲國非立國以爲君也立官長以爲官非立官以爲官長也法雖不善猶愈於無法所以一人心也夫投鉤以分財投策以分馬非鉤策爲均也使得美者不知

所以美使得惡者不知所以惡此所以塞願望也明君動事分由慧定分財由法行德制中由禮故欲不得干時愛不得犯法貴不得踰親祿不得踰位士不得兼官工不得兼事以能受事以事受利若是者上無羨賞下無羨財

因循二

天道因則大因百姓情遂自然性則功高而道大化則細化民從我非物所樂其理偏狹因也者因人之情也人莫不自爲也化而使之爲我則莫可得而用是故先王不受祿者不臣不厚祿者不與入人不得其所以自爲也則上不取用焉故用人之自

爲不用人之爲我則莫不可得而用矣此謂之因

民雜三

民雜處而各有所能者不同此民之情也大君者大上也兼畜下者也下之所能不同而皆上之用也是以大君因民之能爲資盡包而畜之無能取去焉是故必執於方以求於人故所求者無一足也大君不擇其下故足不擇其下則爲下易矣易爲下則莫不容容故多下多下之謂大上君臣之道臣有事而君無事也君逸樂而臣任勞臣盡智力以善其事而君無與焉仰成而已事無不治治之正道然也人君自任而務爲善以先下

則是代下負任蒙勞也臣反逸矣故曰君人者好爲善以先下則下不敢與君爭善以先君矣皆稱所知以自覆掩有過則臣反責君逆亂之道也君之智未必最賢於衆也以未最賢而欲善盡被下則下不贍矣若君之智最賢以一君而盡贍下則勞勞則有倦倦則衰衰則復返於人不贍之道也是以人君自任而躬事則臣不事事也是君臣易位也謂之倒逆倒逆則亂矣人君任臣而勿自躬則臣事事矣是君臣之順治亂之分不可不察也

德立四

立天子不使諸侯疑立諸侯不使大夫疑立正妻不使群妻疑立嫡子不使庶孽疑疑則動兩動兩則爭雜則相傷害在有與不在獨也故臣有兩位者國必亂臣兩位國不亂者君在也恃君不亂矣失君則亂子有兩位者家必亂子兩位而不亂者父在也恃父不亂矣失父則亂臣疑君而無不危國孽疑宗而無不危家

君人五

君人者舍法而以身治則誅賞予奪從君心出然則受賞者雖當望多無窮受罰者雖當望輕無已君舍法以心裁輕重則同功殊賞同罪殊罰矣怨之所由生也是

以分馬之用策分田之用鈎非以策鈎爲過於人智所以去私塞怨也故曰大君任法而弗躬則事斷於法法之所加各以分蒙賞罰而無望於君是以怨不生而上下和矣

小人食於力君子食於道（以下十二條載意林）

詩往志也書往誥也春秋往事也

愛赤子不慢其保絕險者不慢其御

措鈞石使禹察之不能識也懸於權衡則氂髮識矣

兩貴不相事兩賤不相使家富則疏族家貧則兄弟離

不聰不明不能王不瞽不聾不能公海與山爭水海必

得之、
有權衡者不可欺以輕重有尺寸者不可差以長短有
法度者不可巧以詐僞、
一兎走百人追之積兎於市過而不顧非不欲兎分定
不可爭也、
孝子不生慈父之家忠臣不生聖君之下、
匠人成棺不憎人死利之所在忘其醜也
廊廟之材非一木之枝狐白之裘非一狐之腋
藏甲之國必有兵遁市人可驅而戰安國之兵不由忿
起

按漢志四十二篇唐志十卷滕輔註今纔五篇非全書也周氏涉筆稱屏去繆悠剪削枝葉本道而附於情主法而責於上五篇雖簡約而明白純正統本貫末則全書宋時已亡逸矣馬氏意林摭取十二條具不見五篇中蓋采諸全書者今録以附篇末云丁丑夏日潛菴子志

慎子終

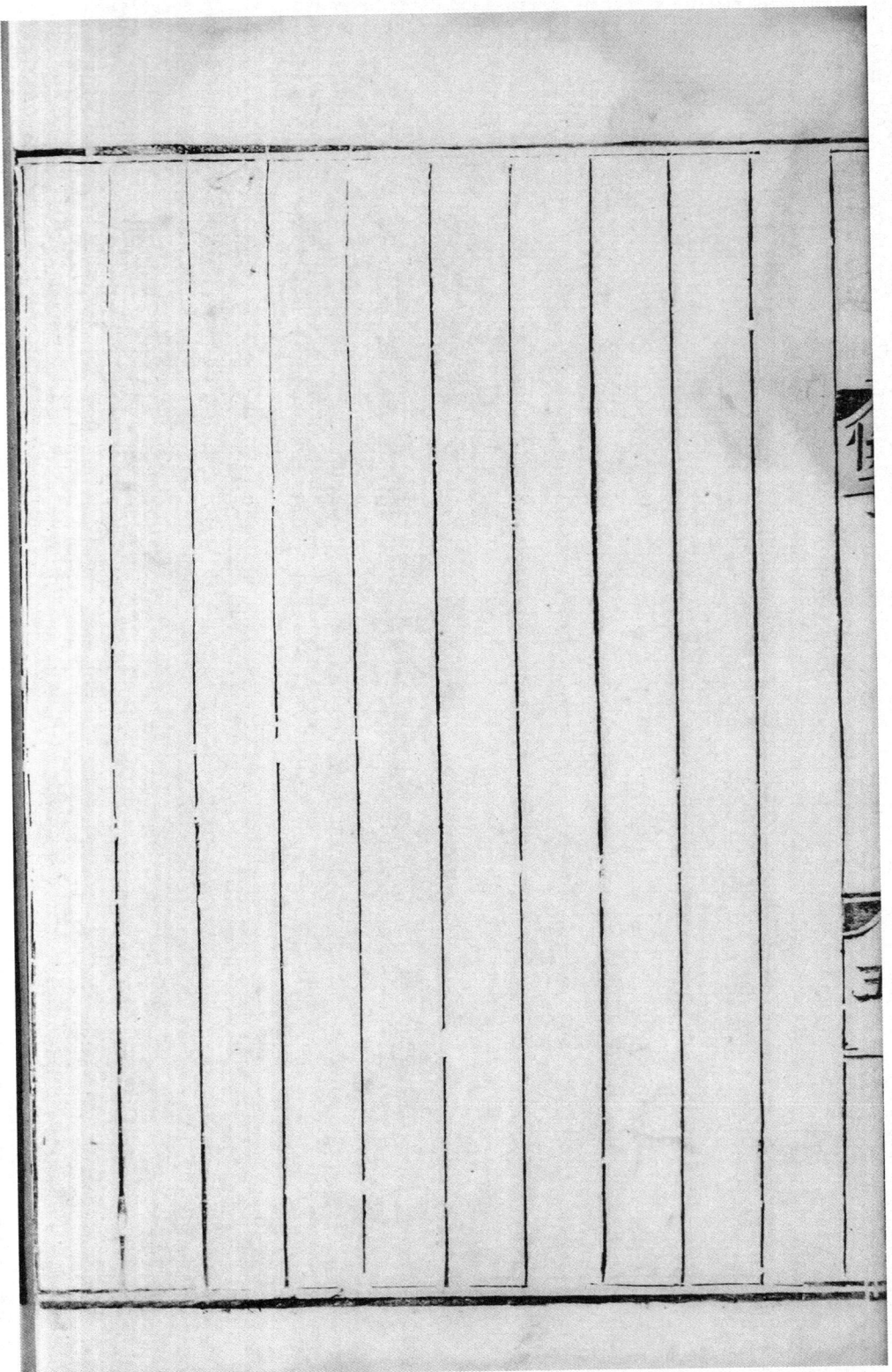

慎子一卷

（周）慎到 撰

明刊《且且庵初箋十六子》本

愼子名到一曰名廣趙人其爲書亡逸已多所存五篇耳周氏涉筆謂其本道而附於情主法而責於上蓋法家者流也

威德一

因循二

民雜三

德立四

君人五

雜載二十九則

六

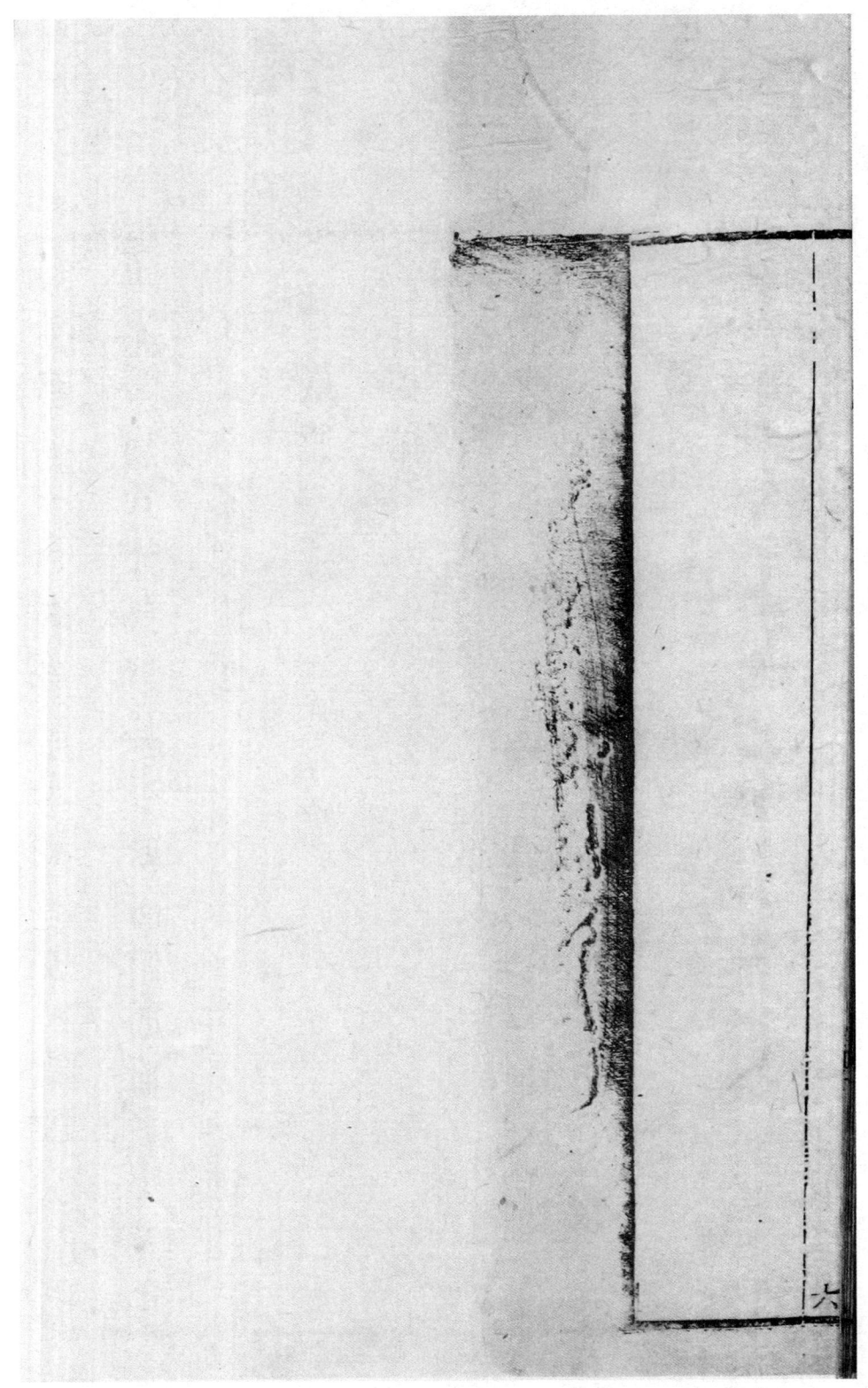

自来歸故
必有為

趙　慎到　著

威德一

天有明不憂人之暗地有財不憂人之貧聖人有德不憂人之厄也天雖不憂人暗闢戶牖必取已明焉則天無事也地雖不憂人貧伐木刈草必取已富焉則地無事也聖人雖不憂人之危百姓準上而比於下其必取已安焉則聖人無事也故聖人處上能無害人不能使人無已害也則百姓除其害矣聖人之有天下也愛之也非敢取之也百

姓之於聖人也養之也非使聖人養己也則聖人
無事古者工不兼事士不兼官工不兼事則事省
省則易勝士不兼官則職寡寡則易守故士位可
世工事可常百工之子不學而能者非生巧也言
有常事也今也國無常道官無常法是以國家日
繆教雖成官不足官不足則道理匱矣古者立天
子而貴者非以利一人也曰天下無一貴則理無
由通通理以爲天下也故立天子以爲天下非立
天下以爲天子也立國君以爲國非立國以爲君

鈞所以爲量者義法法有以勿激

也立官長以爲官非立官以爲官長也法雖不善猶愈於無法所以一人心也夫投鉤以分財投策以分馬非鉤策爲均也使得美者不知所以德使得惡者不知所以怨此所以塞願望也明君動事分職由慧定祿分財由法行德制中由禮故欲不得干時愛不得犯法貴不得踰親祿不得踰位士不得兼官工不得兼事以能受事以事受利若是者上無羨賞下無羨財

因循二

天道因則大化則細因也者因人之情也人莫不自爲也化而使之爲我則莫可得而用是故先王不受祿者不臣不厚祿者不與入人不得其所以自爲也則上不取用焉故用人之自爲不用人之爲我則莫不可得而用矣此謂之因

民雜三

民雜處而各有所能者不同此民之情也大君者太上也兼畜下者也下之所能不同而皆上之用也是以大君因民之能爲資盡包而畜之無能取

所爲代馬走

去焉是故必執於方以求於人故所求者無一足也大君不擇其下故足不擇其下則爲下易矣易爲下則莫不容莫不容故多下多下之謂大上君臣之道臣有事而君無事也君逸樂而臣任勞臣盡智力以善其事而君無與焉仰成而已事無不治治之正道然也人君自任而務爲善以先下則是代下負任蒙勞也臣反逸矣故曰君人者好爲善以先下則下不敢與君爭善以先君矣皆稱所知以自覆掩有過則臣反責君逆亂之道也君之智未

傳如走驛

必最賢於衆也以未最賢而欲善盡被下則下不
贍矣若君之智最賢以一君而盡贍下則勞勞則
有倦倦則衰衰則復返於人不贍之道也是以人
君自任而躬事則臣不事事也是君臣易位也謂
之倒逆倒逆則亂矣人君任臣而勿自躬則臣臣
事事矣是君臣之順治亂之分不可不察也

德立四

立天子不使諸侯疑立諸侯不使大夫疑立正妻
不使羣妻疑立嫡子不使庶孼疑疑則動兩動兩

則爭雜則相傷害在有與不在獨也故臣有兩位者國必亂臣兩位國不亂者君在也恃君不亂矣失君則亂子有兩位者家必亂子兩位而不亂者父在也恃父不亂矣失父則亂臣疑君而無不危國孽疑宗而無不危家

君人五

君人者舍法而以身治則誅賞予奪從君心出然則受賞者雖當望多無窮受罰者雖當望輕無已君舍法以心裁輕重則同功殊賞同罪殊罰矣怨

之所由生也是以分馬之用策分田之用鈎非以策鈎爲過於人智所以去私塞怨也故曰大君任法而弗躬則事斷於法法之所加各以分蒙賞罰而無望於君是以怨不生而上下和矣

小人食於力君子食於道以下十二則載意林

詩往志也書往誥也春秋往事也

愛赤子不慢其保絕險者不慢其御

措鈞石使禹察之不能識也懸於權衡則氂髮識矣夫兩貴不相事兩賤不相使家富則疏族家貧

則兄弟離。不聰不明不能王、不瞽不聾不能公。

海與山爭水。海必得之。

有權衡者、不可欺以輕重、有尺寸者不可差以長短、有法度者不可巧以詐僞。

一兎走百人追之。積兎於市。過而不顧。非不欲兎。分定不可爭也。

孝子不生慈父之家、忠臣不生聖君之下、

匠人成棺、不憎人死、利之所在、忘其醜也。

廊廟之材、非一木之枝、狐白之裘、非一狐之腋、

藏甲之國必有兵遁市人可驅而戰安國之兵不由忿起

以力役法者百姓也以死守法者有司也以道變法者君長也以下藏文獻通考自分内外篇不知何本而五篇止載第一之半

君明臣直國之福也父慈子孝夫信妻貞家之福也故比干忠而不能存殷申生孝而不能安晉是皆有忠臣孝子而國家滅亂者何也無明君賢父以聽之故孝子不生慈父之家忠臣不生聖君之下

王者有易政而無易國有易君而無易民湯武非得伯夷之民以治。桀紂非得蹠蹻之民以亂也。民之治亂在於上國之安危在於政。

夏箴曰小人無兼年之食遇天饑妻子非其有也。大夫無兼年之食遇天饑臣妾輿馬非其有也戒之哉。

與天下於人大事也。煦煦者以爲惠而堯舜無德色取天下於人大嫌也。潔潔者以爲污而湯武無愧容惟其義也。

幪以黑巾蒙頭纓冠飾也艾蒼白色韠蔽膝辟戚大矣罰辜罪入所以別之而

有虞之誅以幪巾當墨以草纓當劓以菲履當刖以艾韠當宮布衣無領當大辟此有虞之誅也斬人肢體鑿其肌膚謂之刑畫衣冠異章服謂之戮上世用戮而民不犯也當世用刑而民不從

行海者坐而至越有舟也行陸者立而至秦有車也秦越遠途也安坐而至者械也

日月爲天眼目人不知德山川爲天下衣食人不能感有勇不以怒反與怯均也

小人食於力君子食於道先王之訓也故常欲耕

柯氏叢書
同而切宪
迳

而食天下之人矣然一身之耕分諸天下不能人
得一升粟其不能飽可知也欲織而衣天下之人
矣然一身之織分諸天下不能人得尺布其不能
煖可知也故以爲不若誦先王之道而求其說通
聖人之言而宪其吉上說王公大人次匹夫徒步
之士王公大人用吾言國必治匹夫徒步之士用
吾言行必修雖不耕而食饑不織而衣寒功賢於
耕而食之織而衣之者也
法非從天下非從地出發於人間合乎人心而已

觀尹文子以前此爲內篇後爲外篇

治水者茨防决塞雖在夷狄相似如一學之於水不學之於禹也

古之全大體者望天地觀江海因山谷日月所照四時所行雲布風動不以智累心不以相累己寄治亂於法術託是非於賞罰屬輕重於權衡不逆天理不傷情性不吹毛而求小疵不洗垢而察難知不引繩之外不推繩之內不急法之外不緩法之內守成理因自然禍福生乎道法而不出乎愛惡榮辱之責在乎己而不在乎人故至安之世法

六

朝露不留痕

鵝兮雞鳳賦宋與

如朝露純樸不敢心無結怨口無煩言故車馬不
疲弊於遠路旌旗不亂於大澤萬民不失命於寇
戎豪傑不著名於圖書不錄功於盤盂記年之牒
空虛故曰利莫長於簡福莫久於安
鷹善擊也然日擊之則疲而無全翼矣騏善馳也
然日馳之則蹶而無全蹄矣
能辭萬鍾之祿於朝陛不能不拾一金於無人之
地能謹百節之禮於廟宇不能不弛一容於獨居
之餘盖人情每狎於所私故也

不肖者不自謂不肖也而不肖見於行雖自謂賢人猶謂之不肖也愚者不自謂愚而愚見於言雖自謂智人猶謂之愚

法者所以齊天下之動至公大定之制也故智者不得越法而肆謀辯者不得越法而肆議士不得背法而有名臣不得背法而有功我喜可抑我忿可窒我法不可離也骨肉可刑親戚可滅至法不可闕也

善爲國者移謀身之心而謀國移富國之術而富

民移保子孫之志而保治移求爵祿之意而求義
則不勞而化理成矣○
始吾未生之時、焉知生之爲樂也、今吾未死又焉
知死之不樂也、故生不足以使之利何足以動之、
死不足以禁之害何足以恐之、明於死生之分達
於利害之變、是以目觀玉輅琬象之狀耳聽白雪
清角之聲、不能以亂其神、登千仞之谿臨蝯元眩
之岸不足以淆其和、夫如是、身可以殺、生可以無
仁可以成、

成王可問鬻子則帝皇事具於見矣

鳥飛于空魚遊于淵非術也故爲鳥爲魚者亦不自知其能飛能遊苟知之立心以爲之則必墮必溺猶人之足馳手捉耳聽目視當其馳捉聽視之際六機自至又不待思而施之也苟須思之而後可施之則疲矣是以任自然者久得其常者濟

周成王問鬻子曰寡人聞聖人在上位使民富且壽若夫富則可爲也若夫壽則在天乎鬻子對曰夫聖王在上位天下無軍兵之事故諸侯不私相攻而民不私相爭也則民得盡一生矣聖王在上

則君積於德化而民積於用力故婦人爲其所衣
丈夫爲其所食則民無凍餓民得二生矣聖人在
上則君積於仁吏積於愛民積於順則刑罰廢而
無夭遏之誅民則得三生矣聖王在上則使人有
時而用之有節則民無厲疾民得四生矣

此子以因循任物爲主乃人勞我逸人動我靜
大有機權在非蠢若無知也莊周狀其推而後
行曳而後往若飄風之還若羽之旋若磨石之
隧語自騷雅至豪杰笑曰非生人之行而至死

人之理。則亦不筴不足以爲道矣。

(周)慎到 撰

慎子一卷

明刊《十二子》本

慎子名到一曰名廣趙人其爲書亾逸已多所存五篇耳周氏涉筆謂其本道而附於情主法而責於上蓋法家者流也

六

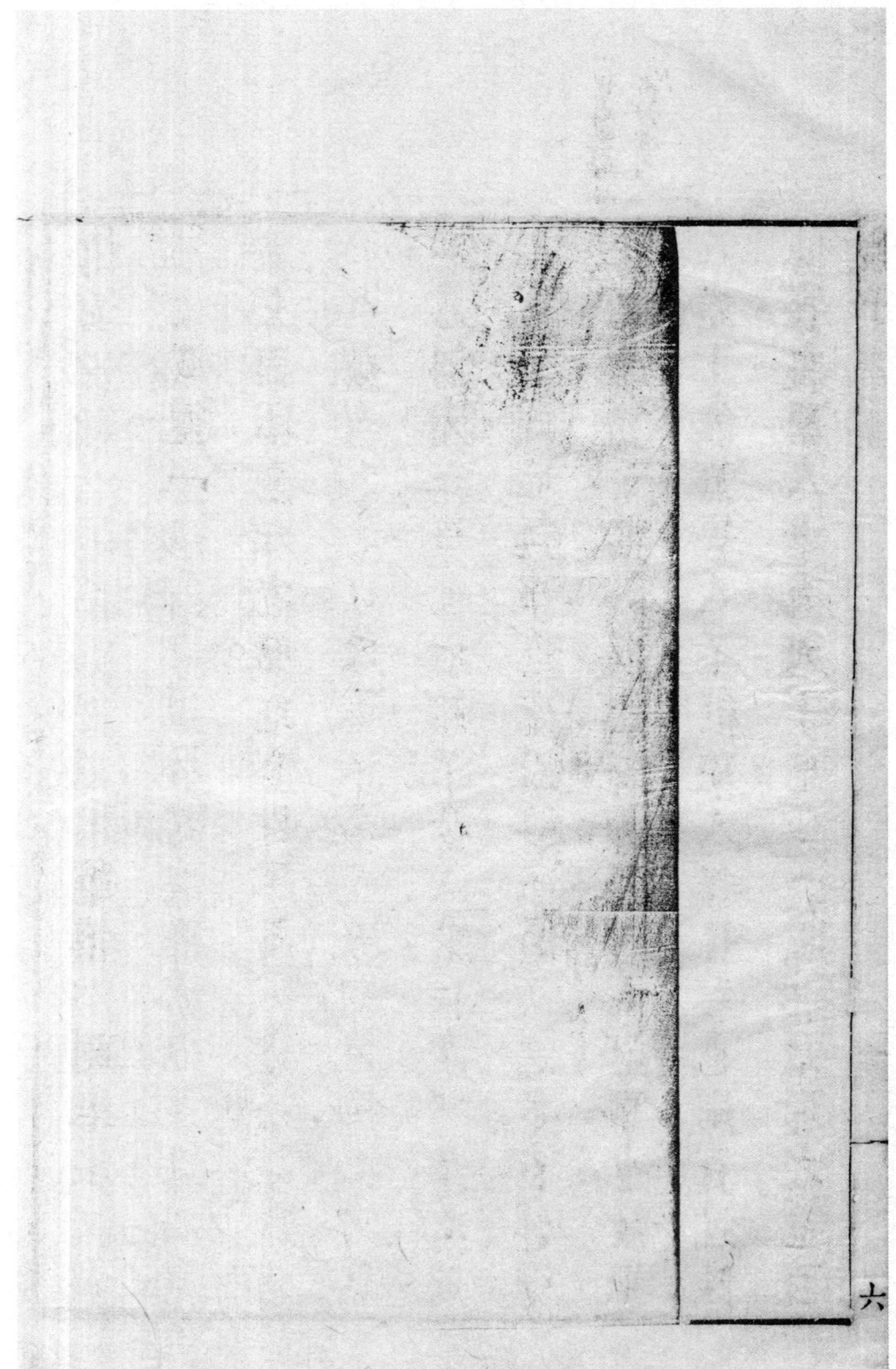

民自來歸故不必有為

慎子

趙慎到著

威德一

天有明不憂人之暗地有財不憂人之貧聖人有德不憂人之厄也天雖不憂人暗闢戶牖必取已明焉則天無事也地雖不憂人貧伐木刈草必取已富焉則地無事也聖人雖不憂人之危百姓準上而比於下其必取已安焉則聖人無事也故聖人處上能無害人不能使人無已害也則百姓除其害矣聖人之有天下也愛之也非敢取之也百

姓之於聖人也養之也非使聖人養巳也則聖人
無事古者工不兼事士不兼官工不兼事則事省
省則易勝士不兼官則職寡寡則易守故士位可
世工事可常百工之子不學而能者非生巧也言
有常事也今也國無常道官無常法是以國家日
繆教雖成官不足官不足則道理匱矣古者立天
子而貴者非以利一人也曰天下無一貴則理無
由通通理以爲天下也故立天子以爲天下非立
天下以爲天子也立國君以爲國非立國以爲君

鉤所以爲量者筴法有勾股

也立官長以爲官非立官以爲官長也法雖不善猶愈於無法所以一人心也夫投鉤以分財投策以分馬非鉤策爲均也使得美者不知所以德使得惡者不知所以怨此所以塞願望也明君動事分由慧定分財由法行德制中由禮故欲不得于時愛不得犯法貴不得踰親祿不得踰位士不得兼官工不得兼事以能受事以事受利若是者上無羨賞下無羨財

因循二

化欲使之從
我
精論

天道因則大化則細因也者因人之情也人莫不自爲也化而使之爲我則莫可得而用是故先王不受祿者不臣不厚祿者不與入人不得其所以自爲也則上不取用焉故用人之自爲不用人之爲我則莫不可得而用矣此謂之因

民雜三

民雜處而各有所能者不同此民之情也大君者大上也兼畜下者也下之所能不同而皆上之用也是以大君因民之能爲資盡包而畜之無能取

所爲代馬走

去焉是故必執於方以求於人故所求者無一足也大君不擇其下故足不擇其下則爲下易矣易爲下則莫不容莫不容故多下多下之謂大上君臣之道臣有事而君無事也君逸樂而臣任勞臣盡智力以善其事而君無與焉仰成而已事無不治治之正道然也人君自任而務爲善以先下則是代下負任蒙勞也臣反逸矣故曰君人者好爲善以先下則下不敢與君爭善以先君矣皆稱所知以自覆掩有過則臣反責君逆亂之道也君之智未

妙轉如走盤珠

必最賢於衆也以未最賢而欲善盡被下則下不贍矣若君之智最賢以一君而盡贍下則勞勞則有倦倦則衰衰則復返於人不贍之道也是以人君自任而躬事則臣不事事也是君臣易位也謂之倒逆倒逆則亂矣人君任臣而勿自躬則臣臣事事矣是君臣之順治亂之分不可不察也

德立四

立天子不使諸侯疑立諸侯不使大夫疑立正妻不使孽妻疑立嫡子不使庶孽疑疑則動兩動兩

則爭雜則相傷害在有與不在獨也故臣有兩位者國必亂臣兩位國不亂者君在也恃君不亂矣失君則亂子有兩位者家必亂子兩位而不亂者父在也恃父不亂矣失父則亂臣疑君而無不危國孽疑宗而無不危家

君人五

君人者舍法而以身治則誅賞予奪從君心出然則受賞者雖當望多無窮受罰者雖當望輕無已君舍法以心裁輕重則同功殊賞同罪殊罰矣怨

六

之所由生也是以分馬之用策分田之用鈎非以
策鈎爲過於人智所以去私塞怨也故曰大君任
法而弗躬則事斷於法法之所加各以分蒙賞罰
而無望於君是以怨不生而上下和矣
小人食於力君子食於道以下十二則載意林
詩往志也書往誥也春秋往事也
愛赤子不慢其保絕險者不慢其御
措鈎石使禹察之不能識也懸於權衡則氂髮識
矣兩貴不相事兩賤不相使家富則疏族家貧

則兄弟離不聽不明不能王不瞽不聾不能公海與山爭水海必得之。有權衡者不可欺以輕重、有尺寸者不可差以長短、有法度者不可巧以詐僞。一兎走百人追之積兎於市過而不顧非不欲兎。分定不可爭也。

孝子不生慈父之家、忠臣不生聖君之下、匠人成棺、不憎人死、利之所在、忘其醜也。

廊廟之材、非一木之枝、狐白之裘、非一狐之腋、

晉人云頑爲良臣毋爲忠臣

藏甲之國必有兵遁市人可驅而戰安國之兵不由忿起○以力役法者百姓也以死守法者有司也以道變法者君長也○以下載文獻通考自分內外篇不知何本而五篇止載第一之半

君明臣直國之福也父慈子孝夫信妻貞家之福也○故比干忠而不能存殷申生孝而不能安晉是皆有忠臣孝子而國家滅亂者何也無明君賢父以聽之○故孝子不生慈父之家忠臣不生聖君之下○

六

王者有易政而無易國，有易君而無易民。湯武非得伯夷之民以治，桀紂非得蹠蹻之民以亂也。民之治亂在於上，國之安危在於政。

夏箴曰：小人無兼年之食，遇天饑，妻子非其有也；大夫無兼年之食，遇天饑，臣妾輿馬非其有也。戒之哉。

與天下於人，大事也。煦煦者以爲惠，而堯舜無德色；取天下於人，大嫌也。潔潔者以爲污，而湯武無愧容，惟其義也。

幪以黑巾蒙頭纓冠飾也艾蒼白色韠前蔽君成大夫爵韋韠人所以別之而受

有虞之誅以幪巾當墨以草纓當劓以菲履當刖以艾韠當宮布衣無領當大辟此有虞之誅也斬人肢體鑿其肌膚謂之刑畫衣冠異章服謂之戮上世用戮而民不犯也當世用刑而民不從行海者坐而至越有舟也行陸者立而至秦有車也秦越遠途也安坐而至者械也日月爲天眼目人不知德山川爲天下衣食人不能感有勇不以怒反與怯均也小人食於力君子食於道先王之訓也故常欲耕

與軻氏素飧章同而切寔不迂

而食天下之人矣。然一身之耕。分諸天下。不能人得一升粟。其不能飽可知也。欲織而衣天下之人矣。然一身之織。分諸天下。不能人得尺布。其不能煖可知也。故以爲不若誦先王之道而求其說。通聖人之言而究其旨。上說王公大人。次匹夫徒步之士。王公大人用吾言。國必治。匹夫徒步之士用吾言。行必修。雖不耕而食。饑不織而衣。寒功賢於耕而食之織而衣之者也。

法非從天下。非從地出。發於人間。合乎人心而已。

中原文獻以前此為內篇後為外篇

治水者茨防決塞雖在夷狄相似如一學之於水不學之於禹也

古之全大體者望天地觀江海因山谷日月所照四時所行雲布風動不以智累心不以私累巳寄治亂於法術託是非於賞罰屬輕重於權衡不逆天理不傷情性不吹毛而求小疵不洗垢而察難知不引繩之外不推繩之內不急法之外不緩法之內守成理因自然禍福生乎道法而不出乎愛惡榮辱之責在乎巳而不在乎人故至安之世法

太平無象

朝露不留痕

坡公黠鼠賦本此

如朝露純樸不敢心無結怨口無煩言故車馬不疲弊於遠路旌旗不亂於大澤萬民不失命於寇戎豪傑不著名於圖書不錄功於盤盂記年之牒空虛故曰利莫長於簡福莫久於安

鷹善擊也然日擊之則疲而無全翼矣驥善馳也然日馳之則蹶而無全蹄矣

能辭萬鍾之祿於朝陛不能不拾一金於無人之地能謹百節之禮於廟宇不能不弛一容於獨居之餘蓋人情每狎於所私故也

不肖者不自謂不肖也、而不肖見於行、雖自謂賢、人猶謂之不肖也、愚者不自謂愚、而愚見於言、雖自謂智、人猶謂之愚、

法者所以齊天下之動、至公大定之制也、故智者不得越法而肆謀、辯者不得越法而肆議、士不得背法而有名、臣不得背法而有功、我喜可抑、我忿可窒、我法不可離也、骨肉可刑、親戚可滅、至法不可闕也、

善爲國者移謀身之心而謀國、移富國之術而富

情字是聖賢一種

子書叅語

民移保子孫之志而保治移求爵祿之意而求義則不勞而化理成矣

始吾未生之時、焉知生之爲樂也、今吾未死又焉知死之不樂也、故生不足以使之、利何足以動之、死不足以禁之、害何足以恐之、明於死生之分達於利害之變、是以目觀玉輅琬象之狀、耳聽白雪清角之聲、不能以亂其神、登千仞之谿、臨蝯元眩之岸、不足以滑其和、夫如是、身可以殺、生可以無、仁可以成、

成王可問鬻子則曲阜事具所見矣

鳥飛于空魚遊于淵非術也故爲鳥爲魚者亦不自知其能飛能遊苟知之立心以爲之則必墮必溺猶人之足馳手捉耳聽目視當其馳捉聽視之際應機自至又不待思而施之也苟須思之而後可施之則疲矣是以任自然者久得其常者濟

周成王問鬻子曰寡人聞聖人在上位使民富且壽若夫富則可爲也若夫壽則在天乎鬻子對曰夫聖王在上位天下無軍兵之事故諸侯不私相攻而民不私相鬬也則民得盡一生矣聖王在王

則君積於德化而民積於用力故婦人爲其所衣丈夫爲其所食則民無凍餓民得二生矣聖人在上則君積於仁吏積於愛民積於順則刑罰廢而無夭遏之誅民則得三生矣聖王在上則使人有時而用之有節則民無癘疾民得四生矣

此言以因循任物爲主乃人勞我逸人動我靜大有機權在非蠢若無知也莊周狀其推而後行曳而後往若飄風之還若羽之旋若磨石之隧語自騷雅至豪杰笑曰非生人之行而至死

人之理。則亦不筴不足以爲道矣。

慎子一卷

（周）慎到 撰

清嘉慶十四年（1809）刊《墨海金壺》本

慎子

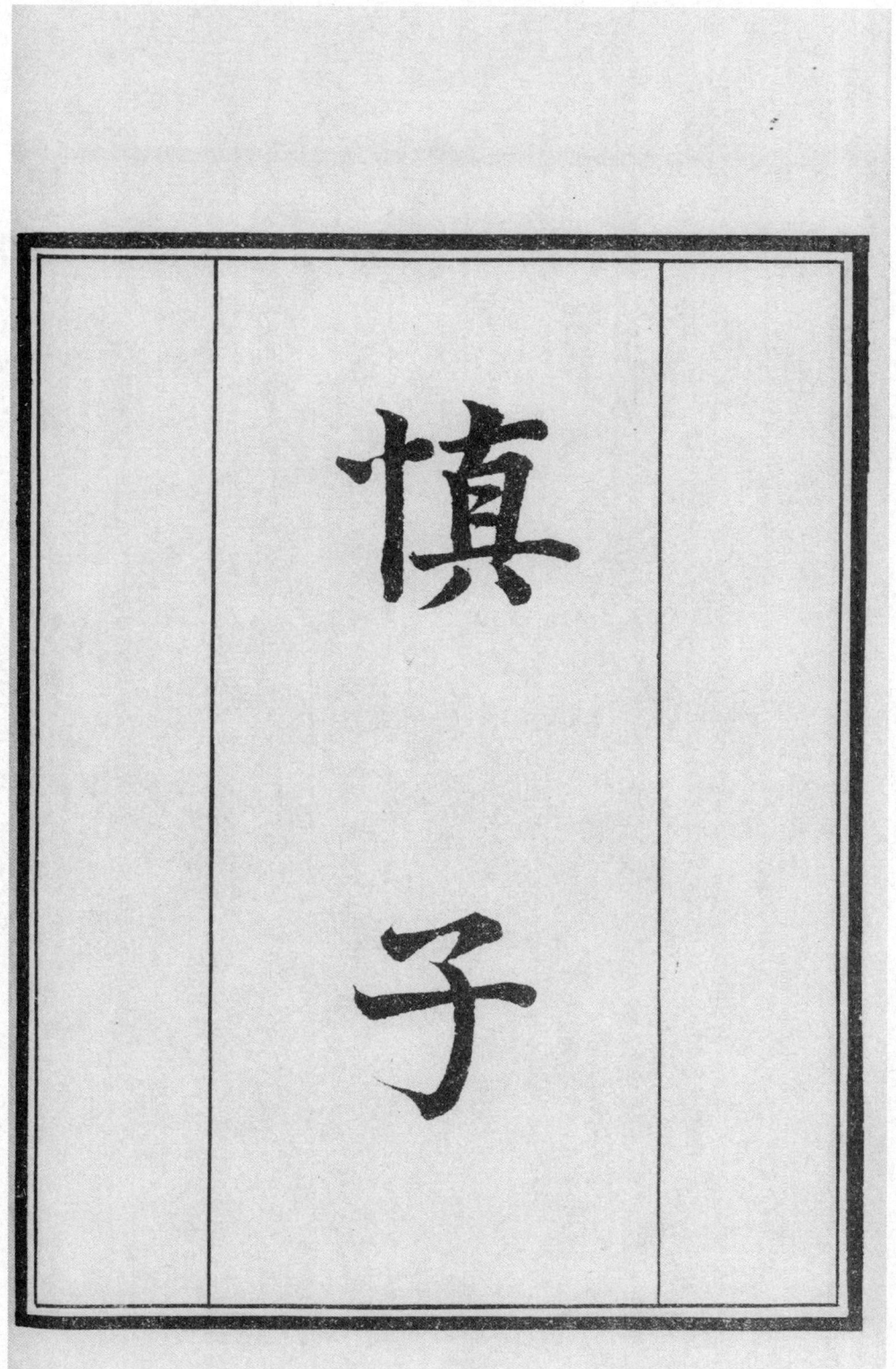

愼子提要

愼子一卷周愼到撰到趙人中興書目作瀏陽人陳振孫書錄解題曰愼到趙人見於史記瀏陽在今潭州吳時始置縣與趙南北了不相涉則稱瀏陽者非矣明人刻本又云到一名廣案陸德明莊子釋文田駢下注曰愼子云名廣然則駢一名廣非到一名廣尤舛誤也愼子之學覩莊周天下篇所稱近乎釋氏然漢志列之於法家今考其書大旨欲因物理之當然各定一法而守之不求於法之外亦不寬於法之中則上下相安可以清淨而治然法所不行勢必刑以齊之道德之爲刑名此其轉關所以申韓多稱之也（語見漢書藝文志）其書漢志作

四十二篇唐志作十卷崇文總目作三十七篇書錄解題則稱麻沙刻本凡五篇已非全書此本雖亦分五篇而文多刪削又非陳振孫之所見蓋明人掇拾殘剩重爲編次如云孝子不生慈父之家忠臣不生聖君之下二句前後兩見知爲雜錄而成失除重複矣

慎子　　墨海金壺　子部

周　慎　到　撰

威德

天有明不憂人之暗地有財不憂人之貧聖人有德不憂人之危也天雖不憂人暗闢戶牖必取已明焉則天無事也地雖不憂人貧伐木刈草必取已富焉則地無事也聖人雖不憂人之危百姓準上而比於下其必取已安焉則聖人無事也故聖人處上能無害人不能使人無己害也則百姓除其害矣聖人之有天下也愛之也非取之也百姓之於聖人也養之也非使聖人養己也則聖人無事古者工不兼事士不兼官工不兼事則事省省則易勝士不兼官則職寡寡則

易守故士位可世工事可常百工之子不學而能者非生巧也言有常事也今也國無常道官無常法是以國家日繆教雖成官不足官不足則道理匱矣古者立天子而貴者非以利一人也曰天下無一貴則理無由通通理以爲天下也故立天子以爲天下非立天下以爲天子也立國君以爲國非立國以爲君也立官長以爲官非立官以爲官長也法雖不善猶愈於無法所以一人心也夫投鉤以分財投策以分馬非鉤策爲均也使得美者不知所以德使得惡者不知所以怨此所以塞願望也明君動事分功由慧定賞分財由法行德制中由禮故欲不得干時愛不得犯法貴不得踰親祿不得踰位士不得兼官工不得兼事以能受事以事受利若是

者上無羡賞下無羡財

因循二

天道因則大化則細因也者因人之情也人莫不自爲也化而使之爲我則莫可得而用是故先王不受祿者不臣不厚祿者不與入人不得其所以自爲也則上不取用焉故用人之自爲不用人之爲我則莫不可得而用矣此謂之因

民雜三

民雜處而各有所能者不同此民之情也大君者太上也兼畜下者也下之所能不同而皆上之用也是以大君因民之能爲資盡包而畜之無能取去焉是故必執於方以求於人故所求者無一足也大君不擇其下故足不擇其下則爲下

易矣易爲下則莫不容容故多下多下之謂太上君臣之道臣有事而君無事也君逸樂而臣任勞臣盡智力以善其事而君無與焉仰成而已事無不治治之正道然也人君自任而獨爲善以先下則是代下負任蒙勞也臣反逸矣故曰君人者好爲善以先下則下不敢與君爭善以先君矣皆稱所知以自覆掩有過則臣反責君逆亂之道也君之智未必最賢於衆也以未最賢而欲善盡被下則下不贍矣若君之智最賢以一君而盡贍下則勞勞則有倦倦則衰衰則復反於人不贍之道也是以人君自任而躬事則臣不事事是君臣易位也謂之倒逆倒逆則亂矣人君苟任臣而勿自躬則臣皆事事矣是君臣之順治亂之分不可不察也

德立四

立天子不使諸侯疑立諸侯不使大夫疑立正妻不使嬖妻疑立嫡子不使庶孽疑疑則動兩則爭雜則相傷害在有與不在獨也故臣有兩位者國必亂臣兩位而國不亂者君在也恃君不亂矣失君則亂子有兩位者家必亂子兩位而家不亂者父在也恃父不亂矣失父則亂臣疑君而無不危國孽疑宗而無不危家

君人五

君人者舍法而以身治則誅賞予奪從君心出然則受賞者雖當望多無窮受罰者雖當望輕無已君舍法以心裁輕重則同功殊賞同罪殊罰矣怨之所由生也是以分馬之用策

分田之用鈎非以鈎策爲過於人智所以去私塞怨也故曰大君任法而弗躬則事斷於法法之所加各以分蒙賞罰而無望於君是以怨不生而上下和矣

小人食於力君子食於道以下十二則載意林

詩往志也書往誥也春秋往事也

愛赤子不慢其保絕險者不慢其御

措鈞石使禹察之不能識也懸於權衡則氂髮識矣

兩貴不相事兩賤不相使家富則疏族家貧則兄弟離

不聰不明不能王不瞽不聾不能公海與山爭水海必得之

有權衡者不可欺以輕重有尺寸者不可差以長短有法度

者不可巧以詐僞

一兔走百人追之積兔於市過而不顧非不欲兔分定不可爭也

孝子不生慈父之家忠臣不生聖君之下

匠人成棺不憎人死利之所在忘其醜也

廊廟之材非一木之枝粹白之裘非一狐之腋

藏甲之國必有兵遁市人可驅而戰安國之兵不由忿起

以力役法者百姓也以死守法者有司也以道變法者君長也以下載文獻通考自分內外篇不知何本而五篇止載第一之半

君明臣直國之福也父慈子孝夫信妻貞家之福也故比干忠而不能存殷申生孝而不能安晉是皆有忠臣孝子而國

家滅亂者何也無明君賢父以聽之故孝子不生慈父之家忠臣不生聖君之下

王者有易政而無易國有易君而無易民湯武非得伯夷之民以治桀紂非得蹠蹻之民以亂也民之治亂在於上國之安危在於政

夏箴曰小人無兼年之食遇天饑妻子非其有也大夫無兼年之食遇天饑臣妾輿馬非其有也戒之哉

與天下於人大事也煦煦者以爲惠而堯舜無德色取天下於人大嫌也潔潔者以爲汚而湯武無愧容惟其義也

有虞之誅以幪巾當墨以草纓當劓以菲履當刖以艾韠當宮布衣無領當大辟此有虞之誅也斬人肢體鑿其肌膚謂

之刑畫衣冠異章服謂之戮上世用戮而民不犯也當世用刑而民不從

行海者坐而至越有舟也行陸者立而至秦有車也秦越遠途也安坐而至者械也

日月爲天下眼目人不知德山川爲天下衣食人不能感有勇不以怒反與怯均也

小人食於力君子食於道先王之訓也故常欲耕而食天下之人矣然一身之耕分諸天下不能人得一升粟其不能飽可知也欲織而衣天下之人矣然一身之織分諸天下不能人得尺布其不能煖可知也故以爲不若誦先王之道而求其說通聖人之言而究其旨上說王公大人次匹夫徒步之

士王公大人用吾言國必治匹夫徒步之士用吾言行必修雖不耕而食饑不織而衣寒功賢於耕而食之織而衣之者也

法非從天下非從地出發於人間合乎人心而已治水者茨防決塞九州四海相似如一學之於水不學之於禹也

古之全大體者望天地觀江海因山谷日月所照四時所行雲布風動不以智累心不以私累己寄治亂於法術託是非於賞罰屬輕重於權衡不逆天理不傷情性不吹毛而求小疵不洗垢而察難知不引繩之外不推繩之內不急法之外不緩法之內守成理因自然禍福生乎道法而不出乎愛惡榮辱之責在乎己而不在乎人故至安之世法如朝露純樸

不欺心無結怨口無煩言故車馬不弊於遠路旌旗不亂於大澤萬民不失命於寇戎豪傑不著名於圖書不錄功於盤盂記年之牒空虛故曰利莫長於簡福莫久於安

鷹善擊也然日擊之則疲而無全翼矣驥善馳也然日馳之則蹶而無全蹄矣

能辭萬鍾之祿於朝陛不能不拾一金於無人之地能謹百節之禮於廟宇不能不弛一容於獨居之餘蓋人情每狎於所私故也

不肖者不自謂不肖也而不肖見於行雖自謂賢人猶謂之不肖也愚者不自謂愚也而愚見於言雖自謂智人猶謂之愚

法者所以齊天下之動至公大定之制也故智者不得越法而肆謀辯者不得越法而肆議士不得背法而有名臣不得背法而有功我喜可抑我忿可窒我法不可離也骨肉可刑親戚可滅至法不可闕也

善爲國者移謀身之心而謀國移富國之術而富民移保子孫之志而保治移求爵祿之意而求義則不勞而化理成矣

始吾未生之時焉知生之爲樂也今吾未死又焉知死之爲不樂也故生不足以使之利何足以動之死不足以禁之害何足以恐之明於死生之分達於利害之變是以目觀玉輅琬象之狀耳聽白雪清角之聲不能以亂其神登千仞之谿臨蝯眩之岸不足以淆其知夫如是身可以殺生可以無仁

可以成
鳥飛於空魚游於淵非術也故爲鳥爲魚者亦不自知其能
飛能游苟知之立心以爲之則必墮必溺猶人之足馳手掇
耳聽目視當其馳捉聽視之際應機自至又不待思而施之
也苟須思之而後可施之則疲矣是以任自然者久得其常
者濟

周成王問鬻子曰寡人聞聖人在上位使民富且壽若夫富
則可爲也若夫壽則在天乎鬻子對曰天聖王在上位天下
無軍兵之事故諸侯不私相攻而民不私相鬭也則民得盡
一生矣聖王在上則君積於德化而民積於用力故婦人爲
其所衣丈夫爲其所食則民無凍餓民得二生矣聖人在上

則君積於仁吏積於愛民積於順則刑罰廢而無夭遏之誅民則得三生矣聖王在上則使人有時而用之有節則民無癘疾民得四生矣

慎子終

皇清嘉慶十有三年歲在著雍執徐且月昭文張海鵬較梓

（周）慎到　撰
（清）嚴可均　批校
勞格　補校

慎子一卷

清嘉慶二十年（1815）嚴可均抄本

晉書劉隗傳、劉劭族子黄、老太元中、爲尚書郎、有義學、注愼子老子、並傳於世、

東晉亦有滕輔隋志梁有晉太學博士滕輔集五卷録一卷亡舊新唐志滕輔集並五卷今此注是東漢抑東晉無以明之

愼子　滕輔注

漢志法家愼子四十二篇名到先申韓申韓稱之隋志舊新唐志皆十卷滕輔注崇文總目三十七篇書錄解題稱麻沙刻本纔五篇余所見明刻本亦皆五篇今從羣書治要寫出七篇有注即滕輔注其多出之篇曰知忠曰君臣其威德篇又多出二百五十三字雖亦節本視陳振孫所見本爲勝因刺取各書引見之文校補譌脫其遺文墜句不能成篇者凡四十四事附于後滕輔東漢人埶文類聚六十有有漢滕輔祭牙文亦作滕撫又作騰撫後漢書滕撫字叔輔有傳元和姓纂騰本滕氏因避難改爲騰氏後漢相騰撫蓋滕騰一姓輔撫一聲故二文隨作矣烏程嚴可均

威德

荀子注作毛廧，案當作嬙。玉篇女部、廣韻十陽俱云廧同嬙。嬙，說文女部新附字。

季言案：說文解字人部無𠑊倛二字，倛當作䫏。頁部：䫏，醜也，从頁其聲。今逐疫有䫏頭。玉篇。荀子非相篇注：倛，方相也。其首蒙茸然，故曰蒙倛。子盛國曰蒙公先驅。韓侍郎云：四目為方相，兩目為倛。倛音欺。廣韻上平七之：𩓥同䫏。

季言案：續記雜記上朝服十五升去其半而緦加灰錫也。正義曰：取緦以為布，又加灰治之，則曰錫，言錫然滑易也。列子周穆王篇衣阿錫，張湛注：阿，細縠；錫，細布。則錫是緆非矣。

天有明而（而字從御覽四百一補，第二句放此）不憂人之闇也，地有財而不憂人之貧也，聖人有德而不憂人之危也。天雖不憂人之闇也，闢戶牖必取己明焉，則天無事矣。地雖不憂人之貧也，伐草刈木必取己富焉，則地無事矣。聖人雖不憂人之危也，百姓準上而比於其下，必取己安焉，則聖人無事矣。故聖人處上能無害人，不能使人無己害也，則百姓除其害矣。聖人之有天下也，受之也，非敢取之也。注有光明之德，故百姓推而與之耳，豈其心哉。百姓之於聖人也，養之也，非使聖人養己也，則聖人無事（已下今本無，治要有）矣。毛嬙西施（文選神女賦注、四子講德論注作先施。注云先施，西施也。）天下之至姣（藝文類聚十八，胡茅反，御覽三百八十一作姱）也，衣之以皮䫏（依注當作倛。藝文類聚作衣以皮褐。倛，欺既反。文選注、長短經是非作衣之以皮倛。御覽作衣以皮褐，無䫏字），則見之者皆走。注荀卿曰：仲尼之狀，面若蒙䫏（今荀子作面如蒙倛）。傲易之以玄緆（文選曹植美女篇注作錫，御覽亦作錫。四子講德論注作錫），則行者皆止。注緆謂細布。

所見治要本注亦作䫏

由是觀之、則玄緆色之助也、校者辭之、則色厭矣、走背跋踚窮
谷野、走千里、藥也、走背辭藥、則足廢、(注)理有相須而作、事有待
具而成、故雖資傾城之觀、必俟衣裳之飾、雖挺越常之足、必假
藥物而疾、故有才無勢、將顛墜於溝壑、有勢無才、亦騰踔乎風
雲、萬動䲨䲨、咸皆然耳、故騰蛇游霧、飛(論衡龍虛引作蜚)龍乘雲、雲罷
霧霽、與丘蚓同、(論衡作與螾蟻同)則失其所乘也、(御覽九百四十七作失所乘故也)故
賢而屈於不肖者、權輕也、不肖而服於賢者、位尊也、堯爲匹夫、
不能使其鄰家、(御覽六百三十八作不能使家化)及(及字依[illegible]經是非[illegible])至南面而王、
則令行禁止、由此觀之、賢不(藝文類聚五十四御覽作未)足以服不肖、而勢
位足以服不肖、而勢位足以屈賢矣、(藝文類聚作也)故無名而斷者、權
重也、弩弱而矰高者、乘於風也、身不肖而令行者、得助於衆也、
故舉重越高者、不慢於藥、愛亦子者、不慢於(意林作其下句放此)保、絕險

歷遠者不慢於御此得助則成釋助則廢矣夫三王五伯之德參於天地通於鬼神周於生物者其得助博也已上二百五十三字今本無

古者工不兼事士不兼官工不兼事則事省事省則易勝士不兼官則職寡職寡則易守故士位可世工事可常注古之宰物皆用其一能以成其一事是以用無棄人使無棄才若乃任使於過分之中役物於異便之地則上下顛倒事能淆亂矣百工之子不學而能者非生而而字從御覽七百五十二補巧也言有其常事也今也國無常道官無常法是以國家日繆教雖成官不足官不足則道理匱道理匱則慕賢智慕賢智則國家之政要在一人之心矣注人之情也莫不自賢則不相推政要在一人從一人之所欲不必善則政教陵遲矣古者立天子而貴之者非以利一人也曰天下無一貴則理御覽七十六作禮下通理亦作禮無由通通理以

法制禮籍所以立公義也

爲天下故立天子以爲天下也非立天下以爲天子也立國君以爲國也非立國以爲君也立官長以爲官也非立官以爲長也也法雖不善猶愈於無法（注）所以一人心也夫投鉤以分財投策以分馬非以鉤策爲均也使得美者不知所以德治要作賜今本作美得惡者不知所以怨今本[illegible]作惡所以塞願望治要及御覽作怨望藝文類聚二十二同從今本改使不上治要如此上疑作爭藝文類聚御覽及今本皆無此三字也故著龜所以立公識也權衡所以立公正也書契所以立公信也度量所以立公審也凡立公所以弃私也故著龜下五十一字從御藝文類聚二十二御覽四百二十九七百四十七補明君動事必由惠定罪分財必由法行德制中必由禮（注）法者所以愛民禮者所以便事故欲疑作役不得干時（注）必於農隙也愛不得犯法（注）當官而行貴不得踰規禄不得踰位士不得兼官工不得兼事以能受事以事受

利若是者上無羨賞下無羨財（注）羨猶溢也

因循

天道因則大（注）因百姓之情遂自然之性則其功至高其道至大也化則細（注）化使從我非物所樂其理褊狹其德細小也因也者因人之情也人莫不自爲也化而使之爲我則莫可得而用矣（注）違性矯情引彼就我則忿戾乖違莫有從之者矣是故先王見見字依長短經是非加不受祿者不臣祿不厚者不與入難人不得其所以自爲也則上不取焉（注）夫君上取用必須天機之動性分之通然後上下交泰經世可久耳故放使自爲則無不得任而使之則無不失矣故用人之自爲不用人之爲我則莫不可得而用矣此之謂因

民雜

民雜處而各有所能所能者不同此民之情也〔注〕故聖人不求備於一人也大君者大上也兼畜下者也下之所能不同而皆上之用也是以大君因民之能爲資盡包而畜之無能去取焉〔注〕夫大君之御世也皆曲盡百姓之能兼羅萬物之分因其長短就而用之故能文者爲文能武者爲武聾者使其視盲者使其聽故理有盡用物無棄財是故必執於方以求於人故所求者無一足也不設一方以求於人故所求者無不足也大君不擇其下故足也不擇其下則易爲下矣易爲下則下莫不容莫不容故多下多下之謂大上〔注〕其下既多故在上者大君臣之道臣事事〔注〕言事其所事而君無事也〔注〕百官之屬各有所司君逸樂而臣任勞臣盡智力以善其事而君無與焉仰成而已故事無不治〔注〕治之正道然也治要無此注今本以爲正文審觀非正文故定爲注人君

自任、而務爲善以先下、則是代下負任蒙勞也、臣反逸矣、故曰
田君人者好爲善以先下、則下不敢與君爭爲善以先君矣、(注)
君好見其善、則臣下皆淫善於君矣、上以一方之善、而施於衆
方之中、求其爲善贍、偏已多矣、君偏既多、而臣韜其善則天下
亂矣、皆私其所知以自覆掩、有過則臣反責君、逆亂之道也、(注)
夫所以置三公而列百官者、將使羣臣各進所知、以康庶績耳、
若乃君顯其善、而能藏其能、百事從君而出、衆端自上而下、則
臣善不用、而歸惡有在矣、君之智、未必最賢於衆也、以未最賢
而欲以善盡被下、則下不贍矣、(注)假使其賢、猶不可推一己之
智以察羣下、而況不最賢、若使君之智最賢、以一君而盡贍下、
則勞、勞則有倦、倦則衰、衰則復反於不贍之道也、是以人君苟
任而躬事、則臣不事事矣、(注)言君之專荷其事、則臣下不復以

事爲事矣、是若臣易位也、謂之倒逆、倒逆則亂矣、人君任臣而勿自躬、則臣事事矣、是君臣之順、治亂之分、不可不察也、【注】所謂任人者逸、自任者勞也、

知忠（此篇今本無治要有）

亂世之中、亡國之臣、非獨無忠臣也、治國之中、顯君之臣、非獨能盡忠也、治國之人、忠不偏於其君、亂世之人、道不偏於其臣、然而治亂之世、同世有忠道之人、臣之欲忠、不絶世、而君未得寧其上、【注】夫滅亡之國、皆有忠臣耳、然賢君千載一會、忠臣世世有之、値其方隆之時、則相與而交興矣、遇其昏亂之主、則相與而俱亡矣、無遇比干子胥之忠、而毀瘁主君於闇墨之中、遂涙溺滅名而死、由是觀之、忠未足以救亂世、而適足以重非、何以識其然也、（長短經反經作邪）曰、父有良子、而舜放瞽叟、桀有忠臣、而

過盈天下然則孝子不生慈父之家治要作義從意林改注六親不和有
孝慈也而忠臣不生聖君之下注國家昏亂有貞臣也意林作忠臣
故明主之使其臣也忠不得過職而職不得過官是以過脩於
身而下不敢以善驕矜守職之吏人務其治而莫敢淫偷其事
官正以和以敬其業治要作官正以敬其業和今依下文乙補吏人務其治而莫敢
淫偷其事官正以順以事其上如此則至治已注此五帝三王
之業也亡國之君非一人之罪也注惡不衆則不足以亡其國
也治國之君非一人之力也注善不多則不足興治也將治亂
在乎賢使疑作智或使字在賢上任職而不在於忠也故智盈天下澤及
其君忠盈天下害及其國故桀之所以亡堯不能以爲存然而
堯有不勝之善注言其道不可勝言也而桀有連非之名注天
下之惡皆歸之也則得人與失人也故廊廟之材蓋非一木之

枝也狐白之衣蓋非一狐之掖（治要作皮藝文類聚九十五文選四子講德論注同今從意林御覽九百九改）也治亂安危存亡榮辱之施非一人之力也

德立

立天子者不使諸侯疑焉立諸侯者不使大夫疑焉立正妻者不使嬖妾疑焉立適子者不使庶孽疑焉疑則動兩則爭雜則相傷害在有與不在獨也故臣有兩位者國必亂臣兩位而國不亂者君猶在也恃君而不亂矣失君必亂子有兩位者家必亂子有兩位而家不亂者父猶在（長短經理亂作存）也恃父而不亂矣失父必亂臣疑其君而無不危之國孽疑其宗而無不危之家（長短經有也字）

君人

君人者舍法而以身治則誅賞奪與從君心出矣然則受賞者

雖當望多無窮受罰者雖當望輕無已（注）民之所信者法也今在賞者欲多在罰者欲少無法以限之則不知所論矣雖極聰明以窮輕重盡心以班奪與夫何解於怨望哉君舍法而以心裁輕重則是同功而殊賞同罪而殊罰也怨之所由生也是以分馬者之用策分田者之用鉤也非以策鉤爲過於人之（之字從長短經通變補）智也所以去私塞怨也故曰大君任法而弗（長短經作不）躬爲則事斷於法矣法之所加各以其分蒙其賞罰而無望於君也是以怨不生而上下和矣

君臣（此篇今本無治要有）

爲人君者不多聽（注）物有本事有原據法倚數以觀得失無法之言不聽於耳無法之勞不圖於功無勞之親不任於官官不私親法不遺愛上下無事唯法所在（注）法令者生民之命至治

能改齋漫錄一引爲公作爲翁

之原天下之程式萬事之儀表智者不得過愚者不得不及焉

佚文

小人食於力君子食於道意林 御覽八百四十九

詩往志也書往誥也春秋往事也意林

厝鈞石使禹察錙銖之重則不能識也縣於權衡則氂髮之有脫文於權衡則不待禹之智中人之知莫不足以識之矣意林 御覽八百三十

兩貴不相事兩賤不相使意林

家富則疏族聚家貧則兄弟離非不相愛利不足相容也意林

諺云不聰不明不能爲王不瞽不聾不能爲公意林 御覽四百九十六

海與山爭水海必得之意林

有權衡者不可欺以輕重有尺寸者不可差以長短有法度者

案後漢袁紹傳注引作兔走於街百人追之貪人俱存人莫之非者以兔為未定分也積兔滿市過而不顧非不欲兔也分定之後雖鄙不爭

又[illegible]文田子傳論引作一兔走街百人逐之積兔於市過者不顧豈是無欲哉分定故也

不可巧以詐謟意林御覽四百二十九

今一兔走百人逐之非一兔足爲百人分也由未定由未定堯且屈力而況衆人乎積兔滿市行者不顧非不欲兔也分已定矣分已定雖鄙不爭故治天下及國在乎分定而已矣呂氏春秋審分覽愼勢文意林御覽九百七事類兔賦注文皆約省今合錄之云一兔走街百人追之積兔於市過而不顧非不欲得兔分定故不可爭也

匠人成棺不憎人死利之所在忘其醜意林又御覽五百五十一作匠人成棺而無憎于人利在人死也

藏甲之國必有兵道本作兵遁依御覽三百五十六改注有意者必先作具意林

市人可驅而戰安國之兵不由忿起意林

匠人知爲門能以門所以不知門也故必杜然後能門淮南道應訓

田駢名廣莊子天下篇釋文

法之功莫大使私不行君之功莫大使民不爭今立法而行私是私與法爭其亂甚於無法立君而尊賢是賢與君爭其亂甚於無君故有道之國法立則私善不行君立則賢者不尊民一於君事斷於法是國之大道也北堂書鈔四十三藝文類聚五十四御覽六百三十八

故治國無其法則亂守法而不變則衰有法而行私謂之不法以力役法者百姓也以死守法者有司也以道變法者君長也北堂書鈔四十三藝文類聚五十四

有虞氏之誅以畫跪當黥御覽作以幪巾當墨以草纓當劓以復紨御覽作菲履當刖以艾韠當宮布衣無領當大辟此有虞之誅也凡斬人之肢體鑿其肌膚謂之刑畫衣冠異章服謂之戮上世用戮而民不犯也當世用刑而民不從北堂書鈔四十四初學記二十荀子正論篇注御覽六百四十五路史後紀十一注

大字

載之行千仞之水而浮千鈞

金之重銖錙投千仞之水窮泥而後止則勢然也吴月（?）則浮千鈞非輕于銖錙則勢浮之也本一百二十七 北堂書鈔未刪改

大字

燕鼎之重乎千鈞乘於吳舟則可以濟所託者浮道也 御覽七百六十八

小字

又水經注河水四作下龍門流浮竹非駟馬之追也

禮從俗，政從上，使從君。國有貴賤之禮，無賢不肖之禮；有長幼之禮，無勇怯之禮；有親疏之禮，無愛憎之禮也。北堂書鈔未改本八十、藝文類聚三十八、初學記十三、御覽五百二十三。

堯讓許由，舜讓善卷，皆辭爲天子而退爲匹夫。藝文類聚二十一、御覽四百二十四

獸伏就穢。文選西都賦注

西河之下，龍門其流駛於竹箭，駟馬追走弗能及。文選南都賦注、御覽四十、白孔六帖六 又六十一、事類河賦注

離珠文選琴賦注引淮南子離朱之明，云案慎子作離珠。之明，察秋豪之末於百步之外，下於尺水而不能見淺深，非目不明也，其勢難覩也。文選琴賦注、演連珠第四十七首注、楊荊州誄注、御覽三百六十六。

夫德精微而不見，聰明而不發，是故外物不累其內。文選沈約遊沈道士

卅高節士、宋本文選二十五、盧子諒贈劉琨詩注、

夫道所以使賢、無柰不肖何也、所以使智無柰愚何也、若此則

館詩注、又養生論注、弔魏武文注、

謂之道勝矣、文選張景陽襍詩注

道勝、則名不彰、同上

趨之有司賤也、文選謝元暉始出尚書省詩注

臣下閉口、左右結舌、文選陸機謝平原內史表注

久處無過之地、則世俗聽矣、文選吳質荅魏太子牋注

昔周室之衰也、厲王擾亂天下、諸侯力政、人欲獨行以相兼、文選東方朔荅客難注

衆之勝寡、必也、文選夏侯常侍誄注

(注) 甘寢、安寢也、文選褚淵碑注

魯莊公鑄大鐘、曹劌入見曰、今國褊小而鐘大、君何不圖之、初學

記十六御覽五百七十五

多賢不可以多君無賢不可以無君 荀子解蔽篇注

桀紂之有天下也四海之內皆亂關龍逢王子比干不與焉而謂之皆亂其亂治衆者也堯舜之有天下也四海之內皆治而丹朱商均不與焉而謂之皆治其治者衆也 長短經勢運 [illegible]

昔者天子能服而宰夫設服足能行而相者導進口能言而行稱辭故無失言失禮也 御覽七十六

折券屬符節賢不肖用之 注 券契不爲人信人自用之 御覽四百四十三

有勇不以怒反與怯同也 御覽四百三十七又四百九十九

公輸子巧用材也不能以檀爲瑟 御覽五百七十六

孔子曰丘少而好學晚而聞道此以博矣 御覽六百七

孔子云有虞氏不賞不罰夏后氏賞而不罰殷人罰而不賞周

人賞且罰罰柔也賞使也御覽六百三十三

鑊鼎之重乎千鈞乘於吳舟則可以濟所託者浮道也御覽七百六十

公

行海者坐而至越有舟也行陸者立而至秦有車也秦越遠塗也安坐而至者械也御覽七百六十八

呂氏春秋貴因篇有鄣五二字

白孔六帖十一又十一

君臣之閒猶權衡也權左輕則右重右重則左輕輕重迭相析當有誤天地之理也御覽八百三十

飲過度者生水食過度者生貪御覽八百四十九

慎子一卷

(周)慎到 撰

清道光十三年(1833)王氏棠蔭館刊《二十二子全書》本

周愼到撰

愼子

崇蔭館藏板

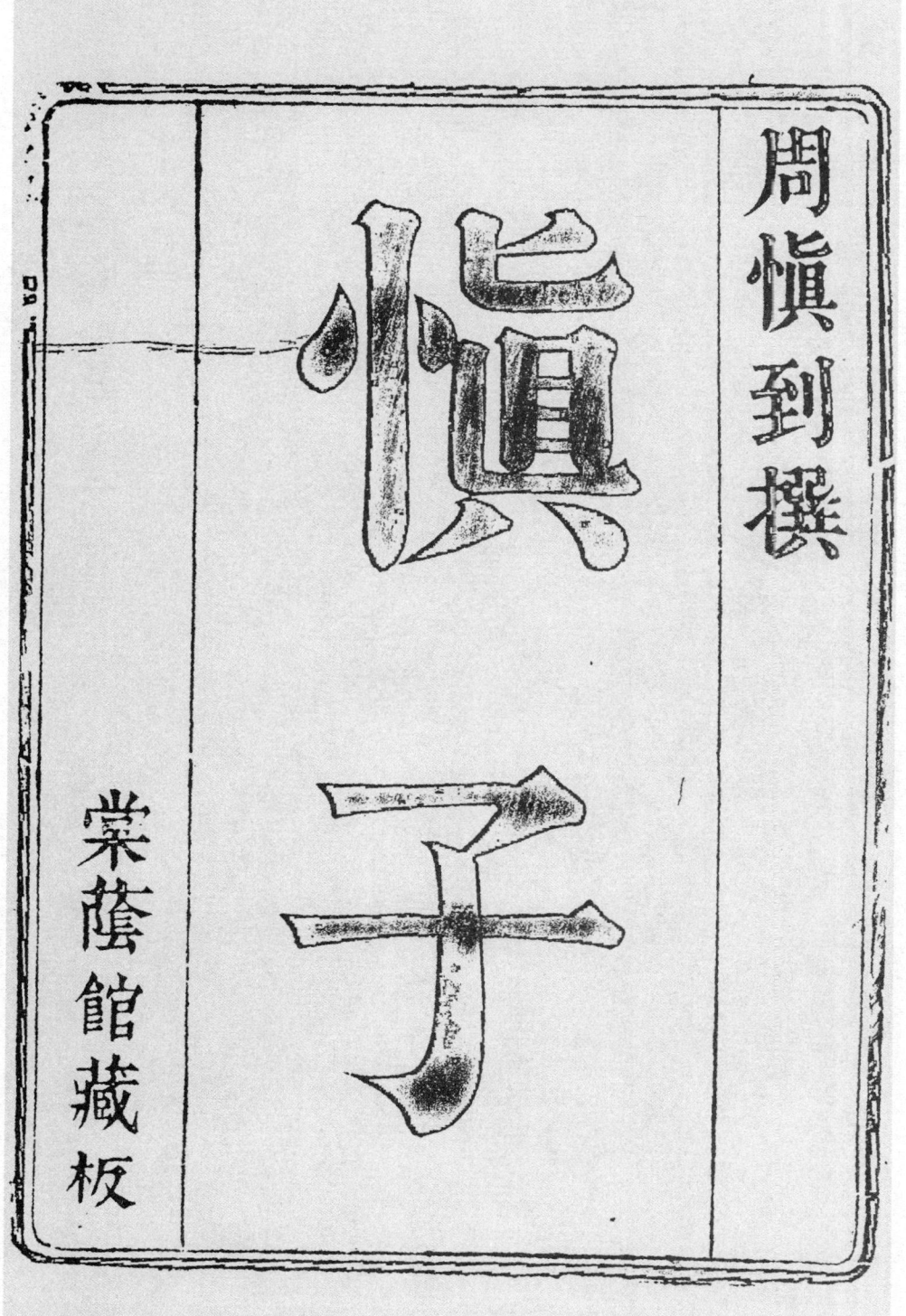

慎子

周　慎　到　撰

威德一

天有明不憂人之暗地有財不憂人之貧聖人有德不憂人之危也天雖不憂人暗闢戸牖必取已明焉則天無事也地雖不憂人貧伐木刈草必取已富焉則地無事也聖人雖不憂人之危百姓準上而比於下其必取已安焉則聖人無事也故聖人處上能無害人不能使人無已害也則百姓除其害矣聖人之有天下也受之也非敢取之也百姓之於聖人也養之也非使聖人養

慎子　一

已也則聖人無事古者工不兼事士不兼官工不兼事則事省省則易勝士不兼官則職寡寡則易守故士位可世工事可常百工之子不學而能者非生巧也言有常事也今也國無常道官無常法是以國家日繆教雖成官不足官不足則道理匱矣古者立天子而貴者非以利一人也曰天下無一貴則理無由通通理以爲天下也故立天子以爲天下非立天下以爲天子也立國君以爲國非立國以爲君也立官長以爲官非立官以爲官長也法雖不善猶愈於無法所以一人心也夫投鈎以分財投策以分馬非鈎策爲均也使得美者不知

所以美使得惡者不知所以惡此所以塞願望也明君動事分官由慧定賞分財由法行德制中由禮故欲不得于時愛不得犯法貴不得踰親祿不得踰位士不得兼官工不得兼事以能受事以事受利若是者上無羨賞下無羨財

因循二

天道因則大因百姓情遂自然性則功高而道大化則細化民從我非物所樂其理偏狹因也者因人之情也人莫不自爲也化而使之爲我則莫可得而用是故先王不受祿者不臣不厚祿者不與人人不得其所以自爲也則上不取用焉故用人之自

爲不用人之爲我則莫不可得而用矣此謂之因

民雜三

民雜處而各有所能者不同此民之情也大君者大上也兼畜下者也下之所能不同而皆上之用也是以大君因民之能爲資盡包而畜之無能取去焉是故必執於方以求於人故所求者無一足也大君不擇其下故足不擇其下則爲下易矣易爲下則莫不容容故多下多下之謂大上君臣之道臣有事而君無事也君逸樂而臣任勞臣盡智力以善其事而君無與焉仰成而已事無不治治之正道然也人君自任而務爲善以先下

則是代下負任蒙勞也臣反逸矣故曰君人者好爲善以先下則下不敢與君爭善以先君矣皆稱所知以自覆掩有過則臣反責君逆亂之道也君之智未必最賢於衆也以未最賢而欲善盡被下則下不贍矣若君之智最賢以一君而盡贍下則勞勞則有倦倦則衰衰則復返於人不贍之道也是以人君自任而躬事則臣不事事也是君臣易位也謂之倒逆倒逆則亂矣人君任臣而勿自躬則臣事事矣是君臣之順治亂之分不可不察也

德立四

立天子不使諸侯疑立諸侯不使大夫疑立正妻不使群妻疑立嫡子不使庶孽疑疑則動兩動則爭雜則相傷害在有與不在獨也故臣有兩位者國必亂臣兩位國不亂者君在也恃君不亂矣失君則亂子有兩位者家必亂子兩位而不亂者父在也恃父不亂矣失父則亂臣疑君而無不危國孽疑宗而無不危家

君人五

君人者舍法而以身治則誅賞予奪從君心出然則受賞者雖當望多無窮受罰者雖當望輕無已君舍法以心裁輕重則同功殊賞同罪殊罰矣怨之所由生也是

以分馬之用策分田之用鉤非以策鉤爲過於人智所以去私塞怨也故曰大君任法而弗躬則事斷於法法之所加各以分蒙賞罰而無望於君是以怨不生而上下和矣

小人食於力君子食於道以下十二條載意林

詩往志也書往誥也春秋往事也

愛赤子不慢其保絕險者不慢其御

措鈞石使禹察之不能識也懸於權衡則氂髮識矣

兩貴不相事兩賤不相使家富則疏族家貧則兄弟離

不聰不明不能王不瞽不聾不能公海與山爭水海必

得之
有權衡者不可欺以輕重有尺寸者不可差以長短有
法度者不可巧以詐僞
一兎走百人追之積兎於市過而不顧非不欲兎分定
不可爭也
孝子不生慈父之家忠臣不生聖君之下
匠人成棺不憎人死利之所在忘其醜也
廊廟之材非一木之枝狐白之裘非一狐之腋
藏甲之國必有兵遁市人可驅而戰安國之兵不由忿
起

按漢志四十二篇唐志十卷滕輔註今纔五篇非全書也周氏涉筆稱屏去繆悠剪削枝葉本道而附於情主法而責於上五篇雖簡約而明白純正統本貫末則全書宋時已亡逸矣馬氏意林掇取十二條具不見五篇中蓋采諸全書者今錄以附篇末云丁丑夏日潛菴子志

慎子終

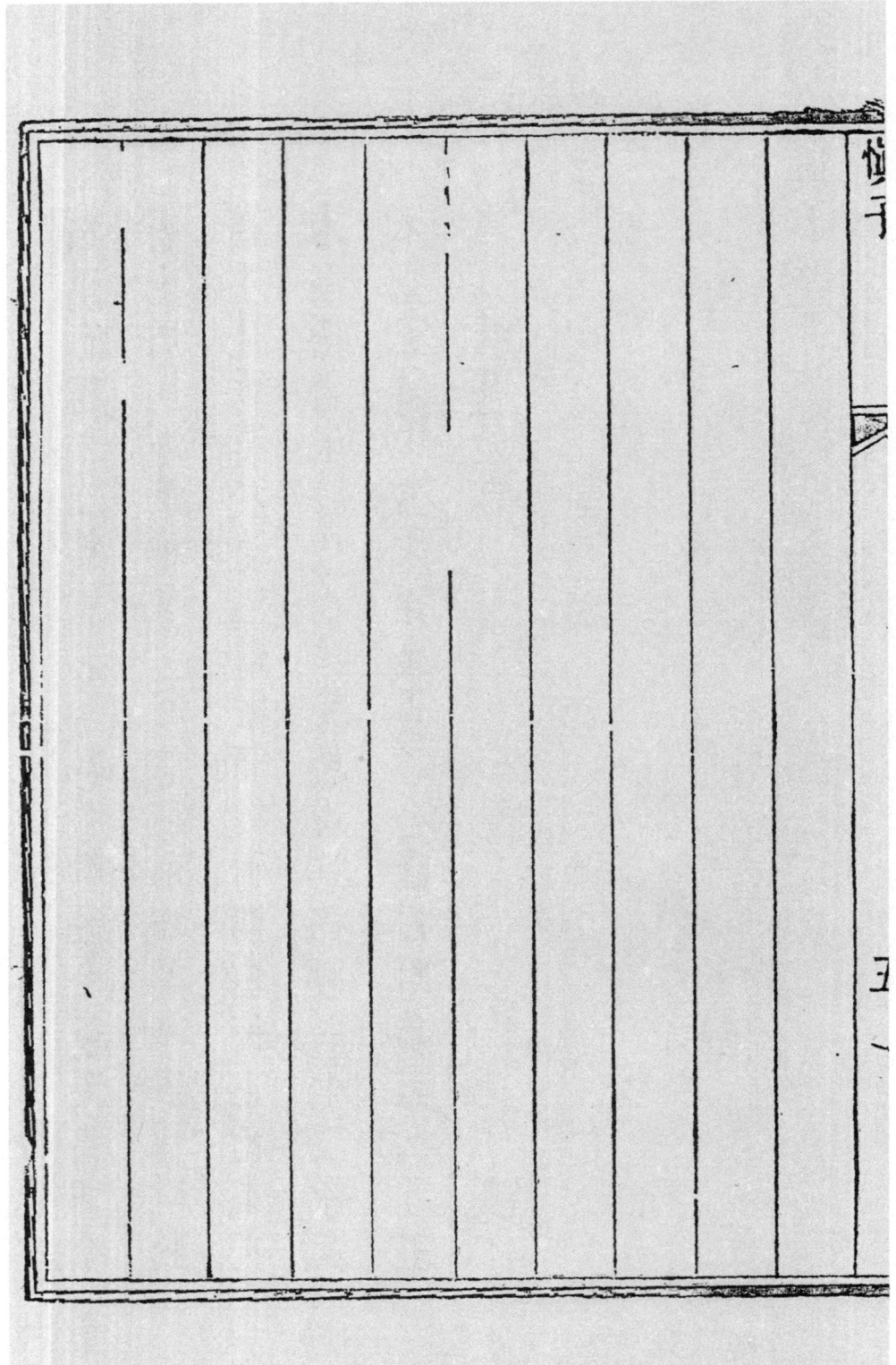

慎子一卷附逸文

(周)慎到 撰 (清)錢熙祚 輯逸並校跋

清道光二十四年(1844)金山錢氏依《墨海金壺》版重編增刊《守山閣叢書》本

慎子

附逸文

欽定四庫　書提要

愼子一卷周愼到撰到趙人中興書目作瀏陽人陳振孫書錄解題曰愼到趙人見於史記瀏陽在今潭州吳時始置縣與趙南北了不相涉則稱瀏陽者非矣明人刻本又云到一名廣案陸德明莊子釋文田駢下注曰愼子云名廣然則駢一名廣非到一名廣尤舛誤也愼子之學觀莊周天下篇所稱近乎釋氏然漢志列之於法家今考其書大旨欲因物理之當然各定一法而守之不求於法之外亦不寬於法之中則上下相安可以清淨而治然法所不行勢必刑以齊之道德之爲刑名此其轉關所以申韓多稱之也語見漢書藝文志其書漢志作

四十二篇唐志作十卷崇文總目作三十七篇書錄解
題則稱麻沙刻本凡五篇已非全書此本雖亦分五篇
而文多刪削又非陳振孫之所見蓋明人捃拾殘剩重
爲編次如云孝子不生慈父之家忠臣不生聖君之下
二句前後兩見知爲雜錄而成失除重複矣

愼子　　守山閣叢書　子部

周愼到撰　　金山錢熙祚錫之校

威德

天有明不憂人之暗也（原刻脫也字依治要補下句同）地有財不憂人之貧也聖人有德不憂人之危也（原刻危作厄依治要改）天雖不憂人之暗（原刻脫之字依治要補）闢戶牖必取已明焉則天無事也地雖不憂人之貧（原刻脫之字依治要補）伐木刈草必取已富焉則地無事也聖人雖不憂人之危（原刻危作厄依治要改）百姓準上而比於下其必取已安焉則聖人無事也故聖人處上能無害人不能使人無已害也則百姓除其害矣聖人之有天下也受之也（原刻受作愛依治要改）非取之也（原刻取上有敢字依治要刪）百姓之於聖人也養之也非

使聖人養已也則聖人無事矣○原刻脫矣字依治要補毛嬙西施○文選神女賦注四子講德論注引此文西並作先按二字古通天下之至姣也衣之以皮倛○御覽三百八十一引作褐又類聚十八倛上多褐字則見者皆走易之以元緆則行者皆止由是觀之則元緆色之助也姣者辭之則色厭矣走背跋踚窮谷野走十里藥也走背辭藥則足廢故騰蛇遊霧飛龍乘雲雲罷霧霽○御覽九百三十三又九百四十七引作散後漢書隗囂傳注引作除與蚯蚓同則失其所乘也故賢而屈於不肖者權輕也不肖而服於賢者位尊也堯爲匹夫不能使其鄰家○御覽六百三十八引此句作不能使家化至南面而王則令行禁止由此觀之賢不足以服不肖而勢位足以屈賢矣故無名而斷者權重也弩弱而矰高者乘於風也○二句又見書鈔百二十五御覽三百四十八身不肖而令行者得助於

衆也○自騰蛇遊霧至此又見韓非子難勢篇文多異古人引書每不屑屑字句既於大義無關可置不論故舉重越高者不慢於藥愛赤子者不慢於保絕險歷遠者不慢於御○二句又見意林兩於字並作其此得助則成釋助則廢矣夫三王五伯之德參於天地通於鬼神周於生物者其得助博也○按自毛嬙西施至此凡二百四十五字原刻並脫依治要補古者工不兼事士不兼官工不兼事則事省事省則易勝○原刻脫此句事字依治要補士不兼官則職寡職寡則易守○原刻脫此句職字依治要補故士位可世工事可常百工之子不學而能者非生巧也○御覽七百五十二引此文生下多而字言有常事也今也國無常道官無常法是以國家日繆教雖成官不足官不足則道理匱道理匱則慕賢智慕賢智則國家之政要在一人之心矣○自道理匱則慕賢智至此句心字止凡二十一字原刻並脫依治要補古者立天

子而貴之者○原刻脫之字依治要補與御覽七十六引此文合非以利一人也曰天下無一貴則理無由通通理以爲天下也故立天子以爲天下非立天下以爲天子也立國君以爲國非立國以爲君也立官長以爲官非立官以爲長也○原刻長上有官字依治要刪與御覽六百六十六引此文合法雖不善猶愈於無法所以一人心也○治要以此句爲注文夫投鉤以分財投策以分馬非鉤策爲均也○御覽四百二十九引此文非下有已字古已與以通使得美者不知所以德使得惡者不知所以怨此所以塞願望也○治要願作怨與御覽六百三十八引此文合故蓍龜所以立公識也權衡所以立公正也書契所以立公信也度量所以立公審也法制禮籍所以立公義也凡立公所以棄私也○自故蓍龜至此凡五十一字原刻並脫依類聚二十二御覽四百二十九引此文補明君動事分功必由慧

○原刻脫必字依治要補定賞分財必由法行德制中必由下二句同又治要惪作惠禮故欲不得干時愛不得犯法貴不得踰親○治要作規祿不得踰位士不得兼官工不得兼事以能受事以事受利若是者上無羨賞下無羨財

因循

天道因則大化則細因也者因人之情也人莫不自爲也化而使之爲我則莫可得而用矣○矣字依治要補是故先王見不受祿者不臣○原脫見字據長短經是非篇補祿不厚者不與入難○難字依治要補人不得其所以自爲也則上不取用焉故用人之自爲不用人之爲我則莫不可得而用矣此之謂因○之謂二字原倒依治要乙轉

民雜

民雜處而各有所能所能者不同○原刻所能二字不重依治要補 此民之情也大君者太上也兼畜下者也下之所能不同而皆上之用也是以大君因民之能爲資盡包而畜之無能去取焉○原刻去取二字倒依治要乙轉 是故不設一方以求於人故所求者無不足也○原刻必執於方以求於人故所求者無一足也依治要改 大君不擇其下故足不擇其下則易爲下矣○原刻易字在矣上依治要改 易爲下則莫不容莫不容故多下○原刻脫此句莫不二字依治要補 多下之謂太上君臣之道臣事事○原刻作有事依治要改治要又有注云言事其所事 而君無事○原刻此下有也字依治要刪 君逸樂而臣任勞臣盡智力以善其事而君無與焉仰成而已故事無不治○原刻脫故字依治要補 治之正道然也人君自任而務爲善以先下○原刻務作獨依治要改 則是代下負任蒙勞也臣反逸矣故曰

君人者好爲善以先下則下不敢與君爭爲善以先君矣。原刻脫爲字依治要補皆私其所知以自覆掩。原刻私作稱又脫其字並依治要補正有過則臣反責君逆亂之道也君之智未必最賢於衆也以未最賢而欲以善盡被下。原刻欲下脫以字依治要補則不贍矣。原刻則下有下字依治要刪若使君之智最賢。原刻脫使字依治要補以一君而盡贍下則勞勞則有倦倦則衰衰則復反於不贍之道也。原刻於下有人字依治要刪此十字作一句讀是以人君自任而躬事則臣不事事是君臣易位也謂之倒逆倒逆則亂矣人君苟任臣而勿自躬則臣皆事事矣是君臣之順治亂之分不可不察也

知忠此篇原刻全脫依治要補

亂世之中亡國之臣非獨無忠臣也治國之中顯君之臣非

獨能盡忠也治國之人忠不偏於其君亂世之人道不偏於其臣然而治亂之世同世有忠道之人臣之欲忠者不絕世而君未得寧其上無遇比干子胥之忠而毀瘁主君於闇墨之中遂染溺滅名而死由是觀之忠未足以救亂世而適足以重非何以識其然也曰父有良子而舜放瞽叟桀有忠臣而過盈天下然則孝子不生慈父之家○原作義依意林引此文改而忠臣不生聖君之下故明主之使其臣也忠不得過職而職不得過官是以過修於身而下不敢以善驕矜守職之吏人務其治而莫敢淫偷其事官正以敬其業和順以事其上○吏原作史又於和下複衍吏人至正以凡十五字今依文義刪正如此則至治已亡國之君非一人之罪也治國之君非一人之力也將治亂在乎賢使任職

而不在於忠也故智盈天下澤及其君忠盈天下害及其國故桀之所以亡堯不能以爲存然而堯有不勝之善而桀有運非之名則得人與失人也故廊廟之材蓋非一木之枝也粹白之裘○粹原作狐依意林引此文改蓋非一狐之皮也○意林皮作腋按御覽七百六十六又九百九並作皮與治要合治亂安危存亡榮辱之施非一人之力也○按此六句又見文選盧子諒答魏子悌詩注四子講德論注

德立

立天子者不使諸侯疑焉○原刻脫者字焉字依治要補下三句並同立諸侯者不使大夫疑焉立正妻者不使嬖妾疑焉○原刻嬖妾作孽妻依治要改立嫡子者不使庶孽疑焉疑則動○原刻此下有兩動二字依治要刪兩則爭雜則相傷害在有與不在獨也故臣有兩位者國必亂臣兩位

而國不亂者君在也恃君而不亂矣失君必亂○原刻必作則又脫而字並依治要補正子有兩位者家必亂子兩位而家不亂者父在也恃父而不亂矣失父必亂○原刻必作則又脫而字並依治要補正又治要三父字並作親臣疑其君無不危之國○原刻脫其字之字又君下有而字並依治要刪補下二句倣此孽疑其宗無不危之家

君人

君人者舍法而以身治則誅賞予奪從君心出矣○原刻脫矣字依治要補然則受賞者雖當望多無窮受罰者雖當望輕無已君舍法而以心裁輕重○原刻脫而字依治要補則同功殊賞同罪殊罰矣怨之所由生也是以分馬者之用策分田者之用鉤○原刻脫兩者字依治要補非以鉤策爲過於人智也○原刻鉤策二字倒又脫也字並依治要補正長短經適

變篇引作非以鉤策爲過人之智也所以去私塞怨也故曰大君任法而弗躬則事斷於法矣○原刻脫矣字依治要補法之所加各以其分蒙其賞罰而無望於君也○原刻脫而其字及也字並依治要補是以怨不生而上下和矣○長短經適變篇引作則怨不生而上下和也

君臣

此篇原刻全脫依治要補

爲人君者不多聽據法倚數以觀得失無法之言不聽於耳無法之勞不圖於功○二句又見文選長楊賦注無勞之親不任於官官不私親法不遺愛上下無事唯法所在

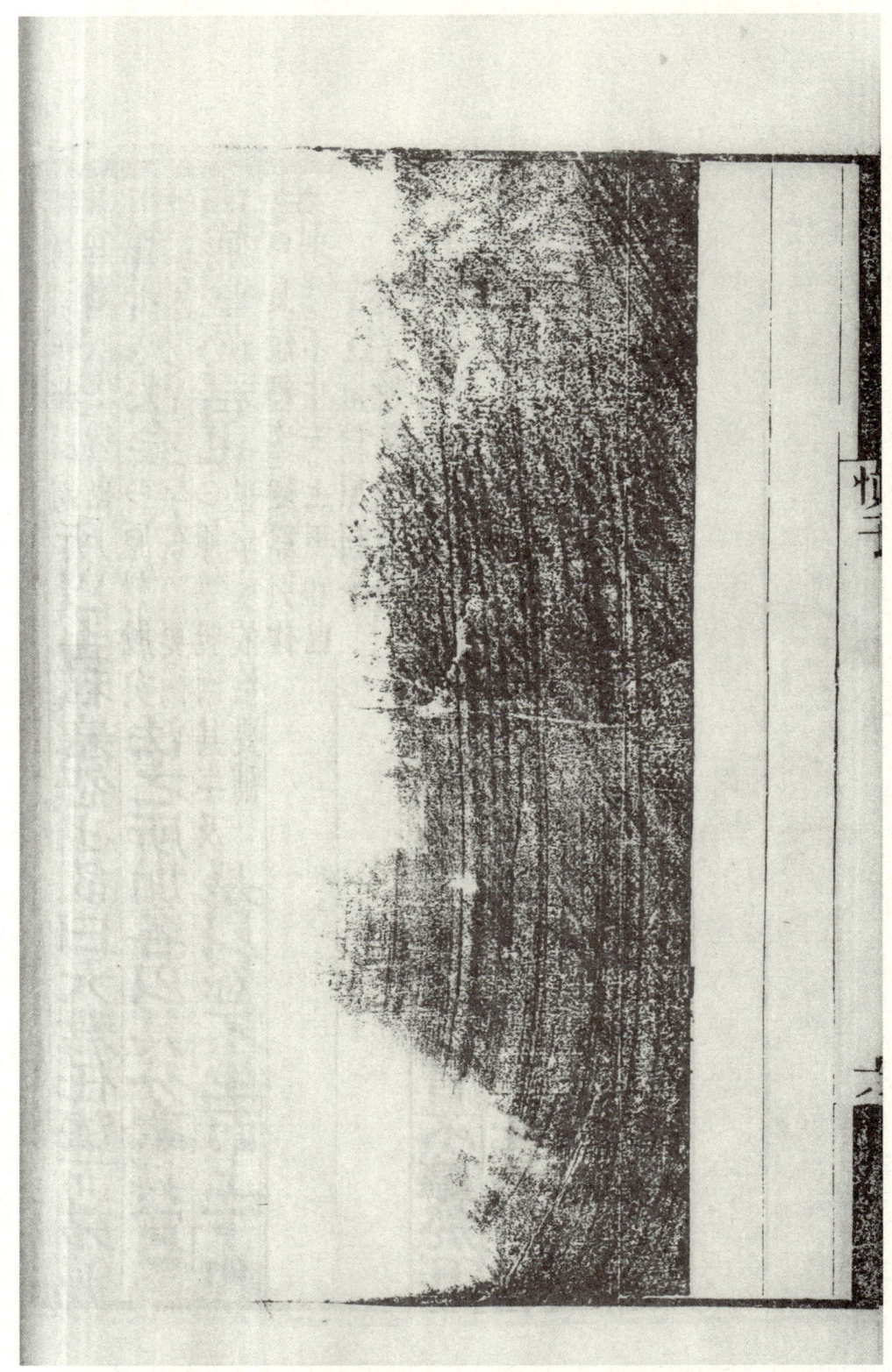

愼子逸文

行海者坐而至越有舟也○六帖十一舟下有故字行陸者立而至秦有車也○句亦見六帖十一秦越遠途也安坐而至者械也○御覽七百六十八

厝鈞石使禹察錙銖之重則不識也懸於權衡則氂髮之不可差則不待禹之智中人之知莫不足以識之矣○御覽八百三十又意林節引

諺云不聽不明不能爲王不瞽不聾不能爲公海與山爭水海必得之○意林御覽四百九十六

禮從俗政從上使從君國有貴賤之禮無賢不肖之禮有長幼之禮無勇怯之禮有親疎之禮無愛憎之禮也○類聚三十八御覽五百二十三

法之功莫大使私不行君之功莫大使民不爭今立法而行私是私與法爭其亂甚於無法立君而尊賢是賢與君爭其亂甚於無君故有道之國法立則私議○書鈔四十三引作私善不行君立則賢者不尊民一於君事斷於法是國之大道也○類聚五十四御覽六百三十八

河之下龍門○寰宇記四十六河下有水字其流駛如竹箭駟馬追弗能及○六帖六作追之不及寰宇記亦有之字御覽四十

有權衡者不可欺以輕重有尺寸者不可差以長短有法度者不可巧以詐偽○意林御覽四百二十九

有虞之誅以幪巾當墨○書鈔四十四引作畫䟽當黥以草纓當劓以菲履當刖以艾韠當宮布衣無領當大辟此有虞之誅也斬人肢

體鑿其肌膚謂之刑畫衣冠異章服謂之戮上世用戮而民不犯也當世用刑而民不從。御覽六百四十五

昔者天子手能衣而宰夫設服足能行而相者導進口能言而行人稱辭故無失言失禮也。御覽七十六

離朱之明察秋毫之末於百步之外下於水尺而不能見淺深非目不明也其勢難覩也。文選演連珠注楊荆州誄注類聚十七御覽三百六十六

堯讓許由舜讓善卷皆辭爲天子而退爲匹夫。類聚二十一御覽四百二十四

折券契屬符節賢不肖用之。御覽四百三十抄本書鈔百四云折券契節賢不肖曰之物以此得而不記于信也按文有脫誤不可讀

魯莊公鑄大鐘曹劌入見曰今國褊小而鐘大君何不圖之

○初學記十六御覽五百七十五

公輸子巧用材也不能以檀爲瑟○御覽五百七十六

孔子曰丘少而好學晚而聞道以此博矣○御覽六百七

孔子云有虞氏不賞不罰夏后氏賞而不罰殷人罰而不賞周人賞且罰罰禁也賞使也○御覽六百三十三

燕鼎之重乎千鈞乘於吳舟則可以濟所託者浮道也○御覽七百六十八

君臣之間猶權衡也權左輕則右重右重則左輕輕重迭相橛天地之理也○御覽八百三十

飲過度者生水食過度者生貪○御覽八百四十九

故治國無其法則亂守法而不變則衰有法而行私謂之不

法以力役法者百姓也以死守法者有司也以道變法者君長也○類聚五十四

一兔走街百人追之貪人具存人莫之非者以兔爲未定分也積兔滿市過而不顧非不欲兔也分定之後雖鄙不爭○後漢書袁紹傳注又意林及御覽九百七並節引　按呂氏春秋愼勢篇引愼子云今一兔走百人逐之非一兔足爲百人分也由未定由未定堯且屈力而況衆人乎積兔滿市行者不顧非不欲兔也分已定矣分已定人雖鄙不爭故治天下及國在乎定分而已矣

匠人知爲門能以門所以不知門也故必杜然後能門○淮南道應訓

勁而害能則亂也云能而害無能則亂也○荀子非十二子篇注

弃道術舍度量以求一人之識識天下誰子之識能足焉○荀

子王霸篇注

多賢不可以多君無賢不可以無君。荀子解蔽篇注

匠人成棺不憎人死利之所在忘其醜也。意林又御覽五百五十一引作匠人成棺而無憎於人利在人死也

獸伏就穢。文選西都賦注

夫德精微而不見聰明而不發是故外物不累其內。文選沈休文遊沈道士館詩注養生論注

夫道所以使賢無奈不肖何也所以使智無奈愚何也若此則謂之道勝矣。文選張景陽雜詩注

道勝則名不彰。文選張景陽雜詩注

邊事之有司賤也。文選謝元暉始出尚書省詩注

臣下閉口左右結舌○文選謝平原內史表注

久處無過之地則世俗聽矣○文選吳季重答魏太子牋注

昔周室之衰也厲王擾亂天下諸侯力政人欲獨行以相兼○文選東方朔答客難注

衆之勝寡必也○文選夏侯常侍誄注

詩往志也書往誥也春秋往事也○意林又經義考引此文下云至於易則吾心陰陽消息之理備焉未見所出當考

兩貴不相事兩賤不相使○意林

家富則疏族聚家貧則兄弟離非不相愛利不足相容也○意林

藏甲之國必有兵遁市人可驅而戰安國之兵不由忿起○意

林

蒼頡在庖犧之前○尚書序疏

爲毳者患塗之泥也○書益稷疏

晝無事者夜不夢○雲笈七籤三十二

田駢名廣○莊子天下篇釋文

桀紂之有天下也四海之内皆亂關龍逢王子比干不與焉而謂之皆亂其亂者衆也堯舜之有天下也四海之内皆治而丹朱商均不與焉而謂之皆治其治者衆也○長短經勢運篇注

君明臣直國之福也父慈子孝夫信妻貞家之福也故比干忠而不能存殷申生孝而不能安晉是皆有忠臣孝子而國家滅亂者何也無明君賢父以聽之○按戰國策有此文故孝子不生

慈父之家忠臣不生聖君之下（○二句又見意林據治要在知忠篇其上文與此大異當考此下逸文並依原刻附入原刻云載文獻通考今檢通考並無其文存之以質知者）

王者有易政而無易國有易君而無易民湯武非得伯夷之民以治桀紂非得蹠蹻之民以亂也民之治亂在於上國之安危在於政

夏箴曰小人無兼年之食遇天饑妻子非其有也大夫無兼年之食遇天饑臣妾輿馬非其有也戒之哉（○洪逸周書有此文）

與天下於人大事也煦煦者以為惠而堯舜無德色取天下於人大嫌也潔潔者以為污而湯武無愧容惟其義也

日月為天下眼目人不知德山川為天下衣食人不能感（○御覽三以此四句為任子文感作謝）

有勇不以怒反與怯均也（○二句又見御覽四百三十七）

及四百九十九

小人食於力君子食於道○二句又見意林及御覽八百四十九先王之訓也故常欲耕而食天下之人矣然一身之耕分諸天下不能人得一升粟其不能飽可知也欲織而衣天下之人矣然一身之織分諸天下不能人得尺布其不能煖可知也故以為不若誦先王之道而求其說通聖人之言而究其旨上說王公大人次匹夫徒步之士王公大人用吾言國必治匹夫徒步之士用吾言行必修雖不耕而食饑不織而衣寒功賢於耕而食之織而衣之者也○按墨子有此文

法非從天下非從地出發於人間合乎人心而已治水者茨防決塞九州四海○按繹史引此四字作雖在夷狄相似如一學之於水不

學之於禹也。自治水者以下又見列子湯問篇注九州四海作雖在東貊與彝吏合

古之全大體者，望天地，觀江海，因山谷，日月所照，四時所行，雲布風動，不以智累心，不以私累己，寄治亂於法術，託是非於賞罰，屬輕重於權衡，不逆天理，不傷情性，不吹毛而求小疵，不洗垢而察難知，不引繩之外，不推繩之內，不急法之外，不緩法之內，守成理，因自然，禍福生乎道法，而不出乎愛惡，榮辱之責在乎己，而不在乎人。故至安之世，法如朝露，純樸不欺，心無結怨，口無煩言。故車馬不弊於遠路，旌旗不亂於大澤，萬民不失命於寇戎，豪傑不著名於圖書，不錄功於盤盂，記年之牒空虛。故曰：利莫長於簡，福莫久於安。○按韓非子有此文

鷹善擊也，然日擊之則疲而無全翼矣；驥善馳也，然日馳之

則蹶而無全蹄矣
能辭萬鐘之祿於朝陛不能不拾一金於無人之地能謹百節之禮於廟宇不能不弛一容於獨居之餘盖人情每狎於所私故也
不肖者不自謂不肖也而不肖見於行雖自謂賢人猶謂之不肖也愚者不自謂愚也而愚見於言雖自謂智人猶謂之愚○按鬻子有此文
法者所以齊天下之動至公大定之制也故智者不得越法而肆謀辯者不得越法而肆議士不得背法而有名臣不得背法而有功我喜可抑我忿可窒我法不可離也骨肉可刑親戚可滅至法不可闕也

善爲國者移謀身之心而謀國移富國之術而富民移保子孫之志而保治移求爵祿之意而求義則不勞而化理成矣始吾未生之時焉知生之爲樂也今吾未死又焉知死之爲不樂也故生不足以使之利何足以動之死不足以禁之害何足以恐之明於死生之分達於利害之變是以目觀玉輅琬象之狀耳聽白雪淸角之聲不能以亂其神登千仞之谿臨蝯眩之岸不足以淆其知夫如是身可以殺生可以無仁可以成

鳥飛於空魚游於淵非術也故爲鳥爲魚者亦不自知其能飛能游苟知之立心以爲之則必墮必溺猶人之足馳手捉耳聽目視當其馳捉聽視之際應機自至又不待思而施之

也苟須思之而後可施之則疲矣是以任自然者久得其常
者濟
周成王問鬻子曰寡人聞聖人在上位使民富且壽若夫富
則可為也若夫壽則在天乎鬻子對曰夫聖王在上位天下
無軍兵之事故諸侯不私相攻而民不私相鬬也則民得盡
一生矣聖王在上則君積於德化而民積於用力故婦人為
其所衣丈夫為其所食則民無凍餓民得二生矣聖人在上
則君積於仁吏積於愛民積於順則刑罰廢而無夭遏之誅
民則得三生矣聖王在上則使人有時而用之有節則民無
癘疾民得四生矣（按賈誼新書有此文）
慎子逸文終

愼子跋

史記稱愼到著十二論徐廣註云今愼子劉向所定有四十一篇按漢志本四十二篇徐註一字誤也通志藝文略愼子舊有十卷四十二篇今亡九卷三十七篇是宋本已與今同羣書治要有愼子七篇今所存五篇具在用以相校知今本又經後人刪節非其原書今以治要爲主更據唐宋類書所引隨文補正其無篇名者別附於後雖不能復還舊觀而古人所引搜羅略備矣舊本後有逸文不知何人所輯內有數條云出文獻通考今檢之不可得且鄭漁仲所見已止五篇安得通考中尚有逸文尋其文句蓋雜取鬻子墨子韓非子戰國策諸書以流傳旣久姑過而存之己亥七月錫之錢熙

祚識

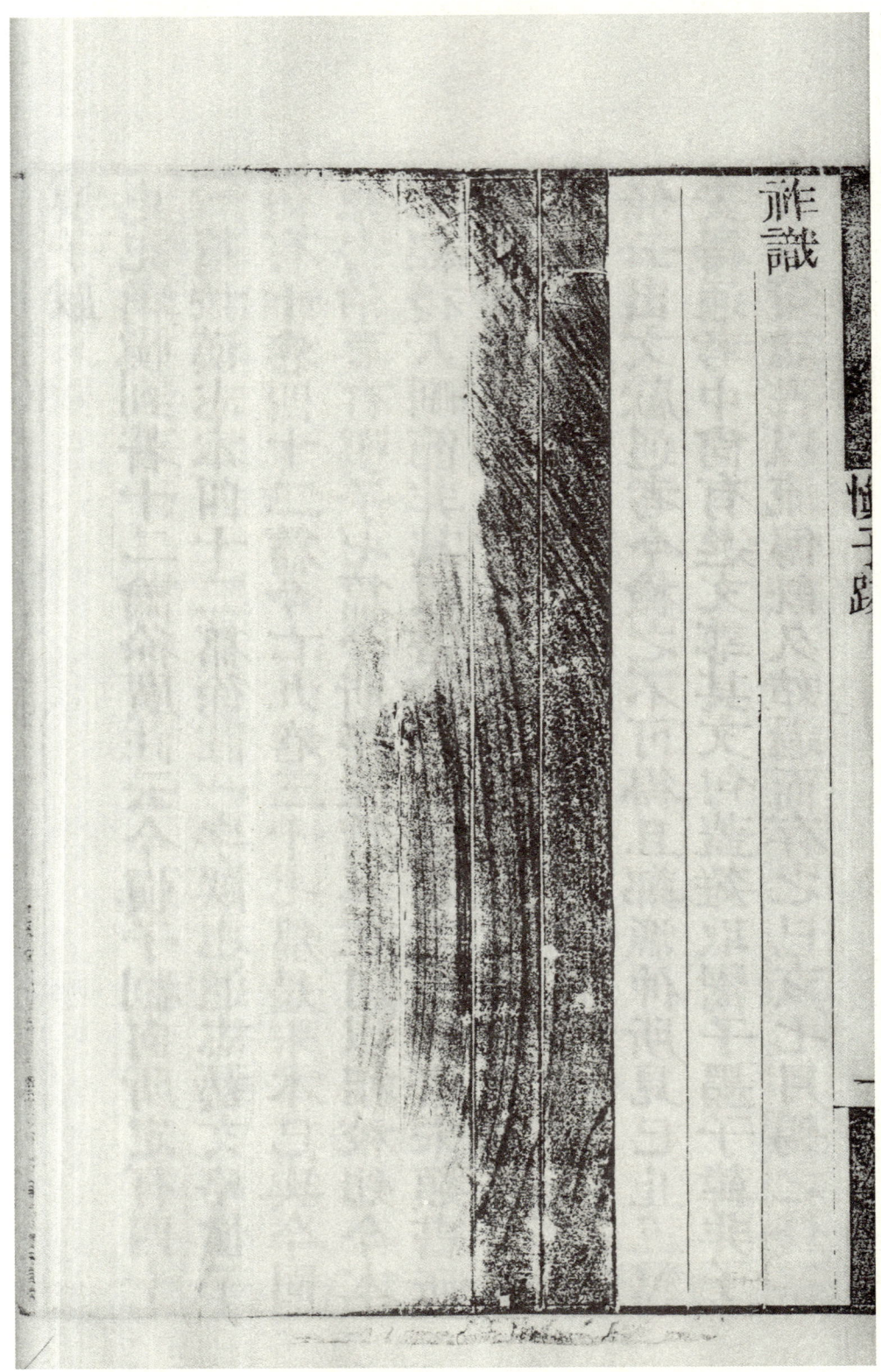

愼子内篇一卷外篇一卷逸文一卷

(周)愼到　撰
(清)繆荃孫　校輯

清繆氏藕香簃手稿本

慎子內篇

戰國趙人慎到撰

明吳人慎懋賞校

天有明不憂人之暗地有財不憂人之貧聖人有德不憂人之危也天雖不憂人暗闢戶牖必取已明焉則天無事也地雖不憂人貧伐木刈草必取已富焉則地無事也聖人雖不憂人之危百姓準上而比於下必取已安焉則聖人無事也故聖人處上能無害人不能使人無已害也則百姓除其害矣聖人之有天下也愛之也非敢取之也百姓之於聖人也養之也非使聖人養已

脫毛嬙西施一段

錢本云脫省不易勝四字此本不脫

錢本治要以所以一人心也為法文此本不誤

也則聖人無事古者工不兼事士不兼官工不兼事則
事省省則易勝士不兼官則職寡寡則易守故士位可
世工事可常百工之子不學而能者非生巧也言有常
事也令也國無常道官無常法是以國家日繆教雖成
官不足官不足則道理匱矣古者立天子而貴者非以
利一人也曰天下無一貴則理無由通通理以為天下
也故立天子以為天下非立天下以為天子也立國君
以為國非國以為君也立官長以為官非立官以為官
長也法雖不善猶愈於無法所以一人心也夫投鈎以
分財投策以分馬非鈎策為均也使得美者不知所

以德使得惡者不知所以怨此所以塞願望也故蓍龜
所以立公識也權衡所以立公正也書契所以立公信
也法制禮籍所以立公義也凡立公所以棄私也明君
動事分理由慧定鼎分財由法行德制中由禮故欲不
干時愛不得犯法貴不得踰親祿不得踰位慧不得兼
官工不得兼事以能受事以事受利若是者上無羨賞
下無羨財
天道因則大化則細因也者因人之情也人莫不自為
也化而使之為我則莫可得而用是故先王不受祿者
不臣不厚祿者不與入人不得其所以自為也則上不

原刻務作獨依治要改
此本不誤

取用焉故用人之自為不用人之為我則莫不可得而用矣此之謂因

民雜處而各有所能者不同此民之情也大君者太上也兼畜下者也下之所能不同而皆上之用也是以大君因民之能為資盡包而畜之無能取去焉是故必執於方以求于人故所求者無一足也大君者不擇其下故足不擇其下則為下易矣易為下則莫不容故多下多下之謂太上君臣之道臣有事而君無事也君逸樂而臣任勞臣盡智力以善其事而君無與焉仰成而已事無不治治之正道然也人君自任而務為善以先

藕香簃鈔

下則是代下負任蒙勞也臣反逸矣故曰君人者好為善以先下則不敢與君爭善以先君矣皆稱所知以自覆掩有過則臣反責君逆亂之道也君之智未必最賢於眾也以未最賢而欲善盡被下則下不贍矣若君之智最賢以一君而盡贍下則勞勞則有倦倦則衰衰則復返於人不贍之道也是以人君自任而躬事則臣不事事也是君臣易位也謂之倒逆倒逆則亂矣人君任臣而勿自躬則臣事事矣是君臣之順治亂之分不可不察也

立天子不使諸侯疑立諸侯不使大夫疑立正妻不使

羣妻疑立嫡子不使庶孽疑疑則兩動動則兩爭雜則相傷害在有與在不在獨也故臣有兩位者國必亂臣兩位國不亂者君在也恃君不亂矣失君則亂子有兩位者家必亂子兩位而不亂者父在也恃父不亂矣失父則亂臣疑君而無不危國孽疑宗而無不危家今一兔走百人逐之非一兔足為百人分也由未定也由未定堯且屈力而況眾人乎積兔在市行者不顧非不欲兔也分已定矣分已定人雖鄙不爭故治天下及國在乎定分而已矣 校呂氏春秋慎勢篇引應據行

君人者舍法而以身治則誅賞予奪從君心出然則受

藕香簃鈔

呂氏春秋脫也字

時制法各適其用故治國無其法則亂守法而不變則衰有法而行私謂之不法以力役法者百姓也以死守法者有司也以道變法者君長也 類聚五十四

君明臣直國之福也父慈子孝夫信妻貞家之福之也故比干忠而不能存殷申生孝而不能安晉是皆有忠臣孝子而國家滅亂者何也無明君賢父以聽之故孝子不生慈父之家忠臣不生聖君之下 錢本作逸文

藏甲之國必有兵遁市人可驅而戰安國之兵不由忿起林意明主之征也誅其君改其政弔其民而不奪其財也故曰戰者惲驚之也明主之征也猶時雨也至則民悅

矣
富之勝貧強之勝弱衆之勝寡安之勝危必也然而貧
生於富弱生於強寡生於衆危生於安
詩往志也書往誥也春秋往事也（意林）至于易則吾心陰陽
消息之理備焉（經義考）昔宓羲氏仰觀象於天俯觀法於地觀
鳥獸之文與土地之宜近取諸身遠取諸物於是始畫
八卦以通神明之德以類萬物之情文王重易六爻作
上下篇孔子為之彖象繫文言序卦之屬十篇故曰易
道深矣人更三聖世歷三古仲尼之學易也沒身者而
已

藕香簃鈔

賞者雖當望多無窮受罰雖當望輕無已君舍法以心

裁輕重則同功殊賞同罪殊罰矣怨之所由生也是以

分馬之用策分田之用鈎非以策鈎為過於人智所以

去私塞怨也故曰大君任法而弗躬則事斷於法法之

所以加各以分蒙賞罰而無望於君是以怨不生而上

下和矣

飛龍乘雲騰蛇遊霧雲罷霧霽而龍蛇與螾螘同矣則

失其所乘也故賢人而屈於不肖者則權輕位卑也不

肖而能服於賢者則權重位尊也堯為匹夫不能治三

人而桀為天子能亂天下吾以此知勢位之足恃而賢

智之不足慕也夫弩弱而矢高者激於風也身不肖而令行者得助於眾也堯教於隸屬而民不聽至於南面而王天下令則行禁則止由此觀之賢智未足以服眾而勢位足以屈賢者也

愛多者則法不立威寡者則下侵上法之功莫大使私不行君之功莫大使民不爭今立法而行私是與法爭其亂甚於無法立君而尊賢是賢與君爭其亂甚於無君故有道之國法立則私善不行君立則賢者不尊民一於君斷於法國之大道也 類聚五十四 御覽六百三十八

虙戲神農教而不誅黃帝堯舜誅而不怒及至三王隨

蕅香簃鈔

夫王公大人為政於國家者皆欲國家之富人民之眾刑政之治然而不得富而得貧不得眾而得寡不得治而得亂則是本失其所欲得其所惡是其故何也不能以尚賢事能為政也是故國有賢良之士眾則國家之治厚賢良之士寡則國家之治薄故大人之務將在於眾賢而已譬若欲眾其國之善射御之士者必將富之貴之敬之譽之然後國之善射御之士將可得而眾也況又有賢良之士厚乎德行辯乎言談博乎道術者乎此固國家之珍而社稷之佐也亦必且富之貴之敬之譽之然後國之良士亦將可得而眾也故古者聖王之

為政列德而尚賢雖在農與工肆之人有能則舉之高予之爵重予之祿任之以事斷予之令曰爵位不高則民弗敬蓄祿不厚則民不信政令不斷則民不畏舉三者授之賢者非為賢者也欲其事之成故可使治國者使治國可使長官者使長官可使治邑者使治邑凡所使治國家官府邑里此皆之賢者也賢者之治國也蚤朝晏退聽治獄治政是以國家治而刑法正賢者之長官也夜寢夙興收斂關市山林澤梁之利以實官府是以官府實而財不散賢者之治邑也蚤出暮入耕稼樹藝聚菽粟是以菽粟多而民足乎食故當是時以德就

藹香簃鈔

列以官服事以勞殿賞量功而分祿故官無常貴民無
終賤有能則舉之無能則下之舉公義辟私怨此若言
言之謂也故古者堯舉舜於服澤之陽授之政天下平
禹舉益於陰方之中授之政九州成湯舉伊尹於庖廚
之中授之政其謀得文王舉閎夭泰顛於罝罔之中授
之政西土服故當是時雖在於厚祿尊位之臣莫不敬
懼而施雖農與工肆之人莫不競勸而尚意故士者所
以為輔相承嗣也故得士則謀不困體不勞名立而功
業彰而患不生則由得士也今王公大人有一衣裳不
能制也必藉良工有一牛羊不能殺也必藉良宰至於

治國家則不使賢者能者在於側則此不肖者在左右也不肖者在左右則其所譽不當賢而所罰不當暴王公大人尊此以為政乎國家則賞亦必不當賢而罰亦必不當暴若苟賞不當賢而罰不當暴則是為賢者不勸而為暴者不沮矣是以入則不慈孝父母出則不長弟鄉里居處無節出入無度男女無別使治官府則盜竊守城則倍畔君有難則不死出亡則不從使斷獄則不中分財則不均與謀事不得舉事不成入守不固出誅不強故雖昔者三代暴王桀紂幽厲之所以失措其國家傾覆其社稷者已此故也何則皆以明小物而不

明大物也
廟廊之材非一木之枝狐白之裘非一狐之腋治亂安
危存亡榮辱之施非一人之力也故人主者以天下之
目視以天下之耳聽以天下之智慮以天下之力動是
以號令能下究而臣情得上聞百官修道群臣輻湊
離朱之明察毫末於百步之外（文選演連珠）下於水尺而不能見淺
深非目不明也其勢難覩也故用賞貴信用罰貴必賞
信罰必于耳目之所聞見則所不聞見者莫不陰化矣
有權衡者不可欺以輕重有尺寸者不可差以長短有
法度者不可巧以詐偽（意林）王者有易政而無易國有易君

而無易民湯武非得伯夷之民以治桀紂非得蹠蹻之民以亂也民之治亂在於上國之安危在於政

民富則治易民貧則治難民富則重家重家則安鄉安鄉則敬上畏罪敬上畏罪則易治也貧則輕家輕家則危鄉危鄉則凌上犯禁凌上犯禁則難治也故為國之道在富民而已矣昔七十九代之君法制不一號令不同然而俱王天下何也必當國富而粟多也

賤而不可不因者衆也剛而不可不用者兵也慘而不可不行者法也小而不可不防者盜也勞而不可不勸者農也宂而不可不嗇者財也

天下之人所共趨之而不知止者富貴耳所謂富貴者足於物耳夫富貴之尤極者大則帝王小則公侯而已豈不以被袞冕處宮闕建羽葆警蹕故謂之帝王豈不以被袞戴簪纓喧車馬仗旌旗鈇鉞故謂之公侯邪不飾之以袞冕宮闕羽葆警蹕簪纓車馬鈇鉞又何有乎帝王公侯哉夫袞冕羽葆簪纓鈇鉞旌旗車馬皆物也物足則富貴富貴則帝王公侯故曰富貴者足物爾以足物者為富貴無者物者為貧賤於是樂富貴恥貧賤不得其樂者無所不至矣是故明王知其然操二柄以馭之二者刑德也殺戮之謂刑慶賞之謂德使人臣雖

有智能不得背法而專制雖有賢行不得踰功而先勞

雖有忠信不得釋法而不禁

措鈞石使禹察之（錙銖則）不能識也懸於權衡則氂（氂）髮（之不可差）辨矣聖

君任法而不任智任公而不任私任大道而不任小物

然後身佚而天下治

孔子謂子卜子曰商汝知君之為君也卜子曰魚失水

則死水失魚猶為水也故愛赤子者不慢其保絶險者

不慢其御為天下者不慢其民

環淵問曰天有四殃水旱饑荒其至無時何以備之慎

子曰土多民少非其土也土少人多非其人也是故土

藕香簃鈔

多發政以漕四方四方流之土少安帑而外務輸山林非時不升斤斧以成草木之長川澤非時不入網罟以成魚鼈之長不麛不卵以成鳥獸之長凡土地之間者皆可裁之以為民利是魚鼈歸其泉鳥歸其林孤寡辛苦咸賴其生山以遂其材工匠以為其器百物以平其利商賈以通其貨工不失其務農不失其時是謂和德

夏箴曰小人無兼年之食遇天饑妻子非其有也大夫無兼年之食遇天饑臣妾輿馬非其有也戒之哉

道行於世則貧賤者不怨富貴者不驕愚弱者不懾智勇者不陵定於分也法行於世則貧賤者不敢怨富貴富

貴者不敢陵貧賤愚弱者不敢冀智勇智勇者不敢鄙
愚弱此法之不及道也
君子恥不脩不恥見汙恥不信不恥不見信恥不能不
恥不見用
仁義禮樂名法刑賞凡此八者五帝三王治世之術也
故仁以道之義以宜之禮以行之樂以和之名以正之
法以齊之刑以威之賞以勸之
天地大矣不誠不能化萬物聖人知矣不誠不能化萬
民父子親矣不誠則疏君臣尊矣不誠則卑
與天下于人大事也煦煦者以為惠而堯舜無德色取

天下于人大嫌也潔潔者以為污而湯武無愧容惟其
義也
夫錦繢紛華所服不過温體三牲大牢所食不過充腹
知以身取節者則知足矣苟知足則不累其志矣
禮從俗政從上使從君國有貴賤之禮無賢不肖之禮
也故孔子言於魯哀公曰人之所以生禮為大非禮無
以辨君臣之位
小人以耳目導心聖人以心導耳目夫德精微而不見
聰明而不發是故外物不累其内
兩貴不相事兩賤不相使家富則疎族聚家貧則兄弟

離不聰不明不能王不瞽不聾不能公海與山爭水海
必得之
小人食於力君子食於道先王之訓也故常欲耕而食
天下之人矣然一身之耕分諸天下不能人得一升粟
其不能飽可知也欲織而衣天下之人矣然一身之織
分諸天下不能人得尺布其不能煖可知也故以為不
若誦先王之道而求其說通聖人之言而究其旨上說
王公大人次匹夫徒步之士王公大人用吾言國必治
匹夫徒步之士用吾言行必脩雖不耕而食饑不織而
衣寒功賢於耕而食之織而衣之者也許犯問於子慎

子曰法安所生子慎子曰法非從天下非從地出發於人間合乎人心而已治水者茨防決塞（九州四海）雖在夷狄相似如一學之於水不學之於禹也 見列子

慎子仕楚為太子傅楚襄王為太子時質於齊懷王薨太子辭於齊王而歸齊王隘之予我東地五百里乃歸子不予子不得歸太子曰臣有傅請退而問傅慎子曰獻之地所以為身也愛地不送死父不義臣故曰獻之便太子入致命齊王曰敬獻地五百里齊王歸楚太子太子歸即位為王齊使車五十乘來取東地於楚楚王告慎子曰齊使來求東地為之柰何慎子曰王明日朝羣

臣皆令獻其計上柱國子良入見王曰寡人之得求反
主墳墓復羣臣歸社稷也以東地五百里許齊今使來
求地為之柰何子良曰王不可不與也王身出玉聲許
强萬乘之齊而不與則不信後不可以約結諸侯請與
而復攻之與之信攻之武臣故曰與之子良出昭常入
見王曰齊使來求東地五百里為之柰何昭常曰不可
與也萬乘者以地大為萬乘今去東地五百里是去戰
國之半也有萬乘之號而無千乘之用也不可臣故曰
勿與常請守之昭常出景鯉入見王曰齊使來求東地
五百里為之柰何景鯉曰不可與也雖然楚不能獨守

藕香簃鈔

王身出玉聲許萬乘之强齊也而不與負不義於天下楚亦不能獨守臣請西索救於秦景鯉出慎子入王以三大夫計告慎子曰子良見寡人曰不可不與而復攻之常見寡人曰不可與也常請守之鯉見寡人曰不可與也雖然楚不能獨守也臣請索救於秦寡人誰用三子之計慎子對曰王皆用之王怫然作色曰何謂也慎子曰臣請効其說而王且見其誠實也王發上柱國子良車五十乘而北獻地五百里於齊發子良之明日遣昭常為大司馬令往守東地遣昭常之明日遣景鯉車五十乘西索救於秦王曰善乃遣子良北獻地於齊遣

子良之明日立昭常為大司馬使守東地又遣景鯉西索救於秦子良至齊齊使人以甲受東地昭常應齊使曰我典主東地且與死生悉五尺至六十三十餘萬敝甲鈍兵願承下塵齊王謂子良曰大夫來獻地今常守之如何子良曰臣身受命敝邑之王是常矯也王攻之齊王大興兵攻東地伐昭常未涉疆秦以五十萬臨齊右壤曰夫隘楚太子弗出不仁又欲奪之東地五百里不義其縮甲則可不然則願待戰齊王恐焉乃請子良南道楚西使秦解齊患士卒不用東地復全

慎子仕魯魯使慎子為將軍伐齊取南陽孟子與曰不

藕香簃鈔

教民而用之謂之殃民殃民者不容於堯舜之世一戰勝齊遂有南陽然且不可慎子勃然不悅曰此則滑釐所不識也曰吾明告子天子之地方千里不千里不足以待諸侯諸侯之地方百里不百里不足以守宗廟之典籍周公之封於魯為方百里也地非不足而儉於百里太公之封於齊也亦為方百里也地非不足也而儉於百里今魯方百里者五子以為有王者作則魯在所損乎在所益乎徒取諸彼以與此然仁者不為況於殺人以求之乎君子之事君也務引其君以當道志於仁而已

鄒忌以鼓琴見齊王齊王善之鄒忌子曰夫琴所以象
政也遂為王言霸王之事宣王大悅舍之右室與語三
日拜以為相稷下先生皆輕忌以謂設以辭不能及淳
于髡慎到田駢接予環淵相與往見鄒忌子淳于髡慎
到之屬禮倨鄒忌之禮卑謂鄒忌子曰善說哉竊有愚
志願陳諸前騶忌子曰謹受教淳于髡曰得全全昌失
全全亾騶忌子曰謹受令請謹毋離前田駢曰狶膏棘
軸所以為滑也然而不能運方穿騶忌子曰謹受令請
謹事左右環淵曰弓膠昔幹所以為合也然而不能傅
合疏罅騶忌子曰謹受令請謹自附於萬民接予曰狐

藕香簃鈔

裘雖弊不可補以犬羊之皮騶忌子曰謹受令請謹擇君子毋雜小人其間慎到曰大車不較不能載其常任琴瑟不較不能成其五音騶忌子曰謹受令請謹修法律而督姦吏淳于髡等説畢趨出至門而面其友曰是人者吾輩語之微言五其應我若響之應聲是人必封不久矣居期年封以邳號曰成侯

鄭同北見趙王慎子侍趙王曰子南方之博士也何以教之鄭同曰臣南方草鄙之人也何足問雖然王致之於前安敢不對乎臣少之時親嘗教以兵趙王曰寡人不好兵鄭同因撫手仰天而笑之曰兵固天下之狙喜

也臣故意大王不好也臣亦嘗以兵說魏昭王昭王亦
曰寡人不喜臣曰王之行能如許由乎許由無天下之
累故不受也今王既受先王之傳欲宗廟之安壤地不
削社稷之血食乎王曰然今有人操隋侯之珠持百丘
之環萬金之財時宿於野内無孟賁之威荊慶之斷外
無弓弩之禦不出宿夕人必危之矣今有強貪之國臨
王之境索王之地告以理則不可說以義則不聽王非
戰禦守備之具其何以當之王若無兵鄰國得志矣趙
王顧謂慎子曰寡人之慮不及此也請謹奉教

慎子外篇

戰國趙人慎到撰

明吳人慎懋賞校

古之全大體者望天地觀江海因山谷日月所照四時所行雲布風動不以智累心不以私累己寄治亂於法術託是非於賞罰屬輕重於權衡不逆天理不傷情性不吹毛而求小疵不洗垢而察難知不引繩之外不推繩之內不急法之外不緩法之內守成理因自然禍福生乎道法而不出乎愛惡榮辱之責在乎己而不在乎人故至安之世法如朝露純樸不散心無結怨口無煩

言故車馬不疲弊於遠路旌旗不亂於大澤萬民不失
命於寇戎豪傑不著名於圖書不錄功於盤盂記年之
牒空虛故曰利莫長於簡福莫久於安（按韓非子有此文）
行高者人妒之權重者主疑之祿厚者人怨之夫行益
高者意益下權益重者心益小祿益厚者施益溥修此
三者人不怨故老子曰貴以賤為本高以下為基
抑高而舉下損有餘而補不足天之道也江海處地之
不足故天下之水歸之聖人謙卑清靜者見下也虛心
無有者見不足也見下故能致其高見不足故能成其
賢矜者不立奢者不長強梁者死滿足者亡飄風暴雨

藕香簃鈔

不終日山谷不能須臾盈

奢者富不足儉者貧有餘奢者心常貧儉者心常富奢者好動儉者好靜奢者好難儉者好易奢者好繁儉者好簡奢者好驕淫儉者好恬澹

夫耕之用力也勞而民為之者何得以富戰之為事也危而民為之者何得以貴今修文學習法令則無耕之勞而有富之實無戰之危而有貴之尊則人孰不為也

古之民未知為宮時就陵阜而居穴而處下潤濕傷民故聖王作為宮室為宮室之法曰高足以辟潤濕邊足以圉風寒上足以待雪霜雨露宮牆之高足以別男女

之禮謹此則止費財勞力不加利者不為也是故聖王作為宮室便於生不以為觀樂也作為衣服帶履便於身不以為辟怪也故節於身誨於民是以天下之民可得而治財用可得而足當今之主其為宮室則與此異矣必厚作斂於百姓暴奪民衣食之財以宮室臺榭曲直之望青黃刻鏤之飾為宮室若此故左右皆法象之是以其財不足以待凶饑賑孤寡故國貧而民難治也君實欲天下之治而惡其亂也當為宮室不可不節古之民未知為衣服時衣皮帶茭冬則不輕而溫夏則不輕而清聖王以為不中人之情故作誨為衣服之法冬

服紺緅之衣輕且煖夏服絺綌之衣輕且清謹此則止
故聖人為衣服適身體和肌膚而足矣非榮耳目而觀
愚民也當是之時堅車良馬不知貴也刻鏤文采不知
喜也故民衣食之財家足以待旱水凶饑者何也得其
所以自養之情而不感於外也是以其民儉而易治其
君用財節而易贍也府庫實滿足以待不然兵革不頓
士民不勞足以征不服故霸王之業可行於天下矣當
今之王其為衣服則與此異矣冬則輕煗夏則輕清皆
已具矣必厚作斂於百姓暴奪民衣食之財以為錦繡文
采靡曼衣之鑄金以為鉤珠玉以為佩女工作文采男

工作刻鏤以身服此非云輕煥輕青也單財勞力畢歸之於無用以此觀之其為衣服非為身體皆為觀好是以其民淫僻而難治其君奢侈而難諫也夫以奢侈之君御好淫僻之民欲用無亂不可得也君實天欲天下之治而惡其亂當為衣服不可不節古之民未知為飲食時素食而分處故聖人作誨男耕稼樹藝以為民食其為食也足以增氣充虛强體適腹而已矣故其用財節其自養儉民富國治今則不然厚作斂於百姓以為美食芻豢蒸炙魚鼈大國累百器小國累十器前方丈目不能徧視手不能徧操口不能徧味冬則凍冰夏則

藕香簃鈔

餲饐人君為飲食如此故左右象之是以富貴者奢侈孤寡者凍餒欲無亂不可得也君實欲天下治而惡其亂當為飲食不可不節古之民未知為舟車時重任不不移遠道不至故聖王作為舟車以便民之事其為舟車也全固輕利可以任重致遠其為用財少而為利多是以民樂而利之故法令不急而行民不勞而止足用故民歸之當今之王其為舟車與此異矣全固輕利皆已具必厚作斂於百姓以飾舟車飾車以文采飾舟以刻鏤女子廢其紡織而脩文采故民寒男子離其耕稼而脩刻鏤故民饑人君為舟車若此故左右象之是以

其民饑寒並至故為姦衺多則刑罰深刑罰深則國亂
君實欲天下之治而惡其亂當為舟車不可不節凡回
於天地之間包於四海之內天壤之情陰陽之和莫不
有也雖至聖不能更也何以知其然聖人有傳天地也
則曰上下四時也則曰陰陽人情也則曰男女禽獸也
則曰牡牝雄雌也真天壤之情雖有先王不能更也雖
上世至聖必蓄私不以傷行故民無怨宮無拘女故天
下無寡夫內無拘女外無寡夫故天下之民衆當今之
君其蓄私也大國拘女累千小國累百是以天下之男
多寡無妻女多拘無夫男女失時故民少君實欲民之

蕅香簃鈔

衆而惡其寡當蓄私不可不節凡此五者聖人之所儉
節也小人之所以淫佚也儉節則昌淫佚則亡此五者
不可不節夫婦節而天地和風雨節而五穀熟衣服節
而肌膚和
鳥窮則啄獸窮則攫人窮則詐上好智而無道則天下
大亂
近人成棺不憎人死利之所在忘其醜也意林
君子之所以尊者令令不行是無君也故明君慎令
好賢之心誠則讒諛利辭無所間猶諸築室之趾固則
飄風凌雨不能傾也植木之根深則繁霜苦雪不能摧

也

環淵問曰士之或窮或達何歟子慎子曰士窮於窮亦通於窮達於達亦病於達故窮之者所以達之也而達之者所以窮之也

足之行也升高難就卑易水之流也難於上易於下人之情亦猶是也鷹善擊也然日擊之則疲而無全翼矣驥善馳也然日馳之則蹶而無全蹄矣 逸文

能辭萬鍾之祿於朝陛不能不拾一金於無人之地能謹百節之禮於廟宇不能不弛一容於獨居之餘蓋人情每狎于所私故也 逸文

不肖者不自謂不肖也而不肖見於行雖自謂賢人猶謂之不肖也愚者不自謂愚而愚見於言雖自謂智人猶謂之愚（鬻子有此文）

聖人在上賢士百里而有一人則猶無有也王道衰暴亂在上賢士千里而有一人則猶比肩也

堯讓天下於許由許由曰洪水滔天下民昏墊由不能櫛奔風沐驟雨愁其五臟以為天下役不受而逃去往見巢父父曰子若處高岸深谷人道不通誰能見子子故浮遊欲聞求其名譽非吾友也又以讓子州支父子州父曰以我為天子猶之可也雖然我適有幽憂之病

方且治之未暇治天下也舜以天下讓善卷卷曰昔唐
氏之有天下不教而民從之不賞而民勸之天下均平
百姓安靜不知怨不知喜今子盛為衣裳之服以眩民
目繁調五音之聲以亂民耳丕作皇韶之樂以愚民心
天下之亂從此始矣吾雖為之其何益乎予立宇宙之
中冬衣皮毛夏衣絺葛春耕種形足以勞動秋收斂身
足以休食日出而作日入而息逍遙於天地之間而心
意自得吾何以天下為哉悲夫子之不知予也禹讓
天下於奇子奇子曰君言佐舜勞矣鑿龍門斬荊山導
熊耳通鳥鼠首無髮股無毛故舜也以勞報子我生而

藕香簃鈔

逸不能為君之勢也於是負妻攜子以入於海終身不
返也夫天下重物也而不以害其身又況於他物乎惟
不以天下害其生者可以託天下世之人主以貴富驕
得道之人其不相知豈不悲哉故曰道之真以持身其
緒餘以為國家其土苴以治天下由此觀之帝王之功
聖人之餘事也非所以完身養生之道也令有人於此
以隋侯之珠彈千仞之雀世必笑之是何也所用重所
要輕也夫生豈特隋侯珠之重也哉故曰全生為上虧
生次之死次之迫生為下
孟子與說齊宣王而不說謂慎子曰令日說公之君公

之君不說意者其未知善之為善乎慎子曰昔者匏巴鼓瑟而潛魚出聽伯牙鼓琴而六馬仰秣魚馬猶知善之為善而況君人者也孟子輿曰夫雹雷之起也破竹折木震驚天下而不能使聾者卒有聞日月之明徧照天下而不能使盲者卒有見令公之君若此也慎子曰夫聲無細而不聞行無隱而不形夫子苟賢居魯而魯國之削何也孟子輿曰不用賢削何有也呑舟之魚不不居潛澤度量之士不居汙世夫蓺冬至必彫吾亦時矣詩曰不自我先不自我後非遭彫世者歟

天地既判而生兩儀輕清浮而為天重濁凝而為地天

形如彈丸半覆地上半隱地下其勢斜倚故天行健地
北高故極出地三十六度南下故極入地三十六度周
天三百六十五度四分度之一晝則自左而向右夜則
自右而復左天依形故運行太虛沖漠之際而無停地
附氣故束於勁風旋轉之中而不墜氣積於陽而其精
外明者謂之日氣積於陰而其魄含景者謂之月體生
於地精浮於天者謂之星經星則麗天而左行日月則
違天而右繞譬蟻行磨上磨左旋而蟻右行磨疾而蟻
遲故不得不隨磨而左旋焉日經千里晝夜所經謂之
一度仲夏躔東井而去極近則晝長而夜短仲冬躔南

斗而去極遠則晝短而夜長春秋二分日臨於卯酉星
昴宿則跨赤道晝夜平分而中停月如銀丸受日之光
月魄承日故明為所蔽而日食日有暗虛故陰為所射
而月食日之行也舒晝夜行一度月之行也疾晝夜行
十三度日月所會是謂食日盈而月縮則後中而朔月
盈而日縮則先中而朔舒前速後近一遠三謂之弦相
與為衡分天之中謂之望以速及舒光盡體伏謂之晦
日之周天以歲計月以朔計二十八宿日之所經為黃
道橫絡天腹中分二極者為赤道日行三百六十度而
成歲餘度之未周者為五月行二十九日半而及於日

其不足者六日若以不足乘其有餘歲得十二日積而成月則置閏三歲一閏五歲再閏十有九年而為閏七是謂一章則餘分盡矣晝夜百刻而辰周十二故以八刻二十八分為一時積六分而晝夜五日為候三候為氣六氣為時四時為年天而天地備矣天地相去八萬四千里冲和之氣在其中四萬二千里已上為陽位四萬二千里已下為陰位冬至之候陽發於地一氣上升七千里至六氣則上升四萬二千里而陽至陽位故其氣温為春分之節也六氣而陽極陽位故氣熱而為夏至之節也夏至之候陰出於天一氣下降七千里至六

氣則下降四萬二千里而陰至陰位故其氣涼為秋分之節也六氣而陰極陰位故其氣寒而為冬至之節也天地之所以能長能久者以其陽中有陰下降極而生陽陰中有陽上升極而生陰二者交通合為太和相因而為氤相昷而為氳以此施生化之功此變化之所以兆也

氣之揫斂而有質者為陰舒散而有氣者為陽陰氣凝聚陽在內者不得出則激搏而為雷陽在外者不得入則周旋六合而為風陽與陰夾持則磨軋有光而為電陽氣正升為陰氣所乘則相持而為雨陰與陽得助其

蜚騰則飄颺而為雲和氣散則為露霜雪不和而散則
為戾氣霾曀陰干於陽而氣薄不能以掩日則虹見陽
伏於陰而氣結不能以自收則雹降月星布氣陰感之
則肅而為霜陽感之則液而為露上寒而下温則霜不
殺物上温而下寒則雨而不冰風不宜温而温則雨凝
而為雪陰縱而陽翕之也雷不當出而出則雪霰交摯
陽褒而陰乘之也將雨則氣溢而礎潤既雨則氣散而
土晞陰附於陽故能闢而受以為水陽附於陰故能直
而施以為火天一陽數也而水生焉故凝於天一無非
水也地二陰數也而火生焉故應於地二無非火也蒸

而在天為雲雨湛而在地為淵泉求於石則擊之而光發求於木則鑽之而烟飛天地初分惟水與火土之所附其氣融結則峙而為山水之所赴其勢蓄洩則流而為川山氣暮合而為風水氣朝降而為霧地勢峻極起自西北故崑崙乘地之高而東驅嵩山據地之中而南鶩兩山並驅其中必有水兩水夾行其中必有山故氣虛而散如沃焦釜往者既消來者復息水流東極其應於月者為潮蓋日為陽精陰之所依月為陰靈潮之所附朔望之際月近於日故月行疾而潮應大朔望之行月遠於日故月行遲而潮應小春為陽中陰生於午而

晝潮大而感陽也秋為陰中陽生於子而夜潮大而陰應也一晝一夜而再至亦猶歲之春秋而月之朔望云耳此地之至數也地在天中水環地外四游升降不越三萬里春游過東萬五千里其上升如其數秋游過西萬五千里其下降如其數夏游過南故日在其北冬游過北故日在其南人處坤載如水負舟視星漢回移或升或降莫之覺也

老子曰民不畏死如何以死懼之凡民之不畏死由刑罰過則民不賴其生生無所賴視君之威末如也刑罰中則民畏死畏死由生之可樂也知生之可樂故可以

死懼之此人君之所宜執臣下之所宜慎
藺相如既困秦王歸而有矜色謂慎子曰人謂秦王如
虎不可觸也僕已摩其項拍其肩矣慎子曰善哉先生
天下之獨步也然到閩之赤城之山有石梁五仞馬徑
尺而龜背下臨不測之谷縣泉沃之苔蘚被焉無藤蘿
以為援也野人負薪而越之不留趾而達觀者唶唶或
謂之曰是梁也人不能越而若能也盡還而復之野人
立而睨焉足搖搖而不舉目周旋而莫之能矚先生之
說秦王也是未覩夫石梁之險者也故過巴峽而不慄
未嘗驚於水也視狴犴而不惴未嘗中於法也使先生

還而復之則無餘以教到矣

子慎子曰毛嬙西施天下之至姣也衣(之)以皮褐倛則見(皆)者走易(之)以玄楊(緆)則行者皆止 御覽 由是觀之則元緆色之助也姣者辭之則色厭矣

或問孔子之道何所止也慎子曰春以煦之夏以長之秋以成之冬以藏之又何所止哉

環淵問養性子慎子曰天有盈虛人有屯危不自慎不能濟也故養心必先知自慎也慎以畏為本士無畏則簡仁義農無畏則惰稼穡工無畏則慢規矩商無畏則貨不殖子無畏則忘孝父無畏則廢慈臣無畏則勳不立君無畏則亂不治是以太上畏道其次畏天其次畏

物其次畏人其次畏身憂於身者不拘於人慎於小者不懼於大戒於近者不悔於遠

智之極者知智果不足以周物故愚辨之極者知辨果不足以喻物故訥勇之極者知勇果不足以勝物故怯是以老子曰曲則全枉則直窪則盈弊則新少則得多則惑聖人抱一為天下式

海不辭水故能成其大山不辭土石故能成其高聖人不讓負薪之言故能廣其智昔者黃帝立明堂之議上觀於賢也堯有衢室之問下聽於民也舜有告善之旌而主不蔽也禹立諫鼓於朝而備訊也湯有總街之廷

觀民非也武王有靈臺之宮賢者進也此聖帝明王所以有而勿失得而勿止也若夫高居而遠望深視而簡聽譬之天高而不可極川深而不可測則臣下閉口左右結舌大賊乃發文選注

慎子曰夫道所以使賢無奈不肖何也所以使智無奈愚何也若此則謂之道勝矣道勝則名不彰

萬物所異者生也所同者死也生則有賢愚貴賤所以異也死則有臭腐消滅是所同也故生則堯舜死則腐骨生則桀紂死則腐骨一矣孰知其異哉盜跖曰人上壽百歲中壽八十下壽六十除病瘦死喪憂患其中開

口而笑者一月之中不過四五日而已天與地無窮人死者有時操有時之具而託於無窮之間忽然無異騏驥之馳過隙也不能悅其志意養其壽命者非通道者也

法者所以齊天下之動至公大定之制也故智者不得越法而肆謀辯者不得越法而肆議士不得背法而有名臣不得背法而有功我喜可抑我忿可窒我法不可離也骨肉可刑親戚可滅至法不可闕也

善為國者移謀身之心而謀國移富國之術而富民移保子孫之志而保治移求爵祿之意而求義則不勞而

化理成矣

許犯曰敢問昔聖帝明王巡狩之禮可得聞乎子慎子

曰古者天子將巡守必先告於祖禰命史告群廟及社

稷圻內名山大川告者七日而偏親告用牲史告用幣

申命冢宰而後道而出以遷廟之主行載於齋車每舍

奠焉及所經五嶽四瀆皆有牲幣歲二月東巡守至於

岱宗柴於上帝望秩于山川所過諸侯各待於境天子

先問高年者所在而親問之然後覲方岳之諸侯有功

德者則發爵賜服以順陽義無功者則削黜貶退以順

陰義命史采民詩謠以觀其風命市納賈察民之所好

惡以知其志命典禮正制度均量衡考衣服之等協時月日辰遂南巡五月至於南嶽又西巡八月至於西嶽又北巡十有一月至於北嶽其禮皆如岱宗歸反舍於外次三日齋親告于祖禰用特命有司告羣廟社稷及圻内名山大川而後聽朝此古者明王巡守之禮也

雀性好淫名飲器為爵所以為飲戒也鳩食多噎刻老人杖為鳩所以為食戒也鵲行不良借其字為舄履之舄所以為行戒也鷩性耿介畫其形於衣所以為節訓也飾鼎以饕餮貪之戒也飾簠簋以龜廉之勸也

墨翟曰衛小國也處於齊晉之間猶貧家之處於富家

之間也貧家而學富家之衣食多用則速亡必矣今窮
子之家飾車數百乘馬食菽粟者數百匹婦人衣文繡
者數百人吾取飾車食馬之費與繡衣之財以畜士必
千人有餘若有患難則使百人處於前數百處於後與
婦人數百處前後孰安吾以為不若畜士之安也
樂所由來者尚也必不可廢有節有侈有正有淫賢者
以昌不肖者以亡昔古朱襄氏之治天下也多風而陽氣
畜積萬物散解果實不成故士達作為五絃瑟以來陰
氣以定羣生陶唐氏之始陰多滯伏而湛積水道壅塞
不行其原民氣鬱閼而滯者筋骨瑟縮不達故作為舞

以宣導之黃帝令伶倫作為律伶倫自大夏之西乃之
阮隃之陰取竹於嶰谿之谷以生空竅厚鈞者斷兩節
間其長三寸九分而吹之以為黃鍾之宮制十二筩聽
鳳皇之鳴以別十二律其雄鳴為六雌鳴亦六以比黃
鍾之宮適合黃鍾之宮六律六呂皆可以生之故曰黃
鍾之宮律呂之本

田繫問曰仲尼曰志士仁人無求生以害仁有殺身以
成仁何也子慎子曰始吾未生之時焉知生之為樂也
今吾未死又焉知死之不樂也故生不足以使之利何
足以動之死不足以禁之害何足以恐之明於死生之

分達於利害之變是以目觀玉輅琬象之狀耳聽白雪
清角之聲不能以亂其神登千仞之谿臨蝯眩之岸不
足以滑其和夫如是身可以殺生可以無仁可以成
墨翟曰和氏之璧隋侯之珠三棘六異此諸侯之所謂
良寶也可以富國家衆人民治刑政安社稷乎曰不可
所為貴良寶者為其可以利也而和氏之璧隋侯之珠
三棘六異不可以利人是非天下之良寶也令用義為
政於國家人民必衆刑政必治社稷必安所為貴良寶
者可以利民也而義可以利人故曰義天下之良寶也
心者五臟之主也制使四肢流行血氣馳騁是非之境

出入百事之門

受人者常畏人與人者常驕人

拯饑者與之徑寸之珠孰若一簞之食拯溺者與之方

尺之玉孰若一葉之匏貴賤無常時使之然也

匠人知為門能以門所以不知門也故必杜然後能門

富貴而禮人人無有不敬富貴而愛人人無有不親

鷙鳥之擊也卑飛斂翼猛獸之搏也弭耳俯伏

古者五行之官水官得職則能辨其性味潛而復出合

而更分皆可辨之故師曠易牙品天下之水性味不同

蓋古水官之遺法不獨為口腹也

藕香簃鈔

淮南道應訓

鳥飛於空魚游於淵非術也故為鳥為魚者亦不自知其能飛能游苟知之立心以為之則必墮必溺猶人之足馳手捉耳聽目視當其馳捉聽視之際應機自至又不待思而施之也苟須思之而後可施之則疲矣是以任自然者久得其常者濟 逸文

商容有疾老子曰先生無遺敎以告弟子乎容曰將語子過故鄉而下車知之乎老子曰非謂不忘故耶容曰過喬木而趨知之乎老子曰非謂其敬老耶容張口曰吾舌存乎曰存吾齒存乎曰亡知之乎老子曰非謂其剛亡而弱存乎容曰嘻天下事盡矣

公父文伯之母季康子之從祖叔母也康子往焉闔門
與之言皆不踰閾仲尼聞之以為別於男女之禮矣
公父文伯退朝朝其母其母方績文伯曰以歜之家而
主猶績胡不自安其母歎曰使僮子備官魯其亡乎昔
聖王之處民也擇瘠土而處之勞其民而用之故長王
天下夫民勞則思思則善心生逸則淫淫則忘善忘善
則惡心生沃土之民不材淫也瘠土之民莫不嚮義勞
也君子勞心小人勞力先王之訓也自上以下誰敢
淫心舍力今我寡也爾又在下位朝夕處事猶恐忘先
人之業況有怠惰其何以避辟吾冀而朝夕修我曰必

藹香簃鈔

無廢先人爾令曰胡不自安以是承君之官余懼穆伯之絕嗣也仲尼聞之曰弟子志之季氏之婦不淫矣

公輸子削竹木以為䧿成而飛之三日不下公輸子自以為至巧墨翟言於公輸子曰子之為䧿也不如翟之為車轄須臾劉三寸之木而任五十石之重故所為巧利於人謂之巧不利於人謂之拙

翟王使使至於楚楚王誇使者以章華之臺高廣美麗無匹也楚王曰翟國亦有此臺乎對曰翟王茅茨不翦綵椽不刻猶以為作之者勞居之者佚楚王大怍

文王在鎬召太子發曰我身老矣吾語汝我所保與我

所守傳之子孫吾厚德而廣惠不為驕侈不為泰靡童牛不服童馬不馳土不失其宜萬物不失其性天下不失恃以成萬材萬材已成牧以為人天下利之而勿德是謂大仁

榮啟期者鹿裘帶索鼓琴而歌孔子遊於泰山見而問之曰先生何樂也對曰吾樂甚多天生萬物唯人為貴吾得為人矣是一樂也男女之別男尊女卑故以男為貴吾既為男矣是二樂也人生有不見日月不免襁褓者吾既已行年九十矣是三樂也貧者士之常也死者民之終也居常以待終何不樂也

舜一徙成邑再徙成都三徙成國堯聞其賢徵之草茅之中與之語禮樂而不逆與之語政至簡而易行與之語道廣大而不窮於是羣臣刻璧為書東沉洛水言天命傳舜之意

湯放桀而歸於亳三千諸侯大會湯取天子之璽置之於天子之座左復而再拜從諸侯之位湯曰此天子之位有道者可以處之矣天下非一家之有也有道者之之有也故天下者唯有道者理之唯有道者宜處之湯以此三讓三千諸侯莫敢即位然後湯即天子之位

周成王問鬻子曰寡人聞聖人在上位使民富且壽若

夫富則可為也若夫壽則在天乎鬻子對曰夫聖王在上位天下無軍兵之事故諸侯不私相攻而民不私相鬬也則民得盡一生矣聖王在上則君積於德化而民積於用力故婦人為其所衣丈夫為其所食則民無凍餧民得二生矣聖人在上則君積於仁吏積於愛民積於順則刑罰廢而無夭遏之誅民則得三生矣聖王在上則使人有時而用之有節則民無厲疾民可得四生矣 逸文 亦見賈誼新書

齊桓公謂管仲曰吾欲伐大國之不服者奈何管仲對曰先愛四封之內然後可以惡境外之不善者先定卿

大夫之家然後可以危鄰之敵國是故先王必有置也
然後有廢也必有利也然後有害也
仲尼曰凡人心險於山川難於知天故君子遠使之而
觀其忠近使之而觀其敬煩使之而觀其能卒然問焉
而觀其知急與之期而觀其信委之以財而觀其仁告
之以危而觀其節醉之以酒而觀其則雜之以處而觀
其色九徵至賢不肖人得矣

蕅香簃鈔

知忠（此篇原刻全脫依治要補）

亂世之中亡國之臣非獨無忠臣也治國之中顯君之臣非獨能盡忠也治國之人忠不偏於其君亂世之人道不偏於其臣然而治亂之世同世有忠道之人臣之欲忠者不絕世而君未得寵其上無遇比干子胥之忠而毀瘁主君於闇墨之中遂染溺滅名而死由是觀之忠未足以救亂世而適足以重非何以識其然也曰父有良子而舜放瞽瞍桀有忠臣而過盈天下然則孝子不生慈父之家○（原作義依意林引此文改）而忠臣不生聖君之下故明主之使其臣也忠不得過職而職不得過官是以過修於身而下不敢以善驕矜守職之吏人務

其治而莫敢淫偷其事官正以敬其業和順以事其上○吏原作吏又於和下複衍吏人至正以凡十五字今依文義刪正如此則至治已亡國之君非一人之罪也治國之君非一人之力也將治亂在乎賢使任職而不在於忠也故智盈天下澤及其君忠盈天下害及其國故桀之所以亡堯不能以為存然而堯有不勝之善而桀有運非之名則得人與失人也故廊廟之材蓋非一木之枝也粹白之裘○粹原作狐依意林引此文改蓋非一狐之皮也○意林皮作腋按御覽七百六十六又九百九並作皮與治要合治亂安危存亡榮辱之施非一人之力也○按此六句又見文選盧子諒荅魏子悌詩注四子講德論注

君臣此篇原刻全脫依治要補

爲人君者不多聽據法倚數以觀得失無法之言不聽於耳無法之勞不圖於功。二句又見文選長楊賦注無勞之親不任於官官不私親法不遺愛上下無事惟法所在

藕香簃鈔

慎子逸文

行海者坐而至越有舟也。六帖十一舟下有故字行陸者立而至秦有車也。句亦見六帖十一秦越遠途也安坐而至者械也。御覽七百六十八

諺云不聰不明不能為王不瞽不聾不能為公海與山爭水海必得之。意林御覽四百九十六

禮從俗政從上使從君國有貴賤之禮無賢不肖之禮有長幼之禮無勇怯之禮有親疏之禮無愛憎之禮也。類聚三十八御覽五百二十三

河之下龍門。寰宇記四十六河下有水字其流駛如竹箭駟馬追弗能及。六帖六作追之不及寰宇記亦有之字御覽四十

有虞之誅以幪巾當墨○書鈔四十四引作畫跪當黥以草纓當劓以菲履當刖以艾韠當宮布衣無領當大辟此有虞之誅也斬人肢體鑿其肌膚謂之刑畫衣冠異章服謂之戮上世用戮而民不犯也當世用刑而民不從○御覽六百四十五

昔者天子手能衣而宰夫設服足能行而相者導進口能言而行人稱辭故無失言失禮也○御覽七十六

堯讓許由舜讓善卷皆辭為天子而退為匹夫○類聚二十一御覽四百二十四

折券契屬符節賢不肖用之○御覽四百三十鈔本書鈔百四云折券契節賢不肖曰之物以此得而不記于信也按文有脫誤不可讀

魯莊公鑄大鐘曹劌入見曰今國褊小而鐘大君何不圖之○初學記十六御覽五百七十五

公輸子巧用材也不能以檀為瑟○御覽五百七十六

孔子曰丘少而好學晚而聞道以此博矣○御覽六百七

孔子曰有虞氏不賞不罰夏后氏賞而不罰殷人罰而不賞周人賞且罰罰禁也賞使也○御覽六百三十三

燕鼎之重乎千鈞乘於吳舟則可以濟所託者浮道也○御覽七百六十八

君臣之間猶權衡也權左輕則右重右重則左輕輕重迭相橛天地之理也○御覽八百三十

飲過度者生水食過度者生貪。御覽八百四十九

勁而害能則亂也云能而害無能則亂也。荀子非十二子篇注

弃道術舍度量以求一人之識識天下誰子之識能足焉。荀子王霸篇注

多賢不可以多君無賢不可以無君。荀子解蔽篇注

獸伏就樴。文選西都賦注

夫德精微而不見聰明而不發是故外物不累其內。文選沈休文遊沈道士館詩注養生論注

夫道所以使賢無奈不肖何也所以使智無奈愚何也若此則謂之道勝矣。文選張景陽雜詩注

藕香簃鈔

趨事之有司賤也。文選謝元暉始出尚書省詩注

久處無過之地則世俗聽矣。文選吳季重答魏太子牋注

衆之勝寡必也。文選夏侯常侍誄注

兩貴不相事兩賤不相使。意林

家富則疏族聚家貧則兄弟離非不相愛利不足相容也。意林

蒼頡在庖犧之前。尚書序疏

為毳者患塗之泥也。書益稷疏

晝無事者夜不夢。雲笈七籤三十二

田駢名廣。莊子天下篇釋文

桀紂之有天下也四海之內皆亂關龍逢王子比干不與焉而謂之皆亂其亂者衆也堯舜之有天下也四海之內皆治而丹朱商均不與焉而謂之皆治其治者衆也。長短經勢運篇注

夏箴曰小人無兼年之食遇天饑妻子非其有也大夫無兼年之食遇天饑臣妾輿馬非其有也戒之哉。按逸周書有此文

與天下於人大事也煦煦者以為惠而堯舜無德色取天下於人大嫌也潔潔者以為汙而湯武無愧容惟其義也

日月為天下眼目人不知德山川為天下衣食人不能感。御覽三以此四句為任子文感作謝

有勇不以怒反與怯均也。二句又見御覽四百三十七及四百九十九

小人食於力君子食於道。二句又見意林及御覽八百四十九先王之訓也故常欲耕而食天下之人矣然一身之耕分諸天下不能人得一升粟其不能飽可知也欲織而衣天下之人矣然一身之織分諸天下不能人得尺布其不能煖可知也故以為不若誦先王之道而求其說通聖人之言而究其旨上說王公大人次匹夫徒步之士王公大人用吾言國必治匹夫徒步之士用吾言行必修雖不耕而食饑不織而衣寒功賢於耕而食之織而衣之者也。墨子有此文

法者所以齊天下之動至公大定之制也故智者不得越法而肆謀辯者不得越法而肆議士不得背法而有名臣不得

背法而有功我喜可抑我忿可窒我法不可離也骨肉可刑親戚可滅至法不可闕也

善為國者移謀身之心而謀國移富國之術而富民移保子孫之志而保治移求爵祿之意而求義則不勞而化理成矣

始吾未生之時焉知生之為樂也今吾未死又焉知死之為不樂也故生不足以使之利何足以動之死不足以禁之害何足以恐之明於死生之分達於利害之變是以目觀玉輅琬象之狀耳聽白雪清角之聲不能以亂其神登千仞之谿臨蝯眩之岸不足以淆其知夫如是身可以殺生可以無仁可以成

慎子二卷周慎到撰到一名滑釐趙人墨子弟子善用兵嘗與同門三百人持墨器守宋城禦楚寇齊宣王喜文學游說之士慎子如齊與孟子騶衍淳于髡田駢接予環淵之徒坐而論者七十六人命曰列大夫立館於稷山之下仕楚為楚襄王傅慎子語王用子良昭常景鯉之策東地獲全時燕與諸侯伐齊復仇潛湣王出亡魯平公欲使慎子為將軍割南陽為已屬孟子止之慎子知其道不行迺與其徒許犯環淵田繫之屬退老于邯鄲之上著書八千言書以任法為主故漢志列之法家云先申韓申韓稱之史記稱慎到著十二論徐廣注云今慎子劉向所定有四十一篇漢志四十二篇一字誤隋唐

志皆十卷子鈔一卷崇文總目二卷三十七篇書錄解題稱麻沙本纔五篇通志藝文略慎子舊有十卷四十二篇今亡九卷三十七篇是宋本已與今同羣書治要有七篇多出之目曰知忠曰君臣今所存五篇用以相校知今本又有脫落嚴鐵橋取各書引見之文校定其遺文短段不能篇者凡五十七事附於後亦可云精核矣今傳此明慎懋賞刻本分內外篇內篇三十六事外篇五十事嚴輯逸文有二十一事未收者三十六事義理精確文氣渾樸決非後人僞為惟無篇目又與墨子國策鶡子相同亦子書之常例懋賞刻於萬厤戊寅而序不言出於鈔刻明人往往如此其書為自來目錄家未

嚴　張嘯山均

載鐵橋先生亦未得見可謂驚人秘笈急爲錄副而以治要二篇附之並附逸文於後歲次丙辰江陰繆荃孫識

藕香簃鈔

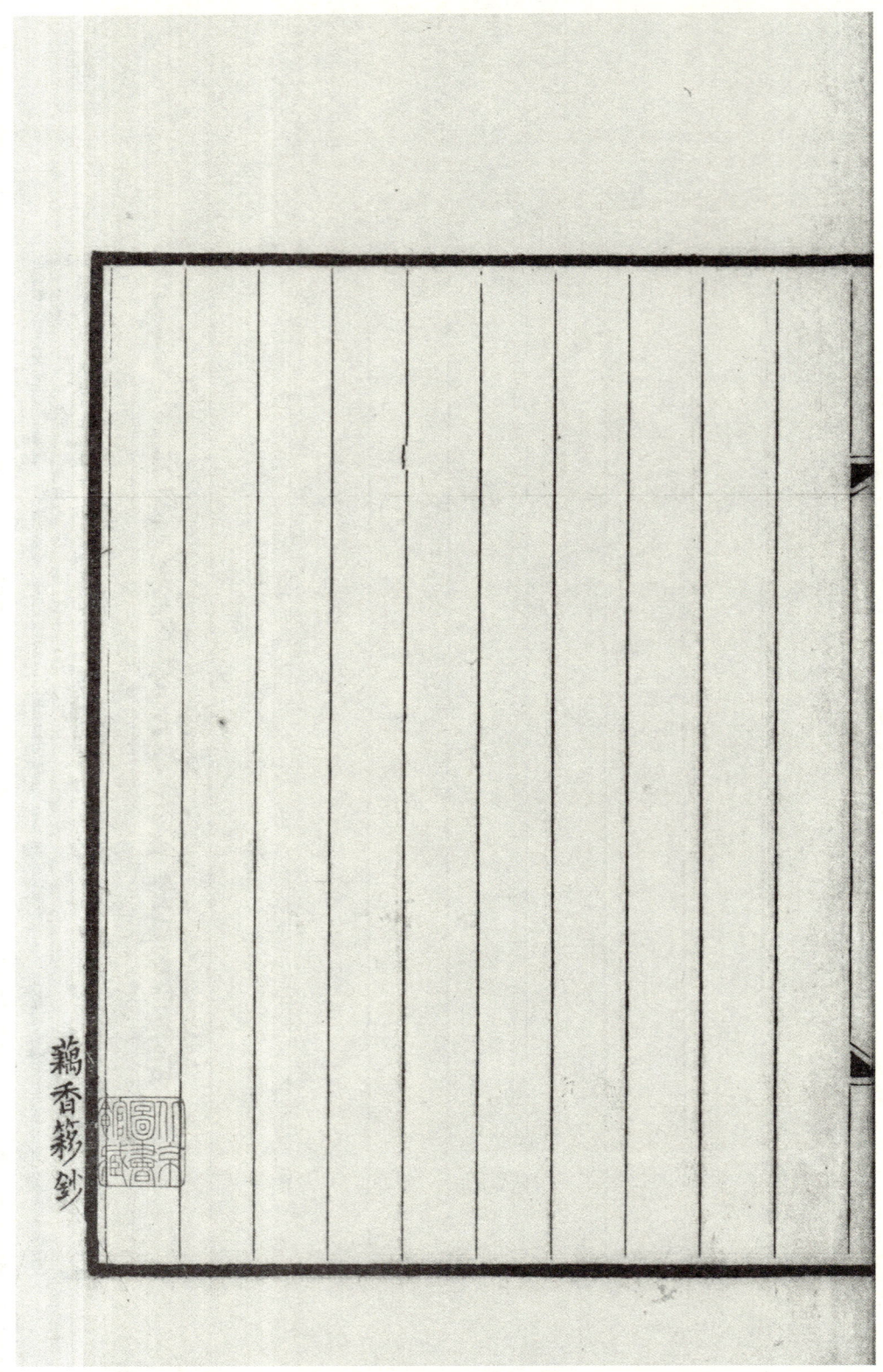

慎子一卷

(周)慎到 撰　佚名 批校

清光緒元年(1875)湖北崇文書局刊《子書百家》本

慎子

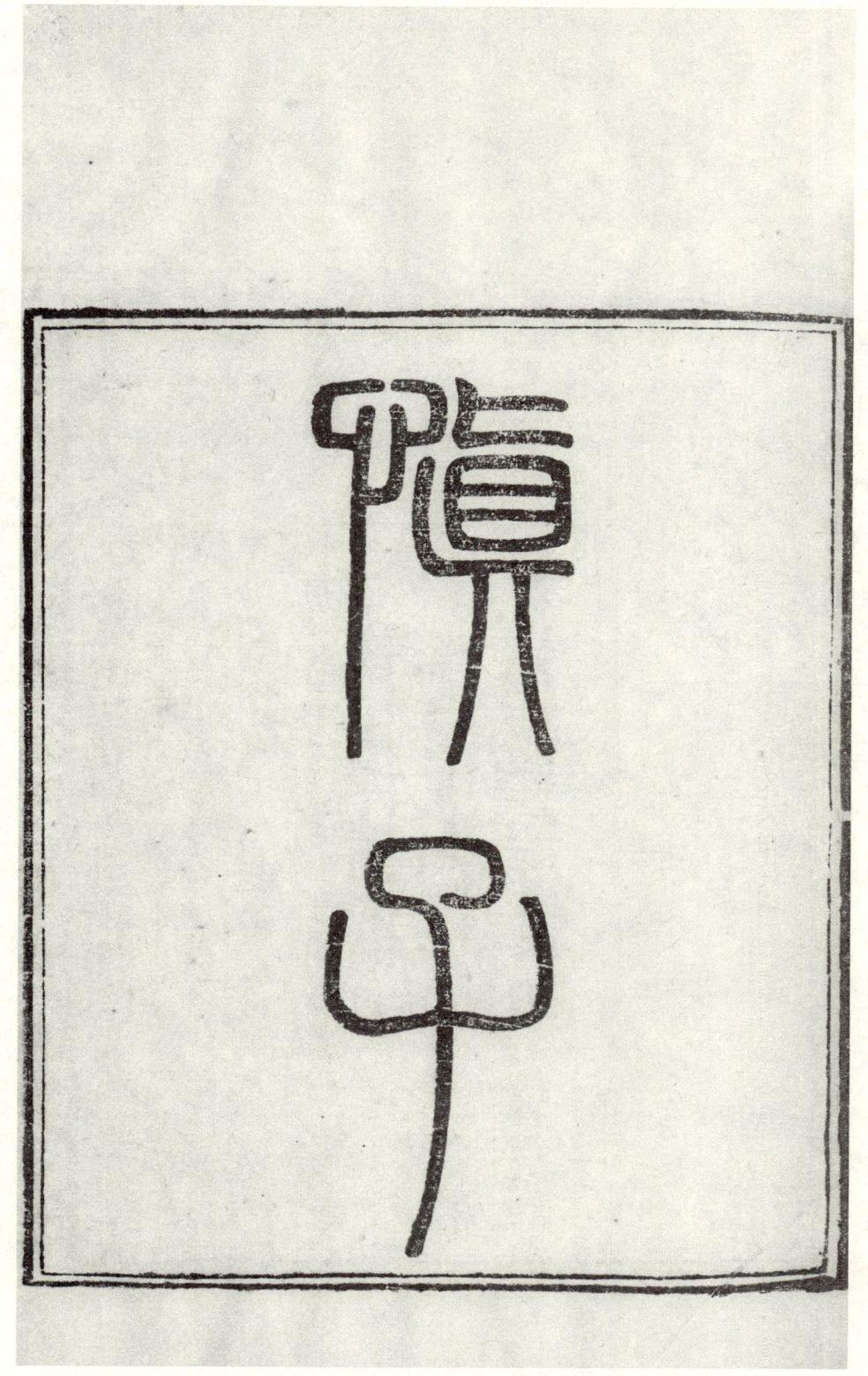

光緒紀元夏月湖
北崇文書局開雕

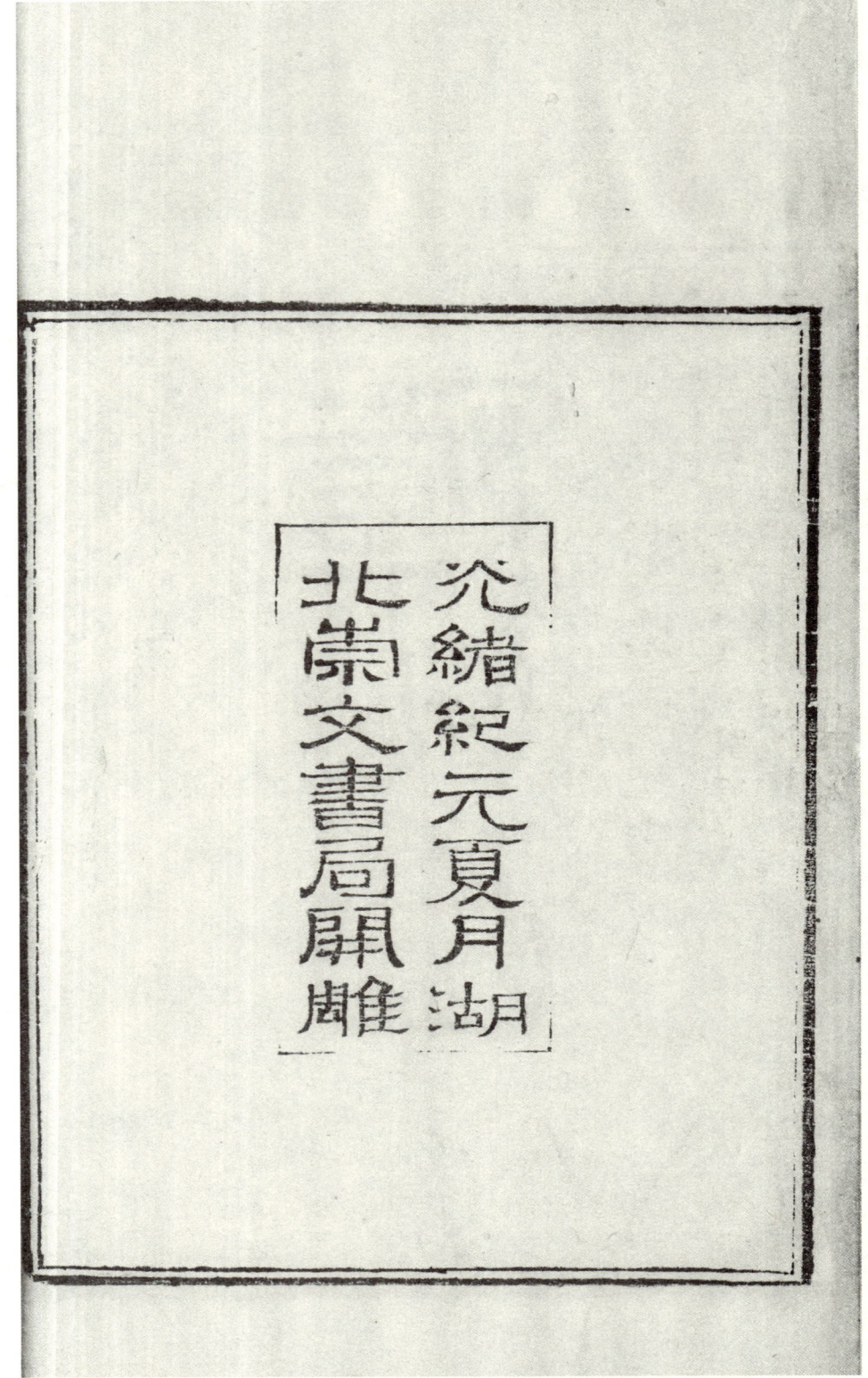

史記曰慎到趙人田駢接子齊人環淵楚人皆學黃老道德之學慎到著十二論田駢接子皆有所論焉

漢志法家慎子四十二篇先申韓申韓稱之孟慎到當時稷下其著今存五篇餘見他書

莊子天下篇以彭蒙田駢慎到並稱曰彭蒙田駢慎到不知道雖然概乎皆嘗有聞焉者也

韓非子非十二子亦以慎到田駢并稱曰則倜然無所歸宿不可以經國定分然而其持之有故言之成理足以欺惑衆愚

謝史以慎到之學有四端一尚法二不尚賢三君道無為主義四貴因莊子常非其不尚賢荀子亦訕慎子蔽于法而不知賢自管申均由君道無為之義慎子曰因也者因人之情也人莫不自為也故胡以自為為楊子之存我而旦老・楊朱之嫡派

胡云慎子在申子後漢志誤

慎子

周　慎到撰

威德一

天有明不憂人之暗地有財不憂人之貧聖人有德不憂人之危也天雖不憂人暗闢戶牖必取已明焉則天無事也地雖不憂人貧伐木刈草必取已富焉則地無事也聖人雖不憂人之危百姓準上而比於下其必取已安焉則聖人無事也故聖人處上能無害人不能使人無已害也則百姓除其害矣聖人之有天下也受之也非取之也百姓之於聖人也養之也非使聖人養已也則聖人無事矣故工不兼事士不兼官工不兼事則事省省則易勝士不兼官則職寡寡則易守故士位可世工事可常百工之子不學而能者非生巧也言有常事也今也國

無常道官無常法是以國家日繆教雖成官不足官不足則道理匱矣古者立天子而貴者非以利一人也曰天下無一貴則理無由通通理以為天下也故立天子以為天下非立天下以為天子也立國君以為國非立國以為君也立官長以為官非立官以為官長也法雖不善猶愈於無法所以一人心也夫投鉤以分財投策以分馬非鉤策為均也使得美者不知所以美使得惡者不知所以惡此所以塞願望也明君動事分官由慧定賞分財由法行德制中由禮故欲不得干時愛不得犯法貴不得踰親祿不得踰位士不得兼官工不得兼事以能受事以事受利若是者上無羨賞下無羨財

因循二

天道因則大因百姓情遂自然性則功高而道大化則細化民從我非物所樂其理偏狹因也者

因人之情也人莫不自為也化而使之為我則莫可得而用是故先王不受祿者不臣不厚祿者不與入人不得其所以自為也則上不取用焉故用人之自為不用人之為我則莫不可得而用矣此謂之因

民雜三

民雜處而各有所能者不同此民之情也大君者大上也兼畜下者也下之所能不同而皆上之用也是以大君因民之能為資盡包而畜之無能取去焉是故必執於方以求於人故所求者無一足也大君不擇其下故足不擇其下則為下易矣易為下則莫不容容故多下多下之謂大上君臣之道臣有事而君無事也君逸樂而臣任勞臣盡智力以善其事而君無與焉仰成而已事無不治治之正道然也人君自任而務為善以先下

則是代下負任蒙勞也臣反逸矣故曰君人者好爲善以先下則下不敢與君爭善以先君矣皆稱所知以自覆掩有過則臣反責君逆亂之道也君之智未必最賢於衆也以未最賢而欲善盡被下則下不贍矣若君之智最賢以一君而盡贍下則勞勞則有倦倦則衰衰則復返於人不贍之道也是以人君自任而躬事則臣不事事也是君臣易位也謂之倒逆倒逆則亂矣人君任臣而勿自躬則臣事事矣是君臣之順治亂之分不可不察也

德立四

立天子不使諸侯疑立諸侯不使大夫疑立正妻不使羣妻疑立嫡子不使庶孽疑疑則動兩則爭雜則相傷害在有與不在獨也故臣有兩位者國必亂臣兩位國不亂者君在也恃

君不亂矣失君則亂子有兩位者家必亂子兩位而不亂者父在也恃父不亂矣失父則亂臣疑君而無不危國孽疑宗而無不危家

君人五

君人者舍法而以身治則誅賞予奪從君心出然則受賞者雖當望多無窮受罰者雖當望輕無已君舍法以心裁輕重則同功殊賞同罪殊罰矣怨之所由生也是以分馬之用策分田之用鈎非以策鈎爲過於人智所以去私塞怨也故曰大君任法而弗躬則事斷於法法之所加各以分蒙賞罰而無望於君是以怨不生而上下和矣

小人食於力君子食於道（以下十二條載意林）

詩往志也書往誥也春秋往事也

此段與尹文子中同意
不知果何出也

愛赤子不慢其保絕險者不慢其御

措鈞石使禹察之不能識也懸於權衡則氂髮識矣

兩貴不相事兩賤不相使家富則疏族家貧則兄弟離不聽不明不能王不瞽不聾不能公海與山爭水海必得之

有權衡者不可欺以輕重有尺寸者不可差以長短有法度者不可巧以詐偽

一兎走百人追之積兎於市過而不顧非不欲兎分定不可爭也

孝子不生慈父之家忠臣不生聖君之下

匠人成棺不憎人死利之所在忘其醜也

廊廟之材非一木之枝狐白之裘非一狐之腋

藏甲之國必有兵遁市人可驅而戰安國之兵不由忿起

按漢志四十二篇唐志十卷滕輔註今纔五篇非全書也周氏涉筆稱屏去繆悠剪削枝葉本道而附於情主法而責於上五篇雖簡約而明白純正統本貫末則全書宋時已亡逸矣馬氏意林掇取十二條具不見五篇中蓋采諸全書者今錄以附篇末云丁丑夏日濟菴子志

莊子天下篇云公而不當易而無私決然無主趣物而不兩不顧於慮不謀於知於物無擇與之俱往古之道術有在於是者彭蒙田駢慎到聞其風而悅之齊萬物以為首曰天能覆之而不能載之地能載之而不能覆之大道能包之而不能辯之知萬物皆有所可有所不可故曰選則不徧教則不至道則無遺者矣是故慎到棄知去己而緣不得已泠汰於物以為道理曰知不知將薄知而鄰傷之者也謑髁無任而笑天下之尚賢也縱脫無行而非天下之大聖椎拍輐斷與物宛轉舍是與非苟可以免不師知慮不知前後魏然而已矣推而後行曳而後往若飄風之還若羽之旋若磨石之隧全而無非動靜無過未嘗有罪是何故夫無知之物無建己之患無用知之累動靜不離於理是以終身無譽故曰至於若無知之物而已無用賢聖夫塊不失道豪傑相與笑之曰慎到之道非生人之行而至死人之理適得怪焉田駢亦然學於彭蒙得不教焉彭蒙之師曰古之道人至於莫之是莫之非而已矣其風窢然惡可而言常反人不見觀而不免於魭斷其所謂道非道而所言之韙不免於非彭蒙田駢慎到不知道雖然概乎皆嘗有聞者也

荀子非十二子曰尚法而無法下脩而好作上則聽取於上下則聽從於俗終日言成文典及紃察之則

然無所歸宿不可以經國定分然而其持之有故其言之成理足以欺惑愚衆是慎到田駢也

荀子又云慎到蔽於法而不知賢

韓非子難勢篇引慎子曰飛龍乘雲騰蛇遊霧雲罷霧霽而龍蛇與螾螘同矣則失其所乘也賢人而詘於不肖者則權輕位卑也不肖而能服於賢者則權重位尊也堯爲匹夫不能治三人而桀爲天子能亂天下吾以此知勢位之足恃而賢智之不足慕也夫弩弱而矢高者激於風也身不肖而令行者得助於衆也堯教於隸屬而民不聽至於南面而王天下令則行禁則止由此觀之賢智未足以服衆而勢位足以任賢者也

慎子終

慎子一卷

(周)慎到 撰

清抄《養素軒叢書》本

慎子

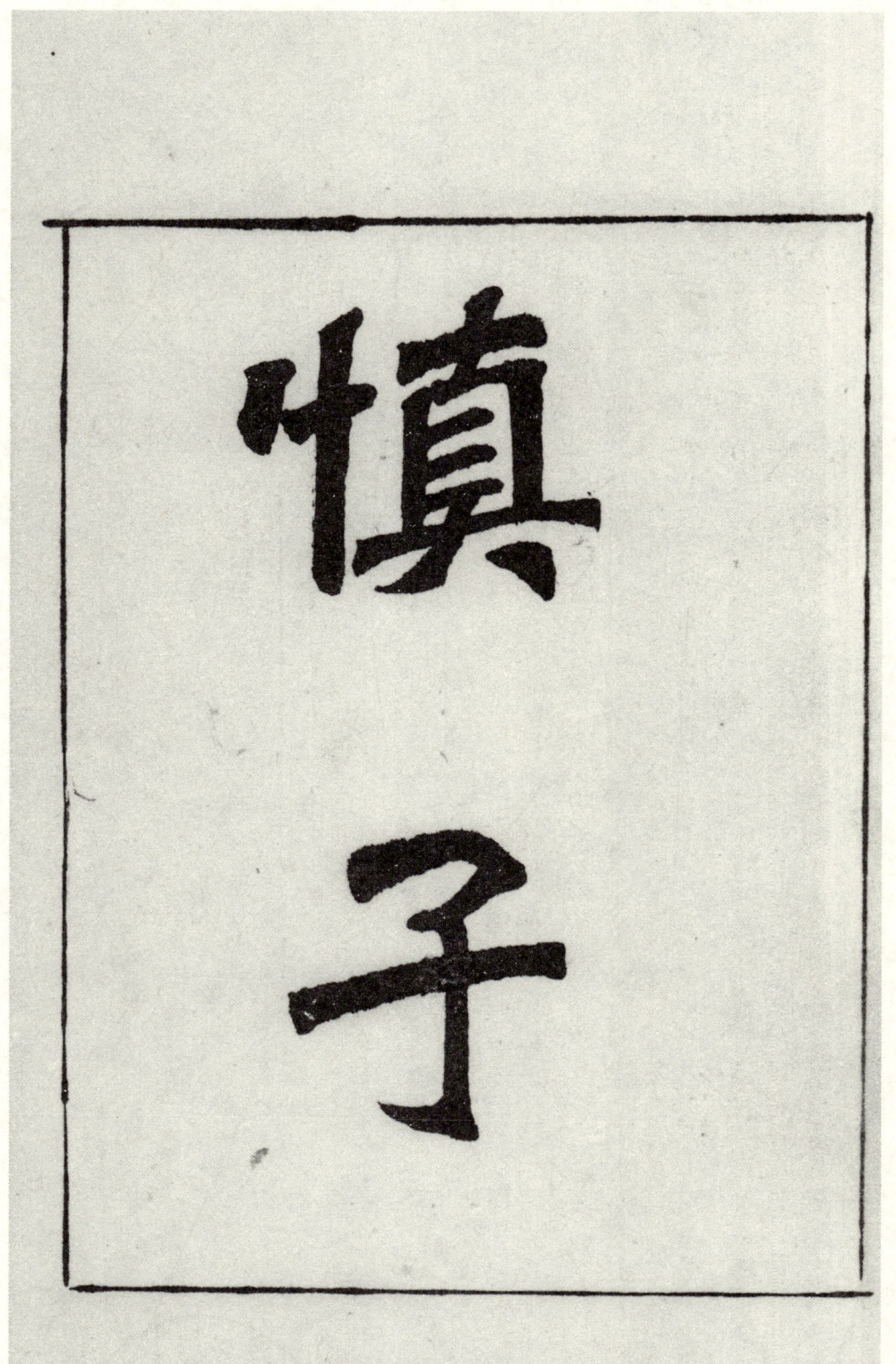

四庫全書提要

慎子一卷

周慎到撰到趙人中興書目作瀏陽人

陳振孫書録解題曰慎到趙人見於史

記瀏陽在今潭州吳時始置縣與趙南

北了不相涉蓋據書坊所稱不知何謂

也則稱瀏陽者非也明人刻本又云到一

名廣案陸德明莊子釋文田駢下註
曰慎子名廣然則駢二名廣非到一
名廣也尤姘誤莊子天下篇曰慎到棄
知去己而緣不得已泠汰於物以為道
理曰知不知將薄知而後鄰傷之者也
謑髁無任而笑天下之尚賢也縱脫無
行而非天下之大聖椎拍輐斷與物

隧

宛轉舍是與非苟可以免不師智慮
不知前後魏然而已矣推而後行曳而
後往若飄風之還若羽之旋若磨石
之隧全而無非動靜無過未嘗有罪
是何故夫無知之物無建己之患無
用知之累動靜不離於理是以終身
無譽故曰至於若無知之物而已無用

賢聖夫瑰不失道豪傑相與笑之曰慎到之道非生人之行而至死人之理適得怪焉云云是慎子之學近乎釋氏然漢志列之於法家今考其書大旨欲因物理之當然各定一法以守之不求於法之外亦不寬於法之中則上下相安可以清淨而治然法所不行勢必刑以齊

又揭

之道德之為刑名此其轉關所以申韓多稱之也語見漢書藝文志其書漢志作四十二篇唐志作十卷崇文總目作三十七篇書錄解題則稱麻沙刻本凡五篇已非全書此本雖亦分五篇而文多刪削亦非陳振孫之所見蓋明人摭拾殘剩重為編次觀孝子不生慈父之家

提要　三　養素軒

忠臣不生聖君之下二句前後兩見

知為雜録而成失除重複矣

慎子

周 慎到 撰

威德一

天有明不憂人之暗地有財不憂人之貧聖人有德不憂人之危也天雖不憂人暗闢戶牖必取已明焉則天無事也地雖不憂人貧伐木刈草必取已富焉則地無事也聖人雖不憂人之

危百姓準上而比於下其必取已安焉則聖人
無事也故聖人處上能無害人不能使人無害
也則百姓除其害矣聖人之有天下也愛之也
非敢取之也百姓之於聖人也養之也非使聖
人養己也則聖人無事古者工不兼事士不兼
官工不兼事則事省省則易勝士不兼官則職
寡寡則易守故士位可世工事可常百工之子

不學而能非非者非生功也言有常事也令也國
無常道官無常法是以國家日繆敎雖成官不
足官不足則道理匱矣古者立天子而貴者非
以利一人也曰天下無一貴則理無由通通理
以為天下也故立天子以為天下非立天下以
為天子也立國君以為國非立國以為君也立
官長以為官非立官以為官長也法雖不善猶

愈於無法所以一人心也夫投鉤以分則投策以分馬非鉤策為均也使得美者不知所以美使得惡者不知所以惡此所以塞願望也明君動事分官由慧定賞分財由法行德制中由禮故欲不得干時愛不得犯法貴不得踰親祿不得踰位士不得兼官工不得兼事以能受事以事受利若是者上無羨賞下無羨財

因循二

天道因則大（因百姓情遂自然性則功高而道大）化則細（化民從我非物所樂具理偏狹）因也者因人之情也人莫不自為也化而使之為我則莫可得而用是故先王不受祿者不臣不厚祿者不與人人不得其所以自為也則上不取用焉故用人之自為不用人之為我則莫不可得而用矣此謂之因

民雜三

民雜處而各有所能者不同此民之情也大君者大上也兼畜下者也下之所能不同而皆上之用也是以大君因民之能為資盡包而畜之無能取去焉是故必執於方以求於人故所求者無一足也大君不擇其下故足不擇其下則為下易矣易為下則莫不容容故多下多下之

謂大上君臣之道臣有事而君無事也君逸樂而臣任勞臣盡智力以善其事而君無與焉仰成而已事無不治治之正道然也人君自任而務為善以先下則是代下負任蒙勞也臣反逸矣故曰君人者好為善以先下則下不敢與君爭善以先君也皆稱所知以自覆掩有過則臣反責君逆亂之道也君之智未必最賢於眾也

以未最賢而欲善盡被下則下不贍矣若君之智最賢以一君而盡贍下則勞勞則有倦倦則衰衰則復返於人不贍之道也是以人君自任而躬事則臣不事事也是君臣易位也謂之倒逆倒逆則亂矣人君任臣而勿自躬則臣事事矣是君臣之順治亂之分不可不察也

德立四

立天子不使諸侯疑立諸侯不使大夫疑立正妻不使羣妻疑立嫡子不使庶孽疑疑則動兩動兩則爭雜則相傷害在有與不在獨也故臣有兩位者國必亂臣有兩位國不亂者君在也恃君不亂矣失君則亂子有兩位者家必亂子兩位家不亂者父在也恃父不亂矣失父則亂臣疑君而無不危國孽疑宗而無不危家

君人五

君人者舍法而以身治則誅賞予奪從君心出然則受賞者雖當望多窮無受罰者雖當望輕無已君舍法以心裁輕重則同功殊賞同罪殊罰矣怨之所由生也是以分馬之用策分田之用鉤非以策鉤為過於人智所以去私塞怨也故曰大君任法而弗躬則事斷於法法之所加

各以分蒙賞罰而無望於君是以怨不生而上下和矣

人小食於力君子食於道以下十二條載意林

詩往志也書往誥也春秋往事也

愛赤子不慢其保絕險者不慢其御

措鈞石使禹察之不能識也縣於權衡則氂髮識矣

兩貴不相事兩賤不相使家富則疏族家貧則兄弟離不聰不明不能王不瞽不聾不能公海與山爭水海必得之

有權衡者不可欺以輕重有尺寸者不可差以長短有法度者不可巧以詐偽

一兔走百人追之積兔於市過而不顧非不欲兔分定不可爭也

孝子不生慈父之家忠臣不生聖君之下

廊廟之材非木一之枝狐白之裘非一狐之腋

匠人成棺不憎人死利之所在忘其醜也

藏甲之國必有兵遁市人可驅而戰安國之兵

不由忿起

按慎子漢志四十二篇唐志十卷滕輔注今纔五篇非全書也周氏涉筆稱屏去繆悠剪削枝葉本而道附於情主法而責於上五篇雖簡約而明白純正統本貫末則宋時全已亡逸矣馬氏意林掇取十二條具不見五篇中蓋采諸全書者今錄以附篇末云蓮舫氏識

慎子内篇一卷外篇一卷補遺一卷
逸文一卷附内篇校文一卷

(周)慎到 撰
(清)繆荃孫 補遺
孫毓修 校文

民國間上海商務印書館《四部叢刊》影印江陰繆氏藕香簃寫本

慎子内外篇

附逸文校勘記

四部叢刊子部

上海涵芬樓借江陰繆氏藕香簃寫本景印原書葉心高營造尺六寸三分寬四寸八分

慎子内篇

戰國趙人慎　到撰

明　吴人慎懋賞校

天有明不憂人之暗地有財不憂人之貧聖人有德不憂人之危也天雖不憂人暗闢户牖必取己明焉則天無事也地雖不憂人貧伐木刈草必取己富焉則地無事也聖人雖不憂人之危百姓準上而比於下必取己安焉則聖人無事也故聖人處上能無害人不能使人無己害也則百姓除其害矣聖人之有天下也受之也非敢取之也百姓之於聖人也養之也非使聖人養己

也則聖人無事古者工不兼事士不兼官工不兼事則事省省則易勝士不兼官則職寡寡則易守故士位可世工事何常百工之子不學而能者非生巧也言有常事也今也國無常道官無常法是以國家日繆教雖成官不足官不足則道理匿矣古者立天子而貴者非以利一人也曰天下無一貴則理無由通通理以為天下也故立天子以為天下非立天下以為天子也立國君以為國非立國以為君也立官長以為官非立官以為官長也法雖不善猶愈於無法所以一人心也夫投鉤以分財投策以分馬非鉤策為均也使得美者不知所

以德使得惡者不知所以怨此所以塞願望也故蓍龜
所以立公識也權衡所以立公正也書契所以立公信
也法制禮籍所以立公義也凡立公所以棄私也明君
動事分理由慧定鼎分財由法行德制中由禮故欲不
干時愛不得犯法貴不得踰親祿不得踰位慧不得兼
官工不得兼事以能受事以事受利若是者上無羨賞
下無羨財

天道因則大化則細因也者因人之情也人莫不自為
也化而使之為我則莫可得而用是故先王不受祿者
不臣不厚祿者不與入人不得其所以自為也則上不

取用焉故用人之自為不用人之為我則莫不可得而用矣此之謂因

民雜處而各有所能者不同此民之情也大君者太上也兼畜下者也下之所能不同而皆上之用也是以大君因民之能為資盡包而畜之無能取去焉是故必執於方以求于人故所求者無一足也大君者不擇其下故足不擇其下則為下易矣易為下則莫不容容故多下多下謂之太上君臣之道臣有事而君無事也君逸樂而臣任勞臣盡智力以善其事而君無與焉仰成而已事無不治治之正道然也人君自任而務為善以先

下則是代下負任蒙勞也臣反逸矣故曰君人者好為
善以先下則不敢與君爭善以先君矣皆稱所知以自
覆掩有過則臣反責君逆亂之道也君之智未必最賢
於衆也以未最賢而欲善盡被下則下不贍矣若君之
智最賢以一君而盡贍下則勞勞則有倦倦則衰衰則
復返於人不贍之道也是以人君自任而躬事則臣不
事事也是君臣易位也謂之倒逆倒逆則亂矣人君任
臣而勿自躬則臣事事矣是君臣之順治亂之分不可
不察也

立天子不使諸侯疑立諸侯不使大夫疑立正妻不使

羣妻疑立嫡子不使庶孽疑疑則兩動動則兩爭雜則相傷害在有與不在獨也故臣有兩位者國必亂臣兩位國不亂者君在也恃君不亂矣失君則亂子有兩位者家必亂子兩位而不亂者父在也恃父不亂矣失父則亂臣疑君而無不危國孽疑宗而無不危家今一兔走百人逐之非一兔足為百人分也由未定也由未定堯且屈力而況衆人乎積兔在市行者不顧非不欲兔也分已定矣分已定人雖鄙不爭故治天下及國在乎定分而已矣

君人者舍法而以身治則誅賞予奪從君心出然則受

賞者雖當望多無窮受罰雖當望輕無已君舍法以心裁輕重則同功殊賞同罪殊罰矣怨之所由生也是以分馬之用策分田之用鉤非以策鉤為過於人智所以去私塞怨也故曰大君任法而弗躬則事斷於法法之所以加各以分蒙賞罰而無望於君是以怨不生而上下和矣

飛龍乘雲騰蛇遊霧雲罷霧霽而龍蛇與螾螘同矣則失其所乘也故賢人而屈於不肖者則權輕位卑也不肖而能服於賢者則權重位尊也堯為匹夫不能治三人而桀為天子能亂天下吾以此知勢位之足恃而賢

智之不足慕也夫弩弱而勢高者激於風也身不肖而令行者得助於衆也堯教於隸屬而民不聽至於南面而王天下令則行禁則止由此觀之賢智未足以服衆而勢位足以屈賢者也

愛多者則法不立威寡者則下侵上法之功莫大使私不行君之功莫大使民不争今立法而行私是與法争其亂甚於無法立君而尊賢是賢與君争其亂甚於無君故有道之國法立則私善不行君立則賢者不尊民一於君斷於法國之大道也

虙戲神農教而不誅黄帝堯舜誅而不怒及至三王隨

時制法各適其用故治國無其法則亂守法而不變則衰有法而行私謂之不法以力役法者百姓也以死守法者有司也以道變法者君長也

君明臣直國之福也父慈子孝夫信妻貞家之福也故比干忠而不能存殷申生孝而不能安晉是皆忠臣孝子而國家滅亂者何也無明君賢父以聽之故孝子不生慈父之家忠臣不生聖君之下

藏甲之國必有兵遁市人可驅而戰安國之兵不由忿起明主之征也誅其君改其政率其民而不奪其財也故曰戰者悍驁之也明主之征也猶時雨也至則民悅

矣

富之勝貧強之勝弱衆之勝寡安之勝危必也然而貧生於富弱生於強寡生於衆危生於安

詩往志也書往誥也春秋往事也至於易則吾心陰陽消息之理備焉昔宓羲氏仰觀象於天俯觀法於地觀鳥獸之文與土地之宜近取諸身遠取諸物於是始畫八卦以通神明之德以類萬物之情文王重易六爻作上下篇孔子為之彖象繫文言序卦之屬十篇故曰易道深矣人更三聖世歷三古仲尼之學易也没身而已

夫王公大人為政於國家者皆欲國家之富人民之衆

刑政之治然而不得富而得貧不得衆而得寡不得治而得亂則是本失其所欲得其所惡是其故何也不能以尚賢事能為政也是故國有賢良之士衆則國家之治厚賢良之士寡則國家之治薄故大人之務將在於衆賢而已譬若欲衆其國之善射御之士者必將富之貴之敬之譽之然後國之善射御之士將可得而衆也況又有賢良之士厚乎德行辯乎言談博乎道術者乎此固國家之珍而社稷之佐也亦必且富之貴之敬之譽之然後國之良士亦將可得而衆也故古者聖王之為政列德而尚賢雖在農與工肆之人有能則舉之高

予之爵重予之祿任之以事斷予之令曰爵位不高則民弗敬蓄祿不厚則民不信政令不斷則民不畏舉三者授之賢者非爲賢者也欲其事之成故可使治國者使治國可使長官者使長官可使治邑者使治邑凡所使治國家官府邑里此皆之賢者也賢者之治國也蚤朝晏退聽獄治政是以國家治而刑法以正賢者之長官也夜寢夙興收斂關市山林澤梁之利以實官府是以官府實而財不散賢者之治邑也蚤出暮入耕稼樹藝聚菽粟是以菽粟多而民足乎食故當是時以德就列以官服事以勞殿賞量功而分祿故官無常貴民無

萬香簃鈔

終賤有能則舉之無能則下之舉公義辟私怨此若言之謂也故古者堯舉舜於服澤之陽授之政天下平禹舉益於陰方之中授之政九州成湯舉伊尹於庖廚之中授之政其謀得文王舉閎夭泰顛於罝罔之中授之政西土服故當是時雖在於厚祿尊位之臣莫不敬懼而施雖在農與工肆之人莫不競勸而尚意故士者所以為輔相承嗣也故得士則謀不困體不勞名立而功業彰而惡不生則由得士也今王公大人有一衣裳不能制也必藉良工有一牛羊不能殺也必藉良宰至於治國家則不使賢者能者在於側則此不肖者在左右

也不肖者在左右則其所譽不當賢而所罰不當暴王公大人尊此以為政乎國家則賞亦必不當賢罰亦必不當暴若苟賞不當賢而罰不當暴則是為賢者不勸而為暴者不沮矣是以入則不慈孝父母出則不長弟鄉里居處無節出入無度男女無別使治官府則盜竊城守則倍畔君有難則不死出亡則不從使斷獄則不中分財則不均與謀事不得舉事不成入守不固出誅不強故雖昔者三代暴王桀紂幽厲之所以失措其國家傾覆其社稷者已此故也何則皆以明小物而不明大物也

廟廊之材非一木之枝狐白之裘非一狐之腋治亂安危存亡榮辱之施非一人之力也故人主者以天下之目視以天下之耳聽以天下之智慮以天下之力動是以號令能下究而臣情得上聞百官修道羣臣輻輳離朱之明察毫末於百步之外下於水尺而不能見淺深非目不明也其勢難覩也故用賞貴信用罰貴必賞信罰必于耳目之所聞見則所不聞見者莫不陰化矣有權衡者不可欺以輕重有尺寸者不可差以長短有法度者不可巧以詐僞王者有易政而無易國有易君而無易民湯武非得伯夷之民以治桀紂非得蹠蹻之

民以亂也民之治亂在於上國之安危在於政
民富則治易民貧則治難民富則重家重家則安鄉安
鄉則敬上畏罪敬上畏罪則易治也貧則輕家輕家則
危鄉危鄉則淩上犯禁淩上犯禁則難治也故爲國之
道在富民而已矣昔七十九代之君法制不一號令不
同然而俱王天下何也必當國富而粟多也
賤而不可不因者衆也剄而不可不用者兵也慘而不
可不行者法也小而不可不防者盗也勞而不可不勸
者農也宂而不可畜者財也
天下之人所共趨之而不知止者富貴耳所謂富貴者

藕香簃鈔

足於物耳夫富貴之亢極者大則帝王小則公侯而已豈不以被袞冕處宮闕建羽葆警蹕故謂之帝王豈不以戴簪纓喧車馬仗旌旗鈇鉞故謂之公侯耶不飾之以袞冕宮闕羽葆警蹕簪纓車馬鈇鉞又何有乎帝王公侯哉夫袞冕羽葆簪纓鈇鉞旌旗車馬皆物也物足則富貴富貴則帝王公侯故曰富貴者足物爾以足物者為富貴無物者為貧賤於是樂富貴恥貧賤不得其樂者無所不至矣是故明王知其然操二柄以馭之二者刑德也殺戮之謂刑慶賞之謂德使人臣雖有智能不得背法而專制雖有賢行不得踰功而先勞雖有忠

信不得釋法而不禁

措鈞石使禹察之不能識也懸於權衡則氂髮辨矣聖君任法而不任智任公而不任私任大道而不任小物然後身佚而天下治

孔子謂子卜子曰商汝知君之爲君也卜子曰魚失水則死水失魚猶爲水也故愛赤子者不慢其保絕險者不慢其御爲天下者不慢其民

環淵問曰天有四殃水旱飢荒其至無時何以備之慎子曰土多民少非其土也土少人多非其人也是故土多發政以漕四方四方流之土少安帑而外務輸山林

非時不升斤斧以成草木之長川澤非時不入網罟以成魚鼈之長不麛不卵以成鳥獸之長凡土地之間者皆可裁之以為民利是魚鼈歸其泉鳥歸其林孤寡辛苦咸賴其生山以遂其材工匠以為其器百物以平其利商賈以通其貨工不失其務農不失其時是謂和德夏箴曰小人無兼年之食遇天饑妻子非其有也大夫無兼年之食遇天饑臣妾輿馬非其有也戒之哉

道行於世則貧賤者不怨富貴者不驕愚弱者不懾智勇者不陵定於分也法行於世則貧賤者不敢怨富貴富貴者不敢陵貧賤愚弱者不敢冀智勇智勇者不敢

鄙愚弱此法之不及道也

君子恥不脩不恥見汙恥不信不恥不見信恥不能不恥不見用

仁義禮樂名法刑賞凡此八者五帝三王治世之術也故仁以道之義以宜之禮以行之樂以和之名以正之法以齊之刑以威之賞以勸之

天地大矣不誠不能化萬物聖人知矣不誠不能化萬民父子親矣不誠則踈君臣尊矣不誠則卑

與天下于人大事也煦煦者以爲惠而堯舜無德色取天下于人大嬉也潔潔者以爲污而湯武無愧容惟其

義也

夫錦繢紛華所服不過溫體三牲大牢所食不過充腹知以身取節者則知足矣苟知足則不累其志矣禮從俗政從上使從君國有貴賤之禮無賢不肖之禮也故孔子言於魯哀公曰人之所以生禮為大非禮無以辨君臣之位

小人以耳目導心聖人以心導耳目夫德精微而不見聰明而不發是故外物不累其內

兩貴不相事兩賤不相使家富則疏族聚家貧則兄弟離不聰不明不能王不瞽不聾不能公海與山爭水海

必得之
小人食於力君子食於道先王之訓也故常欲耕而食
天下之人矣然一身之耕分諸天下不能人得一升粟
其不能飽可知也欲織而衣天下之人矣然一身之織
分諸天下不能人得尺布其不能煖可知也故以為不
若誦先王之道而求其說通聖人之言而究其旨上說
王公大人次匹夫徒步之士王公大人用吾言國必治
匹夫徒步之士用吾言行必脩雖不耕而食饑不織而
衣寒功賢於耕而食之織而衣之者也許犯問於子慎
子曰法安所生子慎子曰法非從天下非從地出發於

人間合乎人心而已治水者茨防決塞雖在夷狄相似
如一學之於水不學之於禹也
慎子仕楚為太子傅楚襄王為太子時質於齊懷王薨
太子辭於齊王而歸齊王隘之予我東地五百里乃歸
子不予子不得歸太子曰臣有傅請退而問傅慎子曰
獻之地所以為身也愛地不送死父不義臣故曰獻之
便太子入致命齊王曰敬獻地五百里齊王歸楚太子
太子歸即位為王齊使車五十乘來取東地於楚楚王
告慎子曰齊使來求東地為之奈何慎子曰王明日朝羣
臣皆令獻其計上柱國子良入見王曰寡人之得求反

主墳墓復羣臣歸社稷也以東地五百里許齊令使来求地為之奈何子良曰王不可不與也王身出玉聲許强萬乘之齊而不與則不信後不可以約結諸侯請與而復攻之與之信攻之武臣故曰與之子良出昭常入見王曰齊使来求東地五百里為之奈何昭常曰不可與也萬乘者以地大為萬乘今去東地五百里是去戰國之半也有萬乘之號而無千乘之用也不可臣故曰勿與常請守之昭常出景鯉入見王曰齊使来求東地五百里為之奈何景鯉曰不可與也雖然楚不能獨守王身出玉聲許萬乘之强齊也而不與負不義於天下

萬香簃抄

楚亦不能獨守臣請西索救於秦景鯉出愼子入王以三大夫計告愼子曰子良見寡人曰不可不與而復攻之常見寡人曰不可與也常請守之鯉見寡人曰不可與也雖然楚不能獨守也臣請索救於秦寡人誰用三子之計愼子對曰王皆用之王怫然作色曰何謂也愼子曰臣請效其說而王且見其誠實也王發上柱國子良車五十乘而北獻地五百里於齊發子良之明日遣昭常爲大司馬令往守東地遣昭常之明日遣景鯉車五十乘西索救於秦王曰善乃遣子良北獻地於齊遣子良之明日立昭常爲大司馬使守東地又遣景鯉西

索救於秦子良至齊齊使人以甲受東地昭常應齊使曰我典主東地且與死生悉五尺至六十三十餘萬敝甲鈍兵願承下塵齊王謂子良曰大夫來獻地今常守之如何子良曰臣身受命敝邑之王是常矯也王攻之齊王大興兵攻東地伐昭常未涉疆秦以五十萬臨齊右壤曰夫隘楚太子弗出不仁又欲奪之東地五百里不義其縮甲則可不然則願待戰齊王恐焉乃請子良南道楚西使秦解齊患士卒不用東地復全

慎子仕魯魯使慎子為將軍伐齊取南陽孟子與曰不教民而用之謂之殃民殃民者不容於堯舜之世一戰

勝齊遂有南陽然且不可慎子勃然不悅曰此則滑釐所不識也曰吾明告子天子之地方千里不千里不足以待諸侯諸侯之地方百里不百里不足以守宗廟之典籍周公之封於魯為方百里也地非不足而儉於百里太公之封於齊也亦為方百里也地非不足也而儉於百里今魯方百里者五子以為有王者作則魯在所損乎在所益乎徒取諸彼以與此然仁者不為況於殺人以求之乎君子之事君也務引其君以當道志於仁而已

鄒忌以鼓琴見齊王齊王善之鄒忌子曰夫琴所以象

政也遂以為王言霸王之事宣王大悅舍之右室與語三日拜以為相稷下先生皆輕忌以謂設以辭不能及淳于髡慎到田駢接予環淵相與往見鄒忌子淳于髡慎到之屬禮倨鄒忌之禮卑謂鄒忌子曰善說哉竊有愚志願陳諸前騶忌子曰謹受教淳于髡曰得全全昌失全全亡騶忌子曰謹受令請謹毋離前田駢曰豨膏棘軸所以為滑也然而不能運方穿騶忌子曰謹受令請謹事左右環淵曰弓膠昔幹所以為合也然而不能傅合疏罅騶忌子曰謹受令請謹自附於萬民接予曰狐裘雖敝不可補以犬羊之皮騶忌子曰謹受令請謹擇

君子毋雜小人其間慎到曰大車不較不能載其常任琴瑟不較不能成其五音騶忌子曰謹受令請謹修法律而督姦吏淳于髡等說畢趨出至門而面其友曰是人者吾輩語之微言五其應我若響之應聲是人必封不久矣居期年封以邳號曰成侯

鄭同北見趙王慎子侍趙王曰子南方之博士也何以教之鄭同曰臣南方草鄙之人也何足問雖然王致之於前安敢不對乎臣少之時親嘗教以兵趙王曰寡人不好兵鄭同因撫手仰天而笑之曰兵固天下之狙喜也臣故意大王不好也臣亦嘗以兵說魏昭王昭王亦

曰寡人不喜臣曰王之行能如許由乎許由無天下之累故不受也今王既受先王之傳欲宗廟之安壤地不削社稷之血食乎王曰然今有人操隨侯之珠持百丘之環萬金之財時宿於野內無孟賁之威荆慶之斷外無弓弩之禦不出宿夕人必危之矣今有猛貪之國臨王之境索王之地告以理則不可說以義則不聽王非戰禦守備之具其何以當之王若無兵鄰國得志矣趙王顧謂慎子曰寡人之慮不及此也請謹奉教

慎子外篇

戰國趙人慎　到撰

明　吴　人慎懋賞校

古之全大體者望天地觀江海因山谷日月所照四時所行雲布風動不以智累心不以私累己寄治亂於法術託是非於賞罰屬輕重於權衡不逆天理不傷情性不吹毛而求小疵不洗垢而察難知不引繩之外不推繩之内不急法之外不緩法之内守成理因自然禍福生乎道法而不出乎愛惡榮辱之責在乎己而不在乎人故至安之世法如朝露純樸不散心無結怨口無煩

言故車馬不疲弊於遠路旌旗不亂於大澤萬民不失命於寇戎豪傑不著名於圖書不錄功於盟盂記年之牒空虛故曰利莫長於簡福莫久於安

行高者人妬之權重者主疑之祿厚者人怨之夫行益高者意益下權益重者心益小祿益厚者施益溥修此三者人不怨故老子曰貴以賤為本高以下為基抑高而舉下損有餘而補不足天之道也江海處地之不足故天下之水歸之聖人謙卑清靜者見下也虛心無有者見不足也見下故能致其高見不足故能成其賢矜者不立奢者不長強梁者死滿足者亡飄風暴雨

不終日山谷不能須臾盈
奢者富不足儉者貧有餘奢者心常貧儉者心常富奢者好動儉者好靜奢者好難儉者好易奢者好繁儉者好簡奢者好驕淫儉者好恬澹
夫耕之用力也勞而民為之者何得以富戰之為事也危而民為之者何得以貴今修文學習法令則無耕之勞而有富之實無戰之危而有貴之尊則人孰不為也
古之民未知為宮時就陵阜而居穴而處下潤濕傷民故聖王作為宮室為宮室之法曰高足以辟潤濕邊足以圉風寒上足以待雪霜雨露宮牆之高足以別男女

之禮謹此則止費財勞力不加利者不爲也是故聖王作爲宮室便於生不以爲觀樂也作爲衣服帶履便於身不以爲辟怪也故節於身誨於民是以天下之民可得而治財用可得而足當今之世其爲宮室則與此異矣必厚作斂於百姓暴奪民衣食之財以爲宮室臺榭曲直之望青黃刻鏤之飾爲宮室若此故左右皆法象之是以其財不足以待凶饑振孤寡故國貧而民難治也君實欲天下之治而惡其亂也當爲宮室不可不節古之民未知爲衣服時衣皮帶茭冬則不輕而溫夏則不輕而清聖王以爲不中人之情故作誨爲衣服之法冬

服紺緅之衣輕且煖夏服絺綌之衣輕且清謹此則止
故聖人為衣服適身體和肌膚而足矣非榮耳目而觀
愚民也當是之時堅車良馬不知貴也刻鏤文采不知
喜也故民衣食之財家足以待旱水凶饑者何也得其
所以自養之情而不感於外也是以其民儉而易治其
君用財節而易贍也府庫實滿足以待不然兵革不頓
士民不勞足以征不服故霸王之業可行於天下矣當
今之王其為衣服則與此異矣冬則輕煗夏則輕清皆
已具矣必厚作斂於百姓暴奪民衣食之財以為錦繡
文采靡曼衣之鑄金以為鉤珠玉以為佩女工作文采

男工作刻鏤以身服此非云輕煥輕清也單財勞力畢歸之於無用以此觀之其爲衣服非爲身體皆爲觀好是以其民淫僻而難治其君奢侈而難諫也夫以奢侈之君御好淫僻之民欲用無亂不可得也君實欲天下之治而惡其亂當爲衣服不可不節古之民未知爲飲食時素食而分處故聖人作誨男耕稼樹藝以爲民食其爲食也足以增氣充虛强體適腹而已矣故其用財節其自養儉民富國治今則不然厚作斂於百姓以爲美食芻豢蒸炙魚鼈大國累百器小國累十器前方丈目不能徧示手不能徧操口不能徧味冬則凍冰夏

萬香簃鈔

則餲饐人君為飲食如此故左右象之是以富貴者奢侈孤寡者凍餒欲無亂不可得也君實欲天下治而惡其亂當為飲食不可不節古之民未知為舟車時重任不移遠道不至故聖王作為舟車以便民之事其為舟車也全固輕利可以任重致遠其為用財少而為利多是以民樂而利之故法令不急而行民不勞而上足用故民歸之當今之王其為舟車與此異矣全固輕利皆已具必厚作斂於百姓以飾舟車飾車以文采飾舟以刻鏤女子廢其紡織而脩文采故民寒男女離其耕稼而脩刻鏤故民饑人君為舟車若此故左右象之是

以其民饑寒並至故為姦衺多則刑罰深刑罰深則國亂君實欲天下之治而惡其亂當為舟車不可不節凡回於天地之間包於四海之內天壤之情陰陽之和莫不有也雖至聖不能更也何以知其然聖人有傳天地也則曰上下四時也則曰陰陽人情也則曰男女禽獸也則曰牡牝雄雌也真天壤之情雖有先王不能更也雖上世至聖必蓄私不以傷行故民無怨宮無拘女故天下無寡夫內無拘女外無寡夫故天下之民眾當今之君其蓄私也大國拘女累千小國累百是以天下之男多寡無妻女多拘無夫男子失時故民少君實欲民

萬音齋抄

之衆而惡其寡當蓄私不可不節凡此五者聖人之所儉節也小人之所以淫佚也儉節則昌淫佚則亡此五者不可不節夫婦節而天地和風雨節而五穀熟衣服節而肌膚和

鳥窮則啄獸窮則攫人窮則詐上好智而無道則天下大亂

匠人成棺不憎人死利之所在忘其醜也

君子之所以尊者令令不行是無君也故明君慎令

好賢之心誠則讒談利辭無所聞猶諸築室之趾固則飄風淩雨不能傾也植木之根深則繁霜苦雪不能摧

也

環淵問曰士之或窮或達何歟子慎子曰士窮於窮亦通於窮達於達亦病於達故窮之者所以達之也而達之者所以窮之也

足之行也就高難就卑易水之流也難於上易於下人之情亦猶是也鷹善擊也然日擊之則疲而無全翼矣驥善馳也然日馳之則蹶而無全蹄矣

能辭萬鍾之祿於朝陛不能不拾一金於無人之地能能謹百節之禮於廟宇不能不弛一容於獨居之餘蓋人情每狎于所私故也

不肖者不自謂不肖也而不肖見於行雖自謂賢人猶謂之不肖也愚者不自謂愚而愚見於言雖自謂智人猶謂之愚

聖人在上賢士百里而有一人則猶無有也王道衰暴亂在上賢士千里而有一人則猶比肩也

堯讓天下於許由許由曰洪水滔天下民昏墊由不能櫛奔風沐驟雨憊其五臟以為天下役不受而逃去往見巢父父曰子若處高岸深谷人道不通誰能見子子故浮遊欲聞求其名譽非吾友也人以讓子州支父子州父曰以我為天子猶之可也雖然我適有幽憂之病

方且治之未暇治天下也舜以天下讓善卷卷曰昔唐氏之有天下不教而民從之不賞而民勸之天下均平百姓安靜不知怨不知喜今子盛爲衣裳之服以眩民目繁調五音之聲以亂民耳丕作皇韶之樂以愚民心天下之亂從此始矣吾雖爲之其何益乎予立宇宙之中冬衣皮毛夏衣絺葛春耕種形足以勞動秋收斂身足以休食日出而作日入而息逍遙於天地之閒而心意自得吾何以天下爲哉悲夫子之不知予也遂讓天下於奇子奇子曰君言佐舜勞矣鑿龍門斬荊山導熊耳通鳥鼠首無髮股無毛故舜也以勞報子我生而逸

逃不能為君之勞也於是負妻攜子以入於海終身不返也夫天下重物也而不以害其身又況於他物乎惟不以天下害其生者可以託天下世之人主以貴富驕得道之人其不相知豈不悲哉故曰道之真以持身其緒餘以為國家其土苴以治天下由此觀之帝王之功聖人之餘事也非所以完身養生之道也今有人於此以隋侯之珠彈千仞之雀世必笑之是何也所用重所要輕也夫生豈特隋侯珠之重也哉故曰全生為上虧生次之死次之迫生為下

孟子與說齊宣王而不說謂慎子曰今日說公之君公

之君不説意者其未知善之為善乎慎子曰昔者匏巴鼓瑟而潛魚出聽伯牙鼓琴而六馬仰秣魚馬猶知善之為善而況君人者也孟子輿曰夫電雷之起也破竹折木震驚天下而不能使聾者卒有聞日月之明徧照天下而不能使盲者卒有見今公之君若此也慎子曰夫聲無細而不聞行無隱而不形夫子苟賢居魯而魯國之削何也孟子輿曰不用賢削何有也吞舟之魚不居潛澤度量之士不居汙世夫蓺冬至必彫吾亦時矣詩曰不自我先不自我後非遭彫世者歟

天地既判而生兩儀輕清浮而為天重濁凝而為地天

形如彈丸半覆地上半隱地下其勢斜倚故天行健地
北高故極出地三十六度南下故極入地三十六度周
天三百六十五度四分度之一晝則自左而向右夜則
自右而復左天依形故運行太虛冲漠之際而無停地
附氣故束於勁風旋轉之中而不墜氣精於陽而其精
外明者謂之日氣精於陰而其魄含景者謂之月體生
於地精浮於天者謂之星經星則麗天而左行日月則
違天而右繞譬蟻行磨上磨左旋而蟻右行磨疾而蟻
遲故不得不隨磨而左旋焉日經千里晝夜所經謂之
一度仲夏躔東井而去極近則晝長而夜短仲冬躔南

斗而去極遠則晝短而夜長春秋二分日臨於卯酉星
昴宿則跨赤道晝夜平分而中停月如銀丸受日之光
月魄承日故明為所蔽而日食日有暗虛故陰為所射
而月食日之行也舒晝夜行一度月之行也疾晝夜行
十三度日月所會是謂食日盈而月縮則後中而朔月
盈而日縮則先中而朔舒前速後近一遠三謂之弦相
與為衡分天之中謂之望以速及舒光盡體伏謂之晦
日之周天以歲計月以朔計二十八宿日之所經為黃
道横絡天腹中分二極者為赤道日行三百六十度而
成歲餘度之未周者為五月行二十九日半而及於日

蕅香簃鈔

其不足者六日若以不足乘其有餘歲得十二日積而成月則置閏三歲一閏五歲再閏十有九年而爲閏七是謂一章則餘分盡矣晝夜百刻而辰周十二故以八刻二十八分爲一時積六分而晝夜五日爲候三候爲氣六氣爲時四時爲年而天地備矣天地相去八萬四千里沖和之氣在其中四萬二千里已上爲陽位四萬二千里已下爲陰位冬至之候陽發於地一氣上升七千里至六氣則上升四萬二千里而陽至陽位故其氣溫爲春分之節也六氣而陽極陽位故氣熱而爲夏至之節也夏至之候陰出於天一氣下降七千里至六氣

則下降四萬二千里而陰至陰位故其氣涼爲秋分之節也六氣而陰極陰位故其氣寒而爲冬至之節也天地之所以能長能久者以其陽中有陰下降極而生陽陰中有陽上升極而生陰二者交通合爲太和相因而爲氤相昷而爲氳以此施生化之功此變化之所以兆也

氣之揫斂而有質者爲陰舒散而有氣者爲陽陰氣凝聚陽在內者不得出則激搏而爲雷陽在外者不得入則周旋六合而爲風陽與陰夾持則磨軋有光而爲電陽氣正升爲陰氣所乘則相持而爲雨陰與陽得助其

蜚騰則飄颺而為雲和氣散則為露霜雪不和而散則為戾氣霾曀陰干於陽而氣薄不能以掩日則虹見陽伏於陰而氣結不能以自收則雹降月星布氣陰感之則肅而為霜陽感之則液而為露上寒而下溫則霜不殺物上溫而下寒則雨而不冰風不宜溫而溫則雨凝而為雪陰縕而陽翕之也雷不當出而出則雪霰交摯陽褻而陰乘之也將雨則氣溢而礎潤既雨則氣散而土晞陰附於陽故能闢而受以為水陽附於陰故能直而施以為火天一陽數也而水生焉故凝於天一無非水也地二陰數也而火生焉故應於地二無非火也蒸

而在天為雲雨湛而在地為淵泉求於石則擊之而光
發求於木則鑽之而烟飛天地初分惟水與火土之所
附其氣融結則峙而為山水之所赴其勢蓄洩則流而
為川山氣暮合而為風水氣朝降而為霧地勢峻極起
自西北故崑崙乘地之高而東驅嵩山據地之中而南
騖兩山並驅其中必有水兩水夾行其中必有山故氣
虛而散如沃焦釜往者既消來者復息水流東極其應
於月者為潮蓋日為陽精陰之所依月為陰靈潮之所
附朔望之際月近於日故月行疾而潮應大朔望之行
月遠於日故月行遲而潮應小春為陽中陰生於午而

藕香簃鈔

晝潮大而感陽也秋爲陰中陽生於子而夜潮大而陰應也一晝一夜而再至亦猶歲之春秋而月之朔望云耳此地之至數也地在天中水環地外四游升降不越三萬里春游過東萬五千里其上升如其數秋游過西萬五千里其下降如其數夏游過南故日在其北冬游過北故日在其南人處坤載如水負舟視星漢同移或升或降莫之覺也

老子曰民不畏死如何以死懼之凡民之不畏死由刑罰過則民不賴其生生無所賴視君之威末如也刑罰中則民畏死畏死由生之可樂也知生之可樂故可以

死懼之此人君之所宜執臣下之所宜慎

藺相如既困秦王歸而有矜色謂慎子曰人謂秦王如虎不可觸也僕已摩其頂拍其肩矣慎子曰善哉先生天下之獨步也然到閬之赤城之山有石梁五仞焉徑尺而黿背下臨不測之谷縣泉沃之苔蘚被焉無藤蘿以爲援也野人負薪而越之不留趾而達觀者唶唶或謂之曰是梁也人不能越而若能也盍還而復之野人立而睨焉足揺揺而不舉目周旋而莫之能矚先生之說秦王也是未覩夫石梁之險者也故過巴峽而不慄未嘗蹶於水也視狴犴而不惴未嘗中於法也使先生

還而復之則無餘以教到矣

子慎子曰毛嬙西施天下之至姣也衣以皮倛則見者走易以玄緆則行者皆止

或問孔子之道何所止也慎子曰春以煦之夏以長之秋以成之冬以藏之又何所止哉

環淵問養性子慎子曰天有盈虛人有屯危不自慎不能濟也故養心必先知自慎也慎以畏為本士無畏則簡仁義農無畏則惰稼穡工無畏則慢規矩商無畏則貨不殖子無畏則忘孝父無畏則廢慈臣無畏則勳不立君無畏則亂不治是以太上畏道其次畏天其次畏

物其次畏人其次畏身憂於身者不拘於人愼於小者
不懼於大戒於近者不悔於遠
智之極者知智果不足以周物故愚辯之極者知辯果
不足以喻物故訥勇之極者知勇果不足以勝物故怯
是以老子曰曲則全枉則直窪則盈弊則新少則得多
則惑聖人抱一爲天下式
海不辭水故能成其大山不辭土石故能成其高聖人
不讓負薪之言故能廣其智昔者黃帝立明堂之議上
觀於賢也堯有衢室之問下聽於民也舜有告善之旌
而主不蔽也禹立諫鼓於朝而備訊也湯有總街之庭

親民非也武王有靈臺之宮賢者進也此聖帝明王所以有而勿失得而勿止也若夫高居而遠望深視而簡聽譬之天高而不可極川深而不可測則臣下閉口左右結舌大賊乃發

慎子曰夫道所以使賢無奈不肖何也所以使智無奈愚何也若此則謂之道勝矣道勝則名不彰

萬物所異者生也所同者死也生則有賢愚貴賤所以異也死則有腐臭消滅是所同也故生則堯舜死則腐骨生則桀紂死則膚骨一矣孰知其異哉盜跖曰人上壽百歲中壽八十下壽六十除病瘦死喪憂患其中開

口而笑者一月之中不過四五日而已天與地無窮人死者有時操有時之具而託於無窮之閒忽然無異騏驥之馳過隙也不能悅其志意養其壽命者非通道者也

法者所以齊天下之動至公大定之制也故智者不得越法而肆謀辯者不得越法而肆議士不得背法而有名臣不得背法而有功我喜可抑可忿可窒我法不可離也骨肉可刑親戚可滅至法不可闕也

善為國者移謀身之心而謀國移富國之術而富民移保子孫之志而保治移求爵祿之意而求義則不勞而

化理成矣

許犯曰敢問昔聖帝明王巡狩之禮可得聞乎子慎子曰古者天子將巡狩必先告於祖禰命史告羣廟及社稷圻內名山大川告者七日而徧親告用牲史告用幣申命冢宰而後道而出以遷廟之主行載於齋車每舍奠焉及所經五嶽四瀆皆有牲幣歲二月東巡狩至於岱宗柴於上帝望秩于山川所過諸侯各待於境天子先問高年者所在而親問之然後覲方岳之諸侯有功德者則發爵賜服以順陽義無功者則削黜貶退以順陰義命史采民詩謠以觀其風命市納賈察民之所好

惡以知其志命典禮正制度均量衡考衣服之等協時月日辰遂南巡五月至於南嶽又西巡八月至於西嶽又北巡十有一月至於北嶽其禮皆如岱宗歸反舍於外次三日齋親告于祖禰用特命有司告郡廟社稷及圻內名山大川而後聽朝此古者明王巡狩之禮也

雀性為淫名飲器為爵所以為飲戒也鳩食多噎刻老人杖為鳩所以為食戒也鵲行不良借其字為舄履之舄所以為行戒也鷩性耿介畫其形於衣所以為節訓也飾鼎以饕餮貪之戒也飾簠簋以龜龐之勸也

墨翟曰衛小國也處於齊晉之閒猶貧家之處於富家

之間也貧家而學富家之衣食多用則速亡必矣今簡子之家飾車數百乘馬食菽粟者數百匹婦人衣文繡者數百人吾取飾車食馬之費與繡衣之財以畜士必千人有餘若有患難則使百人處於前數百處於後與婦人數百處前後孰安吾以為不若畜士之安也

樂由所來者尚也必不可廢有節有侈有正有淫賢者以昌不肖者以亡昔古朱襄氏之治天下也多風而陽氣蓄積萬物散解果實不成故士達作為五絃瑟以來陰氣以定羣生陶唐氏之始陰多滯服而湛積水道壅塞不行其原民氣鬱閼而滯著筋骨瑟縮不達故作為

以宣導之黃帝令伶倫作為律伶倫自大夏之西乃之阮隃之陰取竹於嶰谿之谷以生空竅厚鈞者斷兩節間其長三寸九分而吹之以為黃鐘之宮制十二筒聽鳳皇之鳴以別十二律其雄鳴六其雌鳴亦六以比黃鐘之宮適合黃鐘之宮六律六呂皆可以生之故曰黃鐘之宮律呂之本

田繫問曰仲尼曰志士仁人無求生以害仁有殺身以成仁何也子慎子曰始吾未生之時焉知生之為樂也今吾未死又焉知死之不樂也故生不足以使之利何足以動之死不足以禁之害何足以恐之明於死生之

分達於利害之變是以目觀玉輅琬象之狀耳聽白雪清角之聲不能以亂其神登千仞之谿臨蝯眩之岸不足以滑其和夫如是身可以殺生可以無仁可以成

墨翟曰和氏之璧隋侯之珠三棘六異此諸侯之所謂良寶也可以富國家衆人民治刑政安社稷乎曰不可所為貴良寶者為其可以利也而和氏之璧隋侯之珠三棘六異不可以利人是非天下之良寶也今用義為政於國家人民必衆刑政必治社稷必安所為貴良寶者可以利民也而義可以利人故曰義天下之良寶也

心者五臟之主也制使四肢流行血氣馳騁是非之境

出入百事之門

愛人者常畏人與人者常驕人

拯饑者與之徑寸之珠孰若一簞之食拯溺者與之方尺之玉孰若一葉之匏貴賤無常時使之然也

匠人知為門能以門所以不知門也故必杜然後能門

富貴而禮人人無有不敬富貴而愛人人無有不親

鷙鳥之擊也卑飛斂翼猛獸之搏也弭耳俯伏

古者五行之官水官得職則能辨其性味潛而復出合而更分皆可辨之故師曠易牙品天下之水性味不同蓋古水官之遺法不獨為口腹也

藕香簃鈔

鳥飛於空魚游於淵非術也故爲鳥爲魚者亦不自知其能飛能游苟知之立心以爲之則必墮必溺猶人之足馳手提耳聽目視當其馳提聽視之際應機自至又不待思而施之乎苟須思之而後可施之則疲矣是以任自然者久得其常者濟

商容有疾老子曰先生無遺教以告弟子乎容曰將語子過故鄉而下車知之乎老子曰非謂不忘故耶容曰過喬木而趨知之乎老子曰非謂其敬老耶容張口曰吾舌存乎曰存吾齒存乎曰亡知之乎老子曰非謂其剛亡而弱存乎容曰嘻天下事盡矣

公父文伯之母季康子之從叔祖母也康子往焉闔門
與之言皆不踰閾仲尼聞之以為別於男女之禮矣
公父文伯退朝朝其母其母方績文伯曰以歜之家而
主猶績胡不自安其母歎曰使僮子備官魯其亡乎昔
聖王之處民也擇瘠土而處之勞其民而用之故長王
天下夫民勞則思思則善心生逸則淫淫則忘善忘善
則惡心生沃土之民不材淫也瘠土之民莫不嚮義勞
也君子勞心小人勞力先王之訓也自上以下誰敢
淫心舍力今我寡也爾又在下位朝夕處事猶恐忘先
人之業況有怠惰其何以避辟吾冀而朝夕修我曰必

藕香簃鈔

無廢先人爾今曰何不自安以是承君之官余懼穆伯
之絕嗣也仲尼聞之曰弟子志之季氏之婦不淫矣
公輸子削竹木以為鵲成而飛之三日不下公輸子自
以為至巧墨翟言於公輸子曰子之為鵲也不如翟之
為車轄須臾劉三寸之木而任五十石之重故所為巧
利於人謂之巧不利於人謂之拙
翟王使使至於楚楚王誇使者以章華之臺高廣美麗
無匹也楚王曰翟國亦有此臺乎對曰翟王茅茨不翦
綵椽不刮猶以為作之者勞居之者佚楚王大作
文王在鎬召太子發曰我身老矣吾語汝我所保與我

所守傳之子孫吾厚德而廣惠不爲驕侈不爲泰靡童牛不服童馬不馳土不失其宜萬物不失其性天下不失恃以成萬材萬材已成牧以爲人天下利之而勿德是謂大仁

榮啟期者鹿裘帶索鼓琴而歌孔子遊於泰山見而問之曰先生何樂也對曰吾樂甚多天生萬物唯人爲貴吾得爲人矣是一樂也男女之別男尊女卑故以男爲貴吾既爲男矣是二樂也人生有不見日月不免襁褓者吾既已行年九十矣是三樂也貧者士之常也死者民之終也居常以待終何不樂也

舜一徙成邑再徙成都三徙成國堯聞其賢徵之草茅之中與之語禮樂而不逆與之語政至簡而易行與之語道廣大而不窮於是率羣臣刻璧為書東沈洛水言天命傳舜之意

湯放桀而歸於亳三千諸侯大會湯取天子之璽置之於天子之座左復而再拜從諸侯之位湯曰此天子之位有道者可以處之矣天下非一家之有也有道者之之有也故天下者唯有道者理之唯有道者宜處之湯以此三讓三千諸侯莫敢即位然後湯即天子之位

周成王問鬻子曰寡人聞聖人在上位使民富且壽若

夫富則可為也若夫壽則在天乎鬻子對曰夫聖王在上位天下無軍兵之事故諸侯不私相攻而民不私相鬬也則民得盡一生矣聖王在上則君積於德化而民積於用力故婦人為其所衣丈夫為其所食則民無凍餓民得二生矣聖人在上則君積於仁吏積於愛民積於順則刑罰廢而無夭遏之誅民則得三生矣聖王在上則使之有時而用之有節則民無癘疾民可得四生矣

齊桓公謂管仲曰吾欲伐大國之不服者奈何管仲對曰先愛四封之内然後可以惡境外之不善者先定鄉

大夫之家然後可以危鄰之敵國是故先王必有置也然後有廢也必有利也然後有害也

仲尼曰凡人心險於山川難於知天故君子遠使之而觀其忠近使之而觀其敬煩使之而觀其能卒然問焉而觀其知急與之期而觀其信委之以財而觀其仁告之以危而觀其節醉之以酒而觀其則雜之以處而觀其色九徵至賢不肖人得矣

藕香簃鈔

知忠（此篇原刻全脫依治要補）

亂世之中亡國之臣非獨無忠臣也治國之中顯君之臣非獨能盡忠也治國之人忠不偏於其君亂世之人道不偏於其臣然而治亂之世同世有忠道之人臣之欲忠者不絕世而君未得寧其上無過比干子胥之忠而毀瘁主君於闇墨之中遂染溺滅名而死由是觀之忠未足以救亂世而適足以重非何以識其然也曰父有良子而舜放瞽瞍桀有忠臣而過盈天下然則孝子不生慈父之家（○原作義依意林引此文改）而忠臣不生聖君之下故明主之使其臣也忠不得過職而職不得過官是以過修於身而下不敢以善驕矜守職之吏人務其治而莫敢淫偷其事官正以敬其業和順以事其上（○吏原作史又於和下複衍吏人至正以凡十五字今依文義刪正）如此則至治已亡國之君非一人之罪也治國之君非一人之力也將治亂在乎賢使任職而不在於忠也故智盈天下澤及其君忠盈天下害及其國故桀之所以

亡堯不能以爲存然而堯有不勝之善而桀有運非之名則得人與失人也故廊廟之材蓋非一木之枝也粹白之裘○粹原作狐依意林引此文改蓋非一狐之皮也○意林皮作腋按御覽七百六十六又九百九十作皮與治要合治亂安危存亡榮辱之施非一人之力也○按此六句又見文選盧子諒答魏子悼詩注四子講德論注

君臣此篇原刻全脫依治要補

爲人君者不多聽據法倚數以觀得失無法之言不聽於耳無法之勞不圖於功○二句又見文選長楊賦注無勞之親不任於官官不私親法不遺愛上下無事惟法所在

慎子逸文

行海者坐而至越有舟也〇六帖十一舟下有故字行陸者立而至秦有車也〇句亦見六帖十一秦越遠途也安坐而至者械也〇御覽七百六十八

諺云不聽不明不能爲王不瞽不聾不能爲公海與山爭水海必得之〇意林御覽四百九十六

禮從俗政從上使從君國有貴賤之禮無賢不肖之禮有長幼之禮無勇怯之禮有親疏之禮無愛憎之禮也〇類聚三十八御覽五百二十三

河之下龍門〇寰宇記四十六河下有水字其流駛如竹箭駟馬追弗能及〇六帖六作追之不及寰宇記亦有之字御覽四十

有虞之誅以幪巾當墨〇書鈔四十四引作畫跪當黥以草纓當劓以菲履當刖以艾韠當宮布衣無領當大辟此有虞之誅也斬人肢體鑿其肌膚謂之刑畫衣冠異章服謂之戮上世用戮而民不犯也當世用刑而民不從〇御覽六百四十五

昔者天子手能衣而宰夫設服足能行而相者導進口能言而行人稱辭故無失言失禮也○御覽七十六

堯讓許由舜讓善卷皆辭爲天子而退爲匹夫○類聚二十一御覽四百二十四

折劵契屬符節賢不肖用之○御覽四百三十一鈔本書鈔百四云折劵契節賢不肖曰之物以此得而不記於信也按文有脫誤不可讀

魯莊公鑄大鐘曹劌入見曰今國褊小而鐘大君何不圖之○初學記十六御覽五百七十五

公輸子巧用材也不能以檀爲瑟○御覽五百七十六

孔子曰邱少而好學晚而聞道以此博矣○御覽六百七

孔子曰有虞氏不賞不罰夏后氏賞而不罰殷人罰而不賞周人賞且罰罰禁也賞使也○御覽六百三十三

燕鼎之重乎千鈞乘於吳舟則可以濟所託者浮道也○御覽七百六十八

君臣之間猶權衡也權左輕則右重右重則左輕輕重迭相橛天

地之理也○御覽八百三十

飲過度者生水食過度者生貪○御覽八百四十九

勁而害能則亂也云能而害無能則亂也○荀子非十二子篇注

棄道術舍度量以求一人之識識天下誰子之識能足焉○荀子王霸篇注

多賢不可以多君無賢不可以無君○荀子解蔽篇注

獸伏就穢○文選西都賦注

夫德精微而不見聰明而不發是故外物不累其內○文選沈休文遊沈道士館詩注養生論注

大道所以使賢無奈不肖何也所以使智無奈愚何也若此則謂之道勝矣○文選張景陽雜詩注

趨事之有司賤也○文選謝元暉始出尚書省詩注

久處無過之地則世俗聽矣○文選吳季重答魏太子牋注

衆之勝寡必也○文選夏侯常侍誄注

兩貴不相事兩賤不相使○意林

家富則疏族聚家貧則兄弟離非不相愛利不足相容也○意林

蒼頡在庖犧之前○尚書序疏

爲毳者患塗之泥也○書益稷疏

晝無事者夜不夢○雲笈七籤三十二

田駢名廣○莊子天下篇釋文

桀紂之有天下也四海之內皆亂關龍逢王子比干不與焉而謂之皆亂其亂者衆也堯舜之有天下也四海之內皆治而丹朱商均不與焉而謂之皆治其治者衆也○長短經勢運篇注

夏箴曰小人無兼年之食遇天饑妻子非其有也大夫無兼年之食遇天饑臣妾輿馬非其有也戒之哉○按逸周書有此文

與天下於人大事也煦煦者以爲惠而堯舜無德色取天下於人大嫌也潔潔者以爲汙而湯武無愧容惟其義也

日月爲天下眼目人不知德山川爲天下衣食人不能感〇御覽三以此四句爲任子文感作謝有勇不以怒反與怯均也〇二句又見御覽四百三十七及四百九十九

小人食於力君子食於道〇二句又見意林及御覽八百四十九先王之訓也故常欲耕而食天下之人矣然一身之耕分諸天下不能人得一升粟其不能飽可知也欲織而衣天下之人矣然一身之織分諸天下不能人得尺布其不能煖可知也故以爲不若誦先王之道而求其說通聖人之言而究其旨上說王公大人次匹夫徒步之士王公大人用吾言國必治匹夫徒步之士用吾言行必修雖不耕而食饑不織而衣寒功賢於耕而食之織而衣之者也〇按墨子有此文

法者所以齊天下之動至公大定之制也故智者不得越法而肆謀辯者不得越法而肆議士不得背法而有名臣不得背法而有功我喜可抑我忿可窒我法不可離也骨肉可刑親戚可滅至法不可闕也

善爲國者移謀身之心而謀國移富國之術而富民移保子孫之志而保治移求爵祿之意而求義則不勞而化理成矣始吾未生之時焉知生之爲樂也今吾未死又焉知死之爲不樂也故生不足以使之利何足以動之死不足以禁之害何足以恐之明於死生之分達於利害之變是以目觀玉輅琬象之狀耳聽白雪淸角之聲不能以亂其神登千仞之谿臨蝯眩之岸不足以淆其知夫如是身可以殺生可以無仁可以成

愼子內篇校文

第一節

威德（題依治要補）

天有明不憂人之暗也地有財不憂人之貧也（兩也字依治要補） 天雖不憂人之暗 地雖不憂人之貧（兩之字依治要補） 聖人之有天下也受（原作愛依治要改）之也非（非下有敢字依治要刪） 取之也 則聖人無事矣（矣字依治要補） 工不兼事則事省事（事字依治要增）省則易勝士不兼官則職寡職（職字依治要增）寡則易守官不足則道理匱道理匱則慕賢智（道理匱則慕賢智七字依治要增） 矣古者立天子而貴之（之字依治要御覽增） 明君動事分理必（必字依治要補下必字同） 由慧定賞（愼刻作鼎依治要改）分財必由法行德制中必由禮 士（愼刻作慧依治要改） 不得兼官

第二節

因循（題依治要補）

則莫可得而用矣（矣字依治要補）是故先王見（見字依長短經補） 不受祿者不臣不厚

祿者不與入難（難字依治要補）

第三節

民雜（題依治要補）

民雜處而各有所能所能（下所能二字依治要補）者不同　無能去取（愼刻作取去依治要改）焉是故不設（不設二字依治要補）必執一（一愼刻作於依治要改）方以求于人故所求者無不（不原作一依治要改）不擇其下則易爲下（愼刻作爲下易依治要改）矣易爲下則莫不容莫不（下莫不二字依治要補）容故多下多下之謂（愼刻作謂之依治要改）太上君臣之道臣事（事愼刻作有依治要改）事而君無事（事下愼刻有也字依治要改）仰成而已故（故字依治要增）事無不治　則下（下字依治要增）不敢與君爭爲（爲字依治要增）善以先君矣皆私其（私其二字愼刻作稱依治要改）所知以自覆掩　而欲以（以字依治要補）善盡被下則（愼刻有下字依治要删）不贍矣若使（使字依治要補）君之智最賢　則臣不事事（愼刻有也字依治要删）是君臣易位也　人君苟（苟字依治要補）任臣而勿自躬

第四節

德立 題依治要補

立天子者（者字依治要補下者字同）不使諸侯疑焉（焉字依治要補下焉字同）立諸侯者不使大夫疑焉立正妻者不使嬖妾（慎刻作嬖妻依治要改）疑焉立嫡子者不使庶孽疑焉疑則動兩則爭（慎刻作疑則兩動動則兩爭依治要改）臣兩位而（而字依字要增）國不亂者君在也恃君而（而字依治要補）不亂矣 子兩位而（而字依治要補）家不亂者父在也恃父不亂矣失父必（慎刻作則依治要改）亂臣疑其（其字依治要補）君（慎刻有而字依治要刪）無不危之（之字依治要補）國孽疑其（其字依治要補）宗（慎刻有而字依治要刪）無不危之（之字依治要補）家

第五節

君人 題依治要補

則誅賞予奪從君心出矣（矣字從治要補） 君舍法而（而字從治要補）以心裁輕重是以分馬者（者字從治要補下者字同）之用策分田者之用鉤非以策鉤爲過於人智也（也字從治要補） 則事斷於法矣（矣字從治要補）法之所（慎刻有以字從治要刪）加各以其（其字從治要補）分蒙其（其字從治要補）賞罰而無望於君也（也字從治要補）

第七節

立法而行私是私（私字從類聚御覽補）與法爭　法立則私議（慎刻作善依類聚御覽）不行是（是字從類聚御覽）國之大道也

第十八節

措鈞石使禹察之錙銖則（錙銖則三字依御覽補）不（原有能字依御覽刪）識也懸於權衡則氂髮之不可差（之不可差四字慎刻作辨矣二字依御覽改）

第卅節

治水者茨防決塞九州四海（九州四海字慎刻作雖在夷狄依列子改）

慎子外篇

第廿二節

西施天下之至姣也衣之（之字依御覽補下易之字同）以皮倛則見者皆（皆字依御覽補）走易之以玄緆則行者皆止由是觀之則元緆色之助也姣者辭之則色厭矣（由是觀之四句依御覽補）

愼子劉向校定四十二篇隋唐志皆十卷崇文總目二卷三十七篇是其文代有散佚書錄解題稱麻沙本五篇則宋末通行之本已與今同江陰繆氏藕香簃藏寫本蓋從明萬歷間吳人愼懋賞刻本鈔錄者其書分內外篇內篇三十六事外篇五十事較四庫本守山閣本均不同守山閣據治要御覽各書輯爲逸文者此均有之似高出各本上而從未見收于著錄家之目亦可謂驚人祕笈矣藝風先生又據羣書治要補出二篇並附逸文于後毓修更以藝文御覽及治要守山等本校其異同綴于簡末愼子善本當推此矣刻成先生已歸道山輒誦海岳賞物懷賢心不已之句爲之慨然庚申十月無錫孫毓修跋

慎子一卷附逸文一卷

（周）慎到 撰
（清）錢熙祚 校並輯逸文

民國二十五年（1936）上海中華書局排印《四部備要》本

慎子

四部備要

子部

上海中華書局據守山閣本校刊

桐鄉陸費逵總勘
杭縣高時顯
吳汝霖輯校
杭縣丁輔之監造

欽定四庫全書提要

愼子一卷周愼到撰到趙人中興書目作瀏陽人陳振孫書錄解題曰愼到趙人見於史記瀏陽在今潭州吳時始置縣與趙南北子不相涉則稱瀏陽者非矣明人刻本又云到一名廣案陸德明莊子釋文田駢下注曰愼子云名廣然則駢一名廣非到一名廣尤舛誤也

慎子之學觀莊周天下篇所稱近乎釋氏然漢志列之於法家今考其書大旨欲因物理之當然各定一法而守之不求於法之外亦不寬於法之中則上下相安可以清淨而治然法所不行勢必刑以齊之道德之爲刑名此其轉關所以申韓多稱之也語見漢書藝文志其書漢志作四十二篇唐志作十卷崇文總

目作三十七篇書錄解題則稱麻沙刻本凡五篇已非全書此本雖亦分五篇而文多刪削又非陳振孫之所見蓋明人捃拾殘剩重爲編次如云孝子不生慈父之家忠臣不生聖君之下二句前後兩見知爲雜錄而成失除重複矣

珍倣宋版印

慎子　守山閣叢書

周慎到撰　金山錢熙祚錫之校

威德

天有明不憂人之暗也○原刻脫也字依治要補下句同地有財不憂人之貧也聖人有德不憂人之危也○原刻危作厄依治要改天雖不憂人之暗○原刻脫之字依治要補闢戶牖必取己明焉則天無事也地雖不憂人之貧○原刻脫之字依治要補伐木刈草必取己富焉則地無事也聖人雖

不憂人之危（原刻危作厄依治要改）百姓準上而比於下其必取己安焉則聖人無事也故聖人處上能無害人不能使人無己害也則百姓除其害矣聖人之有天下也受之也（原刻受作愛依治要改）非取之也（原刻取上有敢字依治要刪）百姓之於聖人也養之也非使聖人養己也則聖人無事矣（原刻脱矣字依治要補）毛嬙西施（文選神女賦注四子講德論注引此文西並作先按二字古通）天下之至姣也衣之以皮倛（御覽三百八十一引作褐又類聚十八倛上

多褐字則見者皆走易之以元緆則行者皆止由是觀之則元緆色之助也姣者辭之則色厭矣走背跋踚窮谷野走十里藥也走背辭藥則足廢故騰蛇遊霧飛龍乘雲雲罷霧霽〇御覽九百三十三又九百四十七引作散後漢書隗囂傳注引作除與蚯蚓同則失其所乘也故賢而屈於不肖者權輕也不肖而服於賢者位尊也堯爲匹夫不能使其鄰家〇御覽六百三十八引此句作不能使家化至南面而王則令行

禁止由此觀之賢不足以服不肖而勢位足以屈賢矣故無名而斷者權重也弩弱而矰高者乘於風也○二句又見書鈔百二十五御覽三百四十八身不肖而令行者得助於衆也○自騰蛇遊霧至此又見韓非子難勢篇文多異古人引書每不屑屑字句旣於大義無關可置不論故舉重越高者不慢於藥愛赤子者不慢於保絕險歷遠者不慢於御○二句又見意林兩於字並作其此得助則成釋助則廢矣夫三王五伯之德參於天地通於鬼神周

於生物者其得助博也○按自毛嬙西施至此凡二百四十五字
原刻並脫依治要補古者工不兼事士不兼官工不兼事則事省事省則易勝○原刻脫此句事字依治要補士不兼官則職寡職寡則易守○原刻脫此句職字依治要補故士位可世工事可常百工之子不學而能者非生巧也○御覽七百五十二引此文生下多而字言有常事也今世國無常道官無常法是以國家日繆教雖成官不足官不足則道理匱道理匱則慕賢智慕賢智

則國家之政要在一人之心矣○自道理匱則慕賢智至此句心字止凡二十一字原刻並脫依治要補古者立天子而貴之者○原刻脫之字依治要補與御覽七十六引此文合非以利一人也曰天下無一貴則理無由通通理以爲天下也故立天子以爲天下非立天下以爲天子也立國君以爲國非立國以爲君也立官長以爲官非立官以爲長也○原刻長上有官字依治要刪與御覽六百六十六引此文合法雖不善猶愈於無法所以一人心也○治要以此句

爲注文夫投鉤以分財投策以分馬非鉤策爲均也○御覽四百二十九引此文非下有已字古已與以通使得美者不知所以德使得惡者不知所以怨此所以塞願望也○治要願作怨與御覽六百三十八引此文合故著龜所以立公識也權衡所以立公正也書契所以立公信也度量所以立公審也法制禮籍所以立公義也凡立公所以棄私也○自故著龜至此凡五十一字原刻並脫依類聚二十二御覽四百二十九引此文補明君動事分功必由慧○原

刻脫必字依治要補下二句同又治要慧作惠定賞分財必由法行德制中必由禮故欲不得干時愛不得犯法貴不得踰親○治要作規祿不得踰位士不得兼官工不得兼事以能受事以事受利若是者上無羨賞下無羨財

因循

天道因則大化則細因也者因人之情也人莫不自爲也化而使之爲我則莫可得而用矣○矣字依治要補是故先王見不受

祿者不臣○原脫見字據長短經是非篇補祿不厚者不與入難○難字依治要補人不得其所以自爲也則上不取用焉故用人之自爲不用人之爲我則莫不可得而用矣此之謂因○之謂二字原倒依治要乙轉

民雜

民雜處而各有所能所能者不同○原刻所能二字不重依治要補此民之情也大君者太上也兼畜下者也下之所能不同而皆上之

用也是以大君因民之能爲資盡包而畜之無能去取焉○原刻去取二字倒依治要乙轉是故不設一方以求於人故所求者無不足也○原刻必執於方以求於人故所求者無一足也依治要改大君不擇其下故足不擇其下則易爲下矣○原刻易字在矣上依治要改易爲下則莫不容莫不容故多下○原刻脫此句莫不二字依治要補多下之謂太上君臣之道臣事事○原刻作有事依治要改治要又有注云言事其所事而君無事○原刻此下有也字依治要刪君逸樂而臣任勞

臣盡智力以善其事而君無與焉仰成而已故事無不治〇原刻脫故字依治要補治之正道然也人君自任而務爲善以先下〇原刻務作獨依治要改則是代下負任蒙勞也臣反逸矣故曰君人者好爲善以先下則下不敢與君爭爲善以先君矣〇原刻脫爲字依治要補皆私其所知以自覆掩〇原刻私作稱又脫其字並依治要補正有過則臣反責君逆亂之道也君之智未必最賢於衆也以未最賢而欲以善

盡被下〇原刻欲下脫以字依治要補則不贍矣〇原刻則下有下字依治要刪若使君之智最賢〇原刻脫使字依治要補以一君而盡贍下則勞勞則有倦倦則衰衰則復反於不贍之道也〇原刻於下有人字依治要刪此十字作一句讀是以人君自任而躬事則臣不事事是君臣易位也謂之倒逆倒逆則亂矣人君苟任臣而勿自躬則臣皆事事矣是君臣之順治亂之分不可不察也

知忠此篇原刻全脫依治要補

亂世之中亡國之臣非獨無忠臣也治國之中顯君之臣非獨能盡忠也治國之人忠不偏於其君亂世之人道不偏於其臣然而治亂之世同世有忠道之人臣之欲忠者不絶世而君未得寧其上無遇比干子胥之忠而毀瘁主君於闇墨之中遂染溺滅名而死由是觀之忠未足以救亂世而適足以重非何以

識其然也曰父有良子而舜放瞽叟桀有忠臣而過盈天下然則孝子不生慈父之家○原作義依意林引此文改而忠臣不生聖君之下故明主之使其臣也忠不得過職而職不得過官是以過修於身而下不敢以善驕矜守職之吏人務其治而莫敢淫偷其事官正以敬其業和順以事其上○吏原作史又於和下複衍吏人至正以凡十五字今依文義刪正如此則至治已亡國之君非一人之罪也治國

之君非一人之力也將治亂在乎賢使任職而不在於忠也故智盈天下澤及其君忠盈天下害及其國故桀之所以亡堯不能以爲存然而堯有不勝之善而桀有運非之名則得人與失人也故廊廟之材蓋非一木之枝也粹白之裘〇粹原作狐依意林引此文改蓋非一狐之皮也〇意林皮作腋按御覽七百六十六又九百九並作皮與治要合治亂安危存亡榮辱之施非一人之力也〇按此六句又見文選盧子諒答魏子悌詩注

德立

立天子者不使諸侯疑焉○原刻脫者字焉字依治要補下三句並同立諸侯者不使大夫疑焉立正妻者不使嬖妾疑焉○原刻嬖妾作孽妻依治要改立嫡子者不使庶孽疑焉疑則動○原刻此下有兩動二字依治要刪兩則爭雜則相傷害在有與不在獨也故臣有兩位者國必亂臣兩位而國不亂者君在也恃君而不亂矣失君

必亂○原刻必作則又脫而字並依治要補正子有兩位者家必亂子兩位而家不亂者父在也恃父而不亂矣失父必亂○原刻必作則又脫而字並依治要補正又治要二父字並作親臣疑其君無不危之國○原刻脫其字之字又君下有而字並依治要刪補下二句倣此孽疑其宗無不危之家

君人

君人者舍法而以身治則誅賞予奪從君心出矣○原刻脫矣字依治要補然則受賞者雖當

望多無窮受罰者雖當望輕無已君舍法而以心裁輕重○原刻脫而字依治要補則同功殊賞同罪殊罰矣怨之所由生也是以分馬者之用策分田者之用鉤○原刻脫兩者字依治要補非以鉤策爲過於人智也○原刻鉤策二字倒又脫也字並依治要補正長短經適變篇引作非以鉤策爲過人之智也所以去私塞怨也故曰大君任法而弗躬則事斷於法矣○原刻脫矣字依治要補法之所加各以其分蒙其賞罰而無望於君也○原刻脫兩其字及也字並依治要

補 是以怨不生而上下和矣○長短經適變篇引作則怨不生而上下和也

君臣此篇原刻全脫依治要補

爲人君者不多聽據法倚數以觀得失無法之言不聽於耳無法之勞不圖於功○二句又見文選長楊賦注 無勞之親不任於官官不私親法不遺愛上下無事唯法所在

珍倣宋版印

愼子逸文

行海者坐而至越有舟也（○六帖十一舟下有故字）行陸者立而至秦有車也（○句亦見六帖十一）秦越遠途也安坐而至者械也（○御覽七百六十八）

厝鈞石使禹察錙銖之重則不識也懸於權衡則氂髮之不可差則不待禹之智中人之知莫不足以識之矣（○御覽八百三十又意林節引）

諺云不聰不明不能爲王不瞽不聾不

能爲公海與山爭水海必得之〇意林御覽四百九十六

禮從俗政從上使從君國有貴賤之禮無賢不肖之禮有長幼之禮無勇怯之禮有親疏之禮無愛憎之禮也〇類聚三十八御覽五百二十三

法之功莫大使私不行君之功莫大使民不爭今立法而行私是私與法爭其亂甚於無法立君而尊賢是賢與君爭

其亂甚於無君故有道之國法立則私議○書鈔四十三引作私善不行君立則賢者不尊民一於君事斷於法是國之大道也○類聚五十四御覽六百三十八

河之下龍門○寰宇記四十六河下有水字其流駛如竹箭駟馬追弗能及○六帖六作追之不及寰宇記亦有之字御覽四十

有權衡者不可欺以輕重有尺寸者不可差以長短有法度者不可巧以詐僞

〇意林御覽四百二十九

有虞之誅以幪巾當墨〇書鈔四十四引作畫跪當黥以草纓當劓以菲履當刖以艾韠當宮布衣無領當大辟此有虞之誅也斬人肢體鑿其肌膚謂之刑畫衣冠異章服謂之戮上世用戮而民不犯也當世用刑而民不從〇御覽六百四十五

昔者天子手能衣而宰夫設服足能行而相者導進口能言而行人稱辭故無

失言失禮也○御覽七十六
離朱之明察秋毫之末於百步之外下於水尺而不能見淺深非目不明也其勢難覩也○文選演連珠注楊荊州誄注類聚十七御覽三百六十六
堯讓許由舜讓善卷皆辭爲天子而退爲匹夫○類聚二十一御覽四百二十四
折券契屬符節賢不肖用之○御覽四百三十抄本書鈔百四二云折券契節賢不肖日之物以此得而不記于信也按文有脫誤不可讀
魯莊公鑄大鐘曹劌入見曰今國褊小

而鐘大君何不圖之○初學記十六御覽五百七十五

公輸子巧用材也不能以檀爲瑟○御覽五百七十六

孔子曰丘少而好學晚而聞道以此博矣○御覽六百七

孔子云有虞氏不賞不罰夏后氏賞而不罰殷人罰而不賞周人賞且罰罰禁也賞使也○御覽六百三十三

燕鼎之重乎千鈞乘於吳舟則可以濟

所託者浮道也○御覽七百六十八

君臣之間猶權衡也權左輕則右重右重則左輕輕重迭相橛天地之理也○御覽八百三十

飲過度者生水食過度者生貪○御覽八百四十九

故治國無其法則亂守法而不變則衰有法而行私謂之不法以力役法者百姓也以死守法者有司也以道變法者君長也○類聚五十四

一兔走街百人追之貪人具存人莫之非者以兔爲未定分也積兔滿市過而不顧非不欲兔也分定之後雖鄙不爭○後漢書袁紹傳注又意林及御覽九百七並節引按呂氏春秋愼勢篇引愼子云今一兔走百人逐之非一兔足爲百人分也由未定由未定堯且屈力而況衆人乎積兔滿市行者不顧非不欲兔也分已定矣分已定人雖鄙不爭故治天下及國在乎定分而已矣

匠人知爲門能以門所以不知門也故必杜然後能門○淮南道應訓

勁而害能則亂也云能而害無能則亂

也○荀子非十二子篇注

弃道術舍度量以求一人之識識天下誰子之識能足焉○荀子王霸篇注

多賢不可以多君無賢不可以無君○荀子解蔽篇注

匠人成棺不憎人死利之所在忘其醜也○意林又御覽五百五十一引作匠人成棺而無憎於人利在人死也

獸伏就穢○文選西都賦注

夫德精微而不見聰明而不發是故外

物不累其內○文選沈休文遊沈道士館詩注養生論注

夫道所以使賢無奈不肖何也所以使智無奈愚何也若此則謂之道勝矣○文選張景陽雜詩注

道勝則名不彰○文選張景陽雜詩注

趨事之有司賤也○文選謝元暉始出尚書省詩注

臣下閉口左右結舌○文選謝平原內史表注

久處無過之地則世俗聽矣○文選吳季重答魏太子牋注

昔周室之衰也厲王擾亂天下諸侯力政人欲獨行以相兼○文選東方朔答客難注

衆之勝寡必也○文選夏侯常侍誄注

詩往志也書往誥也春秋往事也○意林又

經義考引此文下二云至於易則吾心陰陽消息之理備焉未見所出當考

兩貴不相事兩賤不相使○意林

家富則疏族聚家貧則兄弟離非不相愛利不足相容也○意林

藏甲之國必有兵遁市人可驅而戰安

國之兵不由忿起○意林
蒼頡在庖犧之前○尚書序疏
爲毳者患塗之泥也○書益稷疏
晝無事者夜不夢○雲笈七籤三十二
田駢名廣○莊子天下篇釋文
桀紂之有天下也四海之內皆亂關龍逢王子比干不與焉而謂之皆亂其亂者衆也堯舜之有天下也四海之內皆治而丹朱商均不與焉而謂之皆治其

治者衆也○長短經勢運篇注

君明臣直國之福也父慈子孝夫信妻貞家之福也故比干忠而不能存殷申生孝而不能安晉是皆有忠臣孝子而國家滅亂者何也無明君賢父以聽之○按戰國策有此文故孝子不生慈父之家忠臣不生聖君之下○二句又見意林據治要在知忠篇其上文與此大異當考此下

逸文並依原刻附入原刻云載文獻通考今檢通考並無其文存之以質知者

王者有易政而無易國有易君而無易

民湯武非得伯夷之民以治桀紂非得
蹠蹻之民以亂也民之治亂在於上國
之安危在於政
夏箴曰小人無兼年之食遇天饑妻子
非其有也大夫無兼年之食遇天饑臣
妾輿馬非其有也戒之哉○按逸周書有此文
與天下於人大事也煦煦者以爲惠而
堯舜無德色取天下於人大嫌也潔潔
者以爲汚而湯武無愧容惟其義也

日月爲天下眼目人不知德山川爲天下衣食人不能感○御覽二以此四句爲任子文感作謝有勇不以怒反與怯均也○二句又見御覽四百三十七及四百九十九

小人食於力君子食於道○二句又見意林及御覽八百四十九

先王之訓也故常欲耕而食天下之人矣然一身之耕分諸天下不能人得一升粟其不能飽可知也欲織而衣天下之人矣然一身之織分諸天下不

能人得尺布其不能煖可知也故以爲不若誦先王之道而求其說通聖人之言而究其旨上說王公大人次匹夫徒步之士王公大人用吾言國必治匹夫徒步之士用吾言行必修雖不耕而食饑不織而衣寒功賢於耕而食之織而衣之者也〇按墨子有此文

法非從天下非從地出發於人間合乎人心而已治水者茨防決塞九州四海

○按繹史引此四字作雖在夷狄相似如一學之於水不學之於禹也○自治水者以下又見列子湯問篇注九州四海作雖在夷貊與繹史合

古之全大體者望天地觀江海因山谷日月所照四時所行雲布風動不以智累心不以私累己寄治亂於法術託是非於賞罰屬輕重於權衡不逆天理不傷情性不吹毛而求小疵不洗垢而察難知不引繩之外不推繩之內不急法

之外不緩法之內守成理因自然禍福生乎道法而不出乎愛惡榮辱之責在乎己而不在乎人故至安之世法如朝露純樸不欺心無結怨口無煩言故車馬不弊於遠路旌旗不亂於大澤萬民不失命於寇戎豪傑不著名於圖書不錄功於盤盂記年之牒空虛故曰利莫長於簡福莫久於安○按韓非子有此文

鷹善擊也然日擊之則疲而無全翼矣

驥龠馳也然日馳之則蹶而無全蹄矣

能辭萬鐘之祿於朝陛不能不拾一金

於無人之地能謹百節之禮於廟宇不

能不弛一容於獨居之餘蓋人情每狎

於所私故也

不肖者不自謂不肖也而不肖見於行

雖自謂賢人猶謂之不肖也愚者不自

謂愚也而愚見於言雖自謂智人猶謂

之愚〇按鸞子有此文

法者所以齊天下之動至公大定之制也故智者不得越法而肆謀辯者不得越法而肆議士不得背法而有名臣不得背法而有功我喜可抑我忿可窒我法不可離也骨肉可刑親戚可滅至法不可闕也

善爲國者移謀身之心而謀國移富國之術而富民移保子孫之志而保治移求爵祿之意而求義則不勞而化理成

矣
始吾未生之時焉知生之爲樂也今吾未死又焉知死之爲不樂也故生不足以使之利何足以動之死不足以禁之害何足以恐之明於死生之分達於利害之變是以目觀玉輅琬象之狀耳聽白雪清角之聲不能以亂其神登千仞之谿臨蝯眩之岸不足以淆其知夫如是身可以殺生可以無仁可以成

鳥飛於空魚游於淵非術也故爲鳥爲魚者亦不自知其能飛能游苟知之立心以爲之則必墮必溺猶人之足馳手捉耳聽目視當其馳捉聽視之際應機自至又不待思而施之也苟須思之而後可施之則疲矣是以任自然者久得其常者濟

周成王問鬻子曰寡人聞聖人在上位使民富且壽若夫富則可爲也若夫壽

則在天乎鬻子對曰夫聖王在上位天下無軍兵之事故諸侯不私相攻而民不私相鬬也則民得盡一生矣聖王在上則君積於德化而民積於用力故婦人爲其所衣丈夫爲其所食則民無凍餓民得二生矣聖人在上則君積於仁吏積於愛民積於順則刑罰廢而無夭遏之誅民則得三生矣聖王在上則使人有時而用之有節則民無癘疾民得

四生矣○按賈誼新書有此文

慎子逸文

愼子跋

史記稱愼到著十二論徐廣註云今愼子劉向所定有四十一篇按漢志本四十二篇徐註一字誤也通志藝文略愼子舊有十卷四十二篇今亡九卷三十七篇是宋本已與今同羣書治要有愼子七篇今所存五篇具在用以相校知今本又經後人刪節非其原書今以治要爲主更據唐宋類書所引隨文補正

其無篇名者別附於後雖不能復還舊觀而古人所引搜羅略備矣舊本後有逸文不知何人所輯內有數條云出文獻通考今檢之不可得且鄭漁仲所見已止五篇安得通考中尚有逸文尋其文句蓋雜取鬻子墨子韓非子戰國策諸書以流傳既久姑過而存之己亥七月錫之錢熙祚識

（唐）魏徵等 節選

慎子治要

民國八年（1919）上海商務印書館《四部叢刊》影印日本天明七年（1787）刊《群書治要》本

愼子

天有明不憂人之闇也地有財不憂人之貧也聖人有德而不憂人之危也天雖不憂人之闇也闢戶牖必取己明焉則天無事也地雖不憂人之貧也伐木刈草必取己富焉則地無事矣聖人雖不憂人之危也百姓準上而比於其下必取己安焉則聖人無事矣故聖人處上能無

害人不能使人無已害也、則百姓除其害矣、聖人之有天下也、愛之也、非取之也、有光明之德、故百姓推而與之耳、豈其必哉、百姓之於聖人也、養之也、非使聖人養已也、則聖人無事矣、毛嬙西施、天下之至姣也、衣之以皮倛、則見之者皆走、荀卿曰、仲尼之狀、面若蒙倛、易之以玄緆、則行者皆止、緆謂細布、由是觀之、則玄緆色之助也、姣者辭之、則色厭矣、走背跋踰窮谷野走千里藥也、走背辭藥、則足廢、理有相須而作、事有待具而成、故雖資傾城之觀、必俟衣裳之飾、雖挺越常之足、必假藥物而疾、故有才無勢、將顛墜於溝壑、有勢無才、亦騰乎風雲、萬動云云、咸皆然耳、故騰蛇遊霧、飛龍乘雲、雲罷霧霽、與蚯蚓同、則失其所乘也、故賢而屈於不肖者、權輕也、不肖而服於賢者、位尊也、堯爲匹夫、不能使其鄰家、至南面而王、則令行禁止、由此觀之、賢不足以服不肖、而勢位足以服不肖、而勢位足以屈賢矣、故無名而斷者、權重也、弩弱而矰高者、乘於風也、身不肖而令行者、得助於衆也、故舉重越高者、不慢於藥、愛赤子者、不慢於保、絕險歷遠者、不慢於御、此得助則成、釋助則廢矣、夫三王五伯之德、參於天地、通於鬼神、周於生物者、其得助博也、古者工不兼事、士不兼官、工不兼事則事省、事省則易勝、士不兼官則職寡、職寡則易守、故士位可世、工事可常、古之宰物、皆用其一能、以成其一事、是以用無弃人、使無弃才、若乃任使於過分之中、役物於異便之地、則上下顛倒、事能淆亂矣、百工之子、不學而能者、非生巧也、言有其常事也、今也國無常道、官無常法、是以國家日繆、教雖成、官不足、官不足則道理匱、道理匱則慕賢智、慕賢智則國家之政要在一人之心矣、人之情也、莫不自賢、則不相推、政要在一人、從一人之所欲、不必善、則政敎陵遲矣、古者立天子而貴之者、非以利一人也、曰、天下無一貴、理無由通、通理以爲天下也、故立天子以爲天下也、非立天下以爲天子也、立國君以爲國也、非立國以爲君也、立官長以爲官也、非立官以爲長也、法雖不善、猶愈於無法、所以一人心也、夫投鉤分財、投策分馬、非鉤策爲均也、使得美者不知所以賜、得惡者不知所以怨、此所以塞怨望使不上也、明君動事必

禍恐猶誤

由惠定罪分財必由法行德制中必由禮、法者所以愛民、禮者所以便事、故欲不得干時、必於農隙也、愛不得犯法、當官而行、貴不得踰規、祿不得踰位、惠不得兼官、工不得兼事、以能受事、以事受利、若是者、上無羨賞、民無羨財、羨猶溢也、

因循

天道因則大、因百姓之情、遂自然之性、則其功至高、其道至大也、化則細、化使從我、物所樂其理、禍狹其德細小也、因也者、因人之情也、人莫不自為也、化而使之為我、則莫可得而用矣、違性

本書民雜以下連上謂因

矯情、引彼就我、則怨戾乖違、莫有從之者矣、是故先王不受祿者不臣、祿不厚者不與入難、人不得其所以自爲也、則上不取用焉、夫君上取用、必須天機之動、性分之通、然後上下交泰、經世可久耳、故放使自爲、則無不得、仕而使之、則無不失矣、故用人之自爲、不用人之爲我、則莫不可得而用矣、此之謂因、

民雜

民雜處而各有所能、所能者不同、此民之情也、故聖人不求備於一人也、大君者大上也、兼畜下者也、下之所能不同、而皆上之用也、是以大君因民之能

聾者使其聽盲者使其視當作聾者使其視盲者使其聽

爲資盡苞而畜之無能去取焉、夫人君之御世也、皆曲盡百姓之能、兼羅萬物之分、因其長短、就而用之、使能文者爲文、能武者爲武、聾者使其聽、盲者使其視、故理有盡用、物無弃財、是故不設一方以求於人、故所求者無不足也、大君不擇其下、故足也、不擇其下、則易爲下矣、易爲下、則下莫不容、莫不容、故多下、多下之謂大上、其下既多、故在上者大、君臣之道、臣事事、言事其所事、而君無事、百官之屬、各有所司、君逸樂而臣任勞、臣盡智力以善其事、而君無與焉、仰成而已、故事無不治、人君自任而務爲善、以先下、則是代下負任蒙勞也、臣反逸矣、故曰、君人者、好爲善以先下、則不敢與君爭爲善以先君矣、君好見其善、則羣下皆淫善於君矣、上以一方之善、而施於衆方之中、求其爲贍、偏已多矣、君偏既多、而臣辭其善、則天下亂矣、皆私其所知、以自覆掩、有過則臣反責君、逆亂之道、夫所以置三公、而列百官者、將使羣臣、各進所知、以康庶績耳、若乃君顯其善、而臣藏其能、百事從君而出、衆端自上而下、則臣善不用、而歸惡有在矣、君之智、未必最賢於衆也、以未最賢、而欲以善盡被下、則不贍矣、假使其賢、猶不可推一已之智、以察羣下、而況不最賢、若使君之智最賢、以一君而盡贍下則勞、勞則有倦、倦則衰、衰則復反於不贍之道也、是以人君自任而躬事、則臣不事事矣、言君之專苛其事、則臣下不復以事爲事矣、是君臣易位也、謂之倒逆、倒逆則亂矣、人君任臣而勿自躬、則臣事事矣、是君臣之順、治亂之分、不可不察、所謂任人者逸、自任者勞也、

知忠

亂世之中、亡國之臣、非獨無忠臣也、治國之中、顯君之臣、非獨能盡忠也、治國之人、忠不偏於

同世之世疑衍

己疑亡字

其君亂世之人，道不偏於其臣，然而治亂之世，同世有忠道之人，臣之欲忠者不絕世，而君未得寧其上。夫滅亡之國，皆有忠臣耳，然賢君千載一會，忠臣世世有之，値其一隆之時，則相與而交興矣，遇其昏亂之主，則相與而俱已矣。無遇比干子胥之忠，而毀瘁主君於闇墨之中，遂染溺滅名而死，由是觀之，忠未足以救亂世，而適足以重非，何以識其然也？曰：父有良子，而舜放瞽叟，桀有忠臣，而過盈天下，然則孝子不生慈父之義，六親不和有孝慈也。而忠臣不生聖君之下，國家昏亂有貞臣也。故明主之使其臣也忠不得過職而職不得過官是以過脩於身而下不敢以善驕矜守職之吏人務其治而莫敢淫偷其事官正以敬其業和吏人務其治而莫敢淫偷其事官正以順以事其上如此則至治已此五帝三王之業也亡國之君非一人之罪也惡不衆則不足以亡其國也治國之君非一人之力也善不多則不足以興治也將治亂在乎賢使任職而不在於忠也故智盈天下澤及其君忠盈天下害及其國故桀之所以亡堯不能以爲存然而堯有不

勝之善、言其善道不可勝言也、而桀有運非之名、天下之惡皆歸之也、則得人與失人也、故廊廟之材、蓋非一木之枝也、狐白之裘、蓋非一狐之皮也、治亂安危存亡榮辱之施、非一人之力也、

德立

立天子者、不使諸侯疑焉、立諸侯者、不使大夫疑焉、立正妻者、不使嬖妾疑焉、立嫡子者、不使庶孽疑焉、疑則動、兩則爭、雜則相傷、害在有與、不在獨也、故臣有兩位者、國必亂、臣兩位而國

不亂者、君猶在也、恃君而不亂、失君必亂、子有兩位者、家必亂、子有兩位而家不亂者、親猶在也、恃親而不亂、失親必亂、臣疑其君、無不危之國、孽疑其宗、無不危之家、

君人

君人者、舍法而以身治、則誅賞奪與、從君心出矣、然則受賞者雖當、望多無窮、受罰者雖當、望輕無已、民之所信者法也、今在賞者欲多、在罰者欲少、無法以限之、則不知所論矣、雖極聰明以窮輕重、盡心以班奪與、夫何解於怨望哉、君舍法而以心裁輕

重則是同功而殊罰也怨之所由生也是以分馬者之用策分田者之用鈎也非以鈎策爲過人智也所以去私塞怨也故曰大君任法而弗躬爲則事斷於法矣法之所加各以其分蒙其賞罰而無望於君也是以怨不生而上下和矣

君臣

爲人君者不多聽（物有本事有原）據法倚數以觀得失無法之言不聽於耳無法之勞不圖於功無勞之親不任於官官不私親法不遺愛上下無事

唯法所在、法令者、生民之命、至治之令、天下之程式、萬事之儀表、智者不得過、愚者不得不及焉、

（元）陶宗儀　輯

慎子

明抄《説郛·讀子隨識》本

慎子

尹文子言曰齐有黃公者二女国色以其美也常謙辭毀之為醜惡惡之名遠布而一国之人無欲聘者人生一世若露之托桐葉其能幾何

慎子

（元）陶宗儀 輯　張宗祥 重校

民國十六年（1927）上海商務印書館排印《説郛·讀子隨識》本

慎子

尹文子言曰齊有黃公者二女皆國色以其美也常謙辭毀之爲醜惡醜惡之名遠布而一國之人無欲聘者

人生一世若露之託桐葉其能幾何

(明)歸有光 輯評 (明)文震孟 參訂

慎子

明天啓五年(1625)刊《諸子彙函》本

愼子

名到趙人周末之法家也其爲書本道而附于情主法而責于上所存書止數篇耳

威德

天有明不憂人之暗地有財不憂人之貧聖人有德不憂人之危也天雖不憂人暗闢戶牖必取已明焉則天無事也地雖不憂人貧伐木刈艸必取已富焉則地無事也聖人雖不憂人之危百姓準上而比於下其必取已安焉則聖人無事也故聖人處上能無害人不能使人無已

莊定山曰孟子云一人之身而百工之所爲備是率天下而路故工不兼事周公云無求備于一人故士不兼官

祝石林曰有常事卽專門也世業也

害也則百姓除其害矣聖人之有天下也愛之也非敢取之也百姓之於聖人也養之也非使聖人養己也則聖人無事古者工不兼事士不兼官工不兼事則事省省則易勝士不兼官則職寡寡則易守故士位可世工事可常百工之子不學而能者非生巧也言有常事也今也國無常道官無常法是以國家日繆敎雖成官不足官不足則道理匱矣古者立天子而貴者非以利一人也曰天下無一貴則理無由通通理

黎清汀曰見以一人治天下不以天下奉一人

張東沙曰至末暢言威德

以爲天下也故立天子以爲天下非立天下以爲天子也立國君以爲國非立國以爲君也立官長以爲官非立官以爲官長也法雖不善猶愈於無法所以一人心也夫投鈎以分財投策以分馬非鈎策爲均也使得美者不知所以美使得惡者不知所以惡此所以塞願望也明君動事分官由慧定賞分財由法行德制中由禮故欲不得干時愛不得犯法貴不得踰親祿不得踰位士不得兼官工不得兼事以能受事以

事受利。若是者，上無羨賞，下無羨財。

楊升菴曰：此篇以威德立題，以道法二字作眼目，以聖人無事作骨子，而均天下，齊風俗，亦不出論中矣。

能悅之曰因是道理甚大如禹之治水亦只是因之耳故曰行其所無事

因情　慎子

天道因則大因百姓情遂自然性則功高而道大化則細化民從我非物所樂其理偏狹因也者因人之情也人莫不自爲也化而使之爲我則莫可得而用是故先王不受祿者不臣不厚祿者不與入人不得其所以自爲也則上不取用焉故用人之自爲不用人之爲我則莫不可得而用矣此之謂因民雜處而各有所能所能者不同此民之情也大君者太上也兼畜下者也下之所能者同而皆上之用也是以

熊脩之曰大舜無為而治則四岳九官十二牧善其事也

夫君因民之能為資盡包而畜之無能取去焉是故亟執於方以求於人故所求者無一足也大君不擇其下故足不擇其下則為下易矣易為下則莫不容容故多下多下之謂大上君臣之道臣事事而君無事也君逸樂而臣任勞臣盡智力以善其事而君無與焉仰成而已事無不治治之正道然也人君自任而務為善以先下則是代下負任蒙勞也臣反逸矣故曰君人者好為善以先下則下不敢與君爭善以先君

胡可泉曰君只若臣躬事治亂之分確甚

矣皆稱所知以自覆掩有過則臣反責君逆亂之道也君之智未必最賢於衆也以未最賢而欲善盡被下則下不贍矣若君之智最賢以一君而盡贍下則勞勞則有倦倦則衰衰則復返於人不贍之道也是以人君自任而躬事則臣不事事也是君臣易位也謂之倒逆倒逆則亂矣人君任臣而勿自躬則臣事事矣是君臣之順治亂之分不可不察也

一董中峰曰主張正大口氣婉轉可作治安策

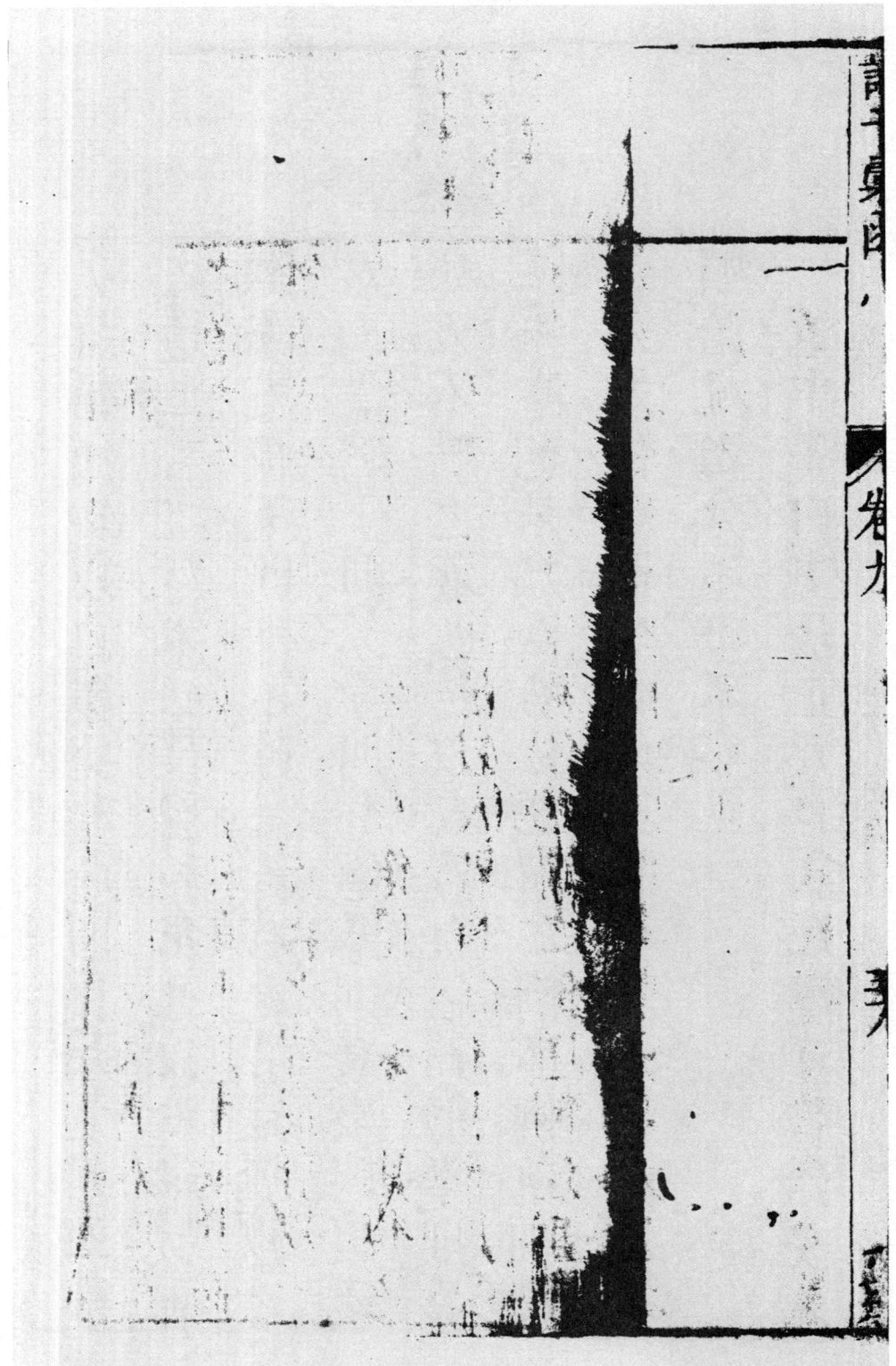

王渼陂曰君臣父子一理也彼昏不知則危矣

德立　　慎子

立天子不使諸侯疑立諸侯不使大夫疑立正妻不使羣妻疑立嫡子不使庶孽疑疑則動兩動兩則爭雜則相傷害在有與不在獨也故臣有兩位國必亂臣兩位國不亂者君在也恃君不亂矣失君則亂子有兩位者家必亂子兩位而不亂者父在也恃父不亂矣失父則亂臣疑君而無不危國孽疑宗而無不危家

鄧定宇曰一篇正名疏而詞嚴局緊古來未

有

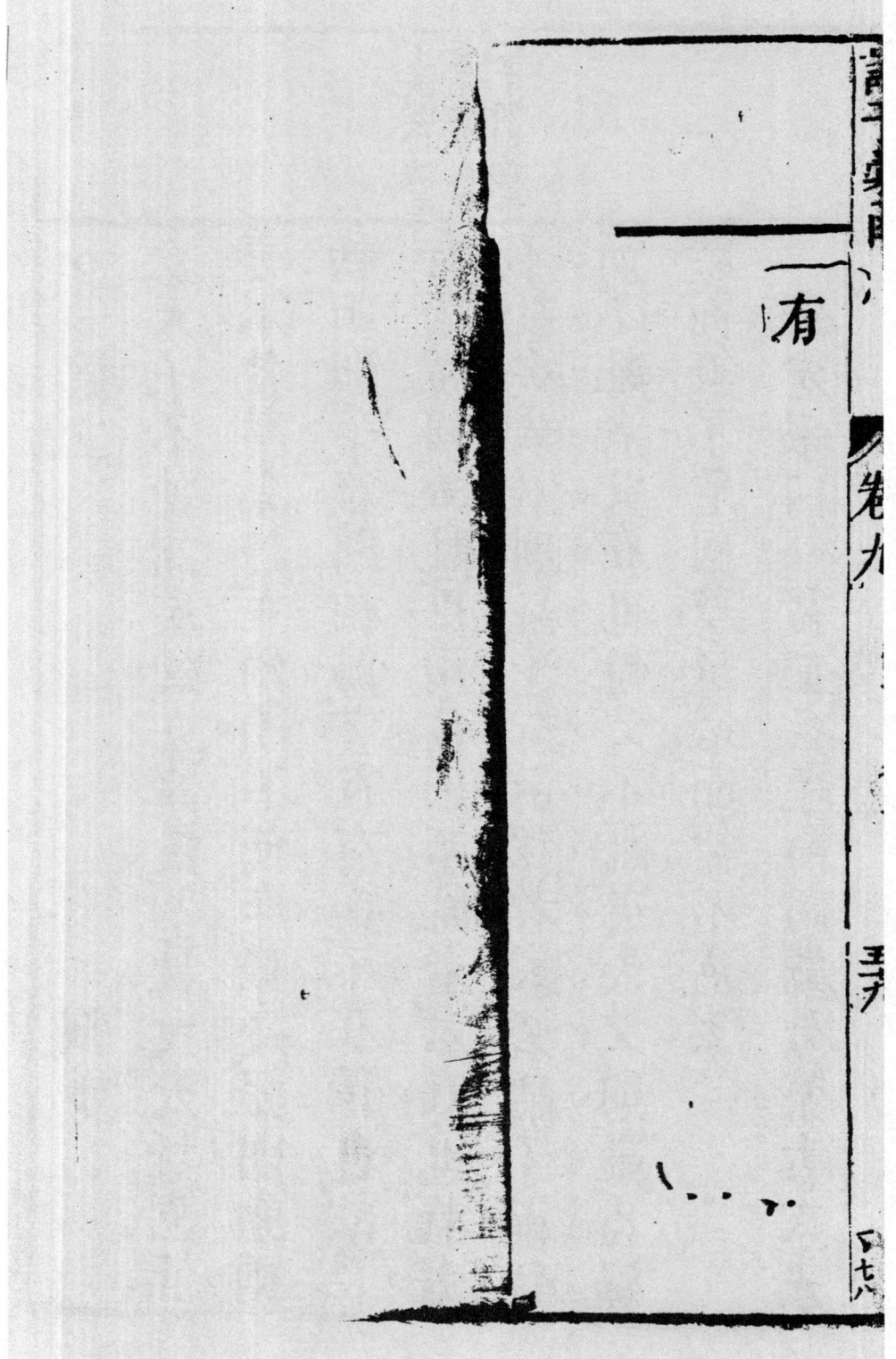

（明）焦竑　纂注　（明）陳懿典　評閱

慎子折衷彙錦

明萬曆間金陵少岡三衢書林刊《兩翰林纂解諸子折衷彙錦》本

頗有婉轉

名法家

愼子 名到趙人也其爲書亡逸已多今所存者五篇耳周氏涉筆謂本道而附於情主法而責於上故備入法家

古者立天子而貴者非以利一人也曰天下無一貴則理無由通通理以爲天下也故立天子以爲天下非立天下以爲天子也立國君以爲國非立國以爲君也立官長以爲官非立官以爲官長也法雖不善猶愈於無法所以一人心也夫投鈎以分財投策以分馬非鈎策爲均也使得美者不知所以美使得惡

者不知其所以惡此所以塞願望也

天有明不憂人之暗地有財不憂人之貧聖人有德不憂人之危也天雖不憂人暗闢戶牖必取已明焉則天無事也地雖不憂人貧伐木刈草必取已富焉則地無事也聖人雖不憂人之危百姓準上而比於下必取已安焉則聖人無事也故聖人處上能無害人不能使人無已害也則百姓除其害矣

以天地無事與聖人無事可與易哉物不與聖人同憂互發

愛赤子者不慢其保絕險者不慢其御

君逸樂而臣任勞臣盡智力以善其事而君無與焉

仰成而已事無不治治之正道然也人君自任而務
為善則是代下負任蒙勞也臣反逸故曰君人者好
為善以先天下則下不敢與君爭善以先君矣
大君任法而治則事斷於法法之所加各以分蒙賞
罰而無望於君是不怨不生而上下和矣
措鈞石使禹察之不能識也懸於權焉則氂髮識矣
不聰不明不能王不瞽不聾不能公海與山爭水海
必得之
貴不得踰親祿不得踰親賢不得兼官工不得兼事

以能受事以事受利若是者上無羨賞下無羨財

慎子粹言

（明）陳繼儒 選

明刊《藝林粹言》本

愼子

諸理齋曰愼到與鄧韓之流並稱刑名家但其言非若彼之深刻也

有權衡者不可欺以輕重有尺寸者不可欺以長短有法度者不可欺以詐偽

立天子以爲天下非立天下以爲天子也立國君以爲國非立國以爲國君也立官長以爲官非立官以爲官長也法不善猶愈於無法所以一人心也

貴不得踰親祿不得踰位慧不得兼官工不得兼事以能受事以事受利若是者上無羨賞下無羨財

（明）李廷機 選

慎子玄言評苑

明刊《鍥九我李先生續選諸子玄言評苑》本

續選慎子玄言評苑　　法家

威德一

聖人能除其害

此篇首言聖人无事而民害除國有常法繼言立君之由所以制法也末推言法立而人心一大旨雖本法家然其論治体則不可廢也

天有明不憂人之暗地有財不憂人之貧聖人有德不憂人之危也天雖不憂人暗闢戶牖必取己明焉則天無事也地雖不憂人貧伐木刈草必取己富焉則地無事也聖人雖不憂人之危百姓準上而比於下其必取己安焉則聖人無事也故聖人處上能無害人不能使人無己害也則百姓除其害矣聖人之有天下也受之也非取之也百姓之於聖人也養之也非使聖人養己也則聖人無事矣古者工不兼事

古者立君之由

法所以一人心

士不兼官工不兼事則事省省則易勝士不兼官則職寡寡則易守故士位可世工事可常百工之子不學而能者非生巧也言有常事也今也國無常道官無常法是以國家日繆教雖成官不足官不足則道理匱矣古者立天子而貴者非以利一人也曰天下無一貴則理無由通通理以為天下也故立天子以為天下非立天下以為天子也立國君以為國非立國以為君也立官長以為官非立官以為官長也法雖不善猶愈於無法所以一人心也夫投鉤以分財投策以分馬非鈎策為均也使得美者不知所以美

治貴因不貴擾也故曰政擾則民不定此論得之

使得惡者不知所以惡此所以塞願望也明君動事分力由慧定功分財由法行德制中由禮故欲不得干時愛不得犯法貴不得踰親祿不得踰位士不得兼官工不得兼事以能受事以事受利若是者上無羨賞下無羨財

因循二

夫道因則大因百姓情遂自然性則功高而道大化則細化民從我非物所樂其理偏俠因也者因人之情也人莫不自為也化而使之為我則莫可得而用是故先王不受祿者不臣不厚祿者不與入人不得其所以自為也則上不取用焉故

君臣不可不察

上與下不同德上必无為而用天下下必有為為天下用此不易之道也慎子知言哉

用使之自為不用人之為我則莫不可得而用矣此謂之因

民雜三

君之智未必最賢於衆也以未最賢而欲善盡被下則下不贍矣若君之智最賢以一君而盡贍下則勞勞則倦倦則衰衰則復返於人不贍之道也是以人君自任而躬事則臣不事事是君臣易位謂之倒逆倒逆則亂矣人君任臣而勿自躬則臣事事矣是君臣之順治亂之分不可不察也

德立四

下陵上替則神器闇奸矣並后匹嫡則太子遷位矣亡与今亂本善乎哉子推言之也

立天子不使諸侯疑立諸侯不使大夫疑立正妻不使群妻疑立嫡子不使庶孽疑疑則動兩動兩則爭雜則相傷害在有與不在獨也故臣有兩位者國必亂臣兩位而不亂者君在也恃君不亂矣失君則乱子有兩位者家必亂子兩位而不亂者父在也恃父不亂矣失父則乱臣疑君而無不危國孽疑宗而無不危家

君人五

君人者舍法而以身治則誅賞予奪從君心出受賞者雖當望多無窮受罰者雖當望輕無已君舍法以

法者人主之操柄也法失如何治浮無以慎乎言而遽忽之也

心裁輕重則同功殊賞同罪殊罰矣故曰大君任法而弗躬則事斷於法法之所加各以分蒙賞罰而無望於君是以而不生而上下和

小人食於力君子食於道 以下十二條載意林

詩往志也書往誥也春秋往事也

愛赤子不慢其保絕險者不慢其御

措鈞石使禹察之不能識也懸於權衡則釐髮識矣

兩貴不相事兩賤不相使家富則疏族家貧則兄弟離

不聰不明不能王不瞽不聾不能公海與山爭水海

必得之有權衡者不可欺以輕重有尺寸者不可差以長短有法度者不可巧以詐僞

> 此語卽庸人之釋尋常而盜跖不搏有益之謂也

一兎走百人追之積兎於市過而不顧非不欲兎分定不可爭也

孝子不生慈父之家忠臣不生聖君之下

匠人成棺不憎人死利之所在忘其醜也

廊廟之材非一木之枝狐白之裘非一狐之腋

藏甲之國必有兵遁市人可驅而戰安國之兵不由忽起

愼子四卷終

慎子奇賞一卷

（明）陳仁錫 評選

明天啓六年（1626）刊《諸子奇賞》本

慎子序

周氏涉筆曰、稷下能言者、如慎到最爲屏去繆妄、剪削枝葉本道而附于情主法而責于上、非田駢尹文之徒所能及、五篇雖簡約而明白純正、統本貫末、孟子言王政不合、慎子述名法不用、而騶忌一說遇合、不知何所明也、

諸子奇賞卷之三十一目次

慎子　節錄

名到趙人亦法家者流與言屏繆妄削枝葉本道附情主法貴上五篇簡約與詭肆譎誕者異

多彩辭直
論而文徑
夏曲

諸子奇賞卷之三十一

古吳陳仁錫明卿甫評選

慎子

威德

天有明、不憂人之暗、地有財、不憂人之貧、聖人有德不憂人之危也、天雖不憂人暗、闢戶牖必取已明焉、則天無事也、地雖不憂人貧、伐木刈草、必取巳富焉、則地無事也、聖人雖不憂人之危、百姓準上而比於下、其必取巳安焉、則聖人無事也、故聖人處上、能無害人不能使人無已害也則百姓除其害矣聖人之有天下也愛之也非敢取之也百姓之於聖人也養之也非使聖人養已也則聖人無事古者工不兼事士不兼官工不兼事則事省省則易勝士不兼官則職寡寡則易守故士位可世工事可常百工之子不學而能者非生巧也言有常事也今也國無常道官無常法是以國家日繆教雖成官不足官不足則道理匱矣古者立天子而貴者非以利一人也曰天下無一貴則理無由通通理以為天下也故立天子以

爲天下，非立天下以爲天子也，立國君以爲國，非立國以爲君也，立官長以爲官，非立官以爲官長也，法雖不善，猶愈於無法，所以一人心也，夫投鉤以分財，投策以分馬，非鉤策爲均也，使得美者不知所以美，使得惡者不知所以惡，此所以塞願望也，明君動事分　由慧定　分財由法，行德制中由禮，故欲不得干時，愛不得犯法，貴不得踰親，祿不得踰位，士不得兼官，工不得兼事，以能受事，以事受利，若是者，上無羨賞，下無羨財，

註化字未然

因循

天道因則大、因百姓情遂自然性則功高而道大、化則細、化民從我非物所樂其理偏狹因也者、因人之情也、人莫不自爲也、化而使之爲我、則莫可得而用、是故先王不受祿者不臣、不厚祿者不與入人不得其所以自爲也、則上不取用焉、故用人之自爲、不用人之爲我、則莫不可得而用矣、此謂之因、

民雜

民雜處而各有所能者不同、此民之情也、大君者、大

不設取去並山天大畜之義

上也兼畜下者也下之所能不同而皆上之用也是以大君因民之能爲資盡包而畜之無能去取焉是故必執於方以求於人故所求者無一足也大君不擇其下故足不擇其下則爲下易矣易爲下則莫不容容故多下多下之謂大上君臣之道臣有事而君無事也君逸樂而臣任勞臣盡智力以善其事而君無與焉仰成而已事無不治治之正道然也人君自任而務爲善以先下則是代下負任蒙勞也臣反逸矣故曰君人者好爲善以先下則下不敢與君爭善

何以治善歸君何以亂善歸臣

以先君矣皆稱所知以自覆掩有過則臣反責君逆亂之道也君之智未必最賢於衆也以未最賢而欲善盡被下則下不贍矣若君之智最賢以一君而盡贍下則勞勞則有倦倦則衰衰則復返於人不贍之道也是以人君自任而躬事則臣不事事也是君臣易位也謂之倒逆倒逆則亂矣人君任臣而勿自躬則臣事事矣是君臣之順治亂之分不可不察也

德立

立天子不使諸侯疑立諸侯不使大夫疑立正妻不

君亦不可恆恃

使群妻疑、立嫡子、不使庶孽疑、疑則動、兩動兩則爭、雜則相傷、害在有與、不在獨也、故臣有兩位者、國必亂、臣兩位、國不亂者、君在也、恃君不亂矣、失君則亂、子有兩位者、家必亂、子兩位而不亂者、父在也、恃父不亂矣、失父則亂、臣疑君而無不危國、孽疑宗而無不危家、

君人

君人者、舍法而以身治、則誅賞予奪、從君心出、然則受賞者雖當、望多無窮、受罰者雖當、望輕無已、君舍

無望于君　君權愈重

[illegible]順也

法以心裁輕重、則同功殊賞、同罪殊罰矣、怨之所由生也、是以分馬之用策、分田之用鉤、非以策鉤爲過於人智、所以去私塞怨也、故曰、大君任法而弗躬、則事斷於法、法之所加、各以分蒙賞罰、而無望于君、是以怨不生、而上下和矣、

小人食於力、君子食於道、

愛赤子、不慢其保、絕險者、不慢其御、

兩貴不相事、兩賤不相使、家富則疏族合、家貧則兄弟離、不聰不明不能王、不瞽不聾不能公、海與山爭水、

海必得之、

一兔走、百人追之、積兔於市、過而不顧、非不欲兔、分定不可爭也、

此二語不㤪

孝子不生慈父之家、忠臣不生聖君之下、

匠人成棺、不憎人死、利之所在、忘其醜也、

藏甲之國、必有兵遁、市人可驅而戰、安國之兵、不由忿起、

按漢志四十二篇、唐志十卷、滕輔註、今纔五篇、非全書也、周氏涉筆、稱屏去繆悠、剪削枝葉、本道而

覓書可惜未全

附於情主法而責於上五篇雖簡約而明白純正統本貫末則全書宋時已亡逸矣馬氏意林摭取十二條具不見五篇中蓋采諸全書者今錄以附篇末云丁丑夏月潛菴子志

(明)陳仁錫 評選

慎子

明刊《子品金函》本

如孔子之泰山河海是非山之山非水之水

顯微闡幽大爲正士吐氣

此論亦見得到

愼子

卽愼到也

崇岡絶壁。山可恃也。然可梯而階也。洪流巨浸。水可恃也。然可葦而航也。惟夫非山之山。壁立則莫升。梯之不能階。非水之水。順流則莫禦。葦之不能渡。所可恃者耳。

春秋之時無孔子。則顔回沒于陋巷。而少正卯爲聞人。戰國之時無孟子。則匡章陷于不孝。而陳仲子爲廉士。

或問士之或窮而或達何與。曰士窮于窮亦達於窮者也。士達於達亦窮于達者也。故窮之者。所以達之也。達之者

所以窮之也。世人知達之達，豈知窮之達；知窮之窮，豈知達之窮。知窮之達者不窮，窮知達之窮者不達。達

慎子主刑名之學，有云控御不謹，虎豹而山林矣；防範不密，鷹隼而雲霄矣。此其立議可知

（明）慎懋賞 解

慎子内篇外篇直音

明萬曆七年（1579）慎氏耕芝館刊本

慎子序

愽士家談九流則曰法者慎到申不害韓非之類也夫申韓之議法刻矣若到則豈可以法家例哉今觀其書言稱堯舜行述仲尼慨然思挽戰國于三代而當世莫之宗也故不得已自放於文章以舒其雋異豪偉之氣特所學未粹不免任其性之所偏而于聖賢大學之道或相背馳者時有之耳若律以蘇張縱横之習楊墨詭僻之

教則猶氷炭之不相入也不高出于諸賢
之表歟本
朝希古方先生評品百家獨於慎子稱之
不置謂其言與孔孟契合其所得於此書
之旨者深矣予家舊有刻本闕畧頗多邇
門人慎宇勳以是編見正意甚玩之試爲
條次定爲內外篇蓋悲到之不遇而幸其
言猶存也嗚呼使是書大行于世則理道
可明風俗可一三代之治可幾矣豈獨文

詞之工學者所當誦法已哉

萬曆己卯春三月

賜進士及第禮部右侍郎兼侍讀學士太

倉荆石王錫爵序

慎子序

天下之道盡之於聖人而聖人之道集大成於孔子然謂之仲尼集道之大成則可謂仲尼之外而老聃慎到莊周列禦寇之言皆不足取則非知道者譬之璧乎仲尼無瑕諸子特有瑕耳而不害其爲璧也譬之山乎仲尼泰山諸子則山之小者而不害其爲山也嘗讀慎子而有感焉慎子其初戰國策士之雄也晚年遍歷四方所得

益富而其學漸純其爲書也屏去僞妄剪削枝葉稷下能言者如淳于髡田駢之徒皆非所及惜其生不逢時未得爲孔子徒也使從顔閔之後親炙仲尼之風其所造就奚止是哉世之人廼狗一偏之見指爲法家棄而不講不知太始以降巧僞日多舍法孰與禁之惟用法而本之以德斯善言法耳孔子曰爲政以德政即法也慎子之言惡夫不善用法者而作也亦論道者

所不廢故孟子與自許知言一時曲學之
士排斥殆盡闢楊墨小儀衍而於慎子獨
以仁以義望之司馬遷作孟子列傳則首
附慎到皆有取爾也學者之於慎子舍其
小疵而用其醇可也槩摘其疵而棄之是
世無仲尼道終不可明矣仲尼之前禹拜
善言舜察邇言所拜所察者豈皆仲尼之
徒而當其身適周問禮老氏之學亦豈有
富于夫子者哉故苟得於道則聖人可為

仲尼可企老聃莊周慎到之言足以爲吾用而不足以爲吾累無得於道雖日取六經語孟置之坐右而號於人曰我誦法孔子其不爲斲輪之所笑而孔子之所棄者幾希　萬曆戊寅十月既望吴興雲臺慎懋賞序

愼子傳

明吳人愼懋賞撰

雲臺子曰開闢以來天清地寧民安物阜孰尸而孰運焉德以主之而法以翊之也世無法度人心之欲橫縱肆發其誰與禁之皆欲相雄長而耻卑下皆欲啚富貴而羞貧賤皆欲享逸豫而憚奔走欲熾則心迷心迷則争起争起則交相賊害天地何以位萬物何以育倫紀何以明故曰治天

下不可無法度也法者整齊斯民而平天下之要道慎到專言法吾有取焉

慎到者趙之邯鄲人也其先居魯昌平鄉東冨者數世矣有慎清者奢侈驕佚魯定公十三年孔子由大司寇行攝相事殺大夫亂政者少正卯與聞國政懼而謀曰孔子爲政必誅敗禮者我之爲首必矣踰境而徙於趙焉清之子生到博識彊記於學無所不窺自孔子之卒七十子之徒散

游列國或爲卿相或友教士大夫故卜子夏館於西河吳起段干木愼到之徒受業於其門及門弟子者甚衆到與孟軻同時皆通五經軻長于詩到長於易齊威宣王時喜文學游說之士如騶衍淳于髡田駢接予愼到者流七十六人命曰列大夫爲立館稷山之下高門大屋尊寵之不治而議論天下諸侯賓客言齊能致天下賢士也是以齊稷下學士多至數百千人到仕

楚爲楚襄王傳襄王之爲太子也嘗質於齊及其歸也齊王求東地五百里廼得歸不與不得歸襄王退而就慎子計慎子令朝群臣而皆獻策焉上柱國子良曰不與則不信請與而復攻之昭常曰去東地五百里是去國之半也王勿與臣請守之景鯉曰不可與也臣請西索救於秦王謂慎子曰寡人誰用三子之計慎子曰王皆用之廼遣子良北獻地於齊遣子良之明日

立昭常爲大司馬使守東地又遣景鯉西
索救於秦齊王恐焉乃請子良南道楚西
使秦解齊患士卒不試東地復全過魯魯
平公慕其爲人時魏與秦趙韓燕共伐齊
敗之濟西湣王出亡平公欲乘亂割齊岱
以南爲巳屬乃拜慎子爲上將軍將伍百
乘以往孟子自齊歸止於魯謂慎子曰周
公之封於魯爲方百里也今魯方百里者
五子以爲有王者作則魯在所損乎在所

益乎徒取諸彼以與此然且仁者不爲況於殺人以求之乎君子之事君也務引其君以當道志於仁而已慎子悅其言辭於平公而去之是時蘇秦張儀者工縱橫之學以惑亂黔首欲以一人之辨反覆山東之人主　人主又不務大道而任私智慎子知其道之不行也廼與其徒許犯環淵田繫之屬退老于邯鄲之上著書八千言其大要本道而不離乎情任法而還責於

主雖見窮擯而不黜其志非談天雕龍支離其說者比也故其後世子孫傳而習之率而行之若慎温其慎知禮慎從吉慎鏞慎釴慎伯鎬慎德秀者皆植節一時樹勲當世而到之學得不廢焉嗟乎孟子有言曰不用賢則亡削何可得歟六國破滅豈兵不利戰不勝哉見慎子之賢而不能舉也無賢則國從之勿可救已然則賢才之用舍果人主操之耶抑氣運使然耶余讀

慎子書蓋深爲六國惜云

潛菴子曰按漢志四十二篇唐志十卷滕輔註今纔五篇非全書也周氏泚筆稱屛去繆悠剪削枝葉本道而附於情主法而責於上五篇雖簡約而明白純正統本貫末則全書宋時已亡逸矣馬氏意林掇取十二條具不見五篇中蓋采諸全書者今錄以附篇末云萬曆丁丑夏日志

愼子考

按史記愼到著十二論漢書藝文志愼子四十二篇隋書經籍志愼子十卷唐志愼子十卷滕輔註子鈔愼子一卷崇文總目愼子二卷三十七篇今纔數篇闕畧頗多予走四方自書肆以及士大夫藏書之家索之勤矣全書卒不可得故爲輯其可知者而其不可考者闕焉以俟博洽君子

萬曆戊寅十月既望吳興雲臺愼懋賞志

慎子評語

明吳人慎懋賞編輯

荀卿曰慎子有見於後無見於先老子有見於詘無見於信墨子有見於齊無見於畸宋子有見於少無見於多有後而無先則群衆無門有詘而無信則貴賤不分有齊而無畸則政令不施有少而無多則群衆不化書曰無有作好遵王之道無有作惡遵王之路此之謂也卿戰國人

莊周曰彭蒙田駢慎到聞墨子之風而悅之齊萬物以爲首曰天能覆之而不能載之地能載之而不能覆之大道能包之而不能辨之知萬物皆有所可有所不可故曰選則不偏教則不至道則無遺者矣是故慎到棄知去己而緣不得已泠

汰於物以爲道理曰知不知將薄知而後
鄰傷之者也誤髁無任而笑天下之尚賢
也縱脫無行而非天下之大聖椎拍輐斷
與物宛轉舍是與非苟可以免不師知慮
不知前後魏然而已矣推而後行曳而後
往若飄風之還若羽之旋若磨石之隧全
而無非動靜無過未嘗有罪是何故夫無
知之物無建己之患無用知之累動靜不
離於理是以終身無譽故曰至於若無知
之物而已無用賢聖夫塊不失道豪傑相
與笑之曰慎到之道非生人之行而至死
人之理適得怪焉彭蒙田駢慎到不知道

周戰國人

劉晝曰法者慎到李悝韓非商鞅之類也
其術在於明罰討陣整法誘善懲
惡俾順軌度以爲治本然而薄者削仁
廢義專任刑法風俗刻薄嚴而少恩也晝

漢人

韓嬰曰夫當世之愚飾邪說文姦言以亂天下使混然不知是非治亂之所存者則是范睢魏年田文莊周慎到田駢墨翟宋鈃鄧析惠施之徒也此十子者說皆不足合大道美風俗治綱紀然其持之各有故言之皆有理足以欺惑衆愚交亂樸鄙

嬰漢人常山太傅

司馬遷曰自騶衍與齊之稷下先生如淳于髡慎到環淵接予田駢騶奭之徒各著書言治亂之事以干世主

遷漢人太史令

司馬遷曰齊宣王喜文學游說之士自如騶衍淳于髡田駢接予慎到環淵之徒七十六人皆賜列第爲上大夫不治而議論是以齊稷下學士復盛且數百

千人前人

司馬遷曰愼到趙人田駢接予齊人環淵楚人學黃老道德之術各發明序其指意故愼到著十二論環淵著上下篇而田駢接予皆有所論焉前人

張湛曰到子所明往往與佛經相參大歸同于老莊愼到韓非淮南子多稱其言張湛東晉人光祿勳

楊倞曰談說者以愼墨蘇張爲宗則孔氏之道幾乎息矣倞唐人大理評事

楊倞曰愼到本黃老之術明不尚賢不使能知道故莊子論愼到曰塊不失道以其無爭先之意故曰見後而不見先也漢書藝文志愼子著書四十二篇班固

曰先申韓申韓稱之也前人

周敦頤曰稷下能言者慎到最爲屏去繇妄剪削枝葉本道而附於情主法而責於上非田駢尹文之徒所能及五篇雖簡約而明白純正統本貫末自古論王政者能及此鮮矣敦頤宋人轉運判官

蘇軾曰莊子之學無所不窺其論天下道術自墨翟禽滑釐彭蒙慎到田駢關尹老聃之徒以至於其身皆以爲一家而孔子不與其尊之也至矣軾宋人翰林院學士

朱熹曰韓子說荀楊大醇是泛說與田駢慎到申不害韓非之徒觀之則荀楊爲大醇熹宋人待制侍講

朱熹曰夫子既沒諸子之欲爲書以傳於後世者其意存乎爲文汲汲乎唯恐其汩沒而莫吾知也是故皆喜立論論立而爭起自孟子之後老聃莊周楊朱墨翟田駢愼到申不害韓非之徒各持其私說以攻乎其外天下方將惑之而未知其所適從

前人

陳淵曰愼子趙人愼到撰按莊周荀卿皆稱田駢愼到到趙人駢齊人見於史記列傳今中興館閣書目乃曰瀏陽人瀏陽在今潭州吳時始置縣與趙南北了不相涉蓋據書目所稱不知何謂也

淵宋人監察御史

方孝孺曰世以愼到與鄧析韓非之流並稱到雖刑名家然其言有中理者非若彼之深刻也其謂立天子以爲天下非立天下以爲天子不猶儒者所謂君

爲輕之意乎其謂役不得踰時不猶不違農時之意乎其謂用人之自爲不用人之爲我不猶舍己從人之意乎其謂不設一方以求於人不猶無求備之意乎其謂人君任人而勿自躬不猶任賢勿疑之意乎但到不聞聖人之道不知仁義之治墮於曲學而流于卑陋爾夫豈其性然哉孝孺明人建文時翰林院侍讀學士

薛應旂曰慎到趙人與彭蒙田駢爲友學墨子弟子禽滑釐之術聞宋鈃之風而悅之稍以禁攻寢兵爲尚故伐齊之事旋亦中止應旂明人提學副使

柯維騏曰按太史公自序云作老子韓非列傳其莊子申子特附載之耳

凡世家列傳附載者極多如孟子荀卿傳附淳于髡慎到騶奭其論贊或尊或無無定體也

維騏明人

鄭曉曰滑釐即慎到墨子弟子善用兵嘗與同門三百人持墨器守宋城禦楚寇著慎子四十六篇與宋鈃同時孟子獨舉齊魯初封言者以魯伐齊而取南陽齊益不足魯益有餘非復太公周公之舊彊山南曰陽岱山之南曰南陽在齊之南魯之北

曉明人禮部尚書

慎子內篇

戰國趙人慎到撰

明吳人慎懋賞解

天有明不憂人之暗（天之明無私照而何憂於暗）地有財不憂人之貧（地之利足以養民而何憂於貧）聖人有德不憂人之危也（聖人輔世長民之德足以安天下而何憂於危）天雖不憂人暗闢戶牖必取已明焉則天無事也（明在于天開闢戶牖以受明者人也天何所事之有）地雖不憂人貧伐木刈草必取已富焉則地無事也

財出於地伐木刈草以致富者人也地何所事之有聖人雖不憂人之危百姓準上而比於下必取已安焉則聖人無事也德在聖人準其法而洽比於下則風俗醇和四境無虞而百姓自安其生矣聖人何所事之有故聖人處上能無害人不能使人無已害也則百姓除其害矣聖人有安百姓之心其或自底不類而已害者不得不爲民以除其害也非爲已而害人也

聖人之有天下也受之也非取之也百姓之於聖人也養之也非使聖人養已也則聖人無事聖人有光明之德故百姓推而與之耳非以征誅取

之而害人也百姓之於聖人則養之以安已非使之養一已而不爲民也上下各得其所各安其分而天下平是以聖人無事古者工不兼事士不兼官工不兼事則事省省則易勝士不兼官則職寡寡則易守故士位可世以其賢也工事可常以其專也百工之子不學而能者非生巧也言有常事也觀工有常而事集則官人者可類推矣今也國無常道官無常法是以國家日繆繆猶差也教雖成官不足官不足則道理匱矣官不足以任其事雖教何補官所以明道理事兼官則衆職廢而道理匱矣古者

立天子而貴者非以利一人也立天子而尊貴之非以利其一身也曰天下無一貴則理無由通通理以爲天下也兩貴不相事兩賤不相使無天子之貴天下無由而理理卽治也故立天子以爲天下非立天下以爲天子也以一人治天下非以天下奉一人立國君以爲國非立國以爲君也立官長以爲官非立官以爲官長也官長宰庶官者也立之使衆職無舉非徒盛其任使也法雖不善猶愈于無法所以一人心也立法以一人心雖有不善民亦惧法而不敢越也夫投鈎以分財投

策以分馬非鈎策爲均也使得美者不知所以德使得惡者不知所以怨此所以塞願望也故蓍龜所以立公言也權衡所以立公正也書契所以立公信也法制禮籍所以立公義也凡立公所以棄私也言能立法則人安於美惡而無顧紛之心正猶鈎明策無私人自信之如蓍契而不疑也君動事分理由慧定昂分財由法行德制中由禮君必聽明智慧而後能理天下之事財者民所共趨法令既一則無爭鬭之患禮無過不及者也由乎禮則德教制度自無不中故欲不得

干時必於農隙愛不得犯法當官而行貴不得踰親祿不得踰位慧不得無官工不得無事以能受事以事受利若是者上無羨賞下無羨財羨猶餘也用法之善則人安于法上之賞下下之事上各當其則而不過也

天道因則大因百姓情遂自然性則功高而道大化則細化民從我非物所樂其理偏狹其德細小因也者因人之情也人莫不自爲也化而使之爲我則莫可得而用言人情莫不有欲爲上者拂其性而引之就我則不爲之用化猶教令也是

故先王不受祿者不臣（不拂其高尚之志而強臣之）不厚祿者不與入人不得其所以自爲也則上不取用焉（人不遂其欲爲之情則上不能取用之矣）故用人之自爲（順其情也）不用人之爲我（拂其情也）則莫不可得而用矣（人人樂爲之用也）此之謂因

民雜處而各有所能者不同此民之情也（情即理也賢愚不同自然之理故聖人不求備於一人也）大君者太上也（太上者無以尚之也）無畜下者也下之所能不同而皆上之用也（民之賢能不同而皆聽上所取用也）是以大

君因民之能爲資盡包而畜之無能取去焉君子小人皆資于用也是故必執於方以求于人故所求者無一足也方類也人君執巳見以求備則所求者無一足用也大君者不擇其下故足賢愚皆備任使也不擇其下則爲下易矣易爲下則莫不容容故多下君子易事人皆樂從也多下謂之太上其下多故在上者大也君臣之道臣有事而君無事也百官之屬各有司存君逸樂而臣任勞臣盡智力以善其事而君無與焉仰成而巳事無不治治

之正道然也（人臣分任其事則人君無爲而享成功治道之正者也）人君自任而務爲善以先下（自矜其能也）則是代下負任蒙勞也臣反逸矣故曰君人者好爲善以先下則不敢與君爭善以先君矣皆稱所知以自覆掩（君察察以爲明則臣將救過之不暇矣孰敢與之爭能秦皇漢宣是也）有過則臣反責君逆亂之道也君之智未必最賢於衆也以未最賢而欲善盡被下則下不贍矣（不贍者一人之智有限雖有所被其善易窮也）若君之智最賢以一君而盡

贍下則勞勞則有倦倦則衰衰則復返於人不贍之道也是以人君自任而躬事則臣不事事也 所謂君任勞臣反逸也 是君臣易位也謂之倒逆倒逆則亂矣人君任臣而勿自躬則臣事事矣是君臣之順治亂之分不可不察也 任人則治自任則亂治亂之分人君所當致察也

立天子不使諸疑 侯疑惑也分不一則民志不定天子既立諸侯之分定矣自不敢擬于天子也 立諸侯不使大夫疑 秦之李斯漢之王莽臣疑于君也 立正妻不使群妻疑 周之褒姒晉之

驪姬妾疑于妻也立嫡子不使庶孽疑周之伯服晉之奚齊卓子孽疑于嫡也疑則兩動分不定則疑起兩動者國有二君也動兩則爭勢無兩大則爭雜則相傷害在有與不在獨也爭則雜亂無紀必相賊也故臣有兩位者國必亂政出多門也臣兩位國不亂者君在也權在恃君也恃君不亂矣失君則亂子有兩位者家必亂家無嫡子也子兩位而不亂者父在也恃父不亂矣失父則亂臣疑君而無不危國孽疑宗而無不危家今一兔走百人逐之非一

兎足爲百人分也由未定也由未定堯且屈力而况衆人乎積兎在市行者不顧非不欲兎也分已定矣分已定人雖鄙不爭故治天下及國在乎定分而已矣並后匹嫡兩政偶國亂之本也

君人者舍法而以身治則誅賞予奪從君心出從君心出者出一時之喜怒也然則受賞者雖當望多無窮賞不由法雖賞當其功而望多之心無已受罰雖當望輕無已罰不由法雖罰當其罪而望輕之心無已君舍法以心

裁輕重則同功殊賞賞不當功也同罪殊罰矣罰不當罪也怨之所由生也不以功罪爲賞罰而以喜怒爲賞罰則不公矣馬得不怨是以分馬之用策分田之用鈎非以策鈎爲過於人智所以去私塞怨也分馬以策分田以鈎非鈎策之智有過於人以鈎策之法出于公而無怨也法者治天下之鈎策也故曰大君任法而弗躬則事斷於法循法斷事則事治法之所以加各以分蒙賞罰而無望於君是以怨不生而上下和矣賞罰循其法而不出一人之意則不僭不濫而民志定矣太和之治也

飛龍乘雲騰蛇遊霧飛龍乘雲水蛇乘霧物必有所乘而勢始大也雲罷霧霽而龍蛇與螾螘同矣則失其所乘也故賢人而屈於不肖者則權輕位卑也不肖而能服於賢者則權重位尊也堯爲匹夫不能治三人而桀爲天子能亂天下吾以此知勢位之足恃而賢智之不足慕也雖有其德苟無其位雖仲尼至聖不敢自專況其他乎夫弩弱而矢高者激於風也乘風而上則高身不肖而令行者得助於衆也堯教於隸屬而民不

聽至於南面而王天下令則行禁則止由
此觀之賢智未足以服衆而勢位足以屈
賢者也
愛多者則法不立威寡者則下侵上法者天下
之公愛者一人之私愛多則不公故法不立威者上之柄所以禁下威寡則權弛矣
故侵上法之功莫大使私不行君之功莫大
使民不爭今立法而行私是與法爭其亂
甚於無法立君而尊賢是賢與君爭其亂
甚於無君君所以任賢賢所以佐君立君而尊賢則尊有二上而政出多

門國必至于亂矣尊賢非尊位重祿之尊權與主並之謂也故有道之國法立則私善不行君立則賢者不尊民一於君斷於法國之大道也

處戲神農教而不誅渾噩之世無事於法也黃帝堯舜誅而不怒順事無情也及至三王隨時制法各適其用隨時制法施之無不當也故治國無其法則亂守法而不變則衰時有升降一定之制不可守也有法而行私謂之不法法者公也行私則不公矣與無法同以力役法者百姓也百姓畏法故可驅而使也以死守法者

有司也（有司執法則事治而百姓安也）以道變法者君長也（隨時變法而不失其道人君之所以宰制兆民也）

君明臣直國之福也父慈子孝夫信妻貞家之福也故比干忠而不能存殷（殷紂失道比干諫之剖心而死其後武王伐之國隨以亡）申生孝而不能安晉（晉獻公得驪姬生奚齊欲殺太子申生申生不自明而死晉國遂亂）是皆有忠臣孝子而國家滅亂者何也無明君賢父以聽之故孝子不生慈父之家忠臣不生聖君之下（有瞽瞍而後見舜之孝有紂而後見文王之忠遇之所遭）

（聖人不得已也）

藏甲之國必有兵遁（兵遁軍識之類也）市人可驅而戰（三畧曰人主深曉中畧能御將統衆則有兵遁者雖驅市人而戰無不勝也）安國之兵不由忿起（兵起非可以私忿也見其可勝則與見其不可勝則止不敢輕用兵以危其國也）明主之征也誅其君攺其政率其民而不奪其財也故曰戰者憚驚之也（憚驚儆戒之也）明主之征也猶時雨也至則民悅矣

富之勝貧強之勝弱衆之勝寡安之勝危

必也理勢之必然也然而貧生于富弱生于強寡生于衆危生于安富而不知節則貧生焉強而不知輯則弱生焉衆而不和則寡生焉安而不戒則危生焉君子知其所由生而所以保其常勝者不容不豫矣

詩往志也詩者志之所之也在心爲志發言爲詩往猶昔也書往誥也二帝之迹三王之義明天下情故曰誥春秋往事也二百四十二年之行事也至于易則吾心陰陽消息之理備焉昔宓羲氏仰觀象於天俯觀法於地觀鳥獸之文與土地之宜近取諸身遠取

諸物於是始畫八卦以通神明之德以類
萬物之情文王重易六爻作上下篇孔子
爲之彖象繫文言序卦之屬十篇故曰易
道深矣人更三聖世歷三古仲尼之學易
也沒身而已子曰假我數年五十以學易可以無大過矣
夫王公大人爲政於國家者皆欲國家之
富人民之衆刑政之治然而不得富而得
貧不得衆而得寡不得治而得亂則是本
失其所欲富衆治也得其所惡貧寡亂也是其故何

也不能以尚賢事能爲政也是故國有賢良之士衆則國家之治厚（厚盛也）賢良之士寡則國家之治薄（薄削也）故大人之務將在於衆賢而已譬若欲衆其國之善射御之士者必將富之貴之敬之譽之然後國之善射御之士將可得而衆也況又有賢良之士厚乎德行辯乎言談博乎道術者乎此固國家之珍而社稷之佐也亦必且富之貴之敬之譽之然後國之良士亦將可

得而衆也故古者聖王之爲政列德而尚賢雖在農與工肆之人有能則舉之高予之爵重予之祿任之以事斷予之令曰爵位不高則民弗敬蓄祿不厚則民不信政令不斷則民不畏舉三者授之賢者非爲賢者也欲其事之成如國欲富民欲衆政欲治也故可使治國者使治國可使長官者使長官可使治邑者使治邑凡所使治國家官府邑里此皆國之賢者也賢者之治國也蚤朝

晏退聽獄治政是以國家治而刑法正賢者之長官也夜寢夙興收歛關市山林澤梁之利以實官府是以官府實而財不散賢者之治邑也蚤出暮入耕稼樹藝聚菽粟是以菽粟多而民足乎食故當是時以德就列（列位也）以官服事（盡職所當爲之事也）以勞殿賞量功而分祿故官無常貴民無終賤有能則舉之無能則下之舉公義辟私怨此若言之謂也故古者堯舉舜於服澤之陽

授之政天下平禹舉益於陰方之中授之政九州成湯舉伊尹於庖厨之中授之政其謀得文王舉閎夭泰顛於罝罔之中授之政西土服故當是時雖在於厚祿尊位之臣莫不敬懼而施（施不敢驕矜也）雖在農與工肆之人莫不競勸而尚意（尚意者意欲爲賢良也）故士者所以爲輔相承嗣也故得士則謀不困體不勞名立而功業彰而患不生則由得士也今王公大人有一衣裳不能制也

必藉良工有一牛羊不能殺也必藉良宰至于治國家則不使賢者能者在于側則此不肖者在左右也不肖者在左右則其所譽不當賢而所罰不當暴王公大人尊此以爲政乎國家則賞亦必不當賢而罰亦必不當暴若苟賞不當賢而罰不當暴則是爲賢者不勸而爲暴者不沮矣是以入則不慈孝父母出則不長弟鄉里居處無節出入無度男女無別使治官府則盜

竊守城則倍畔君有難則不死出亡則不從使斷獄則不中分財則不均與謀事不得舉事不成入守不固出誅不強故雖昔者三代暴王桀紂幽厲之所以失措其國家傾覆其社稷者已此故也何則皆以明小物而不明大物也（物猶務也）

廟廊之材非一木之枝狐白之裘非一狐之腋治亂安危存亡榮辱之施（施運行也）非一人之力也故人主者以天下之目視以天

下之耳聽以天下之智慮以天下之力動是以號令能下究而臣情得上聞百官修道群臣輻湊人主不用一巳之耳目智力而任天下之賢則法公而上令下究下情上達矣故曰賢才衆而君德成離朱之明離朱黃帝臣善視察毫末於百步之外下於水尺而不能見淺深非目不明也其勢難覩也故用賞貴信用罰貴必賞信罰必于耳目之所聞見則所不聞見者莫不陰化矣賞罰者治天下之法也人主賞罰所及者少而賞罰所不及者多故

能信賞必罰則賞一人而千萬人悅罰一人而千萬人懼矣

有權衡者不可欺以輕重有尺寸者不可差以長短有法度者不可巧以詐僞三者執得其要故人不能欺也王者有易政而無易國有易君而無易民湯武非得伯夷之民以治桀紂非得蹠蹻之民以亂也民之治亂在於上國之安危在於政湯武與桀紂之民一也在湯武則治在桀紂則亂非民之善惡不同上之政治使然也

民富則治易民貧則治難民富則重家重

家則安鄉有所繫累也安鄉則敬上畏罪敬上畏罪則易治也貧則輕家輕家則危鄉無所顧忌也危鄉則凌上犯禁凌上犯禁則難治也故爲國之道在富民而巳矣昔七十九代之君法制不一號令不同然而俱王天下何也必當國富而粟多也

賤而不可不因者衆也國依于民剛而不可不用者兵也慘而不可不行者法也小而不可不防者盜也勞而不可不勸者農也宂

而不可不畜者財也
天下之人所共趨之趨奔走富貴之途也而不知止
者富貴爾所謂富貴者足於物耳夫富貴
之亢極者大則帝王小則公侯而已豈不
以被衮冕處宮闕建羽葆警蹕故謂之帝
王豈不以戴簪纓喧車馬侠旌旆鈇鉞故
謂之公侯邪不飾之以衮冕宮闕羽葆警
蹕簪纓車馬鈇鉞又何有乎帝王公侯哉
夫衮冕羽葆簪纓鈇鉞旌旆車馬皆物也

物足則富貴富貴則帝王公侯故曰富貴者足物爾以足物者爲富貴無物者爲貧賤於是樂富貴恥貧賤不得其樂者無所不至矣是故明王知其然操二柄以馭之二者刑德也殺戮之謂刑慶賞之謂德使人臣雖有智能不得背法而專制雖有賢行不得踰功而先勞雖有忠信不得釋法而不禁

措鈞石使禹察之不能識也懸於權衡則

鬒髮辨矣禹雖大智無權衡則不能察多寡況天下之大民物之衆不以法制豈能悉其情僞也聖君任法而不任智任公而不任私任大道而不任小物然後身佚而天下治

孔子謂子卜子曰商汝知君之爲君也卜子曰魚失水則死水失魚猶爲水也魚譬則君水譬則民也魚失水則死水失魚不失其爲水也君失民則亡民無君不失其爲民也孟子曰得乎丘民而爲天子故愛赤子者不慢其保絕險者不慢其御爲天下者不慢其民不慢其保

則保者盡心不慢其御則御者盡力不慢其民則天下率服

環淵問曰天有四殃水旱饑荒其至無時何以備之慎子曰土多民少非其土也土少人多非其人也是故土多發政以漕四方四方流之土少安帑而外務輸山林非時不升斤斧以成草木之長川澤非時不入網罟以成魚鼈之長不麛不卵以成鳥獸之長凡土地之間者皆可裁之以為民利言土地所宜悉長育之蓋因民之利以利之耳是魚鼈歸其泉

鳥歸其林孤寡辛苦咸賴其生山以遂其材工匠以爲其器百物以平其利商賈以通其貨工不失其務農不失其時是謂和德夏箴曰小人無兼年之食遇天饑妻子非其有也大夫無兼年之食遇天饑臣妾輿馬非其有也古者國家三年必有一年之儲非其有言必流亡也戒之哉

道行於世則貧賤者不怨富貴者不驕愚弱者不懾智勇者不陵定於分也法行於

世則貧賤者不敢慾富貴富貴者不敢陵貧賤愚弱者不敢冀智勇智勇者不敢鄙愚弱此法之不及道也

君子耻不脩不耻見汙耻不信不耻不見信耻不能不耻不見用

仁義禮樂名法刑賞凡此八者五帝三王治世之衛也故仁以道之義以宜之禮以行之樂以和之名以正之法以齊之刑以威之賞以勸之

天地大矣不誠不能化萬物聖人知矣不誠不能化萬民父子親矣不誠則踈君臣尊矣不誠則卑

與天下于人大事也煦煦者以爲惠而堯舜無德色取天下于人大嫌也潔潔者以爲汚而湯武無愧容惟其義也

夫錦繢紛華所服不過溫體三牲大牢所食不過克腹知以身取節者取節者知孟子所謂性也有命焉君子不謂性也則知足矣苟知足則不累其

志矣

禮從俗政從上使從君國有貴賤之禮無賢不肖之禮也貴賤之禮君尊臣卑也無賢不肖之禮者朝廷序爵雖有賢智不能踰位以自尊也故孔子言於魯哀公曰人之所以生禮爲大非禮無以辨君臣之位小人以耳目導心聖人以心導耳目導引也小人以耳目之欲汩其心孟子所謂養其小者爲小人也聖人養其大體則耳目之小體皆不能奪矣夫德精微而不見聰明而不發是故外物不累其內聲色不溺則德極于精微而不露耳目不蔽則

聰明出于自然而不暴聖人之所異於小人也

兩貴不相事兩賤不相使家富則疏族聚家貧則兄弟離不聰不明不能王不瞽不聾不能公海與山爭水海必得之山不能與海爭水者勢也賤之不能與貴爭貧之不能與富爭公之不能與王爭亦勢也知其勢之在人安其分之在我則人各得其所而天下平

小人食於力君子食於道勞力者治於人勞心者治人治於人者食人治人者食於人先王之訓也故常欲耕而食天下之人矣然一身之耕分諸天下不

能人得一升粟其不能飽可知也欲織而衣天下之人矣然一身之織分諸天下不能人得尺布其不能煖可知也故以爲不若誦先王之道而求其說通聖人之言而究其旨上說王公大人次匹夫徒步之士王公大人用吾言國必治匹夫徒步之士用吾言行必脩雖不耕而食饑不織而衣寒功賢於耕而食之織而衣之者也賢猶愈也

許犯問於子愼子曰法安所生何所自起也子

慎子曰法非從天下非從地出發於人間合乎人心而已治水者茨防決塞（茨防即今黄河之埽決塞者塞河之決也）雖在夷狄相似如一學之於水不學之於禹也（法可制而不必有所因猶水可塞而不必學之於禹也）

慎子仕楚爲太子傅楚襄王爲太子時質於齊懷王薨太子辭於齊（閔）王而歸齊王隘之（隘猶阻即許之也）未予我東地五百里乃歸子不予子不得歸太子曰臣有傳請退而問

傅傅慎子曰獻之地所以爲身也愛地不送死父不義臣故曰獻之便太子入致命齊王致命歸誠之言曰敬獻地五百里齊王歸楚太子太子歸即位爲王齊使車五十乘來取東地於楚楚王告慎子曰齊使來東地爲之柰何慎子曰王明日朝群臣皆令獻其計上柱國子良入見王曰寡人之得求反主墳墓復群臣復復見之也歸社稷也以東地五百里許齊今使來求地爲之柰何子

良曰王不可不與也王身出玉聲許強萬乘之齊而不與則不信後不可以約結諸侯請與而復攻之與之信攻之武臣故曰與之子良出昭常入見王曰齊使來求東地五百里爲之柰何昭常曰不可與也萬乘者以地大爲萬乘今去東地五百里是去戰國之半也有萬乘之號而無千乘之用也不可臣故曰勿與常請守之昭常出景鯉入見王曰齊使來求東地五百里爲

之柰何景鯉曰不可與也雖然楚不能獨守王身出玉聲許萬乘之強齊也而不與負不義於天下楚亦不能獨守臣請西索救於秦景鯉出慎子入王以三大夫計告慎子曰子良見寡人曰不可不與而復攻之常見寡人曰不可與也常請守之鯉見寡人曰不可與也雖然楚不能獨守也臣請索救於秦寡人誰用三子之計慎子對曰王皆用之王怫然作色也怫鬱曰何謂也

慎子曰臣請効其說而王且見其誠實也王發上柱國子良車五十乘而北獻地五百里於齊發子良之明日遣昭常爲大司馬令往守東地遣昭常之明日遣景鯉車五十乘西索救於秦王曰善乃遣子良北獻地於齊遣子良之明日立昭常爲太司馬使守東地又遣景鯉西索救於秦子良至齊齊使人以甲受東地昭常應齊使曰我典主東地典猶職主猶守且與死生地存則生失地死之

悉五尺至六十三十餘萬敝甲鈍兵願承下塵（凡人相趨則有塵戰亦有塵不敢與抗故言下）齊王謂子良曰大夫來獻地今常守之如何子良曰臣身受命敝邑之王是常矯也王攻之齊王大興兵攻東地伐昭常未涉疆秦以五十萬臨齊右壤曰夫隘楚太子弗出不仁又欲奪之東地五百里不義其縮甲則可（縮處也盖東之）不然則願待戰齊王恐焉乃請子良南道楚西使秦解齊患士卒不用東地復

全斑彪曰四臣皆國士也襄王無若人豈能及國慎子能兼用之其最優乎方之晋五臣其舅犯歟

慎子仕魯魯使慎子爲將軍伐齊取南陽

孟子與曰不教民而用之謂之殃民殃民者不容於堯舜之世教民者教之禮義使知入事父兄出事長上也用之使之戰也一戰勝齊遂有南陽然且不可孟子言就使慎子善戰有功如此且猶不可

慎子勃然不悅曰此則滑釐所不識也曰吾明告子天子之地方千里不千里不足以待諸侯諸侯之地方

百里不百里不足以守宗廟之典籍待諸侯謂待其朝覲聘問之禮宗廟典籍祭祀會同之常制也周公之封於魯爲方百里也地非不足而儉於百里太公之封於齊也亦爲方百里也地非不足也而儉於百里二公有大勳勞於天下而其封國不過百里儉止而不過之意也今魯方百里者五子以爲有王者作則魯在所損乎在所益乎魯地之大皆并吞小國而得之有王者作則必在所損矣徒取諸彼以與此然且仁者不爲況於殺人以求之乎徒空也言不殺人而取之也

君子之事君也務引其君以當道志於仁而已當道謂事合於理志仁謂心在於仁

鄒忌以鼓琴見齊王齊王善之鄒忌子曰夫琴所以象政也遂爲王言霸王之事宣王大悅舍之右室與語三日拜以爲相稷下先生皆輕忌以謂設以辭不能及淳于髡慎到田駢接予環淵相與往見鄒忌子淳于髡慎到之屬禮倨鄒忌之禮卑謂鄒忌子曰善說哉竊有愚志願陳諸前騶忌

子曰謹受教淳于髡曰得全全昌失全全

亡得全謂人臣事君之禮全具無失全昌者謂若無失則身名獲昌騶忌

子曰謹受令請謹毋離前謂佩服此言常無離君田

駢曰豨膏棘軸所以爲滑也然而不能運

方穿豨膏猪脂也棘軸以棘木爲車輪至滑而堅也然而穿孔若方則不能運

轉言逆理反經也故下忌曰請謹事左右言每事須順從也騶忌子曰

謹受令請謹事左右環淵曰弓膠昔乾所

以爲合也然而不能傳合踈鏄昔久舊也幹弓幹也

作弓之法以膠被昔乾而納諸檠中是猶以勢令之合也膠乾可以勢暫合而久亦

不能常傳合於蹤跡隙縫以言人臣自宜彌縫得所豈待拘以禮制法式者故下云請自附於萬人也騶忌子曰謹受令請謹自附於萬民接弓曰狐裘雖弊不可補以犬羊之皮騶忌子曰謹受令請謹擇君子毋雜小人其間慎到曰大車不較不能載其常任琴瑟不較不能成其五音較者較量也言有常制若車不較則車不能載常任琴瑟不較則琴不能成五音騶忌子曰謹受令請謹修法律而督姦吏淳于髠等說畢趨出至門而面其友曰是人者吾輩語之

微言五其應我若響之應聲是人必封不久矣居期年封以邳號曰成侯

鄭同北見趙王慎子侍趙王曰子南方之傳士也何以教之鄭同曰臣南方草鄙之人也何足問雖然王致之於前安敢不對乎臣少之時親嘗教以兵趙王曰寡人不好兵鄭同因撫手仰天而笑之曰兵固天下之狙喜也（此狙詐者之所喜）臣故意大王不好也臣亦嘗以兵說魏昭王昭王亦曰寡人

不喜臣曰王之行能如許由乎許由無天下之累故不受也今王既受先王之傳欲宗廟之安壤地不削社稷之血食乎王曰然今有人操隋侯之珠持百丘之環萬金之財時宿於野內無孟賁之威荆慶之斷外無弓弩之禦不出宿夕人必危之矣（危害也）今有強貪之國臨王之境索王之地告以理則不可說以義則不聽王非戰禦守備之具其何以當之王若無兵鄰國得志

矣趙王顧謂慎子曰寡人之慮不及此也

請謹奉教

内篇直音

明吴人愼懋賞考訂

聃音貪又音南 邯音含 鄲音單 髡音坤 濳音敏 鏞音庸 詘音屈

信讀作伸 畸音計 汰音太 謑音係耻辱也 髁音課髀骨也 椎

音槌 輐音遠 鈃音堅 析音析 奭音失 倞音諒 滑音猾 瀏音劉深也

刈音義 虵音蛇毒蟲 螾音引 螘音倚蟻也 窔音窖 閎音宏 罝音嗟

兎網也 虙音伏 蹻音脚 葆音保 旃音氈 埽音掃 佚音逸 怫音郣

狶音喜 鏬音孔又音夏 邳音皮 颺音陽 帑音奴金帛所藏之府 麛

音迷鹿子 績音蹟緝績

大明萬曆柒年己卯春正月丙寅刻成于
武康縣颺文塢慎氏耕芝舘中

慎子外篇

戰國趙人慎到撰

明吳人慎懋賞解

古之全大體者望天地觀江海因山谷日月所照四時所行雲布風動不以智累心不以私累己寄治亂於法術託是非於賞罰屬輕重於權衡不逆天理不傷情性不吹毛而求小疵不洗垢而察難知不引繩之外不推繩之内不急法之外不緩法之

之內守成理因自然禍福生乎道法而不出乎愛惡榮辱之責在乎已而不在乎人故至安之世法如朝露純樸不散心無結怨（結留也）口無煩言（煩多也）故車馬不疲弊於遠路旌旗不亂於大澤萬民不失命於寇戎（天下清寧少事故車旗無所用民命無所殘也）豪傑不著名於圖書不録功於盤盂（所謂英雄無用武之地）記年之牒空虛（無事可載也）故曰利莫長於簡福莫久於安

行高者人妬之權重者主疑之祿厚者人怨之夫行益高者意益下權益重者心益小祿益厚者施益溥修此三者人不怨故

老子曰貴以賤爲本高以下爲基

抑高而舉下損有餘而補不足天之道也江海處地之不足故天下之水歸之聖人謙卑清靜者見下也虛心無有者見不足也見下故能致其高見不足故能成其賢矜者不立奢者不長強梁者死滿足者亡

飄風暴雨不終日山谷不能湏臾盈

奢者富不足儉者貧有餘奢者心常貧儉者心常富奢者好動儉者好靜奢者好難儉者好易奢者好繁儉者好簡奢者好驕淫儉者好恬澹

夫耕之用力也勞而民爲之者何得以富戰之爲事也危而民爲之者何得以貴今修文學習法令則無耕之勞而有富之實無戰之危而有貴之尊則人孰不爲也

古之民未知爲宮室時就陵阜而居穴而處下潤濕傷民故聖王作爲宮室爲宮室之法曰高足以辟潤濕邊足以圉風寒（邊四傍也）上足以待雪霜雨露宮墻之高足以別男女之禮謹此則止費財勞力不加利者不爲也是故聖王作爲宮室便於生不以爲觀樂也作爲衣服帶履便於身不以爲辟怪也故節於身誨於民是以天下之民可得而治財用可得而足當今之主其

（圉隔障也）

爲宮室則與此異矣必厚作斂於百姓暴奪民衣食之財以爲宮室臺榭曲直之望青黃刻鏤之飾爲宮室若此故左右皆法象之是以其財不足以待凶饑賑孤寡故國貧而民難治也君實欲天下之治而惡其亂也當爲宮室不可不節古之民未知爲衣服時衣皮帶茭（茭草也）冬則不輕而溫夏則不輕而清聖王以爲不中人之情故作誨（作誨著爲教令也）爲衣服之法冬服紺緅之

衣輕且煖夏服絺綌之衣輕且凊謹此則止故聖人爲衣服適身體和肌膚而足矣非榮耳目而觀愚民也當是之時堅車良馬不知貴也刻鏤文采不知喜也故民衣食之財家足以待旱水凶饑者何也得其所以自養之情而不感於外也是以其民儉而易治其君用財節而易贍也府庫實滿足以待不然（待不然者防未然也）兵革不頓士民不勞足以征不服故霸王之業可行於天

下矣當今之王其爲衣服則與此異矣冬則輕煗夏則輕清皆已具矣（衣服之適體如此而猶以爲未足也）必厚作歛於百姓暴奪民衣食之財以爲錦繡文釆靡曼衣之鑄金以爲鉤珠玉以爲佩女工作文釆男工作刻鏤以身服此非云輕煗輕清也單財勞力畢歸之於無用以此觀之其爲衣服非爲身體皆爲觀好是以其民淫僻而難治其君奢侈而難諫也夫以奢侈之君御好淫僻之民

欲用無亂不可得也君實欲天下之治而惡其亂當爲衣服不可不節古之民未知爲飲食時素食而分處故聖人作誨男耕稼樹藝以爲民食其爲食也足以增氣充虛強體適腹而已矣故其用財節其自養儉民富國治今則不然厚作斂於百姓以爲美食芻豢蒸炙魚鼈大國累百器小國累十器前方丈目不能徧視手不能徧操口不能徧味冬則凍氷夏則餲饐餲味変也饐飯

傷熱濕也人君爲飲食如此故左右象之是以
富貴者奢侈孤寡者凍餒欲無亂不可得
也君實欲天下治而惡其亂當爲飲食不
可不節古之民未知爲舟車時重任不移
遠道不至故聖王作爲舟車以便民之事
其爲舟車也全固輕利可以任重致遠其
爲用財少而爲利多是以民樂而利之故
法令不急而行民不勞而止足用故民歸
之當今之王其爲舟車與此異矣全固輕

利皆已具（舟車之堅利若此而猶以爲未足也）必厚作歛於百姓以餙舟車餙車以文采餙舟以刻鏤女子廢其紡織而脩文采故民寒男子離其耕稼而脩刻鏤故民饑人君爲舟車若此故左右象之是以其民饑寒並至故爲姦衺多則刑罰深刑罰深則國亂君實欲天下之治而惡其亂當爲舟車不可不節凡回於天地之間包於四海之內天壤之情陰陽之和莫不有也雖至聖不能更也

何以知其然聖人有傳天地也則曰上下四時也則曰陰陽人情也則曰男女禽獸也則曰牡牝雄雌也真天壤之情雖有先王不能更也雖上世至聖必蓄私不以傷行蓄女有節不至于淫縱而敗紀也故民無怨宮無拘女故天下無寡夫內無拘女外無寡夫故天下之民衆當今之君其蓄私也大國拘女累千小國累百是以天下之男多寡無妻女多拘無夫男子失時故民少君實欲民

此四句採意林第十條

之衆而惡其寡當蓄私不可不節凡此五者聖人之所儉節也小人之所以淫佚也儉節則昌淫佚則亡此五者不可不節夫婦節而天地和風雨節而五穀熟衣服節而肌膚和

鳥窮則啄獸窮則攫人窮則詐上好智而無道則天下大亂

匠人成棺不憎人死利之所在忘其醜也

醜類也溺于其利則無惡傷其類之心故術不可不慎也

君子之所以尊者令令不行是無君也故

明君慎令

好賢之心誠則讒談利辭無所間人必先疑也而後讒入之猶諸築室之趾固則飄風淩雨不能傾也植木之根深則繁霜苦雪不能摧也

環淵問曰士之或窮或達何歟窮達以道言子

慎子曰士窮於窮亦通於窮達於達亦病于達故窮之者所以達之也而達之者所以窮之也窮而修其行者通之機也達而喪其守者病之原也孟子曰士

窮不失義故士得已焉達不離道故民不失望焉

足之行也升高難就卑易水之流也難於上易於下人之情亦猶是也循天理則日進於高明猶之升高也循人欲則日流於汚下猶之就卑也天理難行人欲易溺學者勉之

鷹善擊也然日擊之則疲而無全翼矣驥善馳也然日馳之則蹶而無全蹄矣孟子曰人有不爲也而後可以有爲

能辭萬鍾之禄於朝陛不能不拾一金於無人之地能謹百節之禮於廟宇不能不

弛一容於獨居之餘蓋人情每狎于所私故也小人之情常致謹於人所共見之地而放失於隱微幽暗之中是以君子必慎其獨也

不肖者不自謂不肖也而不肖見於行雖自謂賢人猶謂之不肖也愚者不自謂愚而愚見於言雖自謂智人猶謂之愚

聖人在上賢士百里而有一人則猶無有也此屋可封故賢者無以自見也王道衰微暴亂在上賢士千里而有一人則猶比肩也士不修行故賢者得

以自見也

堯讓天下於許由許由曰洪水滔天下民昏墊由不能櫛奔風沐驟雨愁其五臟以爲天下役不受而遯去往見巢父父曰子若處高岍深谷人道不通誰能見子子故浮遊欲聞求其名譽非吾友也又以讓子州支父子州支父曰以我爲天子猶之可也雖然我適有幽憂之病方且治之未暇治天下也舜以天下讓善卷卷曰昔唐氏

之有天下不教而民從之不賞而民勸之天下均平百姓安靜不知怨不知喜今子盛爲衣裳之服以眩民目繁調五音之聲以亂民耳丕作皇韶之樂以愚民心天下之亂從此始矣吾雖爲之其何益乎予立宇宙之中冬衣皮毛夏衣絺葛春耕種形足以勞動秋收斂身足以休食日出而作日入而息逍遥於天地之間而心意自得吾何以天下爲哉悲夫子之不知予也禹

讓天下於奇子奇子曰君言佐舜勞矣鑿龍門斬荆山導熊耳通鳥鼠首無髮股無毛故舜也以勞報子我生而逸不能爲君之勞也於是負妻攜子以入於海終身不返也夫天下重物也而不以害其生又况於他物乎老氏曰輕天下即神無累細萬物即心不惑惟不以天下害其生者也可以託天下子思曰能有天下者必無以天下爲者也能有名譽者必無以名譽爲者也世之人主以貴富驕得道之人其不相知豈不悲哉故

曰道之真以持身其緒餘以爲國家其土苴以治天下由此觀之帝王之功聖人之餘事也非所以完身養生之道也數子皆有安世之才特愛身之念重故不屑爲也今有人於此以隋侯之珠彈千仞之雀世必笑之是何也所用重所要輕也夫生豈特隋侯珠之重也哉故曰全生爲上虧生次之死次之迫生爲下迫生勉強而生也

孟子與說齊宣王而不說謂慎子曰今日

說公之君公之君不說意者其未知善之爲善乎愼子曰昔者瓠巴鼓瑟而潛魚出聽伯牙鼓琴而六馬仰秣魚馬猶知善之爲善而況君人者也孟子輿曰夫電雷之起也破竹折木震驚天下而不能使聾者卒有聞日月之明徧照天下而不能使盲者卒有見今公之君若此也愼子曰夫聲無細而不聞行無隱而不形夫子苟賢居魯而魯國之削何也孟子輿曰不用賢削

何有也吞舟之魚不居潛澤度量之士不居汙世夫蓺冬至必彫吾亦時矣詩曰不自我先不自我後非遭彫世者歟

天地既判而生兩儀輕清浮而爲天重濁凝而爲地天形如彈丸半覆地上半隱地下其勢斜倚故天行建地北高故極出地三十六度南下故極入地三十六度周天三百六十五度四分度之一（每度二千九百三十二里）（周圍一百七萬九百一十三里徑三十五萬六千九百七十一里）晝則自

左而向右夜則自右而復左天繞地一晝夜周一匝而過一度天依形故運行太虛冲漠之際而無停地附氣故束於勁風旋轉之中而不墜天者積氣有形無質地則以質附氣故天地相依附耳氣積於陽而其精外明者謂之日氣積於陰而其魄含景者謂之月體生於地精浮於天者謂之星星有數萬有名者一千五百二十巫咸云有名者凡一千四百六十四星以爲定紀今見其昭昭者云經星則麗天而左行日月則違天而右繞譬蟻行磨上磨左旋而蟻右

行磨疾而蟻遲故不得不隨磨而左旋焉日經千里
王畿千里取像於日蓋立表遠寸則爲地一千里以此法定之
晝夜所經謂之一度仲夏躔東井而去極近則晝長而夜短仲冬躔南斗而去極遠則晝短而夜長春秋二分日臨於卯酉星昴宿則跨赤道晝夜平分而中停月如銀九受日之光
月向日處一半常光既望之夕與日纏度相對半邊之光全向於地半邊之暗全向於天至晦朔則與日同經半邊之光向於天暗向於地矣
月魄承日故明爲所蔽而日食
晦朔之際日月同度

乃相凌掩或有深淺則爲分數日有暗虛故陰爲所射而月食月食必在望蓋月與日正相向有暗虛故不受其光陰盛亢陽也雖陽終勝陰然陰若承順則不至相薮而食也日之行也舒晝夜行一度月之行也疾晝夜行十三度日月所會是謂食日月同度謂之合朔一歲凡十二次如二月在降婁八月在壽星之類方會則月光盡掩而爲晦巳會則月魄復甦而爲朔矣日盈而月縮則後中而朔月盈而日縮則先中而朔古曆以九百四十一分爲一日月不及日二十九日半弦蓋半日之外又增三十九分合爲四百九十九分姑以正月二十九日半弦言之正當三十日午正則巳過其

日中分故後中而朔而月朔大又以正月
所餘四百四十一分積至二月三十日子
正後當半弦則其中分的遠故先中而
朔而月朔小或小大併見兩月皆可推舒
前速後近一遠三謂之弦春分月弦東井
日在奎秋分月
弦南斗日在角月在前日在後以
周天爲四分蓋近一分遠三分爾相與爲
衡分天之中謂之望以速及舒光盡體伏
謂之晦月行二十七日而周天
復行二日而與日會日之周天
以歲計月以朔計熒惑火星一年一周天
應紀木星二十八年一
周天惟太白金星水辰星常附於日速
而先日暮見西方遲而後日晨見東方二
十八宿日之所經爲黃道自角至箕爲東
陸乃春之日道

自斗至壁爲北陸乃冬之日道自奎至參爲西陸乃秋之日道自井至軫爲南陸乃夏之日道此東西南北爲四正即天之子午卯酉也橫絡天腹中分二極者爲赤道曆法天有黃赤二道月有九道此皆强名而已非實有也亦由天之有三百六十五度天何嘗有度以日行三百六十五日而一朞强謂之度以步日月五星行次而已日之所由謂之黃道南北極之中度最均處謂之赤道月行黃道之南謂之朱道行黃道之北謂之黑道黃道之東謂之青道黃道之西謂之白道黃道内外各四并黃道爲九日月之之行有遲有速難可以一術御也故因其合散分爲數類以五色名之欲以別筭位而已如筭法用赤籌黑籌以別正負之數曆家不知其意遂以爲實有九道甚可怪也日行三百六十度

而成歲餘度之未周者爲五月行二十九日半而及於日其不足者六日月行遇木火土金四星向之則速背之則遲五星行四方列宿各有所好惡所居遇其好者則畱多行遲見早遇其惡者則畱少行速見遲與常數並差少至五度多至三十度北齊向子信侯天文凡月前有星則行速星多則尤速月行自有遲速定數然遇行疾者其前必有星亦陰陽相感自相契耳若以不足乘其有餘歲得十二日積而成月則置閏三歲一閏五歲再閏十有九年而爲閏七是謂一章則餘分盡矣晝夜百刻而辰周十二故以八刻

二十八分爲一時積六分而晝夜五日爲候三候爲氣六氣爲時二十四氣本一氣也以一歲言之則一氣耳以四時言之則一氣分爲四氣以十二月言之則一氣分爲六氣故六陰六陽爲十二氣二十四氣之中每一氣則有三應故又分而爲三候是爲七十二候原其本始實一氣耳四時爲年而天地備矣天地相去八萬四千里冲和之氣在其中四萬二千里巳上爲陽位四萬二千里巳下爲陰位冬至之候陽發于地一氣上升七千里至六氣則上升四萬二千里而陽至陽位

故其氣温爲春分之節也六氣而陽極陽
位故氣熱而爲夏至之節也夏至之候陰
出於天一氣下降七千里至六氣則下降
四萬二千里而陰至陰位故其氣凉爲秋
分之節也六氣而陰極陰位故其氣寒而
爲冬至之節也天地之所以能長能久者
以其陽中有陰下降極而生陽陰中有陽
上升極而生陰二者交通合爲太和相因
而爲氤相昷而爲氳以此施生化之功此

變化之所以兆也

氣之揫斂而有質者爲陰舒散而有氣者爲陽陰氣凝聚陽在内者不得出則激搏而爲雷陽在外者不得入則周旋六合而爲風風行太虛旋轉不已吹散陰氣則止陽與陰夾持則磨軋有光而爲電陰與陽相應故電繞放雷已震光急而雷聲俱急光緩而雷聲俱緩陽氣正升爲陰氣所乘則相持而爲雨陰與陽得助其蜚騰則飄颺而爲雲和氣散則爲露霜雪不和而散則爲戾氣

霾曀雨過寒而凝爲霰霰得風而裂則六出陰數也陰干於陽而氣薄不能以揜日則虹見虹者日與雨交欻然成質乃陰陽之氣不當交而交者隨日而映故朝西而暮東現陽伏於陰而氣結不能以自收則雹降盛夏煑水百沸窖實于缶急投重泉則氷結亦此類也月星布氣陰感之則肅而爲霜陽感之則液而爲露上寒而下溫則霜不殺物上溫而下寒則雨而不氷隆寒而水泉有氣者盂以陰遇陽也風不宜溫而溫則雨凝而爲雪陰縱而陽翕之也雷不當出而出則雪霰交

孳陽褻而陰乘之也冬天南風則必雪雷冬出亦必雪初春亦然將雨則氣溢而礎潤旣雨則氣散而土晞陰附於陽故能闢而受以爲水坎中滿故能受水陽附於陰故能直而施以爲火離中虛故能施明天一陽數也而水生焉故凝於天一無非水也地二陰數也而火生焉故應於地二無非火也蒸而在天爲雲雨湛而在地爲淵泉求於石則擊之而光發求於木則鑽之而烟飛天地初分惟水與火土之所

附其氣融結則峙而爲山天氣初開水之渣滓始雖融軟後漸堅實今登高而望群山有類波濤起伏者乃其勢自然爾水之所赴其勢蓄洩則流而爲川山氣暮合而爲風水氣朝降而爲霧地勢峻極起自西北故崐崘乘地之高而東驅崐崘墟在西北去嵩高五萬里地之中也其高萬一千里河水出其東北陬實天下山川之祖也嵩山據地之中而南騖山脉從雲中發來自秦以西水入於龍門以東水入於海黃河帶其前華嶽峙其西泰山竦其左淮南諸山倚之江南諸山又倚之兩山並驅其中必有水山爲體水爲用山行水隨猶血不離骨也兩

水夾行其中必有山故氣虛而散如沃焦釜天地如洪爐何物不銷爍既散之氣豈復在天地間蓋造化自然而生氣非屈者復能伸也猶之水沃釜中則水自銷爍也往者既消水折必東而海復溢來者復息雲蒸雨降而谷盈水流東極其應於月者為潮蓋日為陽精陰之所依月為陰靈潮之所附朔望之際陰依於陽月近於日故月行疾而潮應大朔望之行謂下上弦非近朔望月遠於日故月行遲而潮應小春為陽中陰生於午而晝潮大而感陽也秋為陰中陽

生於子而夜潮大而陰應也一晝一夜而再至亦猶歲之春秋而月之朔望云耳此地之至數也地在天中水環地外四游升降不越三萬里春游過東萬五千里其上升如其數秋游過西萬五千里其下降如其數夏游過南故日在其北冬游過北故日在其南人處坤載如水負舟視星漢回移或升或降莫之覺也

老子曰民不畏死如何以死懼之凡民之

不畏死由刑罰過刑罰過則民不賴其生生無所賴視君之威末如也（末如輕玩之也）刑罰中則民畏死畏死由生之可樂也知生之可樂故可以死懼之此人君之所宜執臣下之所宜慎

藺相如既困秦王歸而有矜色謂慎子曰人謂秦王如虎不可觸也僕已摩其頂拍其肩矣（藐視之慴伏之也）慎子曰善哉先生天下之獨步也（無與匹也）然到聞之赤城之山有石

梁五仞焉徑尺而龜背下臨不測之谷縣泉沃之苔蘚被焉無藤蘿以爲援也野人負薪而越之不留趾而達觀者嘖嘖稱美之也或謂之曰是梁也人不能越而若能也盍還而復之野人立而睨焉足搖搖而不舉目旋旋而莫之能矚先生之說秦王也是未覩夫石梁之險者也故過巴峽而不慄未嘗驚于水也視猩犴而不惴未嘗中於法也使先生還而復之則無餘以教劉矣

子慎子曰毛嬙西施天下之至姣也莊周曰毛嬙西施魚見之深潛鳥見之高飛衣以皮褐倶則見者走

易以玄楊則行者皆止

或問孔子之道何所止也慎子曰春以煦之夏以長之秋以成之冬以藏之又何所止哉

環淵問養性子慎子曰天有盈虛人有屯危不自慎不能濟也故養性必先知自慎也慎以畏為本士無畏則簡仁義農無畏

則惰稼穡工無畏則慢規矩商無畏則貨
不殖子無畏則忘孝父無畏則廢慈臣無
畏則勳不立君無畏則亂不治是以太上
畏道其次畏天其次畏物其次畏人其次
畏身憂於身者不拘於人慎於小者不懼
於大戒於近者不悔於遠

智之極者知智果不足以周物故愚辨之
極者知辨果不足以諭物故訥勇之極者
知勇果不足以勝物故怯是以老子曰曲

則全曲巳從衆不自專則全其身也枉則直枉屈巳而伸人久自得直也窪則盈地窪下水流之人能下德歸之也弊則新自受弊薄後巳先人天下敬之久自新也少則得自受取少則得多也多則惑財多者惑於所守學多者惑於所聞聖人抱一爲天下式抱守法式也聖人守一乃知萬事故能爲天下法式也

海不辭水故能成其大山不辭土石故能成其高聖人不讓負薪之言故能廣其智

昔者黄帝立明堂之議上觀於賢也堯有衢室之問下聽於民也舜有告善之旌而

主不蔽也禹立諫鼓於朝而備訊也湯有總街之廷觀民非也武王有靈臺之宮賢者進也此聖帝明王所以有而勿失得而勿止也若夫高居而遠望深視而簡聽譬之天高而不可極川深而不可測則臣下閉口左右結舌大賊乃發

慎子曰夫道所以使賢無奈不肖何也所以使智無奈愚何也若此則謂之道勝矣道勝則名不彰

萬物所異者生也所同者死也生則有賢愚貴賤所以異也死則有臭腐消滅是所同也故生則堯舜死則腐骨生則桀紂死則腐骨一矣孰知其異哉盜跖曰人上壽百歲中壽八十下壽六十除病瘦死喪憂患其中開口而笑者一月之中不過四五日而已天與地無窮人死者有時操有時之具而託於無窮之間忽然無異騏驥之馳過隙也不能悅其志意養其壽命者非

通道者也

法者所以齊天下之動至公大定之制也故智者不得越法而肆謀辨者不得越法而肆議士不得背法而有名臣不得背法而有功我喜可抑我忿可窒我法不可離也骨肉可刑親戚可滅至法不可闕也

善爲國者移謀身之心而謀國移富國之術而富民移保子孫之志而保治移求爵禄之意而求義則不勞而化理成矣

許祀曰敢問昔聖帝明王巡狩之禮可得
聞乎子愼子曰古者天子將巡守必先告
於祖禰命史告群廟及社稷圻内名山大
川告者七日而徧親告用牲史告用幣申
命冢宰而後道而出以遷廟之主行載於
齊車每舍奠焉及所經五嶽四瀆皆有牲
幣歲二月東巡守至于岱宗柴于上帝望
秩于山川所過諸侯各待於境天子先問
高年者所在而親問之然後覲方岳之諸

侯有功德者（土地墾闢 養老尊賢）則發爵賜服以順
陽義無功者（遺老失賢 土荒民淫）則削黜貶退以順
陰義命史采民詩謠以觀其風命市納賈
察民之所好惡以知其志命典禮正制度
均量衡考衣服之等協時月日辰遂南巡
五月至於南嶽又西巡八月至於西嶽又
北巡十有一月至于北嶽其禮皆如岱宗
歸反舍於外次三日齋親告于祖禰用特
命有司告群廟社稷及圻內名山大川而

後入聽朝此古者明王巡守之禮也
雀性好淫名飲器爲爵所以爲飲戒也鳩
食多噎刻老人杖爲鳩所以爲食戒也鶡
行不良借其字爲舄履之舄所以爲行戒
也鷩性耿介畫其形於衣所以爲節訓也
餙咼以饕餮貪之戒也餙簠簋以龜庶之
勸也
墨翟曰衛小國也處於齊晉之間猶貧家
之處於富家之間也貧家而學富家之衣

食多用則速亡必矣今簡子之家飾車數百乘馬食菽粟者數百匹婦人衣文繡者數百人吾取飾車食馬之費與繡衣之財以畜士必千人有餘若有患難則使百人處於前數百處於後與婦人數百處前後孰安吾以爲不若畜士之安也

樂所由來者尚也必不可廢有節有侈有正有滛賢者以昌不肖者以亡昔古朱襄氏（炎帝之別號）之治天下也多風而陽氣畜積

萬物散解果實不成故士達作爲五絃瑟以來陰氣以定群生陶唐氏之始陰多滯伏而湛積水道壅塞不行其原民氣鬱閼而滯著筋骨瑟縮不達故作爲舞以宣導之黃帝令伶倫作爲律伶倫自大夏之西乃之阮隃之陰取竹於嶰谿之谷以生空竅厚鈞者斷兩節間其長三寸九分而吹之以爲黃鍾之宮黃鍾之律九寸而宮音和因而九之九九八十一故黃鍾之數立焉黃者土德之色鍾者氣之所種也日冬至德氣爲土土色黃故

曰黃鍾制十二筒聽鳳皇之鳴以別十二律其雄鳴爲六雌鳴亦六以比黃鍾之宮適合黃鍾之宮六律六呂皆可以生之故曰黃鍾之宮律呂之本

田繫問曰仲尼曰志士仁人無求生以害仁有殺身以成仁何也子慎子曰始吾未生之時焉知生之爲樂也今吾未死又焉知死之不樂也故生不足以使之利何足以動之死不足以禁之害何足以恐之明

於死生之分達於利害之變是以目觀玉輅琬象之狀耳聽白雪清角之聲不能以亂其神玉輅王者所乘有琬琰象牙之飾白雪師曠所奏之琴神物爲下降者清角商聲也登千仞之谿臨蝯眩之岸不足以滑其和蝯眩猿臨其岸而目眩滑亂和適也夫如是身可以殺生可以無仁可以成

墨翟曰和氏之璧隋侯之珠三棘六異此諸侯之所謂良寶也可以富國家衆人民治刑政安社稷乎曰不可所爲貴良寶者

爲其可以利也而和氏之璧隋侯之珠三
棘六異不可以利人是非天下之良寶也
今用義爲政於國家人民必衆刑政必治
社稷必安所爲貴良寶者可以利民也而
義可以利人故曰義天下之良寶也
心者五臟之主也制使四肢流行血氣馳
騁是非之境出入百事之門
受人者常畏人與人者常驕人
拯饑者與之徑寸之珠孰若一簞之食拯

溺者與之方尺之玉孰若一葉之麴貴賤無常時使之然也

匠人知爲門能以門所以不知門也（不知門之要也）故必杜然後能門（門之要在于外）

富貴而禮人人無有不敬富貴而愛人人無有不親

鷙鳥之擊也卑飛歛翼猛獸之搏也弭耳俯伏

古者五行之官水官得職則能辨其性味

潛而復出合而更分皆可辨之故師曠易牙品天下之水性味不同蓋古水官之遺法不獨爲口腹也

辨水之法圓折有珠方折有玉清水有黃金龍淵有玉英汾水濛濁而宜麻濟水通和而宜麥河水中濁而宜菽雒水輕利而宜禾渭水多力而宜黍漢水重安而宜竹江水肥仁而宜稻平土宜五穀也

鳥飛於空魚游於淵非術也故爲鳥爲魚者亦不自知其能飛能游苟知之立心以爲之則必墮必溺猶人之足馳手提耳聽目視當其馳提聽視之際應機自至又不

待思而施之也苟湏思之而後可施之則疲矣是以任自然者乆得其常者濟

商容有疾老子曰先生無遺教以告弟子乎容曰将語子過故郷而下車知之乎老子曰非謂不忘故耶容曰過喬木而趨知之乎老子曰非謂其敬老耶容張口曰吾舌存乎老子曰存吾齒存乎曰亡知之乎老子曰非謂其剛亡而弱存乎容曰嘻天下事盡矣

公父文伯之母季康子之從祖叔母也康子往焉䦱門與之言（䦱闢也門寢門也）皆不踰閾仲尼聞之以爲別於男女之禮矣

公父文伯退朝朝其母其母方績文伯曰以歜之家而主猶績胡不自安其母歎曰使僮子備官魯其亡乎昔聖王之處民也擇瘠土而處之勞其民而用之故長王天下夫民勞則思思則善心生逸則淫淫則忘善忘善則惡心生沃土之民不材淫也

瘠土之民莫不嚮義勞也君子勞心小人勞力先王之訓也自上以下誰敢淫心舍力今我寡也爾又在下位朝夕處事猶恐忘先人之業況有怠惰其何以避辟吾冀而朝夕修我曰必無廢先人爾今曰胡不自安以是承君之官余懼穆伯之絕嗣也仲尼聞之曰弟子志之季氏之婦不淫矣

公輸子削竹木以爲鵲成而飛之三日不下公輸子自以爲至巧墨翟言於公輸子

曰子之爲䧿也不如翟之爲車轄須臾劉
三寸之木而任五十石之重故所爲巧利
於人謂之巧不利於人謂之拙
翟王使使至於楚楚王誇使者以章華之
臺高廣美麗無匹也楚王曰翟國亦有此
臺乎對曰翟王茅茨不剪綵椽不刻猶以
爲作之者勞居之者佚楚王大怍
文王在鎬召太子發曰我身老矣吾語汝
我所保與我所守傳之子孫吾厚德而廣

惠不爲驕侈不爲泰靡童牛不服童馬不
馳土不失其宜萬物不失其性天下不失
時以成萬材萬材已成牧以爲人天下利
之而勿德是謂大仁
榮啓期者鹿裘帶索鼓琴而歌孔子遊于
泰山見而問之曰先生何樂也對曰吾樂
甚多天生萬物唯人爲貴吾得爲人矣是
一樂也男女之別男尊女卑故以男爲貴
吾既爲男矣是二樂也人生有不見日月

不免襤褸者吾既已行年九十矣是三樂也貧者士之常也死者民之終也居常以待終何不樂也

舜一徙成邑再徙成都三徙成國堯聞其賢徵之草茅之中與之語禮樂而不逆與之語政至簡而易行與之語道廣大而不窮於是率群臣刻璧爲書東沉洛水言天命傳舜之意

湯放桀而歸於亳三千諸侯大會湯取天

子之璽置之於天子之座左復而再拜從諸侯之位湯曰此天子之位有道者可以處之矣天下非一家之有也有道者之有也故天下者唯有道者理之唯有道者宜處之湯以此三讓三千諸侯莫敢即位然後湯即天子之位

周成王問鬻子曰寡人聞聖人在上位使民富且壽若夫富則可爲也若夫壽則在天乎鬻子對曰夫聖王在上位天下無軍

兵之事故諸侯不私相攻而民不私相鬬也則民得盡一生矣聖王在上則君積於德化而民積於用力故婦人爲其所衣丈夫爲其所食則民無凍餓民得二生矣聖人在上則君積於仁吏積於愛民積於順則刑罰廢而無夭遏之誅民則得三生矣聖王在上則使人有時而用之有節則民無癘疾民得四生矣

齊桓公謂管仲曰吾欲伐大國之不服者

柰何管仲對曰先愛四封之内肰後可以
惡境外之不善者先定卿大夫之家然後
可以危鄰之敵國是故先王必有置也肰
後有廢也必有利也然後有害也
仲尼曰凡人心險於山川難於知天故君
子遠使之而觀其忠近使之而觀其敬煩
使之而觀其能卒肰問焉而觀其知急與
之期而觀其信委之以財而觀其仁告之
以危而觀其節醉之以酒而觀其則雜之

以處而觀其色九徵至賢不肖人得矣

傳補 傳中不能盡録者補載之

明吳人慎懋賞編輯

慎清 周敬王時人劉向新序作濆 見孔子家語荀子劉向新序

慎到 周赧王十七年癸亥仕楚三十年仕魯 見孟子戰國策史記列傳經籍考文獻通考山東通志

慎温其 有詞學初事吳越都統軍錢仁俊會程昭悅諸闞璠杜昭達欲奉仁俊爲亂收温其使證之考掠備至堅守不屈吳越王弘佐嘉之擢爲國官誅昭悅釋仁俊有耕譜行於世仕終元帥府判官子慎知禮 見大明一統志

衢州府志

愼知禮年十八獻書吳越王錢俶補掌書記從俶歸宋太祖開寶七年以節度守鄉郡累官鴻臚卿知興元府時母年八十餘懇求歸養退處十年縉紳稱其孝知禮自幼至白首歲讀五經一周每開卷必正襟危坐未嘗少懈子愼從吉 見大明一統志衢州府志

愼從吉宋真宗朝爲右庶子歷官太子詹事遷給事中權知開封府臨事敏速勤心公家天禧中以光祿卿致仕從吉喜爲詩有警語子孫登仕者甚衆第進士升朝者數十人 見大明一統志衢州府志

愼鏞宋仁宗景祐元年由禮部郎中秘閣校理出知湖州府本年六月視事首

恤窮民擊豪强不法者數十人民愛且憚之奉詔與胡瑗較定鍾律瑗深器之時蛟蜃化爲白衣女子蠱惑居民鏞夜出親往踪跡見其出没一故井中遂築土塞井民患廼息三年聞范仲淹歐陽修之賢上書救之罷職將歸愛吳興山川風俗欣然卜居投老焉見湖州舊志宋史循吏傳

慎鉞宋仁宗康定初知建昌軍治尚大體明而不苛威惠並行民咸戴之時呂夷簡執政所用多私人移書切責夷簡夷簡大怒屢加貶黜見大明一統志宋史

慎伯筠字東美長於詩貢至京師就試禮部見棘闈嚴甚曰此非所以待天下士也拂衣歸嘗待潮錢塘江沙對月獨飲吟嘯自若翰林學士顏臨遇之就伯筠

尊對酌酒盡各散去伯筠不問子敦亦不與語其傲逸類如此宋仁宗嘉祐間年三十八名益盛樞密使韓琦薦之同林和靖俱至京師一日遇髽紒道人傾蓋如舊談論累日人莫能解自是不飲食亦不作詩有詩集王逢原贈以詩曰世網挂士如蛛絲大不及取小綴之宜乎倜儻不低欵醉脚倒踏青雲歸前日才能始誰播一口驚張萬誇和雷公峭句不姿媚天骨老硬無皮膚人傳書染菉莫對當破卵驚出鸞鳳翔間或老筆不肯屈鐵鎖急縛蛟龍僵少年倚氣狂不羈虎旁挿翼向日飛欲將獨立跨萬世笑請李白為顛兒四天無壁才可家醉膽憤饕遣酒挐欲偷北斗酌竭海力援太華鏖鯨牙世儒口軟聲如蠅好於壯士為忌争我獨乂仰願得見浩歌不敢兒女聲亦可見其梗槩見何氏語林衢州府志

慎德秀字希元本姓愼避國諱去心從真四歲受書過目輒成誦稍長便知潛心理學宋寧宗慶元五年已未登曾從龍榜進士中傅學宏詞科召試入館嘉定六年癸酉遷起居舍人上書請絕金人歲弊時史彌遠方以爵祿縻天下士德秀謂劉爚曰吾徒須急引退使廟堂知世有不爲徒官之人十五年薦官教出爲江東轉運副使建明道書院設教一本於二程由是士知講學時金人遷汴漸有南窺江漢之謀德秀深憂之於驛遞附奏群臣般樂怠敖不興政宣者十事語意剴切上爲感動後歷官泉潭諸州皆有惠政十七年自潭州還以中書舍人兼侍讀復進禮部侍郎兼直學士院理宗寶慶元年史彌遠殺濟王竑于湖州德秀極言其冤至謂此事處置未善臣未敢仰承聖訓觀舜所以處象則陛下不及舜遠甚既而監察御史梁

成大受彌遠旨與莫澤李知孝相繼擊之
遂落煥章閣待制罷祠祿歸浦城修讀書
記三十九卷語門人曰此人君爲治之門
如有用我者執此以往可也紹定中知泉
州端平初知福州迎聘耆儒月臨講席以
教郡民之秀者召還爲翰林學士天下唯
恐其不入相立朝發明大學得失與盛衰
治亂存亡之義上爲詔讀校文入奏欣然
接納將舉國聽之三年正月知貢舉三月
參知政事授資政殿學士提舉萬壽宮夏
五月甲辰卒遺表聞上震悼輟朝贈銀青
光祿大夫謚文忠學者稱爲西山先生又
著文章正宗二十卷 皇明正統初詔
從祀孔子廟庭成化間追封浦城伯
見文獻通考大明一統志金陵新志八閩
通志廣德州志

愼蒙字子正長于易性峭直寡諧就試禮
闈見士子有懷挾文籍者嘆曰士習
偷矣非盛世所宜有也繼同闈人陳謹射
策大廷 世宗皇帝擢致三甲初授
福建漳浦令首新陳將軍祠以爲忠勇之
勸漳浦僻處山海巨盜出沒烟波伏林叢
者悉設法捕至不踰年以次削平邑多豪
右負險踰制搏擊之不少貸暇即進諸士
殿最之拔其尤如林紹林一梓輩皆能卓然
自見而紹之直言敢諫以副使劾兩大
總督得公之忠梓之廉謹愷悌歷數郡而
民心咸服得公之清其他或居翰林或拜
臺郡者數十人皆能不負所舉繼而
天子召拜南臺御史首疏會試舉人懷挾
太濫 世宗皇帝震怒下其疏禮部是
科舉人削籍者凡十有八人場屋爲之肅
清故所善總制胡宗憲恃功驕恣征求無
節移書勸之弗之改也曰吾可順友而虐

民耶即日上章數其困民之失廷議允
之指提編銀若干萬東南之民始有更生
之想總督父事故相嚴嵩且倭夷入寇總
督揑符東南操百萬兵掌握間天子
倚爲右臂四省文武將吏自大方伯都指
揮而下總制皆得以軍法自謂莫敢誰
何公首蹠抗論朝野譁然以爲與御史凡
出入嚴嵩門下者喘喘震息曰行且及若
柰何不思所以去之未幾大朝遂以令事
玎中解職時餘姚孫陞爲少宗伯倡言曰
大朝罷京官非祖宗法度欲率府部暨諸
曹長貳白之于朝公獨持不可曰徒激
宰相怒無益顧公等正色立朝勉事
天子蒙雖白首江湖沾潤多矣孫陞贈
別之言曰都門一相別對酒難爲情倦鳥
投林急浮雲出岫輕高人原辟世仙尉更
迯名歸釣若溪上逍遙寄此生蓋指公不
復求用之意也左方伯徐中行祝壽之辭

曰先生以漳浦令徵拜南臺御史數抗論權貴直聲震天下而分宜公嗛之乃復以
令事可中解職下何中者相繼以姦贓敗且戮盡而先生高卧五湖之上猶泰山喬
嶽巋然獨存聲施不朽孰謂天道無知哉不佞竊附同聲之雅乃賦長詩一章稱壽
并見當世殷鑒云爾舊臣寥廓一鴻冥廿載雲霞照獨醒強項縱堪蒙漢法批鱗終
自重 朝廷殷中諫草留霜色海上桃花識歲星瞥眼艾蕭風雨盡南臺列柏至今
青觀二詩則公之爲公不可知哉公性嗜泉石學者因稱山泉先生所著有警世新
編宋陳將軍集南臺奏稿王荊公摘粹皇明文則名山記皇明詩選宋詩選忠懇稿
牡丹譜齊山志慎氏家乘錄慎氏交誼集行于世

[illegible]

慎子後序

覺軒子曰夫人寄形宇宙得造化之大完者則爲至人而凡禀清奇玄邃之資者莫不自異故其著爲文詞皆能闡道德之精發性命之秘可以貫金石蹈水火走蛇龍而攝神鬼古人云文章者不朽之盛事豈易言哉門人慎宇勳氏（名懋賞號雲臺）淵博嗜古所負甚奇讀書颺文塢中（颺文塢一名驊安山在武康縣西北八里玉寶諸泉之所自出慎子築館讀書其中）閱慎到名法諸

篇心竊賞焉惜其闕畧頗多乃廣探百家爲之彙正于縱觀其文純正不雜如鬻熊雄深奇古如老聃高曠無埃如列禦寇恍恍惚惚莫之端倪如孫武子十三篇譬之夜光吳鈎光怪百出非禀清奇玄邃之資者孰能與是昔孟子輿同於諸子宋儒始表章之慎子列諸子中宇勲氏特闡揚之其皆得之驪黃牝牡之外者與夫由慎子以至于今二千有餘歲矣知之者代不乏

人而深知篤好如宇勳氏者則不多得寧知非到之精英不泯而托神於宇勳以廣其傳者乎或者天将大行其道于斯世而默有以主張之者乎異日閱到之文者可以語性命可以理國家可以神變化非宇勳不能成到之大也宇勳之功亦偉矣哉

萬曆戊寅冬十二月

賜進士出身吏科左給事姑蘇湯聘尹序

外篇直音

明吳人愼懋賞考訂

疵音資 紺音幹深青也 緅音鄒青赤也 絺音痴細葛也 綌音乞

絺葛也 煗音暖 餲音溢 饐音意 衺音邪 麭音袍 蓺音意 繿音藍

翳音意 甦音蘇 氤音因 昷音溫 氳音賓 揫音啾束也 軋音押 霾

音埋 曀音意陰而風也 霰音線 歪音否 摯音治 滓音止 鶩音務 徃

音俾 犴音寒 禰音簡 噎音葉 鳛音習 鷩音別立冬入水為蛤 饕音叨

餮音店 簋音執 閼音燕 琰音演玉有美色 蝯音元 隝音委闟也 歇

音出 轄音匱又音瞎 鎬音號 闞音勘 璠音煩 俶音出 蜃音甚 髽

音撾以麻約髮紒音係又音介倜音惕鏖音爊盡死殺人邃音遂嬙

音墻俱音[illegible][illegible]疑不行窪音搖池不流也

大明萬曆柒年己夘春二月丁夘刻成于

武康縣飈文塢慎氏耕芝舘中

華東師範大學985工程項目
上海市社科規劃重大課題

子藏

法家部

慎子卷

附申子

2

華東師範大學「子藏」編纂中心編

總編纂 方勇
副總編纂 吴平

國家圖書館出版社

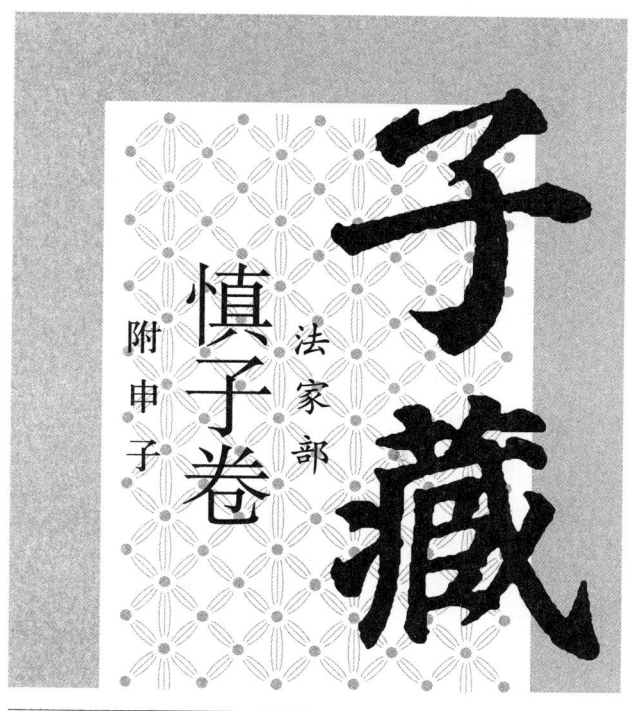

第二册目録

慎子叢録

（清）洪頤煊 撰

清光緒十三年（1887）吴氏醉六堂刊《讀書叢録》本

慎子

漢書藝文志慎子四十二篇名到先申韓申韓稱之

舊唐書經籍志慎子十卷滕輔注頤烜案藝文類聚卷六十有後漢滕輔祭牙文今慎子止威德因循民雜德立君人五篇羣書治要所引又增多知忠君臣二篇

先施

威德篇毛嬙西施天下之至姣也頤烜案文選神女賦李善注引作先施先施西施一也今本作西施是後人所改史記趙世家反巠分先俞於趙集解徐廣曰爾雅曰西俞鴈門是也正義西先聲相近

疑即儗字

德立篇立天子不使諸侯疑立諸侯不使大夫疑立

正妻不使羣妾疑立嫡子不使庶孽疑疑則動兩動兩則爭頤煊案疑即儗儗字謂匹也匹即兩也

（清）王仁俊 輯

慎子

手稿本《玉函山房輯佚書續編·經籍佚文》

慎子逸[佚]文

周　慎到　撰

行海者坐而至越有舟也（六帖十一下有故字）舟行陸者立而[至]秦有車也（句亦見六帖十一）秦越遠途也安坐而至者械也（御覽七百六十八）

厝鈞石使禹察錙銖之重則不識也懸於權衡則氂髮之不可差則不待禹之智中人之知莫不足以識之矣（御覽八百三十八意林節引）

諺云不聰不明不能為王不瞽不聾不能為公海與

山爭水海必得之意林御覽四百九十六

禮從俗政從上使從君國有貴賤之禮無賢不肖之禮有長幼之禮無勇怯之禮有親疏之禮無愛憎之禮也類聚三十八御覽五百二十三

法之功莫大使私不行君之功莫使大使民不爭令立法而行私是私與法爭其亂甚於無法立君而尊賢是賢與君爭其亂甚於無君故有道之國法立則私議書鈔四十三引作私善

不行君立則賢者不尊民一於君事斷於法是國之

大道也（類聚五十四御覽六百三十八）

河之下龍門（寰宇記四十六河下有水字）其流駛如竹箭駟馬追

弗能及（六帖六作追之不及寰宇記亦有之字御覽四十）

有權衡者不可欺以輕重有尺寸者不可差以長短

有法度者不可巧以詐偽（意林御覽四百二十九）

有虞之誅以幪巾當墨（書鈔四十四引作畫跪當黥）以草纓當劓

以菲履當刖以艾韠當宮布衣無領當大辟此有虞

之誅也斬人肢體鑿其肌膚謂之刑畫衣冠異章服

謂之戮上世用戮而民不犯也當世用刑而民不從

御覽六百四十五

昔者天子手能衣而宰夫設服足能行而相者導進口能言而行人稱辭故無失言失禮也御覽七十六

離朱之明察秋毫之末於百步之外下於水尺而不能見淺深非目不明也其勢難覩也文選演連珠注楊荊州誄注類聚十七御覽六十六

堯讓許由舜讓善卷皆辭為天子而退為匹夫類聚二十一御覽四百二十四

折券契屬符節賢不肖用之御覽四百三十杪本書鈔百四云折券契節賢

不肖用之物以此得而不記
于信也按文有脱誤不可讀

魯莊公鑄大鐘曹劌入見曰今國褊小而鐘大君何
不圖之 初學記十六御覽五百七十五

公輸子巧用材也不能以檀為瑟 御覽五百七十六

孔子曰郎少而好學晚而聞道以此博矣 御覽六百七

孔子云有虞氏不賞不罰夏后氏賞而不罰殷人罰
而不賞周人賞且罰罰禁也賞使也 御覽六百三十三

燕鼎之重乎千鈞乘於吳舟則可以濟所託者浮道
也 御覽七百六十八

君臣之閒猶權衡也權左輕則右重右重則左輕輕

重迭相橛天理也之理也御覽八百三十下句疑當作左重則右輕

飲過度者生水食過度者生貪御覽八百四十九

故治國無其法則亂守法而不變則衰有法而行私

謂之不法以力役法者百姓也以死守法者有司也

以道變法者君長也類聚五十四

一兔走街百人追之貪人具存人莫之非者以兔為

未定分也積兔滿市過而不顧非不欲兔也分定之

後雖鄙不爭後漢書袁紹傳注又意林及御覽九百七竝節引按呂氏春秋愼勢引愼子

云令一兔走百人逐之非一兔足為百人分也由未定由未定堯且屈力而況衆人乎積兔滿市行者不顧非不欲兔也分已定矣分已定人雖鄙不爭故治天下及國在乎定分而已矣

匠人知為門能以門所以不知門也故必杜然後能門 淮南道應訓

勁而害能則亂也云能而害無能則亂也 荀子非十二子篇注

弃道術舍法度量以求一人之識識天下誰子之識能足焉 荀子王霸篇注

多賢不可以多君無賢不可以無君 荀子解蔽篇注

匠人成棺不憎人死利之所在忘其醜也 意林又御覽五百五

籀鯤誃扞鄭篋述類稾

十一 引作匠人成棺而無憎於人利在人死也

獸伏就穢 文選西都賦注

夫德精微而不見聰明而不發是故外物不累其內 文選沈休文遊沈道士館詩注養生論注

夫道所以使賢無奈不肖何也所以使智無奈愚何也若此則謂之道勝矣 文選張景陽雜詩注

道勝則名不彰 文選張景陽雜詩注

趨事之有司賤也 文選謝元暉始出尚書省詩注

臣下閉口左右結舌 文選謝平原內史表注

久處無過之地則世俗聽矣文選吴季重荅魏太子牋注

昔周室之衰也厲王擾亂天下諸侯力政人欲獨行以相兼文選東方朔荅客難注

衆之勝寡必也文選夏侯常侍誄注

詩往志也書往誥也春秋往事也意林又經義考引此文下云立於易則吾心陰陽消息之理備焉未見所出當考

兩貴不相事兩賤不相使意林

家富則疏族聚家貧則兄弟離非不相愛利不足相容也意林

藏甲之國必有兵遁市人可驅而戰安國之兵不由

忿起 意林

蒼頡在庖犧之前 尚書序疏

為毛毳者患塗之泥也 書益稷疏

晝無事者夜不夢 雲笈七籤三十二

田駢名廣 莊子天下篇釋文

桀紂之有天下也四海之內皆亂關龍逢王子比干不

與焉而謂之皆亂其亂者衆也堯舜之有天下焉也

四海之內皆治而丹朱商均不與焉而謂之皆治其

治者衆也長短經勢運篇注

君明臣直國之福也父慈子孝夫信婦貞家之福也

故比干忠而不能存殷申生孝而不能安晉是皆有

忠臣孝子而國家滅亂者何也無明君賢父以聽之

按戰國策有此文故孝子不生慈父之家忠臣不生聖君之

下二句又見意林據治要在知忠引其上文與此大異當考此下逸文竝依原刻附入原刻云載文

獻通考今檢通考竝無其文存之以質知者

王者有易政而無易國有易君而無易民湯武非得

伯夷之民以治桀紂非得蹠蹻之民以亂也民之治亂

在於上國之安危在於政
夏箴曰小人無兼年之食遇天饑妻子非其有也大夫無
兼年之食遇天饑臣妾輿馬非其有也戒之哉校逸周書有此文
與天下於人大事也煦煦者以為惠而堯舜無德色
取天下於人大嫌也潔潔者以為污而湯武無愧容
惟其義也日月為天下眼目人不知德山川為天下
衣食人不能感御覽三以此四句為任子文感作謝有勇不以怒反與
怯均也二句又見御覽四百三十七及四百九十九
小人食於力君子食於道二句又見意林及御覽八百四十九先王之

訓也故常欲耕而食天下之人矣然一身之耕分諸天下不能人得一升粟其不能飽可知也欲織而衣天下之人矣然一身之織分諸天下不能人得尺布其不能煖可知也故以為不若誦先王之道而求其説通聖人之言而究其旨上説王公大人次匹夫徒步之士王公大人用吾言國必治匹夫徒步之士用吾言行必修雖不耕而食饑不織而衣寒功賢於耕而食之織而衣之者也按墨子有此文

法非從天下非從地出發於人閒合乎人心而已治

繪經諺抒鄭箋邊類稾

水者茨防決塞九州四海按繹史引此四字作雖在夷狄相似如一學之於水不學於禹也自治水者以下又見列子湯問篇注九州四海作雖夷貊與繹史合

古之全大體者望天地觀江海因山谷日月所照四時所行雲布風動不以智累心不以私累己寄治亂於法術託是非於賞罰屬輕重於權衡不逆天理不傷情性不吹毛而求小疵不洗垢而察難知不引繩之外不推繩之內不急法之外不緩法之內守成理因自然禍福生乎道法而不出乎愛惡榮辱之責在乎

己而不在乎人故至安之世法如朝露純樸不欺心無結怨口無煩言故車馬不弊於遠路旌旗不亂於大澤萬民不失命於寇戎豪傑不著於名於圖書不錄功於盤盂記年之牒空虛故曰利莫長於簡福莫久於安按韓非子子有此文

鷹善擊也然日擊之則疲而無全翼矣驥善馳也然日馳之則蹶而無全蹏矣

能辭萬鍾之祿於朝陛不能不拾一金於無人之地能謹百節之禮於廟宇不能不弛一容於獨居之餘

蓋人情每狎於所私故也

不肖者不自謂不肖也而不肖見於行雖自謂賢人猶謂之不肖也愚者不自謂愚也而愚見於賢言雖自謂智人猶謂之愚（按鬻子有此文）

法者所以齊天下之動至公大定之制也故智者不得越法而肆謀辯者不得越法而肆議士不得背法而有名臣不得背法而有功我喜可抑我忿可窒我法不可離也骨肉親戚可滅至法不可闕也

善爲國者移謀身之心而謀國移富國之術而富民

移保子孫之志而保治移求爵祿之意而求義則不勞而化理成矣始吾未生之時焉知生之為樂也今吾未死又焉知死之為不樂也故生不足以使之利何足以動之死不足以禁之害何足以恐之明於死生之分達於利害之變是以目觀玉輅琬象之狀耳聽白雪清角之聲不能以亂其神登千仭之谿臨蝯眩之岸不足以淆其知夫如是身可以殺生可以無仁可以成

鳥飛於空魚遊於淵非術也故為鳥為魚者亦不自

知其能飛能遊苟知之立心以為之則必墮必溺猶人之足馳手捉耳聽目視當其馳捉聽視之際應機自至又不待思而施之也苟須思之而後可施之則疲矣是以任自然者久得其常若濟

周成王問鬻子曰寡人聞聖人在上位使民富且壽若夫富則可為也若夫壽則在天乎鬻子對曰夫聖人在上位天下無軍兵之事故諸侯不私相攻而民不私相鬬也則民得盡一生矣聖人在上則君積於德化而民積於用力故婦人為其所衣丈夫為其所

食則民無凍餒民得二生矣聖人在上則君積於仁吏積於愛民積於積順則刑罰廢而無夭遏之誅民則得三生矣聖人在上則使人有時而用之有節則民無癘疾民得四生矣（按賈誼新書有此文）

俊按右從家刻書目輯錄

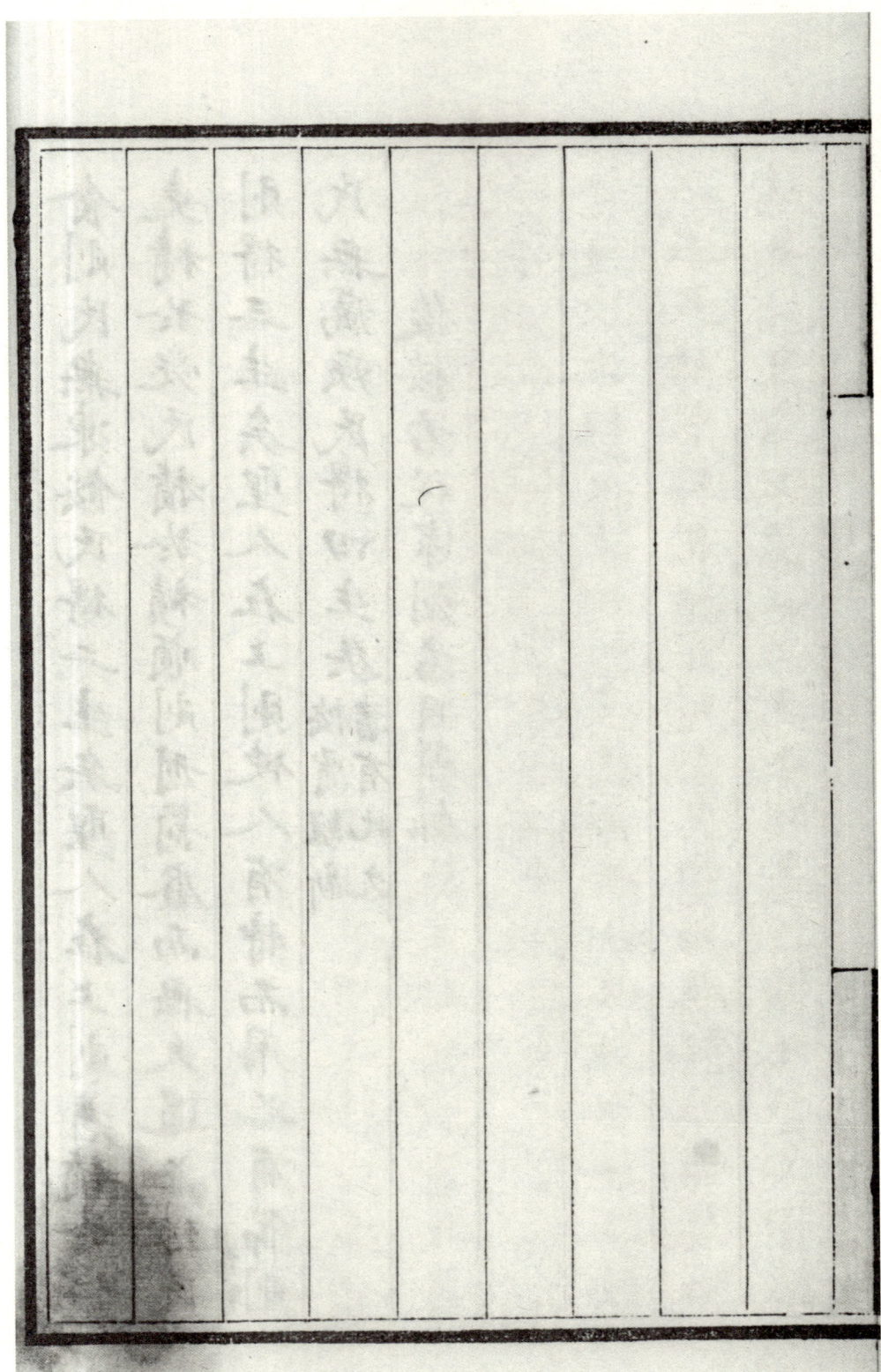

慎子

離婁之明察秋毫於百步之外李瀚蒙求自註中

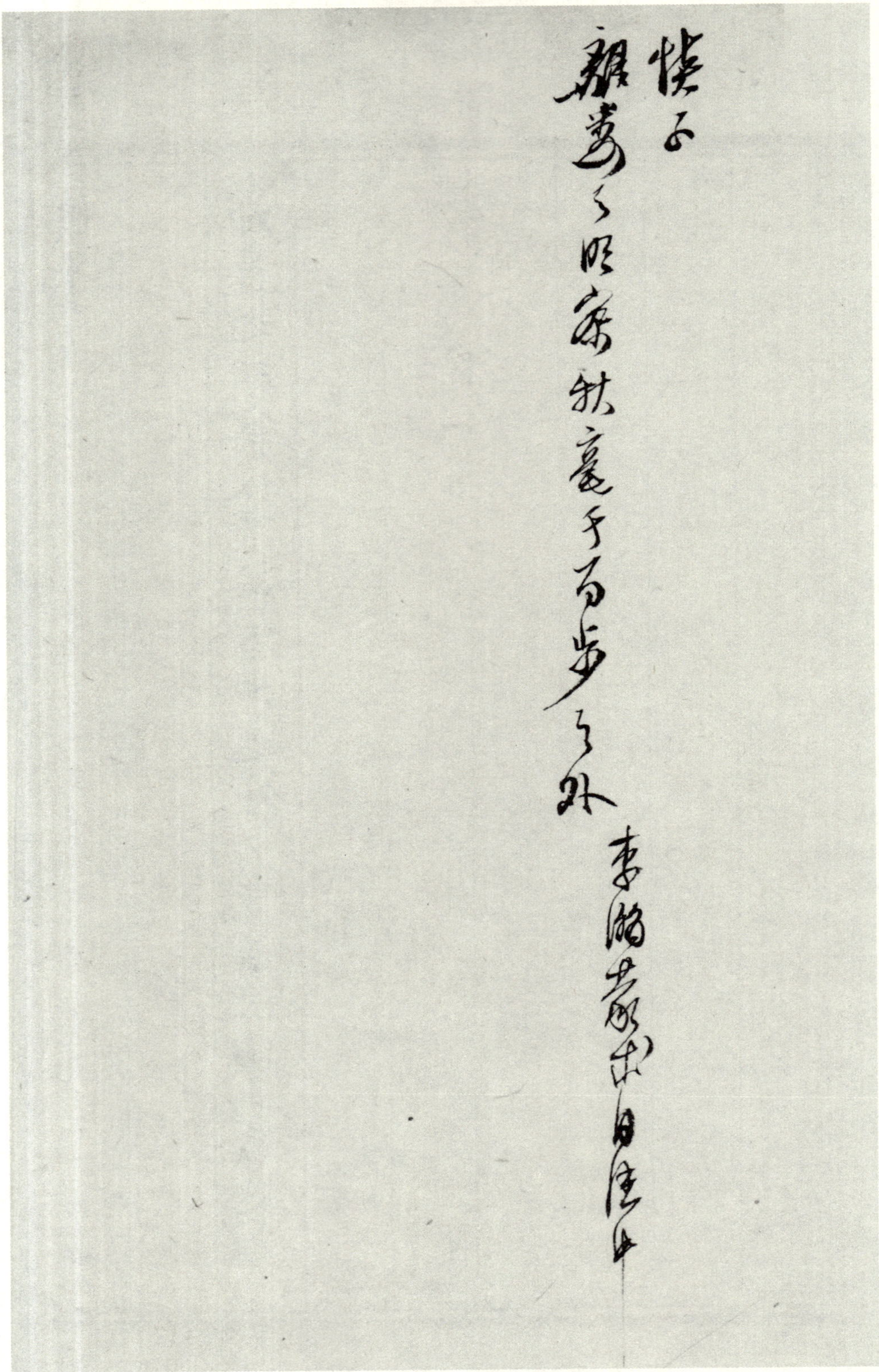
悚下
雅鑒之明察秋毫于百步之外
李鴻藻[illegible]

羅根澤 撰

慎懋賞慎子傳疏證

民國二十年（1931）北平中國大學編《國學叢刊》本

慎懋賞慎子傳疏證

羅根澤

慎子。漢志著四十二篇。至宋祇餘五篇。錢熙祚嚴可均等從羣書治要輯出二篇。共得七篇。明慎懋賞獨鈔襲僞託成慎子內外篇。較五七篇本增多數十倍。然流傳不廣。因之無人論述。至涵芬樓輯四部叢刊。據繆荃蓀寫本影印。流傳始盛。不學之士。奉爲驚人祕笈。其贋僞已詳拙撰慎懋賞本慎子辨僞矣（載燕京學報第六期）近中國學會印慎子三種。亦收慎懋賞本。較四部本增多慎懋賞序王錫爵序湯聘尹序。及慎懋賞所作之慎子傳慎子考（慎子書之著錄）慎子評語傳補外篇直音。由是此驚人祕笈。始全暴於世。序考評語。皆無關宏旨。慎子傳全非事實。而與其內外篇相依為命。故不嫌辭費。再為疏辨駁正之。羅根澤二十年三月二十五日識於北平。

雲臺子（慎懋賞別號）曰。開闢以來。天淸地寧。民安物阜。孰尸而孰運焉。德以主之。而法以翊之也。世無法度。人心之欲。橫縱肆發。其誰與禁之。皆欲相雄長而恥卑下。皆欲圖富貴而羞貧賤。皆欲享逸豫而憚奔走。欲熾則心迷。心迷則爭起。爭起則交相賊害。天地何以位。萬物何以育、倫紀何以明。故曰。治天下不可無法度也。法者。整齊斯民而平天下之要道。慎到專言法。吾有取焉。

按此泛論。應無馳舛。然謂慎到專言法。亦未盡當。莊子天下篇曰。公而不當（應依崔本作黨）易而无私。決然無主。趣物而不兩。不顧於慮。不謀於知。於物无擇。與之俱往。古之道術有在於是者。彭蒙。田駢。慎到。聞其說而悅之。齊萬物以爲首。曰。天能覆之而不能載之。地能載之而不能覆之。大道能包之而不能辯之。知萬物皆有所可。有所不可。故曰。選則不徧。教則不至。道則無遺者矣。是故慎到棄知去己。而緣不得已。冷汰於物。以爲道理。曰。知不知。將薄知而後鄰傷之者也。謑髁无任。而笑天下之尚賢也。縱脫无行。而非天下之大聖。椎拍輐斷。與物宛轉。舍是與非。苟可以免。不師知慮。不知前後。魏然而已矣。推而後行。曳而後往。若飄風之還。若羽之旋。若磨石之隧。全而无非。動靜无過。未嘗有非。是何故。夫无知之物。无建己之患。无用知之累。動靜不離於理。是以終身无譽。故曰。至於若無知之物而已。无用賢聖。夫塊不失道。豪傑相與笑之曰。慎到之道。非生人之行。而至死人之理。適得怪焉。韓非子難勢篇曰。慎子曰。飛龍乘雲。騰蛇遊霧。雲罷霧霽。而龍蛇與螾蟻同矣。則失其所乘也。賢人而詘於不肖者。則權輕位卑也。不肖而能服於賢者。則權重位尊也。堯爲匹夫。不能治三人。而桀爲天子。能亂天下。吾以此知勢位之足恃。而賢智之不足慕也。夫弩弱而矢高者。激於風也。身不肖而令行者。得助於衆也。堯教隸屬而民不聽。至於南面而王天下。令則行。禁則止。由此觀之。賢智未足以服衆。而勢位足以詘賢也。

原作缶依俞樾改

據二文。知慎子蓋爲由道家至法家之過渡人物。雖言法。然主勢治主義。反對尙賢反對用智。謂之爲專言法。似於其全部學說。未能洞悉。

愼到者。趙之邯鄲人也。其先居魯昌平鄉東富者數世矣。有愼淸者奢侈驕佚。魯定公十三年。孔子由大司寇行攝相事。殺大夫亂政者少正卯。與聞國政。懼而謀曰。孔子爲政。必誅敗禮者。我之爲首必矣。踰境而徙於趙焉。

按愼到先人。古書不載。愼懋賞欲使愼子與儒家孔孟發生關係。故謂其先居魯昌平東。愼賞於此傳外。又有傳補。自注傳中不能盡錄者補載之。其第一條云。愼淸見孔子家語。荀子。劉向新序。自注周敬王時人。劉向新序作漬。今徧檢孔子家語。荀子。

劉向新序。祇有愼潰氏。並無愼淸。家語相魯第一曰。初魯之販羊有沈猶氏者。常朝飲其羊以詐市人。有公愼氏者。妻淫不制。有愼潰氏。奢侈踰法（中略）及孔子之爲政也。則沈猶氏不敢朝飲其羊。公愼氏出其妻。愼潰氏越境而徙。荀子儒效篇曰。仲尼將爲司寇。沈猶氏不敢朝飲其羊。公愼氏出其妻。愼潰氏踰境而徙。（新序雜事第五採此文）新序雜事第一。魯有沈猶氏者。旦飲羊飽之以欺市人。公愼氏有妻而淫。愼潰氏奢侈驕佚（中略）孔子將爲魯司寇。沈猶氏不敢朝飲其羊。公愼氏出其妻。愼潰氏踰境而徙。愼懋賞以潰字不若淸字之善也。由是改爲淸字。又以良心之憚於改古也。由是注曰。劉向新序作潰。對荀子。家語之作潰。則故作昏瞶以自欺欺人曰慎潰氏以慎潰爲氏者也非姓慎名潰也風俗通義姓名篇曰人之所以有姓者何所以崇恩愛厚親親遠禽獸別婚姻也（中略）所以有氏者何所以貴功德賤力役（中略）以慎潰氏爲姓慎名潰紕謬已極至改爲慎淸更所謂無知妄爲者矣孔子家語荀子劉向新序祇言踰境而徙未言徙於何國此曰踰境而徙於趙以慎到爲趙人故也改古牽附又下於向壁虛造者矣

淸之子生到

按古無慎淸已辨之詳矣卽果有慎淸慎淸之子亦不能生到

慎潰生卒年月不可攷（懋賞所謂慎淸）然既曰孔子爲大司寇踰境而

徒。則孔子爲大司寇時。愼潰氏必已居中年可知。孔子爲大司寇確在何年不可考。然必在魯定公十年以前。史記孔子世家曰。定公以孔子爲中都宰。一年。四方皆則之。由中都宰爲司空。由司空爲大司寇。定公十年春。及齊平。中略會於夾谷。魯定公且以乘車好往。孔子攝相事。定公十年。爲周敬王二十年。據史記十二諸侯年表當西歷紀元前五百年。依懋賞在定公十三年。則當西歷紀元前四百九十七年。愼到生年亦不可考。然知爲齊宣王時人。所以史記田敬仲完世家曰。宣王喜文學游說之士。自如騶衍。淳于髡。田駢。接予。愼到。環淵之徒七十二人。皆賜列爲上大夫。據六國表。齊宣王立於周顯王二十七年。當西曆紀元前三百四十二年。上距孔子爲大司寇之年已一百六十年。祖孫之相差。抑太遠矣。

到博識彊記。於學無所不究。自孔子之卒。七十子之徒散遊列國。或爲卿相。或友教士大夫。故卜子夏館於西河。吳起段干木愼到之徒。受業於其門。及門弟子者甚衆。到與孟軻同時。皆通五經。軻長於詩。到長於易。

按史記仲尼弟子列傳言。孔子既沒。子夏居西河教授。爲魏文侯師。儒林傳言。田子方段干木吳起禽滑釐之屬。皆受業於子夏之倫。未有言愼到爲子夏弟子者。據仲尼弟子傳。子夏少孔子四十四歲。其居西河教授。在孔子既沒。孔子生年依史記十二諸侯年表。魯周公世家。孔子世家。在魯襄公二十二年。公羊傳。穀梁傳。則謂在襄公二十一年。孔廣牧先聖生卒年月日考。繁徵博引。證明史記爲是。卒年公穀史記。皆謂在魯哀公十六年。攷史記十二諸侯年表。襄公二十一年爲周靈王二十一年。當西曆紀元前五百五十一年。哀公十六年爲周敬王四十一年。當西曆紀元前四百七十九年。子夏少孔子四十四歲。則其生當西曆紀元前五百零七年。卒年不考。約之不能越西曆紀元前四百零七年。月孔子之卒爲西曆紀元前四百七十九年。傳言孔子既沒。子夏在西河敎授。則其設敎西河當在西曆紀元前四百七十九年以後。但不能距四百七十九年太遠。愼到與齊宣王同時。（據史記田敬仲完世家引見前）宣王之立。當周顯王二十七年。爲西曆紀元前三百四十二年。上距孔子旣沒子夏居西河教授之年。已一百三四十年。若以宣王十八年計算。則更遠矣。愼到烏能受業於其門。史記孟子荀卿列傳云。孟子受業子思之門人。趙岐孟子題辭言。長師孔子之孫子思。漢書藝文志亦曰子思弟子。風俗通義窮通篇亦曰軻受業於子思。從無言孟子受業子夏之門者。後儒謂孟子生於周列王四年。（此說出於明人所傳之孟寧孟氏譜晚出僞說本不足信然據以推考孟子事蹟者不抵觸知其與事實不甚相遠故後儒多承用之詳載拙撰孟子評傳）雖未必盡確然。及見梁襄王則絕對無疑。梁襄王之立。依史記在周顯王三十五年。依竹書紀年在周愼靚王三年。顯王三十五年爲西曆紀元前三百三十四年。上距子夏居西河教授亦已百三四十年。愼靚王三年爲西曆紀元前三百十八年。更多十六年。則無論依史記竹書。皆無受業子夏之理。此傳雖未直言孟子受業於子夏。然於及門弟子者甚衆下。緊接以到與孟軻同時。皆通五經。軻長於詩。到長於易。而愼到固認爲子夏弟子者。則似乎亦以孟子爲子夏弟子。所以不明言者。以孟子師承。古書已有記載。不敢與古說顯異也。於是爲影射附會之說。使與認爲子夏弟子之愼到同時。而且同通五經。一長於詩。一長於易。卽使懋賞未以孟子爲子夏弟子。然孟子固未能與子夏弟子同時。無論如何。其說與事實完全不符。孟子通五經。

長於詩。固古有明文。慎到通五經。長於易。抑何據乎。慎懋賞生晚明之時。爲儒家統一時代。是非善惡。純以孔孟儒家之言爲斷。欲崇高慎到地位。不能不設法與孔孟發生關係。故前謂慎到其先居魯昌平鄉東。以謂其祖與孔子爲鄰。此又謂與孟軻同受業於子夏之門。以使其爲孔子之再傳弟子。孟子之同學。且使通儒家之五經。長於儒家之易。可謂心勞日拙矣。

齊威宣王時。喜文學游說之士。如鄒衍淳于髡田駢接予慎到者流七十六人。命曰列大夫。爲立館稷山之下。高門大屋。尊寵之。不治而議論。天下諸侯客言齊能致天下賢士也。是以齊稷下學士。多至數百千人。

按此段蓋本史記田敬仲完世家惟彼祇言宣王不言威王其文曰宣王喜文學游說之士自如騶衍淳于髡田駢接予慎到環淵之徒七十六人皆賜列第爲上大夫不治而議論是以齊稷下學士復盛且數百千人

到仕楚爲楚襄王傅襄王之爲太子也常質於齊及其歸也齊王求東地五百里迺得歸不與不得歸襄王退而就慎子計慎子令朝羣臣而皆獻策焉上柱國子良曰不與則不信請與而復攻之昭常曰去東地五百里是去國之半也王勿與臣請守之景鯉曰不可與也臣請西索救於秦王謂慎子曰寡人誰用三子之計慎子曰王皆用之迺遣子良北獻地於齊遣子良之明日立昭常爲大司馬使守東

地。又遣景鯉西索救於秦。齊王恐焉。乃遣子良南道楚。西使秦。解齊患。士卒不試。東地復全。

按此純本戰國策楚策二。其文與此畧同。不贅列。然考史記六國表。有頃襄王無襄王。楚世家於頃襄王。亦時稱襄王。是襄王卽頃襄王。據六國表。立於周赧王十七年。卒於周赧王五十二年。再據六國表及田敬仲完世家。齊無懷王。故國策此段。似有問題。說者謂周書謚法解曰。慈義短折曰懷。晉有懷公。失國早喪。楚有懷王。客死於秦。齊王建國亡被虜。或者後人遂謚爲懷王。而史記失載。亦未可知。如卽齊王建。其立在周赧王五十一年。與頃襄王相値者。祇王建之元二年。頃襄王之末二年。傳文

言。襄王之爲太子也。常質於秦。及其歸也。齊王求東地五百里
迺得歸。（國策文小異而意同）可見爲頃襄王元年事。而頃襄王元年。王建
固未立也。故無論如何。此事未可輕信。卽可信從。其所謂愼子。
亦非愼到。梁玉繩漢書人表考曰。戰國策有愼子。爲襄王傅。魯
亦有愼子。見孟子。此與莊惠並列。則非此人也。良然。
過魯。魯平公慕其爲人。時魏與秦趙韓燕共伐齊。敗之濟西。湣王出
亡。平公欲乘亂割齊岱以南爲己屬。乃拜愼子爲上將軍。將五百乘
以往。孟子自齊歸。止於魯。謂愼子曰。周公之封於魯。爲方百里也。今
魯方百里者五。子以爲有王者作。則魯在所損乎。在所益乎。徒取諸
彼以與此。然且仁者不爲。況於殺人以求之乎。君子之事君也。務引

其君以當道志於仁而已。慎子悅其言。辭於平公而去之。

按孟子載魯欲使慎子爲將軍。未言名到。對孟子自言。此則滑釐所不識也。則其名似爲滑釐。非到也。慎懋賞茫然不察。以爲即慎到。以孟子此文入慎子內外篇。又據以作傳。荒謬一至於此。考史記魯周公世家。平公十二年。秦惠王卒。三十二年。平公卒。是秦惠王卒後二十年而平公卒。據六國表。秦惠王卒於周赧王四年。當西曆紀元前三百十一年。又二十年爲赧王二十四年。當西曆紀元前二百九十一年。秦燕韓趙魏五國伐齊。六國表及各世家。皆繫在赧王三十一年。當西曆紀元前二百八十四年。平公已卒九年矣。烏能欲乘亂割齊岱以南爲己屬。烏能於此時拜慎子爲上將軍。蓋慎懋賞知孟子與魯平公同時。故以此事歸之平公。以便牽附魯欲慎子爲將軍故實。而不知其時之不相値也。慎懋賞僞慎子。爲慎子作傳。爲强認之遠祖張目也。然以彼孟子呵斥之慎滑釐附會慎子。慎子有知。必曰。懋賞非吾孫也。何爲使爾祖拾唾罵之言耶。

是時蘇秦張儀者。工縱横之學。以惑亂黔首。欲以一人之辨。反覆山東之人主。人主又不務大道而任私智。慎子知其道之不行也。迺與其徒許犯環淵田繫之屬。退老於邯鄲之上。著書八千言。其大要本道而不離乎情。任法而還責於主。雖見窮擯而不黜其志。非談天雕龍支離其說者比也。

按呂氏春秋當染篇。禽滑釐學於墨子。許犯學於禽滑釐。田繫學於許犯。是許犯爲禽滑釐弟子。田繫又爲許犯弟子。愼懋賞所以謂爲愼到之徒者。亦基於孟子此則滑釐所不識也一語。故於所僞愼子內外篇列許犯田繫問愼子之言（中國學會本頁二十一二十二）於此復謂迺與其徒許犯環淵田繫之屬。退老於邯鄲之上。著書八千言。滑釐爲魯將愼子所自稱。則決非禽滑釐。若爲禽滑釐。（趙注曰滑釐愼子名焦循正義曰愼子與墨子之徒禽滑釐同名或以愼子卽禽滑釐或以愼子師事禽滑釐稱其師滑釐不識皆非是）則又非愼到矣。以彼處稱愼子。遂以爲愼到。又以自稱滑釐。遂以爲禽滑釐。可謂紕謬之至矣。據史記田敬仲完世家。環淵與愼到同客齊宣王。（見前）亦非其徒也。

故其後世子孫。傳而習之。率而行之。若愼溫其愼知禮愼從吉愼鏞
愼釴愼伯鈎愼德秀者。皆植節一時。樹勳當世。而到之學。得不廢焉。
此蓋愼懋賞僞愼子及作傳之本指。崇高遠祖。可以自尊。猥鄙
之至。

嗟呼。孟子有言曰。不用賢則亡。削何可得歟。六國破滅。豈兵不利戰
不勝哉。見愼子之賢而不能舉也。無賢則國從之。勿可救已。然則賢
才之用舍。果人主操之耶。抑氣運使然耶。余讀愼子書。蓋深爲六國
惜云。

李寶淦 撰

慎子文粹

民國六年（1917）上海商務印書館排印《諸子文粹》本

武進李寶淦纂

威德

天有明。不憂人之暗。地有財。不憂人之貧。聖人有德。不憂人之危也。天雖不憂人之暗。（寶淦案二之字据治要補）闢戶牖必取己明焉。則天無事也。地雖不憂人之貧。伐木刈草必取己富焉。則地無事也。聖人雖不憂人之危。百姓準上而比於下。其必取己安焉。則聖人無事也。

古者工不兼事。士不兼官。工不兼事則事省。省則易勝。士不兼官則職寡。職寡則易守。故士位可世。工事可常。百工之子。不學而能者。非生巧也。言有常事也。今也國無常道。官無常法。是以國家日繆。教雖成。官不足。官不足則道理匱。道理匱。則慕賢智。慕賢智。則國家之政要。在一人之心矣。寶注案道理下据治要補古者立天子而貴者。非以利一人也。曰天下無一貴。則理無由通。通理以爲天下也。故立天子以爲天下。非立天下以爲天子也。立國君以爲國。非立國以爲君也。立官長以爲官。非立官以爲長也。法雖不善。猶愈於無法。所以一人心也。夫投鉤以分財。投策以分馬。非鈎策爲均也。使得美者不知所以美。使得惡者不知所以惡。此所以塞願望也。

因循

天道因則大。化則細。因也者。因人之情也。人莫不自爲也。化而使之爲我。則莫可得而用矣。是故先王見不受祿者不臣。寶注案見字錢本据長短經補祿不厚者不與入難。人不得其所以自爲也。則上不取用焉。故用人之自爲。不用人之爲我。則莫不可得而用矣。此之謂因。

民雜

君臣之道。臣有事而君無事也。君逸樂而臣任勞。臣盡智力以善其事。而君無與焉。仰成而已。故事無不治。治之正道然也。人君自任。而務爲善以先下。則是代下負任蒙勞也。臣反逸矣。故曰。君人者好爲善以先下。則下不敢與君爭爲善以先君矣。皆私其所知以自掩覆。有過則臣反責君。逆亂之道也。君之智未必最賢於衆也。以未最賢。而欲以善盡被下。則不贍矣。若君之智最賢。以一君而盡贍下。則勞。勞則有倦。倦則衰。衰則復返於不贍之道也。是以人君自任而躬事。則臣不事事也。是君臣易位也。謂之倒逆。倒逆則亂矣。人君苟任臣而勿自躬。則臣皆事事矣。是君臣之順。治亂之分。不可不察也。寳洤案錢本悉据治要校改今從之

德立

立天子不使諸侯疑焉。立諸侯不使大夫疑焉。立正妻不使嬖妾疑。立嫡子不使庶孽疑焉。寶注案照錢本校改疑則動。兩則爭。雜則相傷。害在有與。不在獨也。故臣有兩位者國必亂。臣兩位而國不亂者。君在也。恃君而不亂矣。失君則亂。寶注案則治要作必下同子有兩位者家必亂。子兩位而家不亂者。父在也。恃父而不亂矣。失父則亂。臣疑君而無不危國。孽疑宗而無不危家。寶注案末二句治要作臣疑其君無不危之國孽疑其宗無不危之家

君人

君人者。舍法而以身治。則誅賞予奪。從君心出矣。然則受賞者雖當。望多無窮。受罰者雖當。望輕無已。君舍法而以心裁輕重。則同功殊賞。同罪殊罰矣。怨之所由生也。

故曰。大君任法而弗躬。則事斷於法矣。法之所加。各以分蒙賞罰而無

望於君也。是以怨不生而上下和矣。

張諤 撰

評注慎子精華

民國九年(1920)上海子學社排印《評注硒子精華》本

險不足恃　孔子孟子

慎子（名到周末之法家也。）

崇岡絶壁。山可恃也。然可梯而階也。洪流巨浸。水可恃也。然可葦而航也。惟夫非山之山。壁立則莫升梯之不能階。非水之水。順流則莫禦葦之不能渡。所可恃者耳。

（唐荆川曰）說地不足恃。而竟不說破所可恃者何物。欲令人自思而自得之也。（不贊之贊）孟子曰。地利不知人和。已知之矣。

春秋之時無孔子。則顏回沒于陋巷。而少正卯為聞人。戰國之時無孟子。則匡章陷于不孝。而陳仲子為廉士。

（唐荆川曰）闢顯闡幽。聖賢之事。能好能惡。仁人之公。彼俗儒管窺。慎勿嘵嘵。臧否天下士也。

劉咸炘 撰

慎子書

民國十六年(1927)尚友書塾刊《推十書·子疏》本

慎子書

威德　因循

民雜　德立

君人　知忠

君臣二篇治要引

太史書稱著十二論七略四十二篇入法家今存七篇篇短蓋
經後人刪削外有逸文十許條皆言治國未言治身故無莊子
所謂推行曳往之說然其言治國之旨與莊子所稱合必非僞
書大指威德言聖人無事百工有常事此卽所謂棄知去己也
又言立天子非以利一人投鉤分財投策分馬以塞願望因循
篇言天道因則大化則細人皆自爲化而使人爲我則莫可用
故用人之自爲不用人之爲我君人篇曰舍法而以身治則怨
之所由生此皆莊周所謂笑天下之尚賢荀卿所謂取從于俗
蔽于法而不知賢也其逸文曰不聰不明不能王不瞽不聾不

能公斯卽所謂若無知之物也其民雜篇曰下之所能不同而皆上之用也不擇其下則爲下易矣此卽選則不徧之說也逸文曰分定不可爭其言分同乎荀卿而其異者荀主治之使然而到則主因其自然也知忠篇曰孝子不生慈父之家忠臣不生聖君之下將治亂在乎任職而不在乎忠此亦因老經而申之不向賢則忠孝不特著也故太史公謂田慎彭皆學黃老之術而莊生以爲概乎嘗有聞民雜篇言君躬事則臣不事事謂之倒逆此與莊子天道篇上必無爲下必有爲同義蓋述老也胡適曰田慎之旨與莊子齊物相同道則無遺之道卽是因勢利導老子要人頑且鄙慎到進一層要人作無知之物其云無建己之患卽主廢主觀私意立物觀標準故曰措鈞石使禹察

之不能識也懸于權衡則釐髮識矣權衡鈞石皆無知之物然辨別輕重之能過于有知之人孟子規矩方圓是先王之法荀子亦主聖王爲師愼到則脱去人治純粹法治又主于因勢所謂因其自爲自爲卽楊朱之存我也因勢又有二義一因人之情一則勢位故韓非難勢引愼子曰堯爲匹夫不能治三人而桀爲天子能亂天下賢知未足以服衆而勢位足以任賢按此説是也故提要以爲道德刑名之轉關然到所謂法乃因任自然非以己意立法强齊不齊與商韓殊故荀子謂其尙法而無法其所謂無爲用人亦非任術申不害亦言無爲因人而外僞旨聾內懷陰賊與到最似而實大殊勢位之義則商韓之濫觴韓非非之以其不峻法耳

廖西平 撰

慎子校釋一卷

民國十八年(1929)手稿本

慎子校釋目錄

慎子校釋

自序

慎子一書、從來學者治之甚少、此其故至不一、概其大者、則有三因：(一)全文散失太半、茲所存者、僅得其八分之一有零、(以漢書藝文志計、)(二)慎子一書、或曰譌本、(三)慎子本身、又有問題、有斯三者、是以注意之者不數

覯也、乎臚列各本於上三因或有一線之先可求、案
漢書藝文志、慎子計有四十二篇、今亡三十有七篇、
唯威德、因循、民雜、德立、君人、五篇存耳、據此全書雖
缺、而本有此書可無疑義、然取疑之道、抑有說焉、書
自明人慎懋賞解後、將各種關於慎子之行事言論、
一例拉雜成篇、分為內外、實則名相如、實不相如也、

蓋戰國有慎子三焉、而懋賞不察、遂將楚襄王傅之
慎子、及孟子書中、魯欲使爲將軍之慎子、亦皆列入
内篇矣、雖欲不疑、豈可得而能乎、玆遍取戰國策、御
覽文選注、呂覽、韓非子、藝文類聚、群書治要、困學紀
聞最近慎子三種合帙、（子彙本、守山閣本、及慎懋賞本、）及上海商務
印書館、依江陰繆氏蕅香簃寫本、諸書而校之、遇有

隱賾、加以解釋、然文多闕略、今以慎懋賞本爲主、以長補短、臚列各篇、以成總滙、本擬去其糟粕、拾其精華、但恐割裂不全、後來者不便闚其全豹、故復存之、遇有可疑、於校釋下、加以案語而正之、俾後來更有研究討論之機會也、但以五篇爲全書主文、各補其題目於内篇之内、更改其名曰正篇、而外篇及他本所補入者、統名之曰雜篇、至於知忠君臣二篇、則不並入、而於各文下説明之、他如非慎子著者、一列冊去、另定凡例以明之、以上種種、是其辜較、初無所謂校釋也、至慎子生平、亦略考附後、以備一覽焉、

慎子名到、戰國處士、趙之邯鄲人也、慎亦作順、古字通也、荀子修身篇曰「術順墨而精汙雜」、順、墨即慎到、墨翟也、可證一、呂覽慎人篇、亦作順人、可證二、

其先居魯昌平鄉東其祖慎清清子生到到博識彊記於學無所不究通五經長於易（見樊賞慎子傳）時齊宣王喜文學游説之士自如騶衍淳于髡田駢接予環淵慎到之徒七十人（賞傳作七十六人）皆賜列第為上大夫不治而議是以齊稷下學士復盛且數千百人（見史記田敬仲完世家）慎子所學為黃老道德之術而為法家然法家

亦有別焉、商君重法、申子重術、慎子則重勢、是以呂覽韓非慎勢難勢諸篇、皆論述慎到之說、此勢之一字、誠為慎子學說之特點也、棄知去己、見其文則知之矣、然戰國時有三慎子、一載於楚策、為楚襄王傅、一載孟子書中、魯亦欲使為將軍者、斯二子者、均非到、十三經注、孫奭疏、謂將孟子中之慎子名滑釐者、以為即此慎子到、並引史記、墨子、荀子、諸書以證

之、斯謬也、大到蓋亦田駢高議、設為不宦之一流人物也、
見齊策、班固高誘皆云、慎到先申韓、申韓稱之、慎子學
成、既先於申不害、而死在其後、六國年表、周顯王三
十二年、即齊宣王之六年、申不害卒、而周顯王四十
四年、齊宣王之十八年、慎到尚為稷下先生、其年當
在八旬左、右云、十八年仲夏廖西平識

凡例

（一）以慎刻五篇為主、各補其篇名、而間補入他本者、

（二）凡字句遇有可疑者、則加以案語、或（?）之符號、

（三）凡引書而冗長者、則以節點（……）以節之、

（四）慎刻有非慎到撰者、則一列删去、其最大誤點、

即自序中所説者、楚襄王傅之慎子、見戰國策卷十五、楚策二、或三種慎刻内篇第十九頁、魯欲爲將軍之慎子、見下孟子下、第八章、或三種慎刻内篇第二十一頁、檢之即得、

(五)慎懋賞之原解、仍各依其舊、而錄存之、

(六)凡校時註明各書、均簡稱之、如稱錢本、即指守

山閣本、孫本、即指商務印書館所出之蕅香簃寫本、蓋此二書、一經金山錢熙祚校過、一經無錫孫毓修校正故也、他如三種合刻、或稱慎刻、慎本、均指懋賞本而言也、

慎子校釋正篇　法家一

戰國趙人慎到撰

威德（題依治要補）

天有明、不憂人之暗、（天之明無私照、而何憂於暗、〔校〕「暗」治要作「闇」下並有「也」字、下句同、錢氏守閣本從、子彙本與慎刻同、〔釋〕暗、闇、二者皆不明之義也、音同義近之故也、下暗同、）地有財、不憂人之貧、（地之利足以養民、而何憂於貧、）聖人有德、不憂人之危也、（聖人輔世、長民之德、足以安天下、而何憂於危、【校】原刻「危」作「厄」、依治要改、【釋】厄、困也、與戹同、危、安之反、字畫相俏、故有互異、應作危、近是、）天雖不憂人暗、（【校】治要「暗」上有「之」字、銭氏李從、）闢戶牖必取己明焉、則天無事也、（明在于天、闢戶牖以受明者人也、天何所事之有、【釋】闢、開也、牖、穿壁一木為窗也、闢戶牖者、以導引明也、〔易〕蒙卦〔疏〕「闇者、求明、明者、不諮於闇」、正與此合、）地雖不憂人貧、（【校】治要「貧」上有「之」字、銭李從、治要「貧」下更有「也」字、）伐木刈草、必取己富焉、則地無事也、（財出於地、伐木刈草以致富者、人也、）

地、何所事之有、〔校〕治要「也」作「矣」〔釋〕伐、斫擊也、伐木者、斫木也、〔詩〕伐「木丁丁」、刈、芟草也、〔徐〕曰「本」作乂、後人加刀作刈、穀曰穫、草曰刈、近世更有刈草機之刈、發明、則更事半而功倍者矣、聖人雖不憂人之危、〔校〕原刻「危」作「厄」、依治要改、治要「危」下更有「也」字、百姓準上而比於下、必取已安焉、〔校〕子彙本、錢氏本、「必」上均有「其」字、而羣書治要「其」字更在「下」字上、則聖人無事也、德在聖人、準其法而洽比於下、則風俗醇和、四境無虞、而百姓自安其生矣、聖人何所事之有、〔校〕治要「也」作「矣」、子彙本、守閣本、均作「也」字、與慎刻合、故聖人處上、能無害人、不能使人無己害也、則百姓除其害矣、聖人有安百姓之心、其或自底不類、而己害者、不得不為民以除其害也、非為己而害人也、聖人之有天下也、愛之也、非敢取之也、校治要「愛」作「受」、守閣李從、「敢」字治要刪、守閣李從、子彙與慎刻同、平案「愛」「敢」二字、語味無窮、「愛」「受」李有傳寫之訛、可疑、但若用受字、則敢字可刪、二者均通、百姓之於聖人也、養之也、非使聖人養己也、則聖人無事矣、聖人有光明之德、故百姓推而與之耳、非以征誅取之而害人也、百姓之於聖人、則養之以安己、非使之養一已，而不為民也，上下各得其所，各安其分，而天下平，是以聖人無事。〔校〕原刻脫「矣」字，依治要補。守閣本從、子彙本與慎刻均脫。**毛嬙西施、**〔校〕文選神女賦注、四子講德論注引此文，「西」並作「先」。按二字古通。〔釋〕莊周曰：毛嬙西施，魚見之深潛，鳥見之高飛。毛嬙，古美女也。又〔莊子〕毛嬙麗姬，人之所美也。西施，亦作先施，西施亦稱西子，又名夷光，春秋越苧蘿村西鬻薪之女子也，有姿色。越王句踐敗於會稽，范蠡用美人計，取西施獻於吳王夫差，而吳遂亡。後歸范蠡，同泛五湖，不知所終。**天下之至姣也，**〔釋〕姣，美也，好也。**衣之以皮倛，則見者皆走，易之以元緆，則**

行者皆止、〔校〕「褐」、慎子三種作「褐」、誤、今改、蓋慎刻「俱」上有「褐」字也、孫本無「褐」字、御覽三百八十一引作「褐」、而無「俱」字、類聚十八與慎刻同、作「褐」「俱」、治要「俱」又作「傾」、案「俱」「傾」通、「易」下有「之」字、慎刻脱、「元」慎刻作「玄」、守閣本作「元」、按「元」「玄」同、李本作玄、後人作元、「緆」、慎子三種、誤作「楊」、今改、孫本、守閣本、李本、作「緆」是、〔釋〕俱音祺、方相也、兩目曰俱、平案此字疑是衍文、(?)應作褐、褐音曷、毛布也、粗而不美觀之布也、緆音錫、細布也、細而有光采之布也、由是觀之、則元緆、色之助也、姣者、辭之、則色厭矣、〔釋〕辭、讓也、厭、惡也、走背跋踚、窮谷野走、十里、藥也、走背辭藥則足廢、釋 背同倍、跋、艸行曰跋、蹫音藥、跋藥者、言行路之踊躍也、窮谷者、深谷也、藥同闌、車上闌也、字彙補 藥闌、闌即藥、藥即闌、左傳 宣公十二年楚人惎之脫扃注、扃車、兵闌也、杜預云、兵闌盎橫木車前、以約車上之兵器、慮其落也、管子 小匡篇、輕罪入蘭盾鞈革二戟注云、蘭、錡兵架也、由此觀之、則闌又通蘭矣、闌通蘭、則與藥更近矣、是以下文更曰、舉重越高者、不慢於藥也、故騰蛇遊霧、飛龍乘雲、校 慎刻作「飛龍乘雲、騰虵遊霧」、按「虵」俗字、釋 蛇、爬虫類、本作蛇、俗作虵、佩觿 蛇字從也、「也」字誤、騰蛇者、言其行之神速、有如馬之奔走騰躍、飛龍者、鱗蟲中靈物也、易「飛龍在天」、雲罷霧霽、與蚯蚓同、則失其所乘也、〔校〕御覽九百三十三、又九百四十七、「霽」引作「散」、後漢書隗囂傳注、引作「除」、「與蚯蚓」內、愼刻作「而龍虵與螾螘同矣」、〔釋〕罷、休也、已止也、霽、雨止也、雲罷霧霽者、猶言雲收霧散也、是以御覽霽又引作散也、蚓與螾同、即蚯蚓也、〔正韻〕蚓通作螾、〔說文〕螾或作蚓、螘同蟻、〔說文〕作螘、〔爾雅〕李作螘、案螾螘二者、均蠕行而不快、故喻龍蛇失勢、亦若蚯蚓等之行而不速也、

故賢而屈於不肖者、權輕也、不肖而服於賢者、位尊也、〔校〕愼刻「故賢」下有「人」字、「輕」下有「位卑」二字、「服」上有「能」字、「位」上有「權重」二字、〔釋〕屈、屈伏、肖、衰微也、賢之

反、卑尊之對、服、服從也、堯為匹夫、不能使其鄰家、按御覽六百三十八引此句、作「不能使家化」、愼到作「不能治三人」、釋堯、唐堯也、謚法曰、翼善傳聖曰堯、名放勳、帝嚳之子、姓伊祁氏、匹夫、即庶人也、愼到之三人、雖未指明、當即驩兜、共工、鯀也、與堯同時、合三苗共稱四凶、後舜臣堯、請命遂各竄罷流放誅殛之、至南面而王、則令行禁止、由此觀之、賢不足以服不肖、而勢位足以屈賢矣、平案愼子學說、棄知去己、而重於勢、故勢之一字、反覆言之、孟子同時、亦有斯論、曰、「雖有智慧、不如乘勢」、同時更有蘇秦、曰、嗟呼、……人生世上、

勢位富厚、蓋可忽乎哉、噫、蓋亦時勢使之然也、故無名而斷者、權重也、弩弱

而矰高者、乘於風也、〔按〕孫本「矰」作「勢」非、慎刻作「矢」、「乘」作「激」、〔釋〕弩、奴五切、〔說文〕弓之有

臂者、亦謂之窩弓、〔釋名〕弩、怒也、有勢怒也、矰、矢也、身不肖而令行者、得助於

衆也、〔按〕自騰蛇遊霧至此、又見韓非子難勢篇、但引文多異、古人引書、每不盾盾、字句既於大義無

閲、故置不論、故舉重越高者、不慢於藥、〔釋〕越、度也、踰也、慢、輕忽也、藥、見上、

愛赤子者、不慢於保、〔釋〕赤者、朱色也、赤子者、言始生之子而身赤色也、蓋形言其幼

小也、保、保母也、所以養育而調護幼兒之身體者也、〔禮〕「入則有保、出則有師」、蓋即此也、絕險歷遠者、不慢於御、【校】【釋】二句、又見意林、兩「於」字、並作「其」、御、魚遽切、駕馭車馬之人也、此得助則成、釋助則廢矣、夫三王五伯之德、參於天地、通於鬼神、周於生物者、其得助博也、【校】自毛嬙西施至此、凡二百四十五字、子彙、慎本、均脫、平案此段文字、雜於慎刻內外篇、但字句多異同、今依守閣本次第校釋補入於此、【釋】釋、捨也、〔管子霸形篇〕「釋實而攻虛、釋堅而攻脆、釋難而攻易」、三王者、三代之王也、謂夏禹、商湯、周文武也、伯、音霸、五伯同五霸、其稱有二、(一)夏昆吾、商大彭、豕韋、周齊桓、晉文、(二)春秋五伯、齊桓、宋襄、晉文、秦穆、楚莊、五公是也、所以稱伯者、長也、古代諸侯之強大而雄長於一時者也、參、差庵切、參於天地者、即言其德配天地、有贊天化育之功也、博、廣大也、古者、工不兼事、士不兼官、工不兼事則事省、「事」省則易勝、校治要重一「事」字、錢本從、士不兼官則職寡、「職」寡則易守、校治要重一「職」字、錢本從、故士位可世、以其賢也、工事可常、以其專也、校孫本「可」字誤作「何」、百工之子、不學而能者、非生巧也、〔校〕御覽七百五十二引此文、「生」下有「而」字。言有常事也、觀工有常事而事集、則官人者可類推矣。〔校〕治要「有」下有「其」字。今也國無常道、官無常法、〔釋〕常者久也、常道者、古今不變之道也、吾人可得而名之者也、非此、則老子所謂道可道、非常道也矣、〔韓詩外傳〕「懷其常道、而挾其變權、乃得為賢」、常法、一定之法律也、〔書疏〕「五刑號有常法、所犯未必當條」。是以國家日繆、〔釋〕繆、音謬、猶差錯也。教雖成官、不足、官不足則道理匱、官不足以任其事、雖教何補、官所以明道理事兼官、則眾職廢而道理匱矣、〔校〕慎刻「匱」下有「矣」字、治要「匱」

下尚有一段文字，故「匱」下無「矣」字，今亦從之。釋 匱，匱乏也，竭也。

道理匱則慕賢智，慕賢智則國家之政要在一人心矣。校 自道理匱則慕賢智至此句心字上，凡二十一字，原刻、子彙、慎本並脫。平案：上下尚貫，故依治要補此。

古者立天子而貴者，校 治要「貴」下有「之」字，錢本從，與御覽七十二引此文合。非以利一人也，立天子而尊貴之，非以利其一身也。

曰：天下無一貴，則理無由通，通理以爲天下也。兩貴不相事，兩賤不相使，無天子之貴，天下無由而理。理，即治也。釋 通，猶亨通也。

故立天子以爲天下，非立天子以爲天子也。以一人治天下，非以天下奉一人。

立國君以爲國，非立國以爲君也。校「國」下有「有」字，見治要。

立官長以爲官，非立官以爲官長也。官長，宰庶官也。亥之使衆職無舉，非徒盛其任使也。校治要「官」下有「有」字，又下句「長」上有「官」字，錢本依治要並刪去，與御覽六百六十六引此文合。

法雖不善，猶愈於無法，所以一人心也。立法以一人心，雖有不善，民亦慎法，而不敢越也。校治要以「所以一人心也」句爲注文。釋愈者，勝也。

夫投

鉤以分財、投策以分馬、非鉤策以爲均也、〔校〕治要無「以」字、御覽四百二十九引此文、「非」下有「已」字、按「已」古與「以」通、

〔釋〕鉤、居侯切、俗作鈎、〔正韻〕與鬮同、鬮、俗作鬮、音鳩、又音鉤、是以與鉤同也、又與摳、彄、並同、〔荊楚歲時記〕臘日之後、有藏彄之戲、鬮、〔說文〕鬥取也、故凡事不能定、而借他物以卜可否者、曰探鬮、今人以手藏物、曰抽鬮、鬮讀鉤、以筆書符號於紙捲內、曰拈鬮、鬮讀鳩、即此投鉤之謂也、其法(一)以物藏於手內、互有相投、而後探取、以定勝負、(二)以紙書明符號、然後取之、以定勝負、總之法無定格、要在當時若何言明耳、故後世有神廟之拈鬮、以卜吉凶者、即今之抽籤是也、更有

作為取樂者、如〔風土記〕「義陽臘日、為藏鉤之戲」、又〔遼史禮志〕「至日有藏鬮之儀」、要皆以定勝負者也、又如近之摸采、兒童之押寶、均由斯而演繹者也、平案此實一釋爭之妙法、是以荀子曰「探籌投鉤者、所以為公也」、又按辛氏三秦記、以為鉤弋夫人所起、周處成公綏並作彄字、藝経庾闡、則作鉤字、其事同也、見〔荊楚歳時記〕策、測革切、蓍也、又籌也、投策以分馬者、當即籌馬之謂、亦即荀子探籌之類、〔禮〕投壺請為勝者立馬、此謂行正爵畢而為勝者立馬者、則反取筭以為馬、表於勝數也、必為筭為馬者、是威武之用、為將帥所乘、今投壺及射、亦習武而勝者、自表堪為將帥、故立馬也、更有一馬從二馬者、蓋一勝輒立馬、三馬為成、三馬既立、請慶多馬、故馬取以記勝負之具也、是以君人篇更有分馬之用策之句也、一說、策、鞭策也、為馬箠、所以限制其馬者也、但與上下文殊屬不通、故非也、均、平也、謂彼此如一、無高下偏頗不平均之辭也、此投鈎、投策均非過於人智、用之所以去私也、使得美者、不知所以德、使得惡者、不知所以怨、此所以塞願望也、校子彙、本、「德」作「美」、錢本與慎本同、治要作「賜」「怨」、子彙本作「惡」、其餘各本、均作「怨」、「願」治要作「怨」、與御覽六百三十八引此文合、「也」字治要無、「望」字下、並有「使不上也」句、故著龜所以立公言、校、校孫本、錢本、「言」均作識、釋 蓍、音尸、艸名、古取其莖以爲占筮之用、〔班固白虎通〕蓍之言耆、陽之老也、因老人歷年多更事久事能盡知也、〔本艸〕載埤雅云、草之多壽者、故字從耆、〔博物志〕言、蓍千歲而三百莖、其本老、故知吉凶、龜爬虫、腹背皆有甲、古灼龜甲以卜吉凶、故稱卜爲龜、龜生蔡地、蓍亦生蔡地、〔本艸〕蔡州上蔡縣白龜祠旁、其生如蒿、作叢高五六尺、一本二三十莖、至多更有五十莖、又云、蓍滿百莖、其下必有神龜守之、其上則常有青雲覆之、故稱蓍龜、又名蓍蔡、蓍龜者、聖人之所用也、書曰、女則有大疑、謀及卜筮、龜曰卜、蓍曰筮、故後人言、凡事之無疑者、則曰、不待蓍龜、

權衡所以立公正也、

釋 權、稱錘也、衡、所以稱物

輕重之器、故權衡二者均平之謂、所以稱物而知輕重者也、〔禮〕下齊如權衡、以應平、故後人每遇品評事物、亦曰權衡、

書契所以立公信也、〔釋〕契讀若恝、約也、為文字以約信也、書契者、所以取予市物之卷也、〔周禮〕「質人掌稽市之書契、同其度量、壹其淳制、巡而攷之、犯禁者舉而罰之」、淳、纯、通、當作純、布帛廣幅也、又謂出予受入之凡要、凡簿書之最目、獄訟之要辭、皆曰券契、

度量所以立公審也、〔按〕此句依山閣李補、〔釋〕度量者、齊物之器、所以較長短多少者也、〔周禮〕同其器數、壹其度量、審、詳悉也、又鞫事曰審、

法制禮籍所以立公義也、〔釋〕法制禮籍者、即法

律、制、度、禮、儀、典、籍也、義、宜也、裁事物使各相宜也、**凡立公所以棄私也、**言能立法、則人安於美惡、而無顧外之心、正猶鉤策無私、人信之、如著契而不疑也、（校）慎子三種、將此解之「著」字、誤作「著」今改、又自著龜至此、凡五十一字、子彙治要並脱、類聚二十二御覽四百二十九引、與慎刻同、**明君動事分理由慧、**（校）錢本「分理」之「理」作「功」、治要無「分」「理」或「分功」二字、又「慧」作「惠」、但「由」上均有「必」字、子彙「分」下作空白、無字可稽、「慧」仍作「慧」與錢本慎本同、但亦無「必」字、**定鼎分財必由法、**（校）鼎、俗作「鼎」、慎子三種、誤作「鼎」今改、治要「定鼎」作「定罷」、錢本作「定賞」、均有「必」字、子彙本作空白、

下亦無「必」字

行德制中「必」由禮、君必聰明智慧、而後能理天下之事、財者民所共趨、法令既一、則無爭鬭之患、禮無過不及者也、由乎禮、則德教制度自無不中、〔校〕「必」字同上、又慎解「鬭」字、慎子三種合帙本誤作「鬭」、今改、蓋「鬭」為「鬭」之誤、按俗鬪、故欲不得干時、〔釋〕干犯也、故欲民必於農、睞、愛不得犯法、〔釋〕犯亦干之謂也、抵觸也、故愛亦不得因私而犯公、必當官而行之、

貴不得踰親、〔校〕「親」治要作「規」、祿不得踰位、慧不得兼官、〔校〕「慧」子彙本、錢本、均作「士」、本案作「士」是、蓋本篇有「古者工不兼事、士不兼官」句、可證、工不得兼事、以

能受事、以事受利、〔釋〕此即古聖之道、不求備於一人之旨也、故古之宰物者、以能受事、皆各用其一能、以成其事、是以用無棄人、使無棄才、苟若任使於過分之中、役物於異便之地、則上下顛倒、事能淆亂矣、**若是者、上無羨賞、下無羨財、**羨、猶餘也、用法之善、則人安於法、上之賞下、下之事上、各當其則、而不過也、〔釋〕羨、亦猶溢也、賞、賜有功也、羨賞者、賞之過也、晏子曰、喜樂無羨賞、忿怒無羨刑、夫羨財者、謂財有餘也、白居易詩、敝宅須重葺、貧家無羨財、

因循　題依治要補

天道因則大、因百姓情遂自然性則功高而道大化則細、化民從我非物所樂其理徧狹其德細小因也者、因人之情也、人莫不自為也、化而使之為我、則莫可得而用矣、言人之情莫不有欲為上者拂其性而引之就我則不為之用化猶教令也【校】「矣」字依治要補【釋】違性矯情引彼就我則忿戾乖違莫有從之者矣見治要注

是故先王見不受禄者不臣、【校】「見」字見於長短經是非篇山閣本從今依之

補、不厚祿者不與難、校「不厚祿」治要作「祿不厚」「入」下並有「難」字、守閣本從、子彙本愼本脫、今依治要補、人不得其所以自為、則上不取用焉、人不遂其欲為之情、則上不能取用之矣、校「上不」治要作「上下」、其原注云：夫君上取用、必須天機之動、性分之通、然後上下交泰、經世可久耳、故敢使自為則無不得仕而使之則無不失矣、平条作「下」是、故用人之自為、順其情也、不用人之為我、拂其情也、則莫可得而用矣、人人樂為之用也、此之謂因、校「之謂」二字、子彙本作「謂之」山閣本依治要轉、

民雜　題依治要補

民雜處而各有、（校）「有」下、治要更有「所能」二字、守閣本從、平彙「各有」與「各有所能」二句、大有軒輊、故依懋賞本、所能者不同、此民之情也、情、即理也、賢愚不同、自然之理、故聖人不求備於一人也、大君者太上也、太上者、無以尚之也、（校）「太」子彙本作「大」、（釋）太、大極也、太、大、古通、亦作泰、太上、居尊上之位者也、無畜下者也、（釋）畜、容也、〔左傳〕「天下誰畜之」、下之所能不同、而皆上之用也、民之賢能不同、而聽上所取用也、是以大君因民之能爲資、盡包而畜之、【校】「畜」、孫本作「蓄」、按「畜」「蓄」通、無能取去焉、君子小人皆資於用也、【校】「取去」、治要作「去取」、守閣本從、是故必執於方、以求於人、故所求者無一足也、方、類也、人君執己見以求倫、則所求者無一足用也、【校】治要作「不設一方、以求於人、故所求者無不足也」、守閣本從、大君者不擇其下、故足、賢愚皆備任使也、【校】「者」字、子彙本、守閣本、均均脱、治要「足」下更有「也」字、【釋】不擇、不求全也、不擇其下、則易爲下矣、【校】愼本「易」字在「下」下、依治要改、易爲下、則莫不容，容故多下（君子易事，人皆樂從也。校治要本多容上重「莫不」二字，守閣本依之。）多下謂之太上（其下多，故在上者大也。校子彙本、治要「太」均作「大」，釋見上。）君臣之道，臣有事，而君無事也（百官之屬，各有司存。校治要「有」作「事」，其注云「言事其所事」，下句更無「也」字，守閣本從。）君逸樂而臣任勞，臣盡智力以善其事，而君無與焉，仰成而已，故事無不治（校慎本無「故」字，依治要補。）治之正道然也（人臣分任其事，則人君無為而享成功，治道之正者也。校治要無此一句。）人君自任而務爲善、以先下、自矜其能也、校「務」原刻作「獨」、則代下負任蒙勞也、臣反逸矣、釋代、替也、負、擔荷也、任、在背曰負、蒙、受也、逸、安樂也、故曰、君人者、好爲善以先下、則下不敢與君爭善、以先君矣、校「則」下之「下」字、依守閣本補、治要「善」上、更有「爲」字、皆稱所知、以自覆掩、君察察以爲明、則臣將救過之不暇矣、孰敢與之爭、秦皇漢武是也、校治要「稱」作「私」、下更有「其」字、釋覆、掩、二字、均蓋義、有過則臣反責君、逆亂之道也、校治要無也字、君之智、未必最賢於衆也、以未最賢、而欲善被〔盡〕下、則下不贍矣。不贍者、一人之智有限、雖有所被、其善易窮也。【校】治要「欲」下有「以」字、「則」下之「下」無。【釋】贍、足也。不贍者、不足也。若君之智最賢、以一君而盡贍下、則勞、勞則有倦、倦則衰、衰則復返於人、不贍之道也。【校】治要「若」字下有「使」字、「返」作「反」、按「返」「反」古同。「人」字並脱、守閣本從、平案此「人」字、删去是、「衰則……至道也」十字、宜作一句讀、又「贍」字、慎子三種誤作「贍」、今改。是以人君自任而躬事、則臣不事事矣。所謂君任勞、臣反逸也。〔校〕「矣」依治要改正。慎刻作「也」字。守閣本無此「也」或「矣」字。〔釋〕事事、猶言辦事也。是君臣易位也。謂之倒逆。倒逆則亂矣。〔釋〕易、變易也。倒逆、謂倒行逆施、反常道也。反常是以亂也。〈史記〉伍子胥曰：「為我謝申包胥曰：吾日暮途遠、吾故倒行而逆施之。」〈漢書〉「主父偃曰：吾日暮、故倒行逆施之也。」而人君任臣、而勿自躬、則臣事事矣。是君臣之順、治亂之分、不可不察也。任人則治、自任則亂。治亂之分、人君所當致察也。〔校〕守閣本「人」「君」下有「苟」字、「則」「臣」下有「皆」字。治要「察」下無「也」字。〔釋〕察、明察也。反覆詳審之也。觀以上所言，用一人之賢智，不周則亂，是以治國之要，在於知賢，而不在自賢，殆即此之謂歟。

德立 題依治要補

立天子不使諸侯疑。分不一，則民志不定，天子既立，諸侯之分定矣，自不敢疑於天子也。〔校〕治要「子」下有「者」字，「疑」下有「焉」字，以下三層均同。又慎子三種，將「侯疑」二字寫入注內，今改入正文。〔釋〕疑者，惑也。

立諸侯不使大夫疑。秦之李斯，漢之王莽，臣疑於君也。

立正妻不使群妻疑。周之褒姒，晉之麗姬是。〔校〕「群妻」守閣本作「嬖妾」。平案：非是，「群妻」當是慎子原文。是其獨到處。立嫡子，不使庶孽疑。周之伯服、晉之奚齊、卓子，孽疑於嫡也。
疑則兩動，分不定則疑起。兩動者，國有二君也。校子彙本作「動兩」，治要則無「兩」字。動兩
則爭，勢無兩美則爭。校治要無「動」字。雜則相傷，害在有與，不在獨。爭也，則
雜亂無紀，必相賊也。故臣有兩位者，國必亂。政出多門也。臣兩位，國
不亂者，君在也。權在君也。校治要「君」下有「猶」字。恃君不亂矣。校守閣本「君」下
有「而」字。失君則亂。校治要「則」作「必」字。按二字均可，蓋皆肯定也。子兩位者，家

必亂、家無嫡子也。子兩位而不亂者、父在也、【校】守閣本「而」下有「家」字、治

要「父」作「親」、下更有「猶」字、恃父不亂矣、【校】治要「父」作「親」、更無「矣」字、守閣本有「而」字、失父

則亂、【校】治要「父」作「親」、守閣本「則」作「必」、臣疑君而無不危國、孼疑宗而

無不危家、【校】治要「疑」下有「其」字、「危」下有「之」字、「君」下無「而」字、下句同、今一兔走、百

人逐之、非一兔足爲百人分也、由未定也、由未定、堯

且屈力、【釋】屈、竭也、屈力者、用盡其精力、言其難也、「漢書」用之無度則物力必屈、同此。而況衆

人乎、積兔在市、行者不顧、釋積、聚也、〔詩〕「積之栗栗」、顧、回視眷念之謂也、非不欲兔也、分已定矣、分已定、人雖鄙不爭、故治天下及國、在乎定分而已矣、並后四嫡、兩政偶國、亂之本也、校自「今一兔走、至已矣」、一段文字、治要盡脱、子彙本、守閣本、悉置於逸文、但字句略異、茲並録此、以便參閲、〔子彙〕「一兔走、百人追之、積兔於市、過而不顧、非不欲兔、分定不可爭也」、〔守山閣〕「一兔走街、百人追之、貪人具存、人莫之非者、以兔為未定分也、積兔滿市、過而不顧、非不欲兔也、分定之後雖鄙不爭」、按後漢書袁紹傳注、又意林及御覽九百文並節引、從觀以上、子彙及守閣、二者均已割裂不全矣、惟有李篇、可稱無甚軒輊、蓋與呂氏春秋慎勢篇引此文合、可證其所異者、惟有「在」之一字、呂氏引作「滿」字耳、

君人 題依治要補

君人者、舍法而以身治、則誅賞予奪、從君心出矣、從君心出者、出一時之喜怒也、〔校〕治要「予」在「奪」字下、更作「與」字、「出」下之「矣」字、依治要補、〔釋〕舍者、廢置也、舍法者、舍去法律也、予者、賜也、〔詩〕「何錫予之」、按「予」「與」相同、奪者、取也、又因事削去權利曰奪、然則受賞

者雖當、望多無窮、賞不由法、雖賞當其功、而望多之心無已。〔釋〕望者、欲望也。受罰者雖當、望輕無已、罰不由法、雖罰當其罪、而望輕之心無已。〔校〕「罰」下之「者」字、依治要補、〔釋〕輕者、重之對、望輕無已、人之情也。君舍法以心裁輕重、則同功殊賞、賞不當功也。同罪殊罰矣、罰不當罪也。〔校〕治要「法」下有「而」字、「則」下有「是」字、「殊賞同罪」四字、均脱、而更易一「而」字、合兩句為一句、「罰」下「矣」更作「也」字、便作「則是同功而殊罰也」句、怨之所由生也、不以功罪為賞罰、而以喜怒為賞罰、則不公矣、焉得不怨、是以分馬之用策、分田之用鉤、非以策鉤爲過於人智、所以去私塞怨也、分馬以策、分田以鉤、非鉤策之智、有過於人、以鉤策之法出於公、而無怨也、法者、治天下之鉤策也、〔校〕治要「馬」及「田」下、各有「者」字、「策」「鉤」作「鉤」「策」、「過」下無「於」字、「智」下有「也」字、又按長短經適變篇引、作「非以鉤策爲過人之智也」、〔釋〕鉤策見上、此文所言分田者、猶言分財也、蓋田亦即財產之一也、且鉤無定局、盡可隨物所宜、定而用之、平槩近世析家分產、習俗尚有沿用之者、塞弭止也、

故曰、大君任法而弗躬、則事斷於法、循法斷事、則事治、〔校〕治要「躬」下有「爲」字、「法」下有「矣」字、〔釋〕弗、不可

也、躬親也、

法之所以加、各以分蒙賞罰、而無望於君、

（按）治要「所」下無「以」字、「各以」之「以」字下、有「其」字、「蒙」下有「其」字、「君」下有「也」字、

是以怨不生上下和矣

賞罰循其法、而不出一人之意、則不僭不濫、而民志定矣、太和之治也、（按）按長短經適變篇引作「怨不生而上下和也」句、

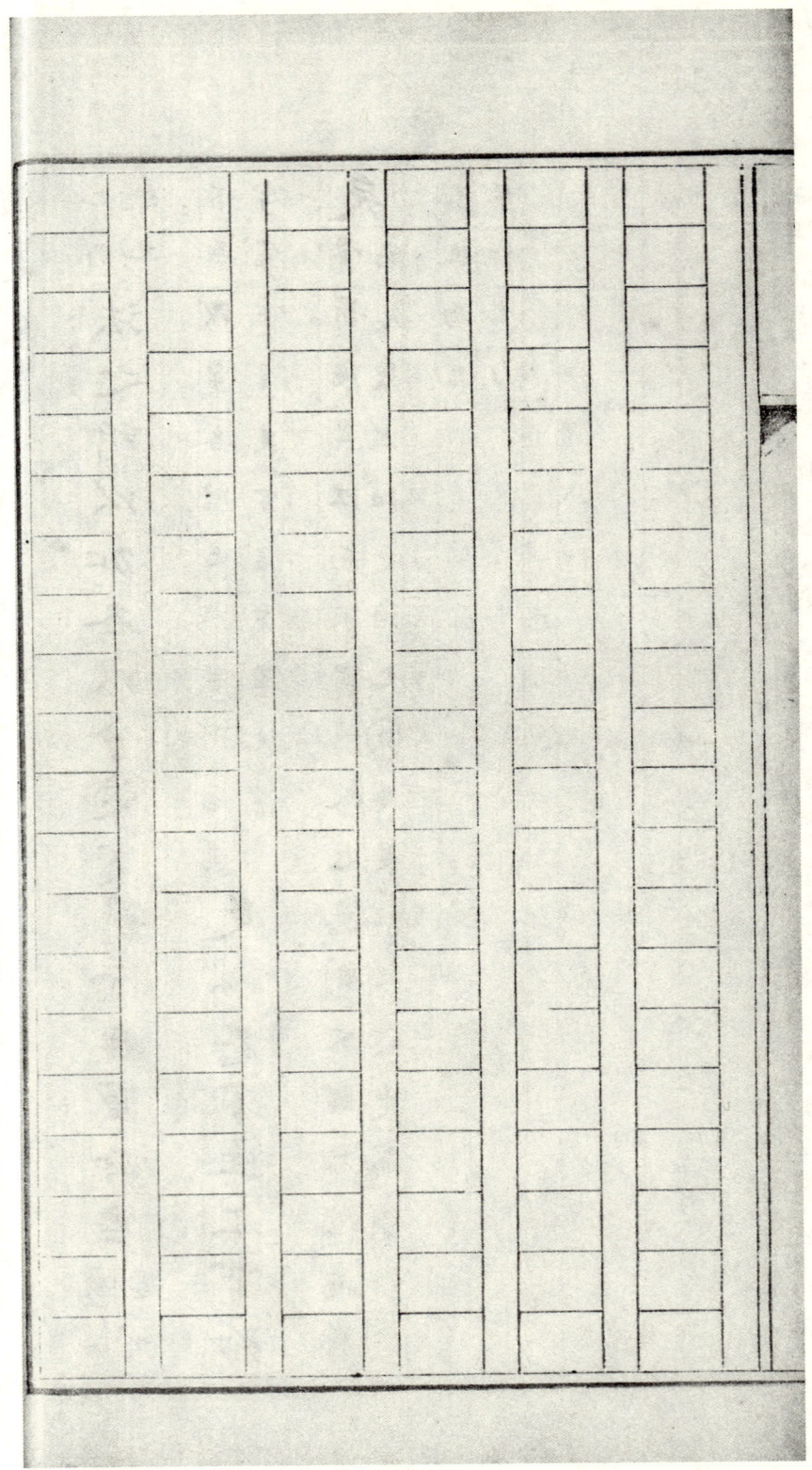

愼子校釋雜篇

戰國趙人愼到撰

行海者坐而至越、有舟也、（[校]六帖十二「舟」下有「故」字。）行陸者立而至秦、有車也、（按此句亦見六帖十一。）秦越遠途也、安坐而至者、械也、（按見御覽百六十八。[釋]械、器械也。即指舟車而言也。）

措鈞石使禹察之、不能識也、懸於權衡、則氂髮辨矣、禹雖大智、無權衡、則不能察多寡、況天下之大、民物之眾、不以法制、豈能悉其情偽耶、〔校〕「措」、守閣本作「厝」、案措、厝通、御覽「察」下有「錙銖」二字、「之」下有「重」字、而無「能」字、「釐」作「氂髮」、「髮」下有「之不可差」四字、而無「辨矣」二字、更有「則不待禹之智、中人之知、莫不足以識之矣」句、見御覽八百三十、又意林節引、守閣本置於逸文、而無下段文字、〔釋〕措、音醋、亦作厝、置也、鈞、古衡名、三十斤也、石、衡名、百二十斤為石、〔書〕「關石和鈞」、措鈞石者、即有鈞石之重也、釐同氂、十毫為釐、釐髮者、言其一釐一髮之微、均可辨白而不差也、

聖君任法、而不任智、任公而不任私、任大道而不任小物、然後

身佚而天下治、〔釋〕大道之行也、天下為公、然後身安而天下平治、案佚通逸、不勞也、

諺云、不聰不明、不能為王、不瞽不聾、不能為公、〔釋〕聰而明、能為王、瞽而聾能為公、要在並用不亂耳、是以冕而前旒、黈纊充耳也、

海與山爭水、海必得之、按見於意林及御覽四百九十六、

禮從俗、政從上、使從君、〔校〕曲禮作「禮從宜、使從俗」、言事不可常也、謂禮從俗則非、見困學紀聞、

國有貴賤之禮、無賢不肖之禮、有長幼之禮、

無勇怯之禮、有親疎之禮、無愛憎之禮也、按類聚三十八、御覽五百二十三有此文、釋憎、惡也。

愛多者則法不立、威寡者則下侵上、法者、天下之公、愛者、一人之私、愛多則不公、故法不立、威者上之柄、所以禁下、威寡則權弛矣、故侵上。釋侵、侵犯也。

法之功莫大使私不行、君之功莫大使民不争、今立法而行私、是私與法争、其亂甚於無法、按「是」下之「私」字、依類聚御覽二李補入。立君而尊賢、是賢、與君爭、其亂甚於無君。君所以任賢、賢所以佐君。立君而尊賢、則尊有二上、而政出多門、國必至於亂矣。尊賢非尊位重祿之尊、權與主並之謂也。故有道之國、法立則私善不行、校類聚、御覽「善」均作「議」是、但書鈔四十三、亦作善。君立則賢者不尊、民一於君、事斷於法、是國之大道也。校「是」字依類聚、御覽補。此節文字、錢本置於逸文。

河之下龍門、校寰宇記四十六「河」下有「水」字。其流駛如竹箭、駟馬追弗能及。【校】六帖六作追之不及。寰宇記亦有之字。又御覽四十。

有權衡者。不可欺以輕重。有尺寸者。不可差以長短。

有法度者。不可巧以詐僞。三者執得其要。故人不能欺也。按意林、御覽四百二十九有此節文字。王者有易政而無易國。有易君而無易民。

湯武非得伯夷之民以治。桀紂非得蹠蹻之民以亂

也。【釋】伯夷。人名。殷孤竹君之子也。與叔齊因文命而謙讓。不立。各逃。武王遂代殷。夷齊叩馬而諫。及勝

殷有天下，夷齊恥食周粟，隱於首陽山，采薇而食，作采薇之歌，遂餓及死，故曰得伯夷之民也。蹠蹻者，即盜蹠莊蹻也，皆大盜名。亦作跖蹻。〈淮南子〉明分以示之，則蹠蹻之姦止矣。

民之治亂在於上。國之安危在於政。

湯武與桀付之民一也。在湯武則治，在桀付則乱，非民之善惡不同，上之政治使之然也。按此節文字，守閣本置於逸文。

有虞之誅，以幪巾當墨。

〔校〕書鈔四十四引作「畫跪當黥」。

〔釋〕幪音蒙。覆也。幪巾者，覆之以巾也。墨，五刑之一。其法以治輕罪者，刺字於額，而涅之以墨，故謂之墨刑。

以草纓當

劓以菲屨當刖以艾韠當宮布衣無領當大辟此有虞之誅也【釋】纓冠系也即艸繩也劓音義割鼻也五刑之二也菲文沸切菲屨者草屨也刖音月斷足古肉刑名即剕也古五刑之三也艾色似文曰艾韠音必以章蔽膝也章軟皮也宮腐刑也五刑之四大辟其刑最重即五刑之死刑也斬人肢體鑿其肌膚謂之刑畫衣冠異章服謂之戮【釋】戮辱也上世用戮而民不犯也當世用刑而民不從按此文見於御覽六百四十五錢本置於逸文慎刻脫

昔者天子手能衣而宰夫設服、足能行而相者導進、口能言而行人稱辭、故無失言失禮也、校慎子三種慎本「衣」誤作「依」、今依御覽七十六改、

離朱之明、離朱、黃帝臣、善視察毫末於百步之外、下於水尺而不能見淺深、非目不明也、其勢難覩也、校守閣逸文「察」下有「秋」字、「毫」下有「之」字、此節文字又見文選演連珠注、楊荊州誄注、及類聚十七、御覽三百六十六、釋毫、長銳

也、至秋忽細、故曰秋毫、毫末者、謂纖細之極也、〔老子〕「合抱之木、生於毫末」、覩同睹、見也、

故賞貴（用）信、用罰貴必、賞信罰必於耳目之所聞見、則所不聞見者、莫不陰化矣、

賞法者、治天下之法也、人主賞罰所及者少、而賞罰所不及者多、故信賞必罰、則賞一人而千萬人悅、罰一人而千萬人懼矣、

折券契屬符節、賢不肖用之券契、為（不）人信人自用之、

〔釋〕折、毀也、券契二者、所定之條約、以取信也、折券契者、言其約已終而折毀之也、〔史記高祖紀〕「兩家折券

章責」注責同債屬付託也符節亦為徵信之用〔周禮〕門閭用符節」〔校〕御覽四百三十又抄本書鈔百四云折券契節賢不肖日之物以此得而不記於信也按文有脫誤不可讀

魯莊公鑄大鐘曹劌入見曰今國褊小而鐘大君何不圖之〔校〕初學記十六御覽百七十五〔釋〕褊音扁狹也褊小者狹小也圖謀也

慎子曰公輸子巧用材也不能以檀為瑟按二句御覽五百七十六有此

孔子曰、丘少而好學、晚而聞道、以此博矣。見御覽六百七。

孔子曰、有虞氏不賞不罰、夏后氏賞而不罰、殷人罰而不賞、周人賞且罰、罰、禁也、賞、使也。見御覽六百三十三。

燕鼎之重乎千鈞、乘於吳舟、則可以濟、所託者浮道也、見御覽七百六十有八

君臣之間、猶權衡也、權左輕則右重、右重則左輕、輕

重迭相樕天地之理也見御覽八百三十

飲過度者生水食過度者生貪見御覽八百四十九

堯讓許由舜讓善卷皆辭為天子而退為匹夫見類聚二十一御覽四百二十四

虙戲神農教而不誅渾噩之世無事於法也[釋]虙扶解切戲同義今作伏犧古之帝名三皇最先風姓母曰華胥以木德王故又稱太皞皞通昊又作太昊養犧牲以充庖廚故又作庖犧始

畫八卦、造書契、都陳、在位一百十五年、葬虔、宓伏並通、義古字戲、故又作宓義、伏又通抱、烏苞子、互相訓。而聲亦相轉、故伏犧又作庖犧、此又一說也、神農、古帝名、姜姓、母曰女登、以火德王、又稱炎帝、三皇之二也、起於烈山、亦曰烈山氏、始教民為耒耜、興農業、故稱神農氏、都陳、後遷曲阜、更作方書、以療民疾、立市廛、以通貨財、在位一百四十年而崩。

黃帝堯舜、誅而不怒、

【釋】順事無情也、黃帝、古帝名、姓公孫、生於軒轅之丘、故曰軒轅氏、國於有熊、故亦曰有熊氏、時蚩尤作亂、暴虐天下、帝乃徵師諸侯、與蚩尤戰於涿鹿之野、遂禽殺之、諸侯咸尊為天子、代神農氏、因有土德之瑞、故號黃帝、三皇之三也、凡

宮室器俱皆始於此在位百年而崩

及至三王、隨時制法、各適其用、隨時制法、施之無不當也、〔釋〕三王見上。制、定也、故治國無其法則亂、守法而不變則衰、時有升降一定之制不可守一也、〔按〕類聚五十四作故「治之長也」句、〔釋〕變更改也、反經合道之謂也、今守法不更則衰、此即拘古而不通於今、是以衰也、故法宜因時而變、變則通、通則不衰、而合乎世道矣、〔易〕「化而裁之存乎通、推而行之存乎變、……變通者、趨時者也、即此、有法而行私、謂之不法、法者、公也、行私則不公矣、與無法同、以力役法者、百姓也、百姓畏法、故可驅而使也、[釋]役者使役也、以死守法者、有司也、有司執法則事治而百姓安也、[釋]有司者、官吏也、以道變法者、君長也、隨時變法、而不失其道、人君之所以宰制兆民也、按類聚五十四有此文、守閣本置於逸文、

匠人知為門、能以門、所以不知門也、不知門之要也、故必杜、然後能門、門之要在於外、按淮南子道應篇引此文、

勢而害能則亂也、云能而害無能則亂也、按荀子非十二子篇

注有此文

弃道術，舍度量以求一人之識識天下，誰子之識能足焉。見荀子王霸篇注。〔釋〕弃，棄之古文。

多賢不可以多君，無賢不可以無君。見荀子解蔽篇注。

匠人成棺，不憎人死，利之所在，忘其醜也。醜，類也。溺於其利，則無惡傷其類之心，故術不可不慎也。〔校〕意林又御覽五百五十一引作「匠人成棺，而無憎於人，利在人死

也、

獸伏就穢、見文選西都賦注【釋】伏、匿藏也、

夫德精微而不見、聰明而不發、是故外物不累其內、

見文選沈休文遊沈道士館詩注養生論注、

慎子曰、夫道所以使賢無柰不肖何也、所以使智無

柰愚何也、若此則謂之道勝矣、道勝則名不彰、【校】柰守閣

李作奈。按李、奈同。李作李。上節守闕置於逸文。又將道勝向分寫。又文選張景陽雜詩注有此文。

趨事之有司賤也。見文選謝元暉始出尚書省詩注。

臣下閉口，左右結舌。見文選謝平原內史表注。

久處無過之地，則世俗聽矣。見文選吳季重答魏太子牋注。釋：聽，從也。

昔周室之衰也，厲王擾亂天下，諸侯力政，人欲獨行以相兼。見文選東方朔答客難注。

衆之勝寡必也、見文選夏侯常侍誄注、

詩往志也、詩者志之所之也、在心為志、發言為詩、往猶昔也、書往誥也、二帝之迹、三王之義、明天下之情、故曰之誥、春秋往事也、二百四十二年之行事也、至於易、則吾心陰陽消息之理備矣、意林及經義考引此文、至於……備焉云、未見所出、當考乎蔡慎子長於易、此句理合出其口脗也、昔虙羲氏仰觀象於天、俯觀法於地、觀鳥獸之文、與土地之宜、近取諸身、遠取

諸物，於是始畫八卦，以通神明之德，以類萬物之情，

文王重易六爻，【釋】文王者，周文王也，因羑里，演周易六爻，卦畫謂之爻，重卦六畫，故有六爻，陽爻謂之初九、九二、九三、九四、九五、上九，陰爻謂之初六、六二、六三、六四、六五、上六，作上下篇，【釋】上下篇，即陰陽也，上篇三十，所以象陽也，下篇三十有四，所以法陰也，孔子作緯，以釋其義也，

孔子為之彖象繫文言序卦之屬十篇，【釋】十篇，即十翼，漢田何易原與經亦各自為篇，舊以上彖一，下彖二，上象三，下象四，上繫五，下繫六，文言七，說卦八，序九，雜卦十，

故曰、易道深矣。人更三聖、世歷三古。仲尼之學易也、沒身而已。子曰：假我數年，五十以學易，可以無大過矣。【釋】三聖、三古，即指伏羲、文王、孔子也。

兩貴不相事、兩賤不相使。見意林。

家富則疏族聚、家貧則兄弟離。非不相愛，利不足相容也。見意林。

藏甲之國、必有兵遁。兵遁、軍械之類也。【釋】藏，蓄也。甲，兵士曰甲。藏甲之國，必有兵遁。

者、蓋即有意必先作具也、[校]慎解軍械之「械」誤作「識」、今改、案「識」、「識」字俗寫、亦非、市人可驅而戰、三略曰、人主深曉中略能御將統眾則有兵適者、雖驅市人而戰無不勝也。[釋]驅者驅使也、亦逼迫之義也、安國之兵、不由忿起、兵起非可以私忿也、見其可勝則興、見其不可勝則止、不敢輕用兵以危其國也、按此節又見意林本、明主之征也、誅其君改其政、率其民而不奪其財也、故曰戰者憚驚之也、憚驚儆戒之也、明主之征也、猶時雨也、至則民悅矣、[釋]時雨喻政教善也、

蒼頡在庖犧之前、見尚書序疏釋蒼、通倉、蒼頡、人名、古之始造文字者、

為毳者患塗之泥也、見書益稷疏釋毳、音蕝、以板置泥上、以便於通行也、尚書作輴、按輴與毳為一、云史記作橇、漢書與此同、作毳、

晝無事者夜不夢、見雲笈七籤三十三、

田駢名廣、見莊子天下篇釋文、

桀紂之有天下也、四海之内皆亂、關龍逄王子比干

不與焉、【釋】關龍逢夏之賢臣、夏桀無道、為酒池糟丘、龍逢極諫、桀因而殺之、王子比干殷紂諸父、諫紂不聽、為紂所殺、而謂之皆亂、其亂者衆也、堯舜之有天下也、四海之內皆治、而丹朱商均不與焉、【釋】丹朱唐堯之子、商均虞舜之子、二者均不肖、故一禪位於舜、一禪位於禹、而謂之皆治、其治者衆也、見長短經勢運篇注、

君明臣直、國之福也、父慈子孝、夫信妻貞、家之福也、

故比干忠而不能存殷。殷紂失道，比干諫之，剖心而死。其後武王代之，國隨以亡。此言忠。申生孝而不能安晉。晉獻公得驪姬，生奚齊，欲殺太子申生。申生不自明而死，晉國遂亂。是皆有忠臣孝子而國家滅亂者何也？無明君賢父以聽之。按戰國策卷三蔡澤引有此文。故孝子不生慈父之家，忠臣不生聖君之下。有瞽瞍而後見舜之孝，有紂而後見文王之忠，過之所遺，聖人不得已也。【校】「家」原本作「義」，非。意林引此文亦作「家」。此二句據治要在知忠篇。【釋】孝、善事父母曰孝，孝子者、有孝行之人也、忠、盡己之心曰忠、忠臣者、忠事於君也、〈論語〉「臣事君以忠」、然孝子不生慈父之家、忠臣不生聖君之下、由此觀之、忠孝、美名也、亦惡名也、矣、老子曰、「忠臣孝子、為不幸之名」、即因家庭不肖、朝廷甚惡故也、老子之言、豈無徵而發者哉、故更有「六親不和有孝慈、國家昏亂有忠臣」之語、可喜可哭、

夏箴曰、小人無兼年之食、遇天饑妻子非其有也、大夫無兼年之食、遇天饑臣妾輿馬非其有也、古者國家三年必有一年之備、非其有言、必流之也、戒之哉、按周書有此文、

與天下于人大事也，煦煦者以為惠，而堯舜無德色。

〔釋〕于同於。煦煦者，恩惠也。德色，施恩于人而有自矜之色也。

取天下于人大嫌也，潔潔者以為污。

〔釋〕嫌，嫌疑也。潔俗作潔。潔潔者，厚志隱行之謂也，如許由是。

而湯武無愧容，惟其義也。

日月為天下眼目，人不知德；山川為天下衣食，人不能感。

〔校〕御覽三以此四句為任子文，「感」作「誠」。

〔釋〕山川所以能為衣食者，蓋寶藏興也。

小人食於力，君子食於道。勞力者治於人，勞心者治人；治於人者食人，治人者食於人。按御覽八百四十九及意林有此文。先王之訓也。故常欲耕而食天下之人矣。然一身之耕，分諸天下，不能人得一升粟。其不能飽可知也。欲織而衣天下之人矣。然一身之織，分諸天下，不能人得尺布。其不能煖可知也。故以為不若誦先王之道，而求其說，通聖人之言，而究其旨上說王公大人次匹夫徒步之士、[釋 徒步、布衣之稱也、亦即庶人之謂也]王公大人用吾言國必治、匹夫徒步之士用吾言行必脩、雖不耕而食饑、不織而衣寒、功賢於耕而食之、織而衣之者也、[賢、猶愈也、按墨子有此文、]

許犯問於子慎子曰、法安所生、子慎子曰、法非從天下、非從地出、發於人間、合乎人心而已、治水者、茨防決塞，茨防，即今黄河之埽，決塞者，塞河之決也。【釋】茨，音慈，積也。維在夷狄，【校】錢李作「九州四海」，《繹史》引此四字，與慎刻合，「列子」作「維在夷貊」，而孫李慎校作「九州四海」，云依列子，非。相似如一。【釋】相似如一，即如同一類也。學之於水，不學之於禹也。法可制而不如有所因。

古之全大體者，望天地，觀江海，因山谷，日月所照，四時所行，雲布風動，不以智累心，不以私累己，寄治亂於法術、託是非於賞罰、屬輕重於權衡、不逆天理、不傷情性、不吹毛而求小疵、不洗垢而察難知、【釋】疵、病也、凡事物之有過誤者、皆曰疵、此二句即謂細微之過失、而不必察也。不引繩之外、不推繩之內、【釋】繩者、猶法度也、所以糾人之過失曰繩、此二句即謂合於法度之中也。不急法之外、不緩法之內、守成理、因自然、禍福生乎道法、而不出乎愛惡、榮辱之責在乎己、而不在乎人、故至安之世，法如朝露，純樸不欺。校 慎子三種慎刻「欺」作「散」，今依守閣本改。釋 純樸者，純一樸質也。心無結怨，結留也。口無煩言，煩多也。故車馬不疲弊於遠路，校 守閣本無「疲」字。旌旗不亂於大澤，萬民不失命於寇戎。天下清寧少事，故車旗無所用，民命無所殘也。釋 寇，兵作亂於外曰寇，又攻劫曰寇。寇戎者，即兵家之戰爭也。豪傑不著於圖書，不録功於盤盂。所謂英雄無用武之地。記年之牒空虛，無事可載也。故曰，利莫長於簡，福莫久於安。按韓非子內有此文。

鷹善擊也。然日擊之則疲而無全翼矣。驥善馳也。然日馳之則蹶而無全蹄矣。孟子曰人有不為也而後可以有為釋驥馬之良者故千里馬曰驥。蹶音厥。顛倒也。又足病不能行也。

能辭萬鍾之祿於朝陛。不能不捨一金於無人之地。能謹百節之禮於廟宇。不能不弛一容於獨居之餘。蓋人情每狎於所私故也（小人之情常致謹於人所共見之地而放失於隱微幽暗之中是以君子必慎其獨也【釋】鍾音鍾古量名受六斛四斗萬鍾者言祿之多也陛天子陛也朝陛者即朝廷之間也弛放廢不遵法度也狎輕忽也）不肖者不自謂不肖也而不肖見於行雖自謂賢人猶謂之不肖也愚者不自謂愚（【校】守山閣本「愚」也有「也」字）而愚見於言雖自謂智人猶謂之愚（按鬻子有此文）

法者所以齊天下之動至公大定之制也故智者不得越法而肆謀辨者不得越法而肆議〔校〕守閣本逸文「辨」作辯按

辨辯通〔釋〕越超越也過也肆放恣也肆議者放論也

士不得背法而有名臣不得背法而有功我喜可抑我忿可窒我法不可離也

〔釋〕抑止也忿恨怒窒知乙切塞也亦弭塞也之謂也即止之意也我法者至公也故不可離可離非法也

骨肉可刑親戚可滅至法不可闕也〔釋〕闕毀也

善爲國者、移謀身之心而謀國、〔釋〕移、變易也、遷也、下同、移富國之術而富民、移保子孫之志而保治、移求爵祿之意而求義、則不勞而化理成矣、

田繫問曰、仲尼曰、志士仁人、無求生以害仁、有殺身以成仁、何也、子愼子曰、始吾未生之時、焉知生之爲樂也、今吾未死、又焉知死之不樂也、〔校〕守閣李逸文「不樂」上有「爲」字、

故生不足以使之、利何足以動之、死不足以禁之、害何足以恐之、明於死生之分、達於利害之變、是以目觀玉輅琬象之狀、耳聽白雪清角之聲、不能以亂其神、玉輅、王者所乘、有琬琰象牙之飾、白雪、師曠所奏之琴、神物為下降者、清角者、商聲也。登千仞之谿、臨蝯眩之岸、不足以滑其和、蝯眩、猿臨其岸而目眩、滑、亂也、和、適也、校守山閣本逸文「滑其和」作「清其知」(?)夫如是、身可以殺、生可以無、仁

可以成、

鳥飛於空、魚游於淵、非術也、故為鳥為魚者、亦不自知其能飛能游、苟知之、立心以為之、則必墮必溺、猶人之足馳手捉、耳聽目視、當其馳捉聽視之際、應機自至、又不待思而施之也、〔校〕孫本「施」誤作「手」、苟須思之、而後可施之、則疲矣、是以任自然者久、得其常者濟、周成王問鬻子。（釋）鬻、音祝。鬻子名熊、楚之先祖、事周文王。成王時封其子熊繹於荊蠻之丹陽。曰、寡人聞聖人在上位、使民富且壽。若夫富則可為也、若夫壽則在天乎、鬻子對曰、夫聖王在上位、天下無軍兵之事、故諸侯不私相攻、而民不私相鬬也、則民得盡一生矣、聖王在上、則君積於德化、而民積於用力、故婦人為其所衣、丈夫為其所食、則民無凍餓。民得二生矣。聖人在上。則君積於仁。吏積於愛。民積於順。則刑罰廢。而無夭遏之誅。〔釋〕夭遏。一作夭閼。夭猶言折。遏猶言止。〈莊子〉背負青天而莫之夭遏者。蓋謂鵬鳥奮身九萬里之上。任其所之。無所挫折而遏止也。又〈淮南子〉莫之夭遏。民則得三生矣。聖王在上。則使人有時。而用之有節。則民無厲疾。民得四生矣。〔釋〕厲。惡也。厲疾者。猶言惡疾。按此文賈誼新書有之。

廊廟之材、非一木之枝。狐白之裘、非一狐之腋。

【校】「廊廟」慎刻作「廟廊」、金依守閣本乙轉。「材」「裘」下均有「蓋」字、意林引此文、「狐」作「粹」、御覽七百六十六又九百九、「腋」並作「皮」、與治要合、但意林作「腋」、與慎刻合、守閣本「枝」下有「也」字、【釋】裘、皮衣也、腋、肩（臂）內面交接之處也、在狐即兩腿與腹部相夾之間也、今狐白之裘、以腋為之、當非一狐之腋可知、而意林「狐」作「粹」、御覽治要「腋」並作「皮」、平案均非、夫狐白之裘、是集聚多狐腋之白毛而成之者也、故其價貴也、〔史記〕「孟嘗君有一狐白裘、直千金」、今若以「腋」作「皮」、亦何貴重之可言、并祗不過普通之一狐裘耳、故吾意非之、但一本又作「狐白之裘非一腋之皮也」句、由此觀之、更可得一佐證、蓋非皮之誤、即狐之錯、腋為是、可斷言也、治亂安危、存亡榮辱之施、施運行也、非一人之力也、校此節文字治要置於知忠篇、又見文選盧子諒答魏子悌詩注、四子講德論注、故人主者、以天下之目視、以天下之耳聽、以天下之智慮、以天下之力動、是以號令能下究、而臣情得上聞、百官修道、群臣輻湊、人主不用一己之耳目智力、而任天下之賢、則法公而上令下究、下情上達矣、校三種合刻、「湊」作「湊」、今改、案「湊」

俗作「湊」非、釋輻、音福、湊音腠、輻湊者、言人物之集聚如車輻之聚於轂也、國策「諸侯四通、條達輻湊」、衆湊、又通輳、故又作輻輳、前漢叔孫通傳「四方輻輳」

愼子治要

張文治 撰

民國十九年（1930）上海文明書局排印《諸子治要》本

慎到

趙人。漢志法家有其書。至宋書亡八九。清四庫改入雜家。略謂大旨欲因物理之當然。各定一法以守之。不求於法之外。亦不寬於法之中。則上下相安。可以清靜而治。然法有不行。勢不能不以刑齊之。黃老之爲申韓此其轉關矣。近人輯本。以江陰繆氏蘊香簃寫本最爲完善。今據而摘錄之。

內篇 節錄

古者工不兼事。士不兼官。工不兼事則事省。事省則易勝。士不兼官則職寡。職寡則易守。故士位可世。工事可常。百工之子不學而能者。非生巧也。言有常事也。今也國無常道。官無常法。是以國家日繆。教雖成官不足。官不足則道理匱。道理匱則慕賢智。慕賢智則國家之政要在一人之心矣。古者立天子而貴之者。非以利一人也。曰天下無一貴。則理無由通。通理以爲天下也。故立天子以爲天下。非立天下以爲天子也。立國君以爲國。非立國以爲君也。立官長以爲官。非立官以爲官長也。法雖不善。猶愈於無法。所以一人心也。夫投鉤以分財。投策以分馬。非鉤策爲均也。使得美者不知所以德。使得惡者不知所以怨。此所以塞願望也。故蓍龜所以立公識也。權衡所以立公正也。書契所以立公信也。法制所以立公義也。凡立公所以棄私也。明君動事分理必由慧。定賞分財必由法。行德制中必由禮。故欲不得干時。愛不得犯法。貴不得踰親。祿不得踰位。士不得兼官。工不得兼事。以能受事。以事受利。若是者。上無羨賞。下無羨財。

立天子者不使諸侯疑焉。立諸侯者不使大夫疑焉。立正妻者不使嬖妾疑焉。立嫡子者不使庶孽疑焉。疑則動。兩則爭。雜則相傷。害在有與。不在獨也。故臣有兩位者國必亂。臣兩位而國不亂者。君在也。恃君不亂矣。失君必亂。子有兩位者家必亂。子兩位而家不亂者。父在也。恃父不亂矣。失父必亂。臣疑其君。無不危之國。孽疑其宗。無不危之家。今一兔走。百人逐之。非一兔足爲百人分也。由未定也。由未定。堯且屈力。而況衆人乎。積兔在市。行者不顧。非不欲兔也。分已定矣。分已定。人雖鄙不爭。故治天下及國。在乎定分而已矣。

君人者舍法而以身治。則誅賞予奪從君心出矣。然則受賞者雖當。望多無窮。受罰者雖當。望輕無已。君舍法而以心裁輕重。則同功殊賞。同罪殊罰矣。怨之所由生也。是以分馬者之用策。分田者之用鉤。非以策鉤爲過於人智也。所以去私塞怨也。故曰。大君任法而弗躬。則事斷於法矣。法之所加。各以其分。蒙其賞罰而無望於君也。是以怨不生而上下和矣。

飛龍乘雲。騰蛇遊霧。雲罷霧霽。而龍蛇與螾螘同矣。則失其所乘也。故賢人而屈於不肖者。則權輕位卑也。不肖而能服於賢。則權重而位尊也。堯爲匹夫。不能治三人。而桀爲天子。能亂天下。吾以此知勢位之足恃。而賢智之不足慕也。夫弩弱而勢高者。激於風也。身不肖而令行者。得助於衆也。堯教於隸屬而民不聽。至於南面而王天下。令則行。禁則止。由此觀之賢智未足以服衆。而勢位足以屈賢者也。

愛多者則法不立。威寡者則下侵上。法之功。莫大於使私不行。君之功。莫大於使民不爭。今立法而行私。是私與法爭。其亂甚於無法。立君而尊賢。是賢與君爭。其亂甚於無君。故有道之國。法立則私議不行。君立則賢者不尊。民一於君。斷於法。是國之大道也。

慮戲神農教而不誅。黃帝堯舜誅而不怒。及至三王。隨時制法。各適其用。故治國無其法則亂。守法而不變則衰。有法而行私。謂之不法。以力役法者。百姓也。以死守法者。有司也。以道變法者。君長也。

措鈞石。使禹察之。錙銖則不識也。懸於權衡。則氂髮之不可差。聖君任法而不任智。任公而不任私。任大道而不任小物。然後身佚而天下治。

許犯問於子愼子曰。法安所生。子愼子曰。法非從天生。非從地出。發於人間。合乎人心而已。治水者茨防決塞。雖在夷狄。相似如一。學之於水。不學之於禹也。

外篇 節錄

法者所以齊天下之動。至公大定之制也。故智者不得越法而肆謀。辨者不得越法而肆議。

士不得背法而有名。臣不得背法而有功。我喜可抑。我忿可窒。我法不可離也。骨肉可刑。親戚可滅。至法不可闕也。

善爲國者。移謀身之心而謀國。移富國之術而富民。移保子孫之志而保治。移求爵祿之意而求義。則不勞而化理成矣。

田槃問曰。仲尼曰。志士仁人。無求生以害仁。有殺身以成仁。何也。子愼子曰。始吾未生之時。焉知生之爲樂也。今吾未死。又焉知死之不樂也。故生不足以使之。利何足以動之。死不足以禁之。害何足以恐之。明於死生之分。達於利害之變。是以目觀玉輅琬象之狀。耳聽白雪淸角之聲。不能以亂其神。登千仞之谿。臨蝯眩之岸。不足以滑其和。夫如是。身可以殺。生可以無。仁可以成。

錢基博 撰

慎子校讀記一卷

民國二十年(1931)油印《名家四子校讀記》本

守山閣本慎子校讀記

錢基博稿

威德

涵芬樓景印江陰繆氏藕香簃寫吳人慎懋賞校本內篇第一條無題

天有明不憂人之暗也地有財不憂人之貧也

校勘：涵芬樓景印江陰繆氏藕香簃寫吳人慎懋賞校本湖北崇文官書局刻百子全書本無兩也字此依唐魏徵羣書治要補

天雖不憂人之暗

慎懋賞本百子全書本無之字此依治要補又治要暗下有也字

地雖不憂

人之貧（慎懋賞本百子全書本無之字此依治要補又治要貧下有也字）聖人雖不憂人之危（治要危下有也字）而比於下其必取己安焉（治要其字在下字上慎懋賞本無其字）則聖人無事也（治要也作矣）受之也非取之也（慎懋賞本百子全書本受作愛取字上有敢字此依治要改刪）則聖人無事矣（慎懋賞本百子全書本無矣字此依治要補）毛嬙西施天下之至姣也衣之以皮倛則見者皆走易之以玄緆則行者皆止由是觀

之則玄緆色之助也姣者辭之則色厭矣走背跋蹻窮谷野
走十里藥也走背辭藥則足廢故騰蛇遊霧飛龍乘雲〻罷
霧霽與蚯蚓同則失其所乘也故賢而屈於不肖者權輕也不
肖而服於賢者位尊也堯為匹夫不能使其隣家至南面而王
則令行禁止由此觀之賢不足以服不肖而勢位足以屈賢矣

故無名而斷者權重也弩弱而矰高者乘於風也身不肖而令

行者得助扵衆也故舉重越高者不慢於藥愛赤子者不慢

扵保絶險歷遠者不慢扵御此得助則成失助則廢矣夫三王

五伯之德參扵天地通扵鬼神周扵生物者其得助博也毛嬙西施

以下二百四十五字慎懋賞本百子全書本並無此依治要補惟千里藥也治

要千作千賢不足以服不肖而勢位足以屈賢矣治要而勢位下多足以服

不肖而據位八字似衍
事省則易勝慎懋賞本百子全書本無事字此依治要補
職寡則易守
慎懋賞本百子全書本無職字此依治要補
工事可常慎懋賞本可作何誤
官不足則道理匱道
理匱則慕賢智慕賢智則國家之政要在一人之心矣道理匱則慕賢
智至一人之心二十一字據慎懋賞本百子全書本無此依治要補
古者立天子而貴之者慎懋賞本百子全書本無之字
此依治要補
故立天子以為天下治要未有也字下立國君以為立官長以為官兩句未有也字均同慎懋賞本百子全書

本及此皆無之非立官以為長也慎懋賞本百子全書本長字上有官字此依治要刪使得美者不知所以德使得惡者不知所以怨此所以塞願望也治要德作賜願望作怨望望下有使不上三字殊費解疑當作塞願望使不怨上也百子全書本德作美怨作惡亦通故蓍龜所以立公識也權衡所以立公正也書契所以立公信也度量所以立公審也法制禮籍所以立公義也凡立公所以棄私也故蓍龜至棄私也五十一字治要及百子全書本

無慎懋賞本有之而脫度量所以立公審也八字此依藝文類聚太平御覽補

明君動事分功必由慧 治要無分功二字慧作惠慎懋賞本功作理百子全書本功作官又必字均脫

定賞分財必由法行德制中必由禮 治要賞作罪慎懋賞本賞作鼎又慎懋賞本百子全書本脫兩必字

貴不得踰親 治要親作規譌

士不得兼官 士治要作惠慎懋賞本作慧

下無羨財 治要下作民

提

聖人

聖人有德、不憂人之危也、救聖人處上能無害人、不能使人無己害也、則百姓除其害矣、聖人之有天下也、受之也、

要

非取之也、百姓之於聖人也、養之也、
非使聖人養己也、則聖人無事矣

有常

古者工不兼事、士不兼官、工不兼事、則事省、事省則易勝、士不兼官、則職寡、職寡則易守、故士位可世、工事可常、百工之子、不學而能者、非生巧也、言有常事也、今也國無常道、官無常法、是以國家日繆

天子

古者立天子而貴之者、非以利一人也、曰天下無一貴、則理無由通、通理以為天下也、故立天子以為天下、非立天下以為天子也、立國君以為國、非立國以為君也、立官長以為官、非立官以為官長之人也、

法威

法雖不善、猶愈於無法、所以一人心也、夫投鉤以分財、投策以分馬、非鉤策為均也、使得美者不知所以德、使得惡者不知所以怨、此所以塞願望使不怨上也

因循（慎懋賞内篇第二條無題）

校勘

則莫可得而用矣（慎懋賞本百子全書本無矣字此依治要補）是故先王

見不受祿者不臣（治要慎懋賞本百子全書本無見字此依長短經是非篇補）祿不

厚者不與入難（慎懋賞本百子全書本作不厚祿者不與入此依治要改補）此之謂因（百子全書本之謂二）

字創

提要

因循

化民從我、非物所樂、其理偏扶、莫如為因、因也者、因人之情也、人莫不自為也、化而使之為我、則莫可得而用、故用人之自為、不用人之為我、則莫不可得而用矣、此之謂因、

民雜 慎懋賞本內篇第三條無題

校勘

民雜處而各有所能所能者不同 慎懋賞本百子全書本所能二字不重此

依治要補 無能去取焉 慎懋賞本百子全書本去取二字倒此依治要乙轉 是故不設

一方以求于人故所求者無不足也（慎懋賞本百子全書本不設一方作必執於方無不足之不作一此依治要改）大君不擇其下故足（慎懋賞本大君下有者字治要足字下有也字）則易為天下矣（慎懋賞本百子全書本易字在為下之下此依治要改）莫不容故多下（慎懋賞本百子全書本無莫不二字此依治要補入）多下之謂太上（慎懋賞本之謂二字倒）臣事事而君無事（慎懋賞本百子全書本事事作有事君無事下有也字此依治要刪改）仰成而已故事無不治（慎懋賞本百子全書本無故字此依治要補）

則下不敢與君爭為善以先君矣（治要慎懋賞本則字下無下字又慎懋賞本百子全書本爭字下無為字為字依治要補）皆私其所知以自覆掩（慎懋賞本百子全書本私作攝又脫其字此依治要增改）以未最賢而欲以善盡被下則不贍矣（慎懋賞本百子全書本欲下無以字則下有下字此依治要補刪）若使君之智最賢（慎懋賞本百子全書本無使字此依治要補）衰則復反於不贍之道也（慎懋賞本百子全書本於下有人字此依治要刪）則臣不事事（治要句末有矣）

字慎懋賞本百子全書本句末有也字

人君苟任臣而勿自躬則臣皆事事矣治要

慎懋賞本百子全書本君下無苟字臣下無皆字

提要

太上民雜處而各有所能、所能者不同、此民之情也、大君者太上也兼畜下者也下之所能不同而皆上之用也大君者不擇其下故足、不擇其下則為下易矣、易為下、則莫不容、莫不容故多下、多下之為太上

倒逆君臣之道臣事事而君無事、君逸樂而臣任勞臣盡智力以善其事而君無與焉仰成而已故事無不治治之正道然也人君自任而務為善以先下則是代下負任

勞也、臣反逸矣、有過則臣反責君、逆亂之道也、是以人君自任而躬事則臣不事事、是君臣易位也、謂之倒逆倒逆則亂矣、

知忠 此篇雜見慎懋賞本内篇第九條第十四條而文有異同百子全書本脫此依治要補

校勘

然則孝子不生慈父之家 治要家作義此依唐馬總意林改慎懋賞亦作家

和順以事其上 治要和字之下順字之上有吏人務其治而莫敢淫偸其事官正以十五字此删

廊廟之材蓋非一木之枝也 慎懋賞本廊廟二字倒無蓋字也字

粹白之裘蓋非一狐

之皮也治要粹作狐此依意林意林皮作腋此依治要慎懸賞本無蓋字也字

提要

非忠臣之欲忠者不絶世而君未得寧其上無遇比干子胥之忠而毀瘁主君於闇墨之中遂染溺滅名而死由是觀之忠未足以救亂世而適足以重非何以知其然曰父有良子而舜放瞽瞍桀有忠臣而過爲天下然則孝子不生慈父之家而忠臣不生聖君之下故明主之使其臣忠不得過職而職不得過官是以遍修於身而下不敢以善驕矜

德立慎懸賞本內篇第四條無題

立天子者不使諸侯疑焉立諸侯者不使大夫疑焉立

校勘

正妻者不使嬖妾疑焉立嫡子者不使庶孼疑焉諸句者字焉字慎懋賞本百子全書本無又嬖妾作孼妻此依治要改補疑則動兩則爭慎懋賞本作疑則兩動動則兩爭語亦通百子全書本動下有兩動二字此依治要刪臣兩位而國不亂者慎懋賞本百子全書本無而字此依治要增恃君而不亂矣失君必亂治要無矣字慎懋賞本百子全書本無而字必作則子兩位而家

不亂者父在也治要父在作親猶在恃父而不亂矣失父必亂治要兩父字皆作親無矣字愼懋賞本百子全書本無而字必作則臣疑其君無不危之國孽疑其宗無不危之家愼懋賞本百子全書本無兩其字兩之字而君字下宗字下各有而字此依治要刪補又愼懋賞本無不危之家下有今一兔走百人逐之非一兔足爲百人分也由未定也由未定堯且屈力而況衆人乎積兔在市行者不顧非不欲兔也分已定矣分已定人雖鄙不爭故治天下及國在乎定分而已矣七十一字與呂氏春秋愼勢篇引愼子語同諸本皆脫之

提要

定分

立天子不使諸侯疑、立諸侯不使大夫疑、立正妻不使嬖妾疑、立嫡子不使庶孽疑、疑則動、兩則爭、雜則相傷、害在有與不在獨也、臣疑其君、無不危之國、孽疑宗、無不危之家、今一兔走、百人逐之、非一兔足為百人分也、由未定也、由未定、堯且屈力、而況眾人乎、積兔在市、行者不顧、非不欲兔也、分已定矣、分已定、人雖鄙不爭、故治天下及國、在乎定分而已、

君人 慎懋賞本內篇第五條無題

校勘

則誅賞予奪從君心出矣 慎懋賞本百子全書本無矣字此依治要補

廿

法而以心裁輕重慎懋賞本百子全書無而字此依治要補則同功殊賞同罪殊罰

矣治要則字下有是字功字下有而字脫殊賞同罪四字是以分馬者之用策分田者之用

鉤慎懋賞本百子全書本無兩者字此依治要補又治要鉤下有也字非以鉤策為過於人智也慎懋

賞本百子全書本鉤策二字倒又脫也字此依治要改補大君任法而弗躬則事斷於法矣慎懋

賞本百子全書本無矣字此依治要補又治要躬下有為字法之所加各以其分蒙其賞罰而

無望於君也慎懋賞本百子全書本無兩其字此依治要補

【提要】

法斷君人者舍法而以身治則誅賞予奪從君心出矣然則受賞者雖當望多無已受罰者雖當望輕無已怨之所由生也大君任法而弗躬則事斷於法法之所加各以其分蒙其賞罰而無望於君也

君臣此篇慎懋賞本百子全書本脫此依治要補

【校勘】

一依治要原文

提要

據法　為人君者據法。官不私。親法。不遺。愛上下無事、唯法所在、

權勢　慎懋賞本內篇第六條無題羣書治要入本書威德篇見韓非子難勢第四十引○以下守山閣本無

校勘

故賢人而屈於不肖者　涵芬樓景印黃丕烈蕘圃校宋本韓非子顧千里校刊本韓非子皆無故字涵芬樓景印正統道藏本有故字與慎懋賞本同

夫弩弱而勢高者　黃校顧校宋本道藏本韓非子皆勢作矢於義為長

而勢位足以屈賢者也　黃校顧校宋本道藏本屈皆作缶

權勢　賢人而屈於不肖者、則權輕位卑也、不肖而能服於賢者、則權重位尊也、堯教於隸屬而民不聽、至於南面而王天下、令則行、禁則止、由此觀之、賢智未足以服衆、而勢位足以屈賢者也、

提要

君法　慎懋賞本内篇第七條、亦見鄧析子轉辭篇、藝文類聚五十四、太平御覽六百三十八並引作慎子

校

法之功莫大使私不行、君之功莫大使民不爭

涵芬樓景印江

勘

南圖書館藏初刊本、湖北崇文官書局刻百子全書本鄧析子法之功作治之法、君之功脫君之二字、大字下有字、私字上無

私字

今立法而行私，是與法爭，其亂甚於無法；立君而尊賢，是賢與君爭，其亂甚於無君（明初刊本百子全書本鄧析子私字下無是字，尊賢之賢作愚，下亦無是賢二字，兩其亂下無也字。又明初刊本無法之法作私，與尊賢之賢作愚，皆形近而譌）。故有道之國，法立則私善不行，君立則賢者不尊（明初刊本百子全書本鄧析子脫法立二字，又第二則字作而字，賢譌作愚）。民一於君，斷於法，國之大道也（明初刊本百子全書本鄧析子斷字上有事字，國字上有此字，道字上有大字）。

提要

君法　民一於君、斷於法、今立法而行私、與法爭、其亂甚於無法、立君而尊賢、與君爭、其亂甚於無君

尚賢　慎懋賞本內篇第十三條節錄墨子尚賢上中下三篇文

校勘

夫王公大人為政於國家者　涵芬樓景印正統道藏本又景印明嘉靖癸丑刊本畢沅靈巖山館校本墨子夫字作古者

是其故何也不能以尚賢事能為政也

道藏本嘉靖本畢校本墨子何也下不能上有子
墨子言曰是在王公大人為政於國家者十七字　將在於衆賢而已
譬若欲衆其國之善射御之士者　道藏本嘉靖本畢校本墨子而
已下譬若上有曰然則衆賢之
術將奈何哉子墨
子言曰十五字　亦將可得而衆也故古者聖王之為政列德而尚
賢　道藏本嘉靖本畢校本墨子衆也下故古者上有是故古
者聖王之為政言曰至則尚得要也二百五十六字　非為賢者
也　道藏本嘉靖本畢校本墨
子者作賜○以上尚賢上　欲其事之成故可使治國者使治國

道藏本嘉靖本畢校本墨子欲其事之成句下接故當是時以德就列云云而此接故可使治國者使治國至而民足乎食一百二十五字乃墨子尚賢中文

是以國家治而形法以正道藏本嘉靖本畢校本墨子無以字○以上尚賢中　故官無常貴民無常賤道藏本嘉靖本畢校本墨子民上有而字○以上尚賢上　今王公大人有一衣裳不能制也必藉良工有一牛羊不能殺也必藉良宰至於治國家則不使賢者能者在於側則此不肖者在左右也至

皆以明小物而不明大物也 道藏本嘉靖本畢校本墨子尚賢中今王公大人有一衣裳不能制也必藉良工

有一牛羊不能殺也必藉良宰六句接皆以明小物而不明大物也句下

而則此不肖者在左右也句接若苟賢者不至乎王公大人之側一句此改

為至於治國家則不使賢者

能者在於側而側易其文

賞罰 慎懋賞本內篇第十五條亦見賈誼篇第十五條亦見賈誼新書大政下

校

察毫末於百步之外 藝文類聚十七太平御覽三百六十六毫末作秋毫之末

有

【勘】易君而無易民 函芬樓景印江南圖書館藏明正德長沙刊本盧文弨抱經堂校本賈誼新書君作吏

湯武非得伯夷之民以治桀紂非得蹠蹻之民以亂也 正德盧校本賈誼新書原文云故湯以桀之亂爲治武王以紂之北卒爲護

民之治亂在於上 正德本盧校本賈誼新書民字上有故字上作吏

【提】賞罰 用賞貴信、用罰貴必、賞信罰必於耳目之所聞見則所不聞見者莫不陰化矣、有權衡者不可欺以輕重、

要

有尺寸者不可差以長短有法度者不可巧以詐偽王者有易政而無易國有易君而無易民湯武非得百吏之民以治桀紂非得蹠蹻之民以亂也

任法 愼懋賞本內篇第十九條

校勘

措鈞石使禹察之不能識也 太平御覽八百三十察之作察錙銖之重不能作則不

則氂髮辨矣 意林氂髮作毫髮太平御覽八百三十則氂髮之下有之不可差則不待禹之智

中人之知莫不足以識之矣二十一字

提要

任法

措鈞石、使禹察之、不能識也、懸於權衡、則釐髮辨矣、聖君任法而不任智、任公而不任私、任大道而不任小物、然後身佚而天下治、

禮大 慎懋賞本內篇第二十七條

校

國有貴賤之禮無賢不肖之禮也 藝文類聚三十八太平御覽五百二十三

勘　禮之下也之上多有長幼之禮無勇怯之禮有親疏之禮無愛憎之禮語

王公第二十九條　慎懋賞本內篇

校勘

家富則疏族聚家貧則兄弟離（意林下有非不相利不足相容也兩語）

不聽不明不能王不瞽不聾不能公（意林王字公字上均有為字又太平御覽四百九十六冠以諺曰二字）

食道 慎懋賞本内第第三十條節錄墨子魯問篇文

校勘 故常欲耕而食天下之人矣然一身之耕分諸天下不能人得一升粟其不能飽可知也欲織而衣天下之人矣然一身之織分諸天下不能人得尺布其不能煖可知也

涵芬樓景印正統道藏本又景印明嘉靖癸丑刊本畢沅靈巖山館校本墨子原文曰翟慮耕天下而食之人矣盛然後當一農之耕

分諸天下不能人得一升粟籍而以為得一升粟其不能飽天下之飢者既可覩矣翟慮織而衣天下之人矣盛然後當一婦人之織分諸天下不能人得尺布籍而為得尺布其不能煖天下之寒者既可覩矣翟慮被堅執鋭救諸侯之患盛然後當一夫之戰一夫之戰其不御三軍既可覩矣

道藏本嘉靖本然後當一夫之戰句脱當字此裁耕織兩事而又簡畧其辭

故以為不若誦先王之道而求其說通聖人之言而究其旨

道藏本嘉靖本畢校本墨子翟作故究其旨作察其辭

雖不耕而食饑

道藏本嘉靖本畢校本墨子句首冠故翟以為四字

法生

慎懋賞本内篇第三十一條後半見列子湯問篇張湛注引

校勘

雖在夷狄　涵芬樓景印瞿氏鐵琴銅劍樓藏北宋本明世德堂本列子狄作貊

提要

法生　許犯問法安所生、子慎子曰、法非從天下、非從地出、發於人間、合乎人心而已、治水者茨防決塞、雖在夷狄、相似如一、學之於水、不學之於禹也、

傅楚

慎懋賞本内篇第三十二條節錄戰國策楚策文

校勘

慎子仕楚為太子傅黄丕烈士禮居覆剡川姚氏本涵芬樓景印江南圖書館藏元至正十五年刊本戰國策無此楚襄王為太子時黄覆本至正本戰國策時上有之字不

予子不得歸黄覆本至正本戰國策作子不予我不得歸請退而問傅慎子曰黄覆本至正本戰國策退作追傅下重一傅字

齊使來東地為之奈何黄覆本至正本戰國策來字下有求字此脱

寡人之得求反主墳墓黄覆本戰國策主作王今使來求地為之奈何黄覆

本至正本戰國策今字作齊令不可不與而復攻之黃覆本至正本戰國策不與下有也與二字寡人

誰用三子之計黃覆本至正本戰國策用有於字而王且見其誠實也黃覆本至正本戰國策實作然

秦以五十萬臨齊尤壞黃覆本至正本戰國策尤作右此形近而譌

仕魯慎懋賞本內篇第三十三條錄孟子告子文

校 慎子仕魯魯使慎子為將軍伐齊取南陽

涵芬樓景印清

勘 內府藏宋本孟子無慎子仕魯句魯使作魯欲使又無伐齊取南陽句

然仁者不為宋本孟子然字下有且字

侍趙慎懋賞本內篇第三十四條錄戰國策趙策文

校 鄭同北見趙王慎子侍黃丕烈士禮居覆剡川姚氏本涵芬樓景印江南圖書館藏元至正

勘 十五年刊本戰國策無慎子侍三字

子南方之博士也黃覆本戰國策博作傳 持

百丘之環（黃蕘本至正本戰國策無百字）王非戰禦守備之具其何以當之（黃蕘本至正本戰國策戰禦守備作戰國守圉四字其字下又有將字）趙王顧謂慎子曰寡人之慮不及此也請謹奉敎（黃蕘本至正本戰國策作趙王曰寡人請奉敎無顧謂慎子四字寡人之慮不及此七字）

雞驪（慎懸賞本内篇第三十五條錄史記田敬仲完世家劉向新序雜事第二文）

〔校〕

鄒忌以鼓琴見齊王（史記鄒忌作騶忌子齊王作威王涵芬樓景印江南圖書館藏明嘉

靖翻宋本湖北崇文官書局百子全書本新
序鄒忌上冠以昔者二字齊王作齊宣王
齊王善之鄒忌子曰
夫琴所以象政也遂以為王言霸之事宣王大悅舍之右室與語
三日拜以為相
史記宣王作威王威王說而舍之右室敘在前兩稱王曰善
敘在後其文特詳新序文與此畧同齊王善之作宣王鄒
忌子曰無子字遂以為王言霸王之事句作遂為王言琴之象政狀
及霸王之事宣王大悅句下無舍之右室四字與語三日下有遂字
稷下
先生皆輕忌以為設以辭不能及淳于髡慎到田駢接予環淵

相與往見鄒忌子淳于髡慎到之屬禮倨鄒忌之禮卑謂鄒

忌子曰善說哉竊有愚志史記還稱淳于髡見之曰善說哉竊字作髡與稷下先生云云新序稷下先生上有

齊有稷下先生喜議政事鄒忌既為齊相十六字稷下先生下有淳于髡

之屬七十二人九字以為設以辭下有鄒忌兩字不能及下無淳于髡慎到

田駢接予環淵諸人名相與往見鄒忌子句相與上有乃字相與下有

俱字鄒忌下無子字淳于髡慎到之屬禮倨句無慎到字屬作徒謂鄒

忌子曰善說哉竊有愚志願陳諸

前鄒忌子曰謹受教二十三字無

淳于髡曰得全全昌新序髡下有等字自

此以下同史記又新序云余異其辭曰淳于髡等曰狐白之裘補之以弊羊皮何如鄒忌曰敬諾請不敢雜賢以不肖淳于髡曰方內而員釭如何鄒忌曰敬諾請謹門內不敢留賓客淳于髡曰三人共牧一羊羊不得食人亦不得息何鄒忌曰減吏省員使無擾民也

田駢曰狶膏棘軸（史記田駢作淳于髡）　環淵曰方膠昔幹（史記環淵作淳于髡）　接予曰狐裘雖敝不可補以犬羊之皮騶忌子曰謹受令請謹擇君子毋雜小人其間（史記接予作淳于髡犬羊作黃狗新序作淳于髡等曰狐白之裘云云至雜賢以不肖）　慎到曰大車

不較 史記慎到作淳于髡 淳于髡等說畢趨出至門而面其友曰是人者吾輩語之微言五 史記無等字友作僕吾輩之輩字無新序全異其文曰淳于髡等三稱鄒忌三知之如應響

淳于髡等辭屈而去鄒忌之禮倨淳于髡等之禮卑 封以邳 史記邳作下邳

大體 慎懋賞本外篇第一條錄韓非子大體第二十九文

校 故至安之世 涵芬樓景印黃丕烈校宋本顧千里校刊本韓非子故字下有致字 萬民不失

勘

命於寇戎豪傑不著名於圖書 黃校本顧刊本韓非子寇戎下豪傑上多雄駿不創壽於旗幢一句

耕戰 慎懋賞本外篇第五條錄韓非子五蠹第四十九文

校勘

夫耕之用力也勞而民為之者何得以富 涵芬樓景印黃丕烈校宋本顧千里校刊本韓非子者字下無何字有日可兩字富字下綴也字

戰之為事也危而民

十二

為之者何得以貴 黃校本顧刊本韓非子者字下無何字有曰可兩字貴字下綴也字

辭過 慎懋賞本外篇第六條錄墨子辭過第六全文

校 古之民未知為宮室時 畢沅靈巖山館校本墨子宮字下無太平御覽增室字 高

故 是以辟潤濕 涵芬樓景印正統道藏本又景印明嘉靖癸丑刊本及畢校本墨子濕潤二字倒

故作誨為[illegible] 道藏本嘉靖本故作誨三字下有婦人治絲麻[illegible] 其城郭則民勞而不傷[illegible]

則費而不病民所苦者非此也苦於厚作斂於百姓絲麻綑布絹以爲民衣
五十二字畢校本以爲役修其城郭至斂於百民四十字首役字上脫以其
常三字當在費財勞力不加利者不爲也句下是故聖王作爲宮室
句上則故作誨三字下脫婦人治絲麻綑布絹以爲民衣十二字　冬
服紺緅之衣輕且煖夏服絺綌之衣輕且清　道藏本嘉靖本墨子原本作冬則練
帛之中足以爲輕且清畢校本以爲輕且之下清字之上脫煖夏則絺綌輕且七字　不知喜也故民衣食之財
道藏本嘉靖本畢校本墨子也字下故字上脫何則其所道之然七字　以身服此非云輕煖輕清也　畢校

十三

本以字下有為字又道藏本嘉靖本畢校本輕煗輕清四字作益煗之情欲用無亂不可得也畢校本墨子用作國

前方文畢校本依文選注引墨子前段美食二字夏則餲饐道藏本嘉靖本畢校本墨子餲作飾不如餲義

為長欲無亂不可得也畢校本墨子依太平御覽於欲字上增雖字當為飲食不可

不節道藏本嘉靖本畢校本墨子飲食二字倒民不勞而止足用畢校本墨子止作上當今

之王其為舟車畢校本墨子王作主男女離其耕稼而脩刻鏤道藏本嘉靖本

畢校本墨子女作子此譌

男子失時故民少畢校本墨子男子作男女當依之

成棺慎懋賞本外篇第八條

匠人成棺不憎人死利之所在忘其醜也太平御覽五百五十一引作

校勘

匠人成棺而無憎於人利在人死也此依意林

愚不肖慎懋賞本外篇第十四條錄鬻子道符五帝三王傳政甲第二文

十四

校勘

無異文 涵芬樓景印正統道藏本湖北崇文官書局刻百子全書本

讓王 慎懋賞本外篇第十六條錄莊子讓王第二十八文

校勘

堯讓天下於許由許由曰洪水滔天下民昏墊至非吾友也人以讓予州支父 明世德堂刊本莊子作堯以天下讓許由許由不受又讓於子州支父許由曰洪水滔天下民昏墊至非吾友也六十九字

未暇治天下也舜以天下讓善卷

明世德刊本莊子來暇治天下也句下舜以天下讓善卷句上有夫天下至重也而不以害其生又況他物乎唯無以天下為者可以託天下也舜讓天下於子州支伯子州支伯曰予適有幽憂之病方且治之未暇治天下也故天下大器也而不以易生此有道者之所以異乎俗者也七十七字

善卷曰昔唐氏之有天下至其何益乎予立宇宙之中 明世德堂刊本莊子善卷曰句下直接余立於宇宙之中一句無昔唐氏之有天下至其何益乎八十一字 冬衣皮毛夏衣絺葛 明世德本刊本莊子冬夏兩字下有日字絺葛兩字倒

悲夫子之不知予也禹讓天下於奇子

至
於是負妻攜子以入於海終身不返也　明世德堂刊本莊子悲夫子之不知予也句下接遂
不受於是去而入深山莫知其處舜以天下讓其友石戶之農石戶之農曰捲
捲乎后之為人葆力之士也以舜之德為未至也五十字然後接於是夫負
妻携子以入
於海一句　夫天下重物也而不以害其身又況於他物乎惟不
以天下害其生者可以託天下　明世德堂刊本莊子此數語接子州支父曰至未暇治天下也一段下又身作
生惟不以天下害其生者作唯無以
天下為者可以託天下句下綴也字　故曰道之真以持身　明世德堂刊本莊子持作

治

非所以完身養生之道也今有人於此

明世德堂刊本莊子養生下無之道二字也字下有今世俗之君子多危身棄生以殉物豈不悲哉凡聖人之動作也必察其所以之與其所以為三十六字然後接今且有人於此句

夫生者豈特隋侯珠之重也哉

明世德堂刊本莊子無珠字也字

故曰全生為上虧生次之死次之迫生為下

明世德堂刊本莊子無此十七字

知善

慎懋賞本外篇第十七條錄韓詩外傳文

校勘

孟子與說齊宣王而不說謂慎子曰
涵芬樓景印明沈氏野竹齋刊本韓詩外傳無與字而不說下接淳于髡傳孟子曰此段作謂慎子曰
慎子曰昔者瓠巴鼓瑟而潛魚出聽
沈刊本韓詩外傳慎子作淳于髡曰字下有夫子亦誠無善耳七字
孟子與曰
沈刊本韓詩外傳無與字
慎子曰夫聲無細而不聞
沈刻本韓詩外傳慎子作淳于髡曰字下多不然昔者揖封生高商齊人好歌杞梁之妻悲哭而人稱詠二十三字
孟子與曰
沈刻本韓詩外傳無與字

樂生 慎懋賞本外篇第二十條錄尹文子大道下文

校 無異文 涵芬樓景印江南圖書館藏明繙又景印正統道藏金山錢熙祚守山閣本湖北崇文官書局

勘 百子全書本

通道 慎懋賞本外篇第二十八條雜錄列子楊朱第七莊子盜跖第二十九文

校 所以異也 涵芬樓景印瞿氏鐵琴銅劍樓藏北宋本明世德堂本列子所以作是所

是所

十七

同也故生則堯舜北宋本明世德堂本列子是所同也句下有雖然賢愚貴賤非所能也臭腐消滅亦非所能也故生非所生死非所死賢非所賢愚非所愚貴非所貴賤非所賤然而萬物齊生齊死齊賢齊愚齊貴齊賤十年亦死百年亦死仁聖亦死凶愚亦死七十六字然而接生則堯舜無故字

死則膚骨一矣熟知其異哉北宋本明本膚骨作腐骨此爲又重腐骨二字此脫熟作孰異下無哉字○以上列子文

不過四五日而已明世德堂刊本莊子末綴矣字

非通道者也明世德堂本莊子非字上有皆字○以上莊子文

畜士 慎戀賞本外篇第三十三條
節錄墨子貴義第四十七文

校勘

墨翟曰 涵芬樓景印正統道藏本又景印明嘉靖癸丑刊本畢沅靈巖山館校本墨翟曰三字作子墨子謂

公良桓子曰 數百處於後 道藏本嘉靖本畢校本墨子脫處字

尚樂 慎戀賞本外篇第三十四條節
錄呂氏春秋仲夏紀古樂文

校勘

有正有淫 涵芬樓景印明宋邦乂等刊本畢沅靈巖山館校本呂氏春秋末綴矣字

以采陰

氣（畢校本呂氏春秋采依太平御覽五百七十六改來）以定羣生陶唐氏之始（宋刊本畢校本呂氏春秋以定羣生句下有昔葛天氏之樂三人操牛尾投足以歌八闋一曰載民二曰玄鳥三曰遂草木四曰奮五穀五曰敬天常六曰達帝功七曰依地德八曰總萬物之極五十七字然後接昔陶唐氏之始一句宋刊本達帝功畢校本達改建總萬物之極畢校本萬物改禽獸）民氣欝閼而滯者（宋刊本畢校本呂氏春秋者作著）黃帝令伶倫作為律（宋刊本畢校本呂氏春秋句首有昔字）以為黃鐘之宮制十二筩聽鳳凰之鳴以別十二律（宋刊本畢校本

呂氏春秋黄鐘之宫下有吹曰含少次五字制十二筩下有以之阮隃之下六字其雄鳴六其雌鳴亦六宋刊本畢校本呂氏春秋雄鳴下有為字雌鳴上少一其字以比黄鐘之宫適合宋刊本呂氏春秋比訛作此

黄鐘之宫六律六呂皆可以生之宋刊本畢校本呂氏春秋無六律六呂四字

寶義慎懋賞本外篇第三十六條節錄墨子耕柱第四十六文

校

墨翟曰涵芬樓景印正統道藏本又景印明嘉靖癸丑刊本畢沅靈巖山館校本墨子墨翟曰作子墨

十七

勘 予曰

公父文伯 慎懋賞本外篇第四十六條節錄國語魯語文

校勘

而主猶績胡不自安 涵芬樓景印杭州葉氏藏明金李刊本黄丕烈士禮居重彫宋明道二年本國語而主猶績句下為懼干季孫之怒也其以歜為不能事主乎黄彫宋本干作扞怒作怨此改作胡不自安

使僮子備官魯其亡乎 金刊本黄彫宋本國語魯其亡乎在使僮子備官之上使僮子備官之下又有

而未之聞耶居吾語汝九字

勞也君子勞心金刊本黄刪宋本國語勞也句下有是故天子大采垂古之制也一段二百二十七字然後接君子勞心句此刪爾今曰何不自安金刊本黄刪宋本國語何作胡

三樂

愼懋賞本外篇第五十條節錄列子天瑞第一文

校勘

榮啟期者鹿裘帶索鼓琴而歌孔子遊於泰山見而問之曰涵芬樓景印瞿氏鐵琴銅劍樓藏北宋本明世德堂本列子作孔子遊於太山見榮啟期行乎郕之

野鹿裘帶索鼓琴先生何樂也（北宋本明世德堂本列子作先生所以樂何也）吾得為人
而歌孔問曰
矣（北宋本明世德堂本列子吾字上有而字人字下無矣字）吾既為男矣（北宋本明世德堂本列子既字下有得字）居
常以待終何不樂也（北宋本明世德堂本列子作處常得終當何憂哉）

聖壽（慎懋賞本外篇第五十三條錄賈誼新書修政語下文）

校勘

周成王問鬻子曰（涵芬樓景印明正德長沙刊本盧文弨抱經堂校本賈誼新書作周成王曰）

卅

寡人聞聖人在上位（正德本盧校本賈誼新書聞下有之字聖人作聖王）使民富且壽（正德本盧校本賈誼新書壽下無云字）若夫壽則在天乎（正德本盧校本賈誼新書則字下有不字）鬻子對曰夫聖王在上位（正德本盧校本賈誼新書鬻子下無對字曰字下有唯疑請以上世之政詔於君王政曰十四字後接聖王在上位無夫字）天下無軍兵之事故諸侯不私相攻而民不私相鬬也（正德本盧校本賈誼新書天下上有則字無作不死鬬字下也字上有闕不私相煞五字）則民得盡

十一

一生矣正德本盧校本賈誼新書則字上有故故聖王在上位五字民字下有免於一死而五字得字下無盡字聖王在

上則君積於德化正德本賈誼新書上字下有位字則字下為臣積於道而吏積於德盧校本臣作君位字亦無

故婦人為其所衣正德本盧校本賈誼新書無人字則民無凍餒民得二生

矣正德本盧校本賈誼新書餒字下有矣聖王在上則六字第二民字下有免於二死而五字聖人在上則君

積於仁吏積於愛民積於順則刑罰廢而無夭遏之誅正德本盧校本

賈誼新書聖人作聖王吏字民字上皆有而
字發字下有矣字無夭遏之誅上有民字

民則得三生矣 正德本盧校本

賈誼新書民字上有故聖王在上則大字
民字下無則字有免於三死而五字

聖王在上則使之有時 正德
本賈誼新書聖王上有故字之
作民盧校本去故字之亦作民

民可得四生矣 正德本盧校本賈誼新書民字上有
故聖王在上則大字民字下無可字有免於四死而五字矣字下有故聖
王在上則使盈境內興賢良以禁邪惡故賢人必用而不肖人不作則已
得其命故夫富且壽者聖王之功
也周成王曰受命矣十一字

伐國

慎懋賞本外篇第五十四條

節錄管子中匡第十九文

齊桓公謂管仲曰吾欲伐大國之不服者奈何 涵芬樓景印瞿氏鐵琴銅劍樓藏宋刊本明趙用賢刊本管子作公曰甲兵既足矣吾欲誅大道之不道者奈何 管仲對四

校	勘

宋本明本管子無管仲二字 先愛四封之內然後可以懸境外之不善者 宋本明本管子愛字上無先字然作而 先定卿大夫之家然後可以危鄰之敵國 宋本明本管子

無先字從字作安字然作而鄰之敵國作救敵之國此下有賜小國地
而後可以誅大國之不道者舉賢良而後可以廢慢法鄙賤之民二十
四
字
是故先王必有置也然後有廢也必有利也然後有害也
宋本明本管子兩
然後皆作而後必

卄三

慎子傳

慎到、趙人。田駢、接子齊人。環淵、楚人。皆學黃老道德之術。

史記孟子荀卿列傳

公而不當、易而無私、決然無主、趣物而不兩、不顧於慮、不謀於知、齊萬物以為首。曰、天能覆之而不能載之、地能載之而不能覆之、大道能包之而不能辯之、知萬物皆有所可、有所不可。故曰、選則不徧、教則不至、道則無遺者矣。是故慎到棄知去己、而緣不得已、泠汰於物以為道理。郭象注泠汰猶聽放也 曰、知不知、將薄知而後鄰傷之者也。謑髁無任、而笑天下之尚賢也、陸德明音義謑髁訛倪不正貌王云謂謹刻也無任無所施任也 縱脫無行、而非天下之大聖、椎拍輐斷、與物宛轉、椎或鎚之假鎚器之銳者老子曰揣而銳之不可長保故椎則拍之廣雅釋詁云拍擊也輐斷即下文魭斷輐疑卑具之有稜者魭疑魚骼之有刺者郭象注魭斷無圭角也柏錐銳無圭角

[illegible]

而與物為宛轉老子所謂挫其銳解其紛和其光同其塵者也舍是與非苟可以免不師知慮不知前

後魏然而已矣郭象注任性獨立推而後行曳而後往若飄風之還若羽之

旋若磨石之隧全而無非動靜無過未嘗有罪是何故夫無知之

物無建己之患無用知之累動靜不離於理是以終身無譽故曰

至於若無知之物而已無用賢聖夫塊不失道豪傑相與笑之曰

慎到之道非生人之行而至死人之理適得怪焉田駢亦然學於彭

蒙得不教焉彭蒙之師曰古之道人至於莫之是莫之非而已矣其

風窢然惡可而言常反人不見觀而不免於魭斷其所謂道非道

而所言之韙不免於非彭蒙田駢慎到不知道雖然槩乎皆嘗有

聞者也莊子天下篇因發明序其指意故慎到著十二論環淵著上下篇

帝故及しや
侫之 但一切皆有の帝见
切有皆循役而非其有
賊见（欲断差也）

而田駢接子皆有所論、各著書言治亂之事、以干齊王、集稷門之下、爲稷下先生、於是齊王嘉之、自如慎到以下、皆命曰列大夫、爲開第康莊之衢、高門大屋尊寵之、覽天下諸侯賓客、言齊能致天下賢士也、史記孟子荀卿列傳

瑑淵問曰、天有四殃、水旱飢荒、其至無時、何以備之、慎子曰、土多民少、非其土也、土少人多、非其人也、是故土多、發政以漕四方、四方流之、土少、禁帑而外務、輸山林非時不升斤斧以成草木之長、川澤非時不入網罟以成魚鱉之長、不麛不卵以成鳥獸之長、凡土地之間、皆可裁之以爲民利、是魚鱉歸其泉、鳥歸其林、孤寡辛苦咸賴其生、山以遂其林、工匠以爲其器、百物以平其利、商賈以通其

子言養性如本近於老子雅不類子氏說

貨、工不失其務、農不失其時、是謂知德、夏箴曰、小人無兼年之食、六之追明月去

遇天饑、妻子非其有也、大夫無兼年之食、遇天饑、臣妾輿馬非其

有也、戒之哉、慎懋賞本慎子已內篇不知何本

環淵問養性乎慎子曰、天有盈虛、人有屯危、不自慎、不能濟

也、故養心必先知自慎也、慎以畏為本、士無畏則簡仁義、農無畏則

惰稼穡、工無畏則慢規矩、商無畏則貨不殖、子無畏則忘孝、父無畏

則廢慈、臣無畏則勳不立、君無畏則亂不治、是以太上畏道、其次畏

天、其次畏物、其次畏人、其次畏身、憂於身者不拘於人、慎於小者不

懼於大、戒於近者不悔於遠、慎懋賞本慎子已外篇不知何本

環淵問曰、士之或窮或達、何歟、子慎子曰、士窮於窮、亦通於窮、

子治法安所生
老子道法自然
此即本書因循
無所因民之情也

達於達、亦病於達、故窮之者所以達之也、而達之者所以窮之也、慎懋賞本慎子外篇不知所本

許犯問於子慎子曰、法安所生、子慎子曰、法非從天下、非從地出、發於人間、合乎人心而已、治水者茨防決塞、雖在夷狄相似如一、學之於水、不學之於禹也、慎懋賞本慎子外篇治水者以下亦見列子張湛注引

慎子仕楚、為太子傅、楚襄王為太子時、質於齊、懷王薨、太子辭於齊王而歸、齊王隘之、予我東地五百里、乃歸子、子不予我、不得歸、太子曰、臣有傅、請追而問傅、傅慎子曰、獻之、地所以為身也、愛地不送死父、不義、臣故曰獻之、便太子入致命齊王曰、敬獻地五百里、齊王歸楚太子、太子歸、即位為王、齊使車五十乘來取東地於楚、楚王告

慎子曰、齊使來求東地、為之奈何、慎子曰、王明日朝羣臣、皆令獻其
計、上柱國子良入見、王曰、寡人之得反、主墳墓、復羣臣、歸社稷也、以
東地五百里許齊、齊令使來求地、為之奈何、子良曰、王不可不與也、
王身出玉聲、許强萬乘之齊、而不與、則不信、後不可以約結諸侯、
請與而復攻之、予之信、攻之武、臣故曰與之、子良出、昭常入見、王曰、
齊使來求東地五百里、為之奈何、昭常曰、不可與也、萬乘者、以地大
為萬乘、今去東地五百里、是去戰國之半也、有萬乘之號、而無千乘
之用也、不可、臣故曰勿與、常請守之、昭常出、景鯉入見、王曰、齊使來
求東地五百里、為之奈何、景鯉曰、不可與也、雖然、楚不能獨守、王身
出玉聲、許萬乘之强齊也、而不與、負不義於天下、楚亦不能獨守、

臣請西索救於秦、景鯉出、慎子入、王以三大夫計告慎子、且曰、寡人
誰用於三子之計、慎子對曰、王皆用之、王怫然作色曰、何謂也、慎子曰、
臣請效其說、而王且見其誠然也、王發上柱國子良車五十乘、而北
獻地五百里於齊、發子良之明日、遣昭常為大司馬、令往守東地、遣
昭常之明日、遣景鯉車五十乘、西索救於秦、王曰、善、乃遣子良北獻
地於齊、遣子良之明日、立昭常為大司馬、使守東地、又遣景鯉西索
救於秦、子良至齊、齊使人以甲受東地、昭常應齊使曰、我典主東
地、且與死生、悉五尺至六十、三十餘萬弊甲鈍兵、願承下塵、齊王謂子
良曰、大夫來獻地、今常守之何如、子良曰、臣身受命弊邑之王、是常
矯也、王攻之、齊王大興兵、攻東地、伐昭常、未出疆、秦以五十萬臨齊

右讓曰、夫隘楚太子弗出、不仁、又欲奪之東地五百里、不義、其縮甲
則可、不然、則願待戰、齊王恐焉、乃請子良南道楚、西使秦解齊患
士卒不用、東地復全。戰國策 楚策

愼子旣老而歸於趙、藺相如用事、再困秦王而有矜色、謂愼
子曰、人謂秦王如虎、不可觸也、僕已摩其頂、拍其肩矣、愼子曰、善哉
先生、天下之獨步也、然列聞之、赤城之山、有石梁、五仞焉、經尺而龜背、
下臨不測之谷、懸泉沃之、苔蘚被焉、無藤蘿以爲援也、野人負薪而
越之、不留趾而達、觀者嘻嘻、或謂之曰、是梁也、人不能越、而若能也、蓋
還而復之、野人立而睨焉、足搖搖而不擧、目周旋而莫之能瞻、先生
之說秦王也、是未覩夫石梁之險者也、故過巴峽而不慄、未嘗跨於

水也、視狌犴而不惴、未嘗中於法也、使先生還而復之則無餘以教到矣、慎懋賞本慎子外篇不知何本

慎子之學、本於黃老而主刑名、蔽於法而不知賢、荀子解蔽篇有見後而無見先、荀子天論篇上則取聽於上、下則取從於俗、終日言成文典、及紃察之則倜然無所歸宿、不可以經國定分、然而其持之有故、其言之成理、荀子非十二子篇著書四十二篇、號曰慎子、漢書藝文志諸子畧傳者八篇曰威德、因循、民雜、知忠、見羣書治要德立、君人、君法、鄧析子轉辭篇亦載其辭而藝文類聚五十四太平御覽六百三十八引作慎子君臣、見羣書治要其大指欲因物理之當然、各定一法而守之、不求於法之外、亦不寬於法之中、則上下相安、可以清淨而治、然法所不行、勢必刑以齊之、道德之為刑名、此其樞矣、四庫全書提要

論曰以吾觀於戰國而慎氏之有聞者二人焉曰到曰滑釐到之
論尊主以齊民斷法以衡事先申韓申韓稱之（語見漢書藝文志諸子畧）為法
家宗而滑釐則善用兵者趙岐孟子注語魯欲使慎子為將軍孟子曰
一戰勝齊遂有南陽然且不可慎子勃然不悅曰此則滑釐所
不識著見七篇書者是也或且為之說曰滑釐即到也按釐與來
通詩周頌思文貽我來牟漢書劉向傳作飴我釐麰是也爾雅
釋詁云到至也禮記樂記云物至知知注至來也到與來為義同然
則慎子為滑釐其字為到歟（焦循孟子正義）斯則經生肊測之論無徵不
信未足為允也

後序

愼子劉向校定四十二篇、隋唐志皆十卷、崇文總目二卷三十七篇、是其文代有散佚、陳振孫書錄解題著錄愼子一卷、麻沙刻本纔五篇、周氏涉筆稱屛去繆悠、剪削枝葉、本道而附於情、主法而責於上、五篇雖簡約、而明白純正、統本貫末、文獻通考經籍考引五篇者曰、威德、因循、民雜、德立、君人、其佚文成章有意理者、羣書治要有知忠、君臣兩篇、又藝文類聚五十四、太平御覽六百三十八引愼子曰、「法之功莫大使私不行」十四字、其語亦載鄧析轉辭篇、可考覽者唯此而已、其他零簡殘帙、雖有存焉者、無關宏旨也、余覩愼子書三本、一金山錢熙祚守山閣叢書本有校記、并輯佚文綴於後、頗稱善本、一湖北崇文官書局刻百子全書本、一涵芬樓景印江陰繆荃蓀藕香簃寫本、三者之中、繆寫獨多、蓋從明萬歷間吳人慎懋賞刻本寫錄者、其書分內外篇、內篇三十六東、外篇五十三東、守山閣據治要御覽各書輯為佚文者、此均有之、而從未見收於著錄家之目、覩者詡為驚人祕笈、其實明人鶩古不學、好為矯僞、如豐坊楊慎輩、數見不尠、固不止一慎懋賞、慎子書、陳振孫所見已止五篇、安得明代獨出完本、慎懋賞既出於剿襲以賺其時不學人之耳目、而攙風舉人更炫鬻之以誣古人而欺當世、細覈其書、凡不見守山閣本者、除綴輯治要意林御覽各書而外、凡國語國策、鬻子、管子、莊子、列子、韓非子以及漢書賈誼

新書、韓詩外傳、劉向新序、孔子世家諸書、罔不剿竊、嶢然而出
其類、其意緒文辭、又多相牴而不合、其尤可笑者、荀子譏慎子蔽
於法而不知賢、慎子書明言君立則賢者不尊、而慎懋賞乃襲
墨子尚賢之文以為內篇、（第十三條夫王公大人為政於國家者）又如鄒忌以鼓琴見齊
王語見史記田敬仲完世家、劉向新序、慎懋賞雜襲其文而改淳
于髡曰為田駢曰環淵曰接子曰慎到曰孟子與說齊王而不說、事
出韓詩外傳、而慎懋賞亦襲其文、改淳于髡曰為慎子曰、又不屢
見、鄭同北見趙王事見趙策、於慎子無與、而慎懋賞強砌慎子侍
趙王鷹謂慎子曰諸語以為慎子書內篇之終、且古人著書內外
分篇、蓋有經緯、內篇必立所言之宗、而外雜諸篇取與內篇之旨

相為經緯、而慎懋賞所為慎子內外書、旁采子史、內固不見綜宗、
外亦未相經緯、雜廁不倫、徒見其心勞日拙爾、獨藝風老人好言
版本而不通、其藏書不過買販鬻利、非真能辨文章之源流、識
古書之真偽者、徒詡版本之罕異、而未能好學深思、心知其意、乃矜
贗鼎以為瑰寶、詩書更於骨董、收藏矜其奇祕、蓋吳下儒林丈
人之藏書有聞者、自黃蕘圃顧千里而下、暨於乾靖潘伯寅葉鞠
裳輩、謏聞動衆、大率類此、固不必以苛繩藝風老人已、今以守山
閣本為主、讐言記他本字句、旁逮治要意林諸書所引、其慎懋賞
書所獨有者、就覩記所及、著其自出、讐校字句、以備考覽焉、而
所不知、蓋闕如也、

韓非書言、人主之大物、非法則術也、術者因任而授官、循名而責實、藏之於胸中、以偶萬端而潛御羣臣者也、法者憲令著於官府、刑罰必於民心、賞存乎慎法、而罰加乎奸令者也、故法莫如顯、而術不欲見、申不害言術、公孫鞅為法、（韓非子難三、定法）而以吾觀於慎子、則法而兼術者焉、史記孟子荀卿列傳曰、慎到學黃老道德之術、而荀子非十二子篇則稱慎到尚法而無法、以其法家、故尚法、以其法家而學黃老道德之術、故尚法而無法、法者一成而不可易、有成勢、有常形、術者因循乃見妙用、無成勢、無常形、今讀慎子書曰、古者立天子而貴之者、非以利一人也、曰天下無一貴、則理無由通、通理以為天下也、故立天子以為天下、非立天下以為天子也、立國君以為國非立國以為君也、君人者舍法而以身治、則誅賞予奪從君心出、然則受賞者雖當、望多無窮、受罰者雖當、望輕無已、君舍法而以心裁輕重、則同功殊賞、同罪殊罰矣、怨之所由生也、法雖不善、猶愈於無法、所以一人心也、夫投鉤以分財、投策以分馬、非鉤策為均也、使得美者不知所以德、得惡者不知所以怨、此所以塞怨望也、其大要歸本國之能治、獨裁於君、君之任治必齊以法、此法家之治也、慎子又曰、天道因則大、化則細、因也者、因民之能也、因人之情也、人莫不自為也、化而使之為我、則莫可得而用、故用人之自為、不用人之為我、則莫不可得而用矣、此之謂因、民雜處而各有所能、所能者不同、此亦民之情也、大君者太上也、兼畜下者也、下之所能不同

而皆上之用也、是以大君因民之能為資、盡包而畜之、無能去取焉、
故不設一方以求於人、所求者無不足也、則易為下矣、易為下、則莫
不容、莫不容、故多下、多下之謂太上、君臣之道、臣事事而君無事、
君逸樂而臣任勞、臣盡智力以善其事、而君無與焉、人君自任而
務為善以先下、則是代下負任蒙勞也、臣反逸矣、皆私其所知以
自覆掩、有過則臣反責君、逆亂之道也、人君苟任臣而勿自躬、則
臣皆事事矣、此黃老道德之術、而老子所云、無為而無不為、取天
下常以無事、老子第四十八章 王弼注、動常因也、莊子所稱上必無為而用天下、下
必有為為天下用、莊子天道篇 韓非主道所謂有行而不以賢、觀臣下
之所因者也、漢書藝文志著錄慎子書以入法家、誠竊以為知其

荀子謂慎到為尚法而無法、漢志錄以入法家、吾有取焉。

一而未知其二、何者、慎子法而兼術、法者可名、術者莫能名、慎子則以莫能名之術、而神明乎可正名之法、因任而資能、循名而責實、藏之胸中、以偶萬端、而潛御羣臣、豈非鄧析所謂無形有形之本、無聲有聲之母、循名責實、按實定名、參以相平、轉而相成、故得之形名者、與志錄鄧析以弁名家之首、故慎子亦以改隸名家焉、

中華人民造國之二十年二月十四日無錫錢基博敘於後東塾之南牖

慎子校正

王斯睿 撰

民國二十四年(1935)上海商務印書館排印本

國學小叢書

慎子校正

王斯睿著

慎子校正

甲戌季秋
伊吾題署

序

愼子之學，源於黃老，歸於刑名。自漢而後，其書代有散佚，淸四庫全書本，分爲五篇，後守山閣本出，文不寡約，近上海商務印書館景印江陰繆氏抄明愼懋賞刻本，分內外篇，篇各數十事，末附補遺逸文校語，較之四庫及守山閣本，多出倍蓰。然不盡道法家言，且有與愼到之學相背馳者，疑爲後人附益。今夏取繆抄明本，校以守山閣本，間以鄙意，附加案語，其有譌奪不能補正者，一仍其舊，懼失眞也。後附集說一卷，於古今人論愼子學術及其書卷帙者，悉皆抄內。不敢就正大雅，聊備初學諷誦云爾。民國二十三年秋九月含山王斯睿穎貽甫序於巢古書室。

愼子校正

內篇

天有明，不憂人之暗；地有財，不憂人之貧；「暗」下「貧」下，孫毓修據羣書治要補「也」字。睿按：四句見文子符言篇「暗」，作「晦」。聖人有德，不憂人之危也。天雖不憂人暗，闢戶牖，必取己明焉，則天無事也；地雖不憂人貧，伐木刈草，必取己富焉，則地無事也；兩「人」字下，孫依治要補「之」字。聖人雖不憂人之危，百姓準上而比於下，睿按：淮南覽冥篇高誘注，「準」，望也，荀子不苟篇楊倞注「比」，謂暱狎。言百姓取合上意，而相比周於下也。必取己安焉，睿按：守山閣本「必」上有「其」字。則聖人無事也。故聖人處上，能無害人，不能使人無己害也，則百姓除其害矣。聖人之有天下也，愛之也，非敢取之也；孫依治要改「愛」爲「受」，刪「敢」字。百姓之於聖人也，養之也，非使聖人養己也，則聖人無事。「事」下，孫依治要補「矣」字。古者工不兼事，士不兼官。工不兼事則事省，省則易勝；孫依治要省上補「事」字。士不兼官則職寡，寡則易守。睿按：孫依治要寡上補「職」字是也。淮南主術篇曰：「職寡者易守」。故士位可世，工事何常。睿按：「何」當爲「可」，「工事可常」，與「士位可世」對文。守山閣本作「可」，宜據改。百工之子，不學而能者，非生巧也，言有常事也。今也國無常道，官無常法，是以國家日繆，教雖成官不足，官不足，則道理匱矣。此下，錢氏據治要補「道理匱，則慕賢智；慕賢智，則國家之政要，在一人之心矣。」 古者立天子而貴者，孫據治要御覽「貴」下增「之」字。 非以利一人也，曰：天下無一貴，則理無由通，通理以爲天下也。故立天子以爲天下，非立天下以爲天子也；立國君以爲國，非立國以爲君也；立官長以爲官，非立官以爲官長也。錢氏據治要御覽六百六十六刪「長」字。睿按：有「長」字者是也。呂氏春秋恃君篇。「置官長，非以阿官長也」。意與此同。 法雖不善，猶愈於無法，所以一人心也。錢氏曰：「治要以此句爲注文」。 夫投鉤以分財，投策以分馬，非鉤策爲均也。錢氏曰：御覽四百二十九引此文，非下有「已」字，「已」，與「以」通。 使得美者不知所以德，使得惡者不知所以怨，此所以塞願望也。錢氏曰：「願」，治要作「怨」，與御覽六百三十八引此文合。 故著龜，所以立公識也；權衡，所以立公正也；書契，所以立公信也；睿按：此下，守山閣本有「度量，所以立公審也」，句。宜據補。 法制禮籍，所以立公義也；凡立公，所以棄私也。明君動事分理由慧，定鼎分財由法，行德制中由禮。守山閣本「理」作「功」，「鼎」作「賞」，「由」上並有「必」字。 故欲不干時；睿按：不下當有「得」字，與下五句文法一律。守山閣本有「得」字，宜據補。 愛不得犯法；貴不得踰親；祿不得踰位；慧不得兼官；睿按：「慧」字誤，孫依治要改「士」字是也。上文凡兩言「士不兼官」，是其明證。守山閣本不誤，宜據改。 工不得兼事；以能受事，以事受利，若是者上無羨賞，下無羨財。此節上孫依治要補題目「威德」二字。

天道因則大化，則細因也者，因人之情也。人莫不自爲也，化而使之爲我，則莫可得而用。孫依治要補「矣」字。是故先王不受祿者不臣，先王下，孫依長短經補「見」字。不厚祿者不與入。睿按：「入」下，孫依治要補「難」字，是也，「不」下當有「可」字。業師王儀臣先生尹文子集解，引錢熙祚據治要補脫文，語曰：「祿薄者不可與經亂；賞輕者，不可與入難」。不下有「可」字，宜據補。人不得其所以自爲也，則上不取用焉。故用人之自爲，不用人之爲我，則莫不可得而用矣，此之謂「因」。此節上孫依治要補題目「因循」二字。

民雜處而各有所能者不同，孫依治要重「所能」二字。此民之情也。大君者太上也，兼畜下者也。下之所能不同，而皆上之用也。是以大君因民之能爲資，盡包而畜之，無能取去焉。「取去」二字，孫依治要乙。是故必執於方，以求于人。孫依治要作「是故不設必執一方，以求於人」。守山閣本，作「是故不設一方，以求於人」。故所求者無一足也。孫依治要作「無不足也」。大君者，不擇其下，睿按：「者」字疑涉「大君者，太上也」，之「者」字而誤衍，上文「大君因民之能爲資，盡包而畜之」，大君下無「者」字，是其證。守山閣本無者字，宜據刪。故足；不擇其下，則爲下易矣；孫依治要作「則易爲下矣」。易爲下，則莫不容；容故多下；孫依治要容上補「莫不」二字。多下謂之太上。「謂之」，孫依治要作「之謂」。

君臣之道，臣有事而君無事也，「有事」，孫依治要作「事事」，刪「也」字。君逸樂而臣任勞，臣盡智力以善其事，而君無與焉，仰成而已，事無不治，事上，孫依治要補「故」字。治之正道然也。人君自任，而務爲善以先下，則是代下負任蒙勞也，睿按：「任」猶「責」也，淮南主術篇曰：「君人者，不任智能，而好自爲之，則智日困，而自負其責也」。臣反逸矣。故曰：君人者，好爲善以先下，則不敢與君爭善，以先君矣。孫依治要「則」下補「下」字，「爭」下補「爲」字。皆稱所知，以自覆掩。「稱」孫依治要改作「私其」。有過，則臣反責君，逆亂之道也，君之智，未必最賢於衆也，以未最賢，而欲善盡被下，孫依治要「欲」下補「以」字。則下不贍矣。睿按：孫依治要刪「下」字是也，此言人君之智，未賢於衆，而欲以善盡被於下，則智日困而不足，非謂臣下也。下文「衰則復返於不贍之道也」，正承此言之，則無下字明矣，宜據刪。若君之智最賢，孫依治要「若」下補「使」字。以一君而盡贍下則勞，勞則有倦，倦則衰，睿按：「倦」，正字當作「券」，說文力部云：「券，勞也」。考工記輈人鄭注曰：「券，今倦字也」。衰則復返於不贍之道也。錢氏曰：「人」字衍，此十字當一句讀。是以人君自任而躬事，則臣不事事也，孫依治要刪「也」字。是君臣易位也，謂之倒逆，倒逆則亂矣；人君任臣而勿自躬，「人君」下孫依治要補「苟」字。則臣事事矣，臣下，守山閣本有「皆」字。是君臣之順，治亂之分，不可不察也。此節上，孫依治要補題目「民雜」二字。立天子不使諸侯疑；睿按：疑，讀曰擬，擬僭也，漢書食貨志曰：「遠方之能疑者」。顏注「疑讀曰擬，僭也」是其證。立諸侯不使大夫疑；立正妻不使孽妻疑；睿按：孫據治要，改「孽妻」爲「嬖妾」是也。管子君臣篇「內有疑妻之妾」，韓子說疑篇，「配有擬妻之妾」，並以「妻」「妾」對言。立嫡子不使庶孽疑；孫依治要不使上並補「者」字，疑下並補「焉」字。疑則兩動，動則兩爭，孫依治要作「疑則動，兩則爭」。雜則相傷害在有與不在獨也。故臣有兩位者，國必亂，臣兩位國不亂者，「國」上，孫依治要補「而」字。君在也，恃君不亂矣，「君」下，孫依治要補「而」字。失君則亂；子有兩位者，家必亂，子兩位而不亂者。睿按：「而」下脫「家」字，當依治要補。父在也，恃父不亂矣，失父則亂，「則」，孫做治要作「必」。臣疑君，而無不危國；孽疑宗，而無不危家。孫依治要作「臣疑其君，無不危之國，孽疑其宗，無不危之家」。今一兔走，百人逐之，非一兔足爲百人分也，由未定也，睿按：「由」下疑挩「分」字，「分未定」與「分已定」對文。尹文子大道上篇，彭蒙曰：「雉兔在野，衆人逐之，分未定也。雞豕滿市，莫有志者，分定故也」，與此意同。若作「由未定也」，則語意未足。呂氏春秋慎勢篇引此，誤同。由未定，睿按：此「由」字當作「分」。堯且屈力，而況衆人乎？積兔在市，睿按：「在」，呂氏春秋慎勢篇引作「滿」。行者不顧，非不欲兔也，分已定矣，睿按：事類賦九十注引北史慎子曰：「一兔走街，百人逐之；積兔於市，過者不顧，其無欲哉，分定故也」。文與此小異。分已定，人雖鄙不爭，睿按：守山閣本，作「一兔走街，百人追之，貪人具存，人莫之非者，以兔爲未定也。積兔滿市，過而不顧，非不欲兔也，分定之後，雖鄙不爭」。錢氏云：「後漢書袁紹傳注，又意林，及御覽九百零七，並節引。」故治天下及國，在乎定分而已矣。此節見呂氏春秋慎勢篇引，孫依治要補題目「德立」二字。

君人者，舍法而以身治，則誅賞予奪，從君心出。孫依治要「出」下補「矣」字。然則受賞者雖當，望多無窮；受罰雖當，睿按：「受罰」下當有「者」字，與「受賞者」對文。望輕無已，君舍法，以心裁輕重，「以」上，孫依治要補「而」字。則同功殊賞，同罪殊罰矣，怨之所由生也。是以分馬之用策，分田之用鉤，非以策鉤爲過於人智，孫依治要「分田」「分馬」下，並補「者」字，「智」下補「也」字。所以去私塞怨也。故曰：大君任法而弗躬，則事斷於法，孫依治要補「矣」字。法之所以加，各以分，孫依治要作「法之所加，各以其分」。蒙賞罰而無望於君，孫依治要「蒙」下補「其」字，「君」下補「也」字。是以怨不生，而上下和矣。孫依治要補題目「君人」二字。

飛龍乘雲，騰蛇遊霧。睿按：「騰蛇」，淮南主術訓作「螣蛇」。荀子勸學篇，「螣蛇無足而飛」，楊倞注引爾雅曰：「螣，螣蛇」，郭璞曰：「龍類，能與雲霧而遊其中也」。事類賦九十一注引此，作「騰蛇遊霧龍乘雲」。

雲罷霧霽，而龍蛇與螾螘同矣，則失其所乘也。故賢人而屈於不肖者，則權輕位卑也；不肖而能服於賢者，則權重位尊也。堯爲匹夫，不能治三人；而桀爲天子，能亂天下，吾以此知勢位之足恃，而賢智之不足慕也。夫弩弱而勢高者，激於風也；

睿按：「勢」，當爲「矢」，聲之誤也。淮南泰族篇曰：「夫矢之所以射遠貫牢者，弩力也」，此喻身不肖而令行者，得助於衆，猶之弩弱而矢射高者，得助於風也。守山閣本作「矰」，「矰」亦矢也。說文云：「矰，隿射矢也」，韓子難勢篇引此，正作「矢」。

身不肖而令行者，得助於衆也，堯教於隸屬，而民不聽，至於南面，而王天下，令則行，禁則止，由此觀之，賢智未足以服衆，而勢位足以屈賢者也。

睿按：此節見韓子難勢篇引。又按守山閣本此節文多異同，且上下各有數語，爲本書所無，彔之于後，以備參考：「走背跋踰，窮谷野走，十里藥也，走背辭藥則足廢，故騰蛇遊霧，飛龍乘雲，雲罷霧霽，（錢云：御覽九百三十三，又九百四十七，引作「散」，後漢書隗囂傳注引作「除」），與蚯蚓同矣，則失其所乘也。故賢而屈於不肖者，權輕也；不肖而服於賢者，位尊也。堯爲匹夫，不能使其鄰家，（錢云：御覽六百三十八，引此句作「不能使家化」）至南面而王，則令行禁止。由此觀之，賢不足以服不肖，而勢位足以屈賢矣。故無名而斷者，權重也；弩弱而矰高者，乘於風也；（錢云：二句又見北堂書鈔一百二十五，御覽三百四十八）。身不肖而令行者，得助於衆也。（錢云：自「騰蛇遊霧」至此，又見韓子難勢篇，文多異。古人引書，每不屑屑字句，既於大義無關，可置不論）。故舉重越高者，不慢於藥；愛赤子者，不慢於保；絕險歷遠者，不慢於御。（錢云二句又見意林，兩「於」字並作「其」）。此得助則成，釋助則廢矣。夫三王五伯之德，參於天地，通於鬼神，周於生物者，其得助博也」。

愛多者則法不立；威寡者則下侵上。法之功，莫大使私不行；君之功，莫大使民不爭。今立法而行私，是與法爭，

睿按：孫依治要「與」上補「私」字是也。「私與法爭」與「賢與君爭」對文，又承上「立法行私」而言。韓子詭使篇曰：「夫立法令者，以廢私也，法令行，而私道廢矣，私者，所以亂法也」。鄧析

子轉辭篇，正作「立法而行私，是私與法爭」，（舊抁「是私」二字，據王愷鑾先生鄧析子校正本）。其亂甚於無法；立君而尊賢，是賢與君爭，其亂甚於無君。故有道之國，法立則私善不行；睿按：「善」，孫依治要作「議」，按當作「善」；「私善」者，如子路食民，孔子使子貢復之，是也。韓子詭使篇曰：「法令，所以為治也，而不從法令，為私善者，世謂之忠」。是「私善」連文之證，鄧析子轉辭篇，亦作「私善不行」，孫改非。家大人曰：「議」當為「義」，「義」與「善」通。禮記緇衣篇「章善癉惡」釋文作章義，云：尚書作「善」皇云：「義」，善也，是「義」「善」相通之證。君立，則賢者不尊。民一於君，斷於法，睿按：「斷」上抁「事」字，「事斷於法」，「民一於君」，相對為文，前節「大君任法而勿躬，則事斷於法」。鄧析轉辭篇正作「民一於君，事斷於法」。並其證。守山閣本，據藝文類聚御覽六百三十八，亦有「事」字，宜據補。國之大道也。睿按：孫依治要「國」上補「是」字是也，鄧析子作「此國之道也」。又按此節，見鄧析子轉辭篇。

慮戲神農，教而不誅；黃帝堯舜，誅而不怒。睿按：怒。讀為弩。弩，猶過也。方言曰：「凡人語而過東齊謂之弩」。又曰「弩猶怒也」。是怒卽過也。荀子君子篇「刑罰怒罪，爵賞踰德」。「刑罰不怒罪，爵賞不踰德」。怒踰對舉，是怒亦踰也，淮南主術篇高注踰，猶過也。及至三王，隨時制法，各適其用，故治國無其法則亂；守法而不變則衰；有法而行私，謂之不法。以力役法者，百姓也；以死守法者，有司也；以道變法者，君長也。

君明臣直，國之福也；父慈子孝，夫信妻貞，家之福也。故比干忠，而不能存殷；申生孝，而不能安晉。是皆忠臣孝子，而國家滅亂者，何也？睿按：「皆」下抁「有」字，宜據守山閣本補。無明君賢父以聽之。故孝子不生慈父之家；忠臣不生聖君之下。

藏甲之國，必有兵遁，（睿按：「遁」，疑當作「楯」，「楯」，「盾」之借字，韓子難勢篇：「人有鬻矛與楯者」「楯」，即「盾」。家大人曰：「遁」，當爲「遯」，劉熙釋名曰：「盾，遯也。跪其後，避以隱遯也」，故叚「遯」爲「盾」。）市人可驅而戰，安國之兵，不由忿起。明主之征也，誅其君，改其政，率其民，而不奪其財也。故曰：戰者，憚驚之也。明主之征也，猶時雨也，至，則民悅矣。

富之勝貧，強之勝弱，衆之勝寡，安之勝危，必也；然而貧生於富，弱生於強，寡生於衆，危生於安。

詩，往志也；書，往誥也；春秋，往事也；至於易，則吾心陰陽消息之理備焉。昔宓羲氏仰觀象於天，俯觀法於地，觀鳥獸之文，與土地之宜，近取諸身，遠取諸物，於是始畫八卦，以通神明之德，以類萬物之情。文王重易六爻，作上下篇；孔子爲之彖象繫文言序卦之屬十篇。（睿按：「繫」下挩「辭」字，宜據漢志補。易通卦驗曰：「孔子作上彖，下彖，上象，下象，上繫，下繫，文言，說卦，序卦，雜卦爲十翼。」）故曰：易道深矣，人更三聖，世歷三古，仲尼之學易也，沒身而已。（睿按：此節見易繫辭及漢書藝文志。）

夫王公大人爲政於國家者，皆欲國家之富，人民之衆，刑政之治；然而不得富而得貧，不得衆而得寡，不得治而得亂，則是本失其所欲，得其所惡，是其故何也？不能以尙賢事能爲政也。是故國有賢良之士衆，則國家之治厚；賢良之士寡，則國家之治薄，故大人之務，將在於衆賢而已。譬若欲衆其國之善射御之士者，必將富之貴之，敬之譽之，然後國之善射御之士將可得而衆也。王引之曰：此「將」字，猶「乃」也，與上「將」字異義。況又有賢良之士，厚乎德行，辨乎言談，博乎道術者乎？此固國家之珍，而社稷之佐也。畢沅云：「佐」，當爲「左」。鈕樹玉云：「佐」字見漢刻石門頌。亦必且富之貴之，敬之譽之，睿按：「且」，猶「將」也。說詳王引之經傳釋詞。然後國之良士，睿按：「良士」，疑當作「賢良之士」，與「射御之士」對文。亦將可得而衆也。故古者聖王之爲政，睿按：「政」下，當依治要引墨子補「也」字。列德而尚賢，孫詒讓云：小爾雅廣詁云：「列」，次也。國語周語韋注云：「列」，位次也。雖在農與工肆之人，有能則舉之，高予之爵，重予之祿，任之以事，斷予之令，孫詒讓曰：禮記樂記鄭注云：「斷」，決也，謂其令必行。曰：爵位不高則民弗敬；蓄祿不厚則民不信；政令不斷則民不畏。舉三者授之賢者，非爲賢者也，睿按：墨子尚賢篇作「非爲賢賜也」。欲其事之成。故可使治國者使治國；可使長官者使長官；可使治邑者使治邑。凡所使治國家官府邑里，此皆之賢者也。睿按：「皆」下脫「國」字，宜據墨子補。賢者之治國也：蚤朝晏退，畢云：蚤字同「早」。聽獄治政，是以國家治而刑法以正；睿按：「刑法正」，與「國家治」相對爲文，「正」上不當有「以」字，蓋涉上「以」字而衍，墨子尚賢篇無「以」字，宜據刪。賢者之長官也：夜寢夙興，收斂關市山林澤梁之利，以實官府，是以官府實而財不散；賢者之治邑也：蚤出暮入，「暮」，當依墨子作「莫」。耕稼樹藝，聚菽粟，睿按：此四字爲句，「聚」上疑挩「冣」字，說文冖部曰：「冣，積也」，何休公羊傳注曰：「冣之爲言聚也」。冣聚連文，古人自有複語，國語楚語曰：「蓄聚積實，如餓豺狼焉」。此云「冣聚」，猶彼云「蓄聚積」也。是以菽粟多而民足乎食，故當是時，以德就列，孫詒讓曰：論語季氏篇云：「陳力就列」，集解引馬融云：「當陳其才力，度己所任，以就其位，亦釋「列」爲「位」。「以官服事，孫詒讓曰：周禮大司徒鄭衆注云：「服事」，謂爲公家服事者。以勞殿賞，畢沅曰：「殿」，讀如「奔而殿」。俞樾曰：畢讀非也，論功行賞，勞者當在前，安得反云「殿」乎？『殿』者，「定」也。「殿」與「定」，一聲之轉，文選江賦注曰：「澱」，與「淀」，古字通，「殿」之與「定」，猶「澱」之與「淀」也。詩采菽篇，「殿天子之邦」，毛傳曰：「殿」，「鎮」也。「鎮」，卽有「定」義。小爾雅廣言「殿」，「塡」也。「塡」，與「奠」通。禮記檀弓篇，「主人既祖塡池」。鄭注：「塡池」，當爲「奠徹」，是也。「奠」亦「定」也。周官司士職曰：「以久奠食」此云：「以勞殿賞」句法一律。「殿」，「奠」，文異而義同。量功而分祿，故官無常貴，民無終賤，「民」上，墨子有「而」字。有能則舉之，無能則下之，舉公義，辟私怨，畢云：「辟」，讀如「辟舉」之「辟」。俞云：畢說非也。豈有私怨者，不問其賢否，而概辟舉之乎？小爾雅廣言：「辟」，「除」也，辟私怨，謂爲公義是舉，而私怨在所不問，故除去之也。又禮記郊特牲篇，「有由辟焉」鄭注曰：「辟」，讀爲「弭」，此「辟」字或從鄭讀亦通。此若言之謂也。王引之曰：「若」，亦「此」也。古人自有複語，管子山國軌曰：「此若言何謂也」？地數篇曰：「此若言可得聞乎」？輕重丁篇曰：「此若言曷謂也」？墨子節葬篇曰：「以此若三聖王者觀之」，又曰：「以此若三國者觀之」，皆並用「此若」二字。故古者堯舉舜於服澤之陽，睿按：王應麟困學紀聞十曰：『水經注引墨子曰：「舜漁濩澤」今墨子尙賢篇曰：「舜漁雷澤，堯得之服澤之陽」。「服」字，疑卽「濩」字』。授之政，天下平；禹舉益於陰方之中，授之政，九州成；湯舉伊尹於庖廚之中，授之政，其謀得；文王舉閎夭泰巔於罝罔之中，孫詒讓曰：書君奭云：「惟文王尙克修和我有夏，亦惟有若虢叔，有若閎夭，有若散宜生，有若泰巔，有若南宮括」。僞孔傳云：「閎，泰，氏。夭，巔，名」。詩周南兔罝敘云：「兔罝，后妃之化也，關雎之化行，則莫不好德，賢人衆多也」，毛傳云：「兔罝，兔罟也」。畢云：「事未詳，或以詩兔罝有公侯腹心之詩，而爲說，恐此詩卽賦閎夭泰巔事，古者書傳未湮，翟必有据」，蘇時學云：「罝，卽詩所謂兔罝也，當爲閎夭而作，泰巔當卽太公望也。罝屬夭而罔屬巔，與太公釣渭遇文王事亦合，迨馬融注十亂，以泰巔與太公望並舉，後世以爲二人。然文王諸臣，自以太公爲稱首，書君奭篇，唯以泰巔與諸臣並舉，而不及太公，逸周書克殷篇亦然，若使果爲二人，豈容都不道及，是巔卽望無疑也」。案「罝罔」通稱。蘇分屬二人，非也。太巔卽太公，乃宋吳仁傑之謬說，攷詩大雅緜孔疏引鄭君奭注云：「不及呂望太師也。教文王以大德，謙，不以自比焉」是馬鄭並以泰巔與太公非一人，周書克殷篇有泰巔，又有尙父，尤其塙證。吳說不足據，蘇從之，傎矣。授之政，西土服。故當是時，雖在於厚祿尊位之臣，莫不敬懼而施；畢云：「下疑挩一字」。俞云：『畢說非，「施」，當讀爲「惕」。尙書盤庚篇，「不惕予一人」白虎通號篇，引作「不施予一人」是也。「敬懼而施」，卽「敬懼而惕」』。文義已足，非有闕文』。雖在農與工肆之人，莫不敬勸而尙意，畢云：「意」，疑當爲「悳」，形近而譌。「悳」，正字。「德」，叚借字也。故士者，所以爲輔相承嗣也。故得士，則謀不困，體不勞，名立而功業彰，而患不生，睿按：「患」字誤，當依墨子作「惡」。王念孫曰：羣書治要引墨子，作「名立而功成，美章而惡不生」，是也。「功成」，與「名立」對文。「惡不生」，與「美彰」對文。今本挩「成」字，「美」字又譌作「業」，則文不對，而句亦不協矣。「美」「業」字形相似，故譌。漢書賈誼傳，「一動而五美附」。今本「美」譌作「業」。案王說是也，宜據補正。則由得士也。今王公大人有一衣裳，不能制也，必藉良工；有一牛羊，不能殺也，必藉良宰。至於治國家，則不使賢者能者在於側，則此不肖者在左右也。不肖者在左右，則其所譽不當賢，而所罰不當暴。睿按：「譽」，疑當作「賞」，與「罰」對文，下文「賞亦必不當賢」，正承此而言，則本作「賞」字明矣。王公大人，尊此以爲政乎國家，則賞亦必不當賢，罰亦不必不當暴。睿按：「罰亦」下，衍一「必」字，宜據墨子尙賢篇刪。若苟賞不當賢，而罰不當暴，則是爲賢者不勸，而爲暴者不沮矣。是以入則不慈孝父母，出則不長弟鄉里，居處無節，出入無度。男女無別，使治官府則盜竊，城守則倍畔，睿按：「城守」，當作「守城」，與「治官府」對文，此誤倒，當依墨子乙正。君有難則不死，出亡則不從，使斷獄則不中，分財則不均，與謀事不得，舉事不成，入守不固，出誅不強。故雖昔者三代暴王王引之云：「雖」，即「唯」也，古字通。桀紂幽厲之所以失措其國家，傾覆其社稷者，王念孫曰：「措」字義不可通，當是「損」字之誤，大戴記曾子立事篇曰：「諸侯日：且思其四封之內戰，戰，恐惟失損之」。「損」讀爲「抎」故墨子非命篇作「失抎」說文，「抎」，有所失也。已此故也。畢云：「已」「以」古通。何則？皆以明小物而不明大物也。睿按：此節見墨子尙賢篇，惟文有顚倒刪節。又按：慎子之學，本乎黃老，歸於刑名。多明不尙賢不使能之道，故其說曰：「多賢不可以多君，無賢不可以無君」。其意但明得其法，雖無賢亦可爲治。（見荀子解蔽篇楊倞注）故莊周論之曰：「謑髁无任，而笑天下之尙賢也」（見莊子天下篇）。此節乃墨子尙賢之說，與慎子不尙賢之說，意正背馳，顯係後人錄墨子之文，竄入本書，而不知其學說之相左也。

廊廟之材，非一木之枝；狐白之裘，非一狐之腋；睿按：文心雕龍事類篇注，引此作「千金之裘，非一狐之腋」。繆藝風據羣書治要補本書知忠篇作「故廊廟之材，蓋非一木之枝也。粹白之裘，蓋非一狐之皮也」。治亂安危存亡榮辱之施，非一人之力也。故人主者，以天下之目視，以天下之耳聽，以天下之智慮，以天下之力動，是以號令能下究，而臣情得上聞，百官修道，羣臣輻輳。王念孫曰：「百官修道」，今本淮南作「百官修通」，（莊本作「同」）作「通」者是也。韓子難篇，「百官修通，羣臣輻湊」。管子任法篇亦云：「羣臣修通，輻湊以事其主」。（說見讀書雜誌淮南）睿按：「道」字不誤，「修」，疑當作「循」。「循」「脩」互誤，古書甚繇，管子宙合篇「明墨章書，道德有常，則後世人人脩理而不迷」。君臣篇，「權度不一，則脩義者惑」。修靡篇，「緣故脩法，以政治道」。脩並當爲循。說文曰：循，順行也。尙書鄭注云：循，順也。「百官循道」者，言百官各順其道，卽荀子成相篇所謂「臣謹循」也。（「循」，舊誤「脩」，據王念孫說改）。又按：說文無「輳」字，「輳」，當爲「湊」。說文水部云：「湊，水上人所會也」。段玉裁曰：「引申爲凡聚積之稱」。廣雅，「湊，聚也」。「羣臣輻湊」者，言羣臣歸君，如輻之聚轂也。各書並作「湊」，宜下改。此節自人主者以下見淮南主術篇。

離朱之明，睿按：孟子趙岐章句曰：「離朱，即離婁」。文選嵇叔夜琴賦，「乃使離子督墨」。李善曰：「離子，離朱也。愼子爲離珠」。據此，疑愼子本作離珠，而後人改爲離朱。察毫末於百步之外，錢據文選演連珠注，楊荊州誄注，藝文類聚十七，御覽三百六十六，引作「察秋毫之末於百步之外」。下於水尺而不能見淺深，非目不明也，其勢難覩也。故用賞貴信，用罰貴必，賞信罰必于耳目之所聞見，則所不聞見者，莫不陰化矣。睿按：「陰」，讀爲「闇」。韓子說疑篇曰：「進則揜蔽賢良，以陰闇其主」。「陰」，即「闇」也。古人自有複語。書說命篇曰：「王宅憂，亮陰三祀」。注「陰」，古作「闇」。是其證。管子九守篇正作「闇」。此節自「用賞貴信」下，見管子九守篇。

有權衡者，不可欺以輕重；有尺寸者，不可差以長短；有法度者，不可巧以詐僞。睿按：「巧」，猶「欺」也。「欺」，「巧」，一聲之轉，淮南泰族篇，「巧詐藏於胸中」。原道篇，「曲巧僞詐」。俶眞篇，「而巧故萌生」。主術篇「爲智者務爲巧詐」。「巧」，並「欺」也。以上見管子明法篇，文小異。王者有易政而無易國，有易君而無易民。湯武非得伯夷之民以治，桀紂非得蹠蹻之民以亂也。睿按：呂氏春秋介立篇高誘注。「莊蹻楚成王之大盜」。而淮南主術篇注，又曰：「莊蹻，楚威王之將軍，能爲大盜也」。則是又在成王後矣。二說不同，未知孰是。王應麟困學紀聞十二，據韓子喻老篇，漢書西南夷傳，以爲將軍莊蹻，與盜名氏相同，是二人，或近之。民之治亂在於上，國之安危在於政。

民富則治易，民貧則治難。睿按：「治易」，當作「易治」。「治難」，當作「難治」。下文：「則易治也」，「則難治也」，正承此而言。管子治國篇，正作「民富則易治也，民貧則難治也」，宜据乙。民富則重家，重家則安鄉，安鄉則敬上畏罪，敬上畏罪則易治也；貧則輕家，睿按：「貧」上，當有「民」字，與上「民富」對文，管子治國篇有「民」字，宜据補。輕家則危鄉，危鄉則凌上犯禁，凌上犯禁則難治也。故爲國之道，在富民而已矣。昔七十九代之君，法制不一，號令不同，然而俱王天下，何也？必當國富而粟多也。[睿按：「當」疑卽「富」字之譌而衍者，管子無「當」字，此節見管子治國篇。]

賤而不可不因者，衆也；剛而不可不用者，兵也；慘而不可不行者，法也；小而不可不防者，盜也；勞而不可不勸者，農也；宂而不可不嗇者，財也。

天下之人，所共趨之而不知止者，富貴耳。所謂富貴者，足於物耳。夫富貴之亢極者，大則帝王，小則公侯而已。豈不以被衮冕，處宮闕，建羽葆警蹕，故謂之帝王？[睿按：此下當有「邪」字。] 豈不以戴簪纓，喧車馬，仗旌旆鈇鉞，故謂之公侯邪？不飾之以衮冕，宮闕，羽葆，警蹕，簪纓，車馬，鈇鉞。[睿按：「車馬」下當有「旌旆」二字；此總舉以上諸物而言也，不應獨遺「旌旆」一事。] 又何有乎帝王公侯哉？夫衮冕，羽葆，簪纓，鈇鉞，旌旆，車馬，皆物也。[睿按：此亦總上之詞，「衮冕」下當有「宮闕」，「羽葆」下當有「警蹕」。] 物足則富貴，富貴則帝王公侯。故曰富貴者，足物爾。以足物者爲富貴，無物者爲貧賤，於是樂富貴，恥貧賤，不得其樂者，無所不至矣。是故明王知其然，操二柄以馭之。二者，刑德也。[睿按：此釋上之詞，「二」下當有「柄」字，若無「柄」字，則文義不足，韓子二柄篇，正作「二柄者，刑德也」。宜据補。] 殺戮之謂刑，慶賞之謂德。[睿按：此四句，見韓子二柄篇。] 使人臣雖有智能，不得背法而專制；雖有賢行，不得踰功而先勞；雖有忠信，不得釋法而不禁。[王先謙曰：「不以無心之過爲解，而不加罪」。]

睿按：此三句見韓子南面篇。

措鈞石使禹察之，不能識也。孫依御覽作「鍿銖則不識也」。懸於權衡，則氂髮辨矣。孫依御覽作「則氂髮之不可差」，錢据御覽八百三十又意林節引作「厝鈞石使禹察，鍿銖之重，則不識也，懸於權衡，則氂髮之不可差，則不待禹之智，中人之知，莫不足以識之矣」。聖君任法而不任智，任公而不任私，任大道而不任小物，睿按：「任法」句下，管子任法篇有「任數而不任說」句，宜据補。然後身佚而天下治。睿按：自「聖君」句下見管子任法篇。

孔子謂子卜子曰：睿按：到為法家，非儒者流，而稱子夏為「子卜子」，大惑不解。「商，汝知君之為君也？」睿按：「也」，猶「乎」也，說詳王引之經傳釋詞。卜子曰：「魚失水則死，水失魚猶為水也。故愛赤子者，不慢其保；絕險者，不慢其御；睿按：淮南主術篇曰：「乘舟檝者，不能游而絕江海」。高注云：「絕」，猶「過」也。為天下者，不慢其民。」

環淵問曰：「天有四殃，水旱飢荒，睿按：「飢」，當為「饑」。說文，「穀不熟為饑」，「飢」，「餓」也，段玉裁曰：「二字分別，盖本古訓，諸書通用者，多有轉寫，錯亂者亦有之」。其至無時，何以備之？」慎子曰：『士多民少，非其士也；士少人多，非其人也。是故士多發政以漕四方，睿按：「漕」，說文曰：「水轉穀也」。（穀，各本譌轂，依段氏据韵會改作穀），史記司馬貞索隱曰：「水運曰漕」，漢書如淳注曰：「水轉曰漕」，是漕為運轉之意，「以漕四方」者，以之運於四方也。四方流之士少安帑，而外務輸，山林非時，不升斤斧。睿按：「斤斧」二字疑倒，孟子梁惠王篇曰：「斧斤以時入山林」。荀子王制篇，「草木榮華滋碩之時則斧斤不入山林」並作斧斤是其證。以成草木之長；川澤非時，不入網罟，以成魚鼈之長；不麛不卵，以成鳥獸之長。睿按：「不麛不卵」，即淮南時則篇之「毋麛毋卵」也。高注云：「鹿子曰麛，卵，未㲉者，皆禁民不得取，蕃庶物也」。凡土地之間者，皆可裁之以爲民利。睿按：淮南主術篇高注「裁」，度也。所謂「土相其宜」也。是魚鼈歸其泉，鳥歸其林，孤寡辛苦，咸賴其生，山以遂其材，工匠以爲其器，百物以平其利，商賈以通其貨，工不失其務，農不失其時，是謂和德。夏箴曰：「小人無兼年之食，遇天饑，妻子非其有也；大夫無兼年之食，遇天饑，臣妾輿馬，非其有也。」戒之哉！』睿按：「大夫」句下，逸周書有「國無兼年之食，遇天饑，百姓非其有也」。

道行於世，則貧賤者不怨，富貴者不驕，愚弱者不懾，智勇者不陵，定於分也；法行於世，則貧賤者不敢怨富貴，富貴者不敢陵貧賤，愚弱者不敢冀智勇，智勇者不敢鄙愚弱，此法之不及道也。睿按：此節見尹文子大道上。

君子恥不僃，不恥見汙；恥不信，不恥不見信；恥不能，不恥不見用。

仁義禮樂，名法刑賞，凡此八者，五帝三王治世之衛也。睿按：「衛」字義不可通，「衛」，當爲「術」，廣雅曰：「術，道也」。尹文子正作「術」，宜据改。故仁以道之，睿按：荀子非相篇楊倞注曰：「道，與導同」。管子君臣篇，「上之所以導民也」。朱本，「導」作「道」。淮南繆稱篇高誘注曰：「導，敎也」。義以宜之，禮以行之，樂以和之，名以正之，法以齊之，刑以威之，賞以勸之。睿按：此節見尹文子大道下。

天地大矣，不誠不能化萬物；聖人知矣，不誠不能化萬民；父子親矣，不誠則疎；君臣尊矣，不誠則卑。睿按：「巨」字誤，當作「上」，此乃指「君上」而言，故曰「尊矣」，非謂君與臣下也。荀子不苟篇，正作「君上爲尊矣，不誠則卑矣」，宜据改。此節見荀子不苟篇，「天地」，「聖人」，「父子」，「君上」下，並有「爲」字。

與天下于人大事也，煦煦者以爲惠，而堯舜無德色；取天下于人大嫌也，潔潔者以爲汙，而湯武無愧容，惟其義也。

夫錦繢紛華所服不過溫體，三牲大牢所食不過充腹，知以身取節者，則知足矣；苟知足，則不累其志矣。

禮從俗，政從上，使從君，國有貴賤之禮，無賢不肖之禮也。睿按：困學紀聞十原注曰：「見初學記禮事篇，集證据藝文類聚引此下有「有長幼之禮，無勇敢之禮；有親疏之禮，無愛憎之禮」。四句。與繆藝風据御覽類聚所輯佚文合。惟「敢」字作「怯」。故孔子言於魯哀公曰：「人之所以生，禮爲大，非禮無以辨君臣之位。」

小人以耳目導心，聖人以心導耳目。睿按：說苑說叢篇曰：「聖人以心導耳目，小人以耳目導心」。家語好生篇曰：「孔子謂子路曰：君子以心導耳目，立義以爲勇；小人以耳目導心，不遜以爲勇」。夫德精微而不見，聰明而不發，是故外物不累其內。

兩貴不相事，兩賤不相使，家富則疎族聚，家貧則兄弟離。睿按：繆氏据意林引此下有「不聽不明不非不相愛，利不足相容也」。

能王；不瞽不聾不能公。睿按：繆氏据意林御覽四百九十六，兩「不能」下並有「爲」字是也。困學紀聞十引此，亦並有「爲」字，宜据補。又「不聽不明」句上，當依意林御覽困學紀聞補「諺云」二字，此爲當時俗諺，而到稱引之也。四句「明」「王」爲均。「聾」「公」爲均。海與山爭水，海必得之。

小人食於力，君子食於道，先王之訓也。故常欲耕而食天下之人矣，然一身之耕，分諸天下，不能人得一升粟，睿按：「一」字疑衍，「升粟」與下「尺布」對文。其不能飽可知也；欲織而衣天下之人矣，然一身之織，分諸天下，不能人得尺布，其不能煖可知也。故以爲不若誦先王之道，而求其說，通聖人之言，而究其旨。睿按：墨子魯問篇，作「通聖人之言，而察其辭」。上說王公大人，次匹夫徒步之士。畢云：「次」下當挩「說」字，睿按：此蒙上言之，無「說」字亦通。王公大人用吾言，國必治；匹夫徒步之士用吾言，行必脩。不耕而食，饑；不織而衣，寒。功賢於耕而食之，織而衣之者也。睿按：此節見墨子魯問篇，疑亦非愼子之文，而後人竄入者也。

許犯問於子愼子曰：「法安所生？」睿按：古人著書，無自稱子某子者，墨子有「子墨子」者，乃其門弟子紀其師之說也。此云「子愼子」者，必非愼子之言，蓋亦出於門弟子之所記。許犯，墨者鉅子，呂氏春秋當染篇曰：「許犯學於禽滑釐。」（梁仲子云：「當作禽滑釐」）又按：此條與上文義不相屬，宜另提行。子愼子曰：「法非從天下，非從地出，發於人間，合乎人心而已。睿按：淮南主術篇曰：「法生於義，義生於衆適，衆適合於人心，此治之要也」。意與此同。治水者，茨防決塞，雖在夷狄，睿按：守山閣本，作「九州四海」。錢云：「九州四海」，繹史引作「雖在夷狄」。列子湯問篇注，作「雖在夷貊」，與繹史合。相似如一，學之於水，不學之於禹也。」

慎子仕楚，爲太子傅，楚襄王爲太子時，質於齊，懷王薨，太子辭於齊王而歸，齊王隘之，睿按：「隘」，不通也，阻也。「予我東地五百里，乃歸子；睿按：「東地」，謂「下東國」也，齊策高誘注曰：「楚東邑，近齊也」：子不予，子不得歸。」睿按：國策楚策作子不予我不得歸」。太子曰：「臣有傅，請退而問傅。」睿按：「退」楚策作「追」，高注云：「一本作退」，按作「退」是。慎子曰：睿按：楚策「慎子」上有「傅」字。「獻之地，所以爲身也，愛地不送死父，不義。睿按：謂不臨父喪也。臣故曰獻之便。」太子入，致命齊王曰：「敬獻地五百里。」齊王歸楚太子，太子歸，即位爲王，齊使車五十乘，來取東地於楚，楚王告慎子曰：「齊使來東地，睿按：「來」下當有「求」字，下文凡三言「齊使來求東地」，「來」下並有「求」字，是其證，楚策有「求」字，宜據補。爲之奈何？」慎子曰：「王明日朝羣臣，皆令獻其計。」上柱國子良入見王曰：「寡人之得求反主墳墓，復羣臣，歸社稷也，睿按：「主」，當依楚策作「王」。以東地五百里許齊，今使來求地，睿按：楚策作「齊令使來求地」。爲之奈何？」子良曰：「王不可不與也。王身出玉聲，許強萬乘之齊，睿按：當作「許萬乘之强齊」。「强齊」二字連讀，下文「王身出玉聲，許萬乘之强齊也」。是其明證，楚策誤與此同。而不與，則不信，睿按：「而」，猶「如」也。說詳經傳釋詞。後不可以約結諸侯，請與而復攻之，與之信，攻之武，臣故曰與之。」子良出，昭常入見王曰：「齊使來求東地五百里，爲之奈何？」昭常曰：「不可與也。萬乘者，以地大爲萬乘，今去東地五百里，是去戰國之半也。有萬乘之號，而無千乘之用也，不可。臣故曰勿與，常請守之。」昭常出，景鯉入見王曰：「齊使來求東地五百里，爲之柰何？」景鯉曰：「不可與也。雖然，楚不能獨守，王身出玉聲，許萬乘之強齊也而不與，負不義於天下，楚亦不能獨守，臣請西索救於秦。」景鯉出，愼子入，王以三大夫計告愼子曰：『子良見寡人曰：「不可不與，而復攻之」，（睿按：「與」字，當重，下屬爲句，即上文「請與而復攻之」也，楚策作「不可不與也，與而復攻之」，重「與」字，宜据補。）常見寡人曰：「不可與也，常請守之。」鯉見寡人曰：「不可與也。雖然，楚不能獨守也，臣請索救於秦。」寡人誰用三子之計？』（睿按：「用」下，楚策有「於」字。）愼子對曰：「王皆用之。」王怫然作色曰：「何謂也？」愼子曰：「臣請効其說，而王且見其誠實也。（睿按：楚策「効」作「效」，「實」，作「然」，「且」，猶「將」也。）王發上柱國子良車五十乘，而北獻地五百里於齊；發子良之明日，遣昭常爲大司馬，令往守東地；遣昭常之明日，遣景鯉車五十乘，西索救於秦。」王曰：「善。」乃使子良北獻地於齊；遣子良之明日，立昭常爲大司馬，使守東地；（睿按：此下，疑挩「遣昭常之明日」，六字。）又遣景鯉西索救於秦。子良至齊，齊使人以甲受東地，昭常應齊使曰：「我典主東地，且與死生，（睿按：「典」，「守」也，「且」，「將」也。）悉五尺至六十三十餘萬，敝甲鈍兵，願承下塵。」（睿按：言悉境內五尺之童，可達數十萬人以待戰。）齊王謂子良曰：「大夫來獻地，今常守之如何？」子良曰：「臣身受命敝邑之王，是常矯也，王攻之。」齊王大興兵攻東地，伐昭常，未涉疆，秦以五十萬臨齊尤壤曰：（睿按：「尤」字義不可通，「尤」，當爲

「右」，聲之誤也。秦在齊西，兵臨齊之西鄙，故曰「右壤」，楚策正作「右壤」，宜據改。夫隘楚太子弗出，不仁；又欲奪之東地五百里，不義。其縮甲則可，睿按：「縮甲」，猶言「弭兵」。不然，則願待戰。」齊王恐焉，乃請子良南道楚，西使秦，睿按：言南取道於楚，而西使於秦也。家大人曰：「道者，由也」。解齊患，士卒不用，東地復全。睿按：此節見國策，楚策，又按：成玄英曰：「愼到，齊之隱士」，（莊子天下篇疏），楊倞曰：「齊宣王時處士」。（荀子修身篇注），張守節鄭樵亦並云：「戰國時處士」。（史記田完世家正義，通志藝文略）。夫既曰「隱士」「處士」，則其未仕可知，且偏考羣書，亦無有稱愼到爲楚頃襄王傅者，此愼子，疑即孟子中仕魯爲將軍，伐齊取南陽之愼滑釐也，且此節爲從衡家言，亦非愼到法家之學，明係後人見此愼子，誤爲愼到，遂錄國策及孟子之文，竄入本書，而不知其爲另一愼子也，謬矣。

愼子仕魯，魯使愼子爲將軍，伐齊取南陽。孟子興曰：「不教民而用之，謂之殃民，殃民者，不容於堯舜之世。一戰勝齊，遂有南陽，然且不可。」愼子勃然不悅曰：「此則滑釐所不識也。」曰：「吾明告子：天子之地方千里，不千里，不足以待諸侯；諸侯之地方百里，不百里，不足以守宗廟之典籍。周公之封於魯，爲方百里也，地非不足，而儉於百里；太公之封於齊也，亦爲方百里也，地非不足也，而儉於百里。今魯方百里者五，子以爲有王者作，則魯在所損乎？在所益乎？徒取諸彼以與此，然仁者不爲，睿按：孟子告子篇「然」下有「且」字。況於殺人以求之乎？君子之事君也，務引其君以當道，志於仁而已。睿按：此節見孟子告子篇，爲愼滑釐事，非愼到也，說詳上。

鄒忌以鼓琴見齊王，齊王善之。鄒忌子曰：「夫琴，所以象政也，遂以爲王言霸王之事，」宣王大悅，舍之右室，與語三日，拜以爲相。稷下先生皆輕忌，以謂設以辭不能及。睿按：「謂」，「爲」，古字通。淳于髡、慎到、田駢、接予、環淵相與往見鄒忌子。淳于髡慎到之屬禮倨，鄒忌之禮卑。謂鄒忌子曰：睿按：「謂」上，當有「淳于髡」三字，史記「田完世家」，作淳于髡見之曰」：宜据補。「善說哉。竊有愚志，願陳諸前。」鄒忌子曰：「謹受教」淳于髡曰：「得全全昌，失全全亡，」鄒忌子曰「謹受令，請謹毋離前。」田駢曰：「狶膏棘軸，所以爲滑也；然而不能運方穿。」鄒忌子曰：「謹受令，請謹事左右。」環淵曰：「弓膠昔幹，所以爲合也；徐廣曰：「幹」，一作「乾」，睿按：劉熙釋名釋兵曰：「箭體曰幹，言梃幹也」。司馬貞索隱曰：『「昔」，久舊也。幹，弓幹也。考工記作「析幹」，「昔」，「析」，音相近』。据此，則當以作「幹」爲是。然而不能傅合疏罅，」睿按：「合」，疑涉上合字而衍，「傅疏罅」與「運方穿」對文。鄒忌子曰：「謹受令，請謹自附於萬民。」接予曰「狐裘雖敝，不可補以犬羊之皮。」「犬羊」，田完世家作「黃狗」。鄒忌子曰：「謹受令，請謹擇君子，毋雜小人其間。」慎到曰：「大車不較，不能載其常任；琴瑟不較，不能成其五音。」鄒忌子曰：「謹受令，請謹修法律而督姦吏。」淳于髡等說畢，趨出至門，而面其友曰：「是人者，吾輩語之微言五，其應我，若響之應聲，是人必封不久矣。」居期年，封以邳，號曰成侯。睿按：此節見史記田敬仲完世家，作淳于髡與鄒忌相問答語，無慎到田駢接予環淵之屬，惟裴駰集解引新序曰：「齊稷下先生喜議政事，騶忌既爲齊相，稷下先生淳于髡之屬七十二人，皆輕騶忌，以爲設以微辭，騶忌必不能及，乃相與往見鄒忌。淳于髡之徒禮踞，騶忌之禮卑，淳于髡等稱辭，騶忌知之，如應響，淳于髡等辭詘而去』與此合，未知熟是。

鄭同北見趙王，慎子侍，趙王曰：「子南方之博也，何以教之？」鄭同曰：「臣，南方草鄙之人也，何足問；雖然，王致之於前，安敢不對乎？臣少之時，親嘗教以兵。」趙王曰：「寡人不好兵。」鄭同因撫手仰天而笑之曰：『兵固天下之狙喜也，臣故意大王不好也。睿按：「故」，趙策作「固」，古通用。禮記哀公問篇鄭注「固，故也」。是二字相通之證。臣亦嘗以兵說魏昭王，昭王亦曰：「寡人不喜，」臣曰：「王之行，能如許由乎？許由無天下之累，故不受也。今王既受先王之傳，欲宗廟之安，壤地不削，社稷之血食乎？」王曰：「然。」今有人操隋侯之珠，持百丘之環，趙策無「百」字，未詳。萬金之財，時宿於野，內無孟賁之威，荊慶之斷，睿按：「荊慶」：上文言「孟賁」一人，疑當作「成慶」，此不得言「成荊」「王慶忌」二人也。古「荊」「慶」字通，「成荊」，或作「成慶」。史記范雎蔡澤列傳「成荊孟賁王慶忌夏育之勇焉而死」。呂氏春秋論威篇「成荊致死於韓主」漢書景十三王傳「其殿門有成慶畫」，顏師古注曰：「成慶，古勇士」。是「成荊」即「成慶」也。淮南齊俗篇「孟賁，成荊，無所行其威」，亦以「孟賁」「成荊」對舉，此作「荊慶」者，疑一本作「成荊」，一本作「成慶」，後人誤而合之，又挩「成」字耳，趙策誤與此同。外無弓弩之禦，不出宿夕，人必危之矣。今有強貪之國，臨王之境，索王之地，告以理則不可，說以義則不聽，王非戰禦守備之具，其何以當之？王若無兵，鄰國得志矣。』趙王顧謂慎子曰：「寡人之慮，不及此也，請謹奉教。」睿按：此節見國策趙策，並無慎子侍側，顯係後人僞託，而不知其固未仕也。

外篇

古之全大體者，望天地，觀江海，因山谷，日月所照，四時所行，雲布風動，不以智累心，不以私累己，寄治亂於法術，託是非於賞罰，屬輕重於權衡，不逆天理，不傷情性，不吹毛而求小疵，不洗垢而察難知，不引繩之外，不推繩之內，睿按：淮南繆稱訓曰：「繩之外，與繩之內，皆失宜者也」。故曰：「不引繩之外，不推繩之內」。不急法之外，不緩法之內，守成理，因自然，睿按：此卽所謂「因物理之當然，各定一法而守之，不求於法之外，亦不寬於法之中，則上下相安，可以淸淨而治也。（淸四庫全書提要）。禍福生乎道法，而不出乎愛惡；睿按：「出」，亦「生」也，國策齊策，呂氏春秋大樂篇，音初篇，高注並云：「出」，「生」也。此上言「生」，下言「出」者，互文耳。與下「在」「不在」相對爲文。榮辱之責在乎己，而不在乎人。故至安之世，法如朝露，純樸不散。睿按：「散」，與「純樸」義不相屬，說文云：「散，雜肉也」，（郭慶藩曰：「雜，乃「離」之誤」，說見說文考正），「散」，當爲「殽」。說文曰：「殽，相雜錯也」。廣雅曰：「殽，雜也，亂也。隸書「殽」，或作「散」，「散」，或作「散」，二形相似，故「殽」誤爲「散」。莊子齊物論篇，「樊然殽亂」。釋文云：「郭本作散」，太元元瑩篇，「晝夜殽者，其禍福雜」，今本，「殽」誤「散」。淮南原道篇。「不與物殽，粹之至也」。精神篇，「不與物殽，而天下自服」，今本「殽」，並僞「散」。是其證。淮南原道訓曰：「所謂天者，純粹樸素，質直皓白，未始有與雜糅者也」，卽此「純樸不殽」之意，韓子大體篇，誤與此同。守山閣本作「純樸不欺」。「欺」，亦「殽」字形似之誤。心無結怨，口無煩言。故車馬不疲弊於遠路，睿按：「疲」字疑衍，「車馬不弊於遠路」，與「旌旗不亂於大澤」，相對爲文，「弊」上不當有「疲」字，「疲」「弊」古通，蓋一本作「疲」一本作「弊」。後人誤而合之也。韓子大體篇，與此誤同。守山閣本正作「車馬不弊於遠路」。無「疲」

字，宜据刪。旌旗不亂於大澤，萬民不失命於寇戎，睿按：此下，大體篇有「雄駿不創壽於旗幢」句，宜据補。豪傑不著名於圖書，不錄功於盤盂，記名之牒空虛。故曰：「利莫長於簡，福莫久於安。」睿按：此節見韓非子大體篇。

行高者，人妬之；睿按：「行」，當依文子符言篇作「爵」，「爵」與「權」「祿」為一類，若作「行」，則非其倫矣。列子說符篇亦作「爵」，宜据改。權重者，主疑之；睿按：文子符言篇，作「官大者，主惡之」，列子說符篇同。祿厚者，人怨之。夫行益高者意益下，權益重者心益小，祿益厚者施益溥。睿按：「溥」，文子作「博」，列子說符篇亦作「博」。，修此三者，人不怨。文子作「怨不作」。故老子曰：「貴以賤為本，高以下為基。」睿按：此節見文子符言篇，慎子學本黃老，故時引老聃之言，以闡其說。

抑高而舉下，損有餘而補不足，天之道也。睿按：文子無此四字。江海處地之不足，故天下之水歸之。睿按：文子作「故天下歸之奉之」。聖人謙卑清靜者，睿按：文子作「聖人卑謙清靜辭讓者」。見下也；虛心無有者，見不足也。見下故能致其高，見不足故能成其賢，矜者不立，睿按：「矜」，讀曰「慬」，「矜」，「慬」，古同聲而通用。淮南人間訓曰：「此如不報，（如，與而同）無以立矜於天下」。列子說符篇作「立慬」。張湛注云：「慬，勇也」。奢者不長，強梁者死，滿足者亡。飄風暴雨不終日，山谷不能須臾盈。睿按：此節見文子守弱篇，「山谷」作「小谷」。奢者富不足；儉者貧有餘。奢者心常貧，儉者心常富。奢者好動，儉者好靜；奢者好難，儉者好易；奢者好繁，儉者好簡；奢者好驕淫，儉者好恬澹。

夫耕之用力也勞，而民爲之者何？得以富；韓子五蠹篇作「曰：可得以富也。」無「何」字。戰之爲事也危，而民爲之者何？得以貴。韓子作「曰：可得以貴也。」今修文學習法令，睿按：韓子作「習言談」。則無耕之勞，而有富之實；無戰之危，而有貴之尊。則人孰不爲也。睿按：此節見韓子五蠹篇，與內篇所載墨子魯問篇文，極相刺謬，豈有一人學說，矛盾若此，其爲後人雜录無疑。

古之民未知爲宮時，睿按：「宮」下當有「室」字，下文並以「宮室」連言，是其證。墨子辭過篇舊亦挩「室」字，畢校依御覽增，宜据補。就阜陵而居，穴而處下，潤溼傷民。孫云：「穴上疑挩一字」（見墨子閒詁）睿按：孫說非，下字當上屬爲句，「處，」猶「居」也。老子二章「功成而弗居」，七十七章作「功成而不處」。是「處」即「居」也。孟子公孫丑篇「是猶惡溼而居下」。此云「處下」，猶彼云「居下」也。故聖王作爲宮室，爲宮室之法曰：「高足以避溼潤，睿按：「溼潤」，當依上文作「潤溼」，說苑建本篇「累臺榭以避潤溼」，墨子正作「潤溼」，宜据乙，「高」上亦當補「室」字。邊足以圉風寒，上足以待雪霜雨露，宮牆之高，畢云：御覽引墨子作「牆高」睿按：作「牆高」是，「牆高」與「室高」對文。足以別男女之禮，謹此則止，費財勞力不加利者，不爲也。是故聖王作爲宮室，便於生，不以爲觀樂也；作爲衣服帶履，便於身，不以爲辟怪也。故節於身，誨於民，是以天下之民可得而治，財用可得而足。當今之世，睿按：「世」墨子作「主」。按當作「王」，「當今之王」，對「聖王」而言，非謂今之世也。下文凡兩言「當今之王」，尤其明證。其爲宮室，則與此異矣，必厚作斂於百姓，暴奪民衣食之財，以爲宮室臺榭曲直之望，睿按：「以」下挩「爲」字，宜依墨子閒詁補。青黃刻鏤之飾，爲宮室若此，故左右皆法象之，是以其財不足以待凶饑，賑孤寡，故國貧而民難治也。君實欲天之治而惡其亂也，當爲宮室不可不節。王引之曰：「當，猶則也」。古之民未知爲衣服時，衣皮帶茭，冬則不輕而溫，夏則不輕而凊，聖王以爲不中人之情，故作誨爲衣服之法：「冬服紺緅之衣，輕且煖；孫詒讓曰：「緅」非古字，當爲「纔」，考工記云：「五入爲緅」，鄭注云：「今禮俗文作爵，言如爵頭色」。說文「纔」云：「帛，雀頭色」。與鄭注「緅」義合。說文無「緅」字，是知當爲「纔」。（墨子間詁節用篇）夏服絺綌之衣，輕且凊。」謹此則止，故聖人爲衣服，適身體和肌膚而足矣，非榮耳目而觀愚民也。當是之時，堅車良馬，不知貴也；刻鏤文采，不知喜也。故民衣食之財，家足以待旱水凶饑者，何也？得其所以自養之情，而不感於外也，孫曰：「感」，當爲「惑」是以其民儉而易治，其君用財節而易贍也，府庫實滿，足以待不然。孫曰：「不然，謂非常之變也」。漢書司馬相如傳「發巴蜀之士，各五百人。以奉幣衛使者不然」。顏注引張揖曰：「不然之變也」。兵革不頓，士民不勞，足以征不服，故霸王之業可行於天下矣。當今之王，其爲衣服，則與此異矣。冬則輕煗，夏則輕凊，皆已具矣。必厚作斂於百姓，暴奪民衣食之財，以爲錦繡文采靡曼衣之。俞樾曰：「衣之」當作「之衣」，此十字一句讀。鑄金以爲鉤，珠玉以爲佩，女工作文采，男工作刻鏤，以爲身服，睿按：「爲」字舊挩，今据墨子補此非云輕煗輕凊也，睿按：墨子作「此非云益煗之情也」俞云：「情，猶實也。煗之情，猶言煗之實。云益者，有益也。廣雅釋詁曰：「云，有也」。「此非云益煗之情」，猶曰「此非有益煗之實」。上文曰：「冬則輕煗，夏則輕凊」。而此獨言煗者，衣固以煗爲主耳」。單財勞力，畢歸之於無用。睿按：「單」，讀曰「殫」，「殫」，「盡」也。史記王之威亦單「矣」徐廣曰：單，亦作殫。以此觀之，其爲衣服，非爲身體，皆爲觀好，是以其民淫僻而難治，其君奢侈而難諫也。夫以奢侈之君，御好淫佚之民，欲用無亂，不可得也。睿按：「國」，當爲「用」，宜依墨子改正。「君實欲天下之治而惡其亂，睿按：「亂」下當有「也」字，與上文一律，下同。當爲衣服，不可不節。古之民未知爲飲食時，素食而分處，孫云：「素食，謂食草木。管子七臣七主篇云：「果蓏素食當十石」。「素」，「疏」之叚字。淮南主術訓云：「夏取果蓏，秋畜疏食」，「疏」，俗作「蔬」，月令「取蔬食」。鄭注云：「草木之實爲蔬食。禮運說上古云：「未有火化，食草木之實」，即此「素食」也。故聖人作，誨男耕稼樹藝，以爲民食。其爲食也，足以增氣充虛，強體適腹而已矣。故其用財節，其自養儉，民富國治。今則不然，厚作斂於百姓，以爲美食芻豢蒸炙魚鼈，大國累百器，小國累十器，前方丈，目不能偏示，睿按：「示」疑「眎」之叚。文子下德篇「目明而不以眎」，此示字，墨子作「視」。手不能偏操，口不能偏味，冬則凍冰，夏則饐餲，人君爲飲食如此，故左右象之，睿按：當作「故左右皆法象之」，與上文一律。是以富貴者奢侈，孤寡者凍餒，畢云：「當爲餧，說文云：餧，饑也」。欲無亂，睿按：「欲」下疑挩「國」字，上文云「欲國無亂，不可得也」，是其證。「墨子作「雖欲無亂」。不可得也。君實欲天下治而惡其亂，睿按：「治」上當有「之」字。當爲飲食，不可不節。古之民未知爲舟車時，重任不移，遠道不至，故聖王作爲舟車，以便民之事。其爲舟車也，全固輕利，可以任重致遠，其爲用財少而爲利多，睿按：上「爲」字疑衍，「用財少」與「爲利多」對文。上文「其用財節」，「用」上無「爲」字，是其證。是以民樂而利之，故法令不急而行，民不勞而止足用，睿按：「止」，墨子作「上」，疑「止」字涉「足」字下半形似而誤，管子小匡篇「舉財長工，以足民用」。「足」，今本譌爲「止」。此言聖王不斂於民，作爲舟車，故民不勞而足用也。故民歸之。當今之王，其爲舟車，與此異矣，全固輕利皆已具，必厚作斂於百姓，以飾舟車，飾車以文采，飾舟以刻鏤，女子廢其紡織，而脩文采；故民寒，男女離其耕稼，而脩刻鏤，故民饑，（睿按：「女」，當爲「子」，蓋涉上「女」字而誤，上文「女工作文采，男工作刻鏤」，是脩文采爲女子之事，而作畊稼爲男子事也，且上文已言「女子廢其紡織而脩文采」，此不得更言女也。墨子正作「男子」，宜据改。）人君爲舟車若此，故左右象之，是以其民饑寒並至，故爲姦衺多，（睿按：「姦邪多」三字當重，墨子作「故爲姦衺，姦衺多，則刑罰深」，（挩一多字）。宜据以補正。）則刑罰深，刑罰深則國亂，君實欲天下之治而惡其亂，當爲舟車，不可不節。凡回於天地之間，（孫云：「回」字譌，蘇時學曰：「當作同」，亦未塙。「睿按：「回」字不誤，「回」，猶「周回」也。淮南原道篇曰：「日回而月周」，「回」「周」對舉，是「回」亦「周」也。又曰：「與萬物回旋周轉」，「回旋」，卽「周轉」，古人自有複語。此「回於天地之間」，猶言周於天地之間也。）包於四海之內，天壤之情，陰陽之和，莫不有也，雖至聖不能更也，何以知其然？聖人有傳，天地也，則曰上下；四時也，則曰陰陽；人情也，則曰男女；禽獸也，則曰牡牝雄雌也。眞天壤之情，雖有先王，不能更也。雖上世至聖，必蓄私，不以傷行，故民無怨，宮無拘女，故天下無寡夫，內無拘女，外無寡夫，故天下之民衆。當今之君，其蓄私也，大國拘女累千，小國累百，是以天下之男多寡無妻，女多拘無夫，男子失時，故民少，（睿按：「男子失時」，當作「男女失時」，此言「內多怨女，外多曠夫」，故男女失時而民少，不得獨言男子也，墨子正作「男女失時」，宜据改。）君實欲民之衆而惡其寡，當蓄私不可不節，凡此五者，聖人之所儉節也，小人之所以淫佚也。（睿按：「以」字衍，宜据墨子刪。）儉節則昌，淫佚則亡，此五者不可不節，夫婦節而天地和，風雨節而五穀熟，衣服節而飢膚和。睿按：此乃墨翟節用之學，見墨子辭過篇，非愼到法家之說，亦係後人竄入者。

鳥窮則啄，獸窮則攫。睿按：淮南齊俗篇「啄」作「噣」，「攫」作「[illegible]」（古觸字）。韓詩外傳二作「獸窮則齧，鳥窮則啄」。人窮則詐，睿按：三句見家語顏回篇。上

好智而無道，則天下大亂。

匠人成棺，不憎人死，利之所在，忘其醜也。睿按：此卽孟子所謂矢人惟恐不傷人也。錢云：意林御覽五百五十一引作「匠人成棺，而無憎於人，利在人死也」。文與此小異。

君子之所以尊者，令。令不行，是無君也，故明君愼令。睿按：「子」字衍，此言人君，「非謂君子也，故下文曰：「明君愼令」。

好賢之心誠，則讒談利辭無所間，猶諸築室之趾固，則飄風淩雨，不能傾也；植木之根深，則繁霜苦雪，不能摧也。

環淵問曰：「士之或窮或達，何歟？」子愼子曰：「士窮於窮，亦通於窮；達於達，亦病於達，故窮之者，所以達之也；而達之者，所以窮之也。」

足之行也，就高難，就卑易；水之流也，難於上，易於下；人之情，亦猶是也。鷹，善擊也，然日擊之則疲而無全翼矣；驥，善馳也，然日馳之，則蹶而無全蹄矣。睿按：此爲愼到雜說，自「鷹，善擊也」以下，與上文不相覆，疑當另提行。

能辭萬鍾之祿於朝陛，不能不拾一金於無人之地；能能謹百節之禮於廟宇，睿按：衍一「能」字，宜刪。不能不弛一容於獨居之餘，蓋人情每狎于所私故也。

不肖者，不自謂不肖也，而不肖見於行，雖自謂賢，人猶謂之不肖也；愚者，不自謂愚，睿按：「愚」下挩「也」字，與「不肖者，不自謂不肖也」，句法一律。「守山閣本有「也」字，宜据補，下「人猶謂之愚」下，亦當有「也」字。而愚見於言，雖自謂智，人猶謂之愚，

聖人在上，賢士百里而有一人，則猶無有也；王道衰，暴亂在上，賢士千里而有一人，則猶比肩也。

堯讓天下於許由，許由曰：「洪水滔天，天下民昏墊，由不能櫛奔風，睿按：周禮考工記曰：「忿執以奔」，鄭注「奔」，猶「疾」也。沐驟雨，愁其五臟。睿按：「愁」，讀曰「揫」，鄉飲酒義曰：「秋之爲言愁也」。鄭注云：「愁」，讀曰「揫」。郭璞注爾疋引「愁」作「揫」云：「禮記曰：秋之言揫，揫，斂也」。是「愁」即「揫」也。爾疋云：「揫，聚也」。廣雅同。說文云：「揫，束也」。「束」，亦「聚」也。「愁其五臟」，猶言「聚斂其五臟」也。淮南俶眞篇曰：「內愁五藏」。（古臟字）。文子上德篇曰：「內愁其德」，「愁」，並讀爲「揫」。以爲天下役」，不受而逃去，往見巢父父曰：睿按：「父」上挩「巢」字。「子若處高岸深谷，人道不通，誰能見子。子故浮遊欲聞，求其名譽，非吾友也。」人以讓子州支父，睿按：「人」當作「又」，家大人曰：「人」字義不可通，當爲「又」字之誤，上文言堯讓天下於許由巢父，許由巢父不受，故又讓於子州支父也。莊子讓王篇正作「又讓於子州支父」宜据改。子州父曰：睿按：「子州」下挩「支」字，莊子釋文曰：「李云：支父，字也，卽支伯也」。「以我爲天子，猶之可也；雖然，我適有幽憂之病，方且治之，睿按：「且」，「將」也。未暇治天下也。」舜以天下讓善卷，善卷曰：

睿按：「卷」上挩「善」字，宜据莊子補。「昔唐氏之有天下，不教而民從之，不賞而民勸之，天下均平，百姓安靜，不知怨，不知喜。今子盛爲衣裳之服，以眩民目；繁調五音之聲，以亂民耳；丕作皇韶之樂，以愚民心，天下之亂，從此始矣，吾雖爲之，其何益乎？予立宇宙之中，冬衣皮毛，夏衣絺葛。睿按：「冬」下「夏」下，莊子並有「日」字，「絺葛」，作「葛絺」。春耕種，形足以勞動，秋收斂，身足以休食。日出而作，日入而息，逍遙於天地之間，而心意自得，吾何以天下爲哉？悲夫！子之不知予也。」禹讓天下於奇子，奇子曰：「君言佐舜勞矣，鑿龍門，斬荊山，睿按：「斬」，讀爲「鏨」，古同聲字得相叚，如「劚」之叚爲「屬」，「鏨」，亦「鑿」也。說文金部云：「鏨」，小鑿也，從「金」，「斬」，「斬」，亦聲。導熊耳，通鳥鼠，首無髮，股無毛，故舜也以勞報子；睿按：奇子以治天下爲勞，禹受舜位，故曰：舜以勞報子也。我生而逸，逸不能爲君之勞也。」於是負妻攜子，以入於海，終身不返也。夫天下，重物也，而不以害其身，睿按：「身」，當爲「生」，蓋涉上下文諸「身」字而誤，下文：「惟不以天下害其生者，可以託天下」。正承此「生」字而言，則作「生」不作「身」明矣。莊子讓王篇，呂氏春秋貴生篇並作「生」，宜据改。又況於他物乎？惟不以天下害其生者，可以託天下，世之人主，以富貴驕得道之人，其不相知，豈不相知，豈不悲哉！故曰：「道之眞以治身，其緒餘以爲國家；其土苴可以治天下。」睿按：六句均文，「眞」「身」爲均，「餘」「家」爲均，「苴」「下」爲均，釋文「苴」，側雅反。由此觀之，帝王之功，聖人之餘事也，非所以完身養生之道也。今有人於此，以隋侯之珠，彈千仞之雀，世必笑之，是何也？所用重，所要輕也。夫生，豈特隋侯珠之重也哉？故曰：睿按：呂氏春秋作「子華子曰」：高注云：「古體道人」。莊子釋文引司馬云：魏人也。「全生爲上，虧生次之，死次之，迫生爲下。」睿按：此節見莊子讓王篇，呂氏春秋貴生篇，文並有異同。

孟子與說齊宣王而不說，謂愼子曰：「今日說公之君，公之君不說，意者其未知善之爲善乎？」愼子曰：「昔者匏巴鼓瑟，而潛魚出聽；伯牙鼓琴，而六馬仰秣，睿按：淮南說山篇曰：「伯牙鼓琴，而駟馬仰秣」。魚鳥猶知善之爲善，而況君人者也？睿按：「也」，猶「乎」，說詳釋詞。」孟子與曰：「夫電雷之起也，破竹折木，震驚天下，而不能使聾者卒有聞；日月之明，偏照天下，而不能使盲者卒有見，今公之君若此也。」愼子曰：「夫聲無細而不聞，行無隱而不形，睿按：荀子勸學篇曰：「故聲無小而不聞，行無隱而不形」。夫子苟賢，居魯而魯國之削，何也？」孟子與曰：『不用賢，削何有也。吞舟之魚，不居潛澤；度量之士，不居汙世。夫蓺，冬至必彫，吾亦時矣。詩曰：「不自我先，不自我後。」非遺彫世者歟？睿按：此節見韓詩外傳六，作孟子與淳于髡相對語，此作愼子者，疑後人僞託。

天地既判，而生兩儀，輕清浮而爲天，重濁凝而爲地，天形如彈丸，半覆地上，半隱地下，其勢斜倚，故天行健。地北高，故極出地三十六度，南下，故極入地三十六度。周天三百六十五度四分度之一，晝則自左而向右，夜則自右而復左。天依形，故運行太虛冲漠之際而無停；地附氣，睿按：「雲气」之「气」當作「气」，說文云

：「气，雲气也。象形」。「稟氣」之「氣」當作「气」，（稟，古廩字），後人以「餼」爲「廩氣」字，「氣」爲「雲气」字，氣行而气廢矣。故東於勁風旋轉之中而不墜。氣積於陽而其精外明者，謂之日；氣積於陰而其魄含景者，謂之月；體生於地，精浮於天者，謂之星。經（睿按：「星經」二字，義不可通。「經」字蓋衍文，下文「星則麗天而左行」。「星下無「經」字，是其證。家大人曰：「經」，當爲「辰」。淮南天文篇云：「日月之淫氣，精者爲星辰」。下「星則麗天而左行」。「星」下亦當有「辰」字。）星則麗天而左行，（睿按：「麗」，「依」也。王弼周易注曰：「麗，著也」。爾疋曰：「麗，附也」。字又作「離」。莊子駢拇篇「附離不以膠漆」。文選左太冲魏都賦注引作「附麗不以膠漆」。）日月則違天而右繞，譬蟻行磨上，磨左旋而蟻右行，磨疾而蟻遲，故不得不隨磨而左旋焉。日經千里，（睿按：「經」，當作「徑」。二字草書相似，又涉下「經」字而誤，論衡說日篇曰：「日徑千里」。白虎通日月篇曰：「日月徑千里」。事類賦一注引徐整長歷曰：「日月徑千里，周圍三千里」。並其證，宜据改。）晝夜所經，謂之一度。仲夏躍東井而去極近，則晝長而夜短；仲冬躍南斗而去極遠，則晝短而夜長。春秋二分日臨於卯酉，星昂宿，則跨赤道，晝夜平分而中停。（睿按：釋名釋言語曰：「停，定也」。）月如銀丸，受日之光，月魄承日，故明爲所蔽而日食；日有暗虛，故陰爲所射而月食。日之行也舒，晝夜行一度；月之行也疾，晝夜行十三度。日月所會是謂食。日盈而月縮，則後中而朔；月盈而日縮，則先中而朔；舒前速後，近一遠三，謂之弦；相與爲衡，分天之中，謂之望；以速及舒，光盡體伏，謂之晦。日之周天以歲計，月以朔計，二十八宿日之所經爲黃道；橫絡天腹，中分二極者，爲赤道。日行三百六十度而成歲，餘度之末周者爲五，月行二十九日半，而及於日，其不足者六日。若以不足乘其有餘，歲得十二日，積而成月，則置閏。三歲一閏，五歲再閏，十有九年而爲閏七，睿按：「有」讀曰「又」。是謂一章，則餘分盡矣。晝夜百刻，而辰周十二，故以八刻二十八分爲一時，睿按：「二十八分」之「八」字，衍文也。五代會要，「晉高祖天福三年，司天臺奏漏刻經云：晝夜一百刻分爲十二時，每時有八刻三分之一，六十分爲一刻，一時有八刻二十分」，是其證。積六分而晝夜。睿按：句疑有挩誤。五日爲候，三候爲氣，六氣爲時，四時爲年，而天地備矣。天地相去八萬四千里，睿按：藝文類聚一，引徐整三五歷紀云：「天去地九萬里」。淮南天文篇曰：「天去地五億萬里」。（開元占經引作億五萬里，御覽地部，詩含神霧並同）。孝經援神契以爲四十千萬里，洛書甄曜度「天地相去，十七萬八千五百里」。論衡說日篇「天去地六萬餘里」。張衡靈憲曰：「自地至天一億萬六千二百五十里」，周髀算經「天離地八萬里」。（考靈曜同）廣雅釋天「從地至天，億一萬六千七百八十七里半」。書各不同，並與此異。冲和之氣在其中，四萬二千里已上爲陽位，四萬二千里已下爲陰位。睿按：「已」同「以」。冬至之候，陽發於地，一氣上升七千里，至六氣則上升四萬二千里，而陽至陽位，故其氣溫，爲春分之節也。六氣而陽極陽位，故氣熱而爲夏至之節也；睿按：故下當有「其」字，「故其氣溫」，「故其氣涼」，「故其氣寒」，「故」下並有「其」字，宜据補。夏至之候，陰出於天，一氣下降七千里，至六氣則下降四萬二千里，而陰至陰位，故其氣涼，爲秋分之節也，六氣而陰極陰位，故其氣寒，而爲冬至之節也。天地之所以能長能久者，以其陽中有陰，下降極而生陽；陰中有陽，上升極而生陰，二者交通，合爲太和，相因而爲氤，相昷而爲氳，以此施生化之功，此變化之所以兆也。

氣之揫斂而有質者爲陰；舒散而有氣者爲陽。陰氣凝聚，陽在內者不得出，則激搏而爲雷；陽在外者不得入，則周旋六合而爲風；陽與陰夾持，則磨軋有光而爲電；陽氣正升，爲陰氣所乘，則相持而爲雨；陰與陽得，助其蜚騰，則飄颺而爲雲；和氣散，睿按：「氣」，疑當作「而」，「和而散」與「不和而散」對文，「和而散」，承上而言，謂陰與陽既和且散也。若作「和气散」，則非其指矣。則爲露霜雪；不和而散，則爲戾氣霾曀，陰干於陽，而氣薄不能以掩日，則虹見；陽伏於陰，而氣結不能以自收，則雹降。月星布氣，陰感之，則肅而爲霜，陽感之，則液而爲露。上寒而下溫，則霜不殺物；上溫而下寒，則雨而不冰，風不宜溫而溫，則雨凝而爲雪，陰縱而陽翕之也，雷不當出而出，則雪霰交摯，陽褺而陰乘之也。將雨則氣溢而礎潤；既雨則氣散而土晞，陰附於陽，故能闢而受以爲水；陽附於陰，故能直而施以爲火。天一，陽數也，而水生焉，故凝於天一，無非水也；地二，陰數也，而火生焉，故應於地二，無非火焉。蒸而在天爲雲雨；湛而在地爲淵泉，睿按：段玉裁說文解字注曰：古書「浮沈」字多作「湛」，「湛」，「沈」，古今字，「沉」，又「沈」之俗也。求於石，則擊之而光發；求於木，則鑽之而烟飛，睿按：「烟」，當爲「熛」，「熛」誤爲「煙」，又寫作「烟」耳，說文云：「火飛也，從火，㶾聲，讀若摽」，一切經音義引三蒼曰：「熛，迸火也。」呂氏春秋慎小篇曰：「突泄一熛，而焚宮燒積」。韓子喻老篇曰：「百尺之室，以突隙之熛焚」。淮南人間篇曰：「百尋之屋，以突隙之熛焚」。齊俗篇曰：「譬若水之下流，熛之上尋也」，今本「熛」，並譌作「煙」。世人多見「煙」，少見「熛」，故改「熛」爲「煙」耳。　天地初分，惟水與火。土之所附，其氣融結，則峙而爲山；水之所赴，其勢蓄洩，則流而爲川。山氣暮合而爲風；水氣朝降而爲霧。地勢峻極，起自西北，故崑崙乘地之高而東驅，嵩山據地之中而南騖，睿按：「騖」，說文云：「紓曳也」。義與「驅」不合」，當爲鶩。說文云：「鶩，亂馳也。從馬，敄聲」。「馳」，亦「驅」也。詩每以「馳」「驅」並言，如皇皇者華篇「載馳載驅」是也。「兩山並驅，其中必有水；兩水夾行，其中必有山。故氣虛而散，如沃焦釜，往者既消，來者復息，水流東極，其應於月者爲潮，蓋日爲陽精，陰之所依，月爲陰靈，潮之所附，朔望之際，月近於日，故月行疾而潮應大；朔望之行，睿按：「行」，字誤，當爲「後」，「朔望之後」，與「朔望之際」，對文。月遠於日，故月行遲而潮應小。春爲陽中，陰生於午，而晝潮大而感陽也；睿按：「感陽」，疑當爲「陽感」，與「陰應」對。秋爲陰中，陽生於子，而夜潮大，爲陰應也。睿按：「而」，猶「則」也，說詳釋詞。「一晝一夜而再至，亦猶歲之春秋，而月之朔望云耳，此地之至數也。地在天中，水環地外，四游升降，不越三萬里，春游過東萬五千里，其上升如其數；秋游過西萬五千里；其下降如其數。睿按：河圖云：「地有四游，冬至，地上行，北而西三萬里；夏至，地下行，南而東三萬里，春秋二分，是其中矣。地常動不止，而人不知，譬若閉舟而行，不覺舟之用也」。夏游過南，睿按：此與「冬游過北」，皆不言萬五千里者，省文耳。故日在其北；冬游過北，故日在其南。人處坤載，如水負舟，視星漢回移，或升或降，莫之覺也。睿按：以上二節，皆言天文事，非法家之言，疑是鄒衍之書。考文心雕龍諸子篇曰：「鄒子養政於天文」。漢書藝文志陰陽家有「鄒子四十九篇」。又「鄒子終始，五十六篇」。班固曰：「名衍，齊人，爲燕昭王師，居稷下，號談天衍」。劉向別錄云：「鄒衍之所言，五德終始，天地廣大，書言天事，故曰談天」。司馬遷曰：「鄒衍深觀陰陽消息，而作怪迂之變，終始大聖之篇，十餘萬言，其語閎大不經……先列中國名山大川……及海外之人所不能諸，……中國名赤縣神州，中國外如赤縣神州者九，……乃有大瀛海環其外，天地之際焉，其術皆此類也」。又曰：「鄒衍之術，迂大而閎辯，故齊人頌曰：談天衍」。（節彔史記孟荀列傳）漢書應劭曰：「鄒衍，齊人，著書所言多天事，故齊人號談天衍」。是鄒衍之書，皆言天書，此蓋後人彔其言，竄入本書，而不知慎到固非陰陽家者流也。

老子曰：「民不畏死，如何以死懼之。」睿按：老子作「如何」，「奈何」。凡民之不畏死，由刑罰過。睿按：「刑罰過」三字當重，下屬為句，宜据尹文子大道下篇補。則民不賴其生，生無所賴，視君之威末如也；刑罰中，睿按：「中」，讀曰「不偏之謂中」之「中」字。則民畏死，畏死，由生之可樂也。知生之可樂，故可以死懼之。此人君之所宜執，臣下之所宜慎。睿按：此節見尹文子大道下篇。

藺相如既困秦王，歸而有矜色，謂慎子曰：「人謂秦王如虎，不可觸也，僕已摩其頂拍其肩矣。」慎子曰：『善哉！先生，天下之獨步也！然到聞之，赤城之山有石梁五仞焉，徑尺而龜背，下臨不測之谷，縣泉沃之，睿按：「縣」，即「懸」。苔蘚被焉，無藤蘿以為援也，野人負薪而越之，不留趾而達，觀者唶唶。或謂之曰：「是梁也，人不能越，而若能也，睿按：「若」，「汝」也。盍還而復之。」野人立而睨焉，足搖搖而不舉，睿按：「不」下疑挩「能」字。目周旋而莫之能矚。先生之說秦王也，是未覩夫石梁之險者也。故過巴峽而不慄，未嘗驚於水也；視狴犴而不惴，未嘗中於法也。使先生還而復之，則無餘以教到矣。』

子慎子曰：「毛嬙西施，睿按：荀子非相篇楊倞注引此，「嬙」作「廧」。說苑尊賢篇亦作「毛廧」。文選四子講德論注引西施作施先，李善曰：西施先施一也。「天下之至姣也。衣以皮倛，孫依御覽「衣」下補「之」字，下「易」字下亦補「之」字，睿按：非相篇楊注引有「之」字。則見者走；睿按：孫依御覽「見者」下，補「皆」字是也。非相篇注引有「皆」字，「見」下有「之」字。易以玄緆，則行者皆止。」睿按：此下孫依御覽補「由此觀之，則玄緆，色之助也，姣者辭之，則色厭矣」。四句。

或問孔子之道，何所止也？慎子曰：「春以煦之，夏以長之，秋以成之，冬以藏之，又何所止哉！」

環淵問養性，慎子曰：「天有盈虛，人有屯危，睿按：「屯」，疑當爲「安」，「安危」與「盈虛」對文，言天道有盈虛，而人事有安危也。不自慎，不能濟也，故養心必先自慎也。睿按：「心」，當依上文作「性」。慎以畏爲本，士無畏則簡仁義，農無畏則惰稼穡，工無畏則慢規矩，商無畏則貨不殖；子無畏則忘孝，父無畏則廢慈，臣無畏則勳不立，君無畏則亂不治。是以太上畏道，其次畏天，其次畏物，其次畏人，其次畏身。憂於身者，不拘於人；慎於小者，不懼於大戒於近者，不悔於遠。

智之極者，知智果不足以周物，故愚；辯之極者，知辯果不足以喻物，故訥；勇之極者，知勇果不足以勝物，故怯。是以老子曰：「曲則全，枉則直，睿按：王念孫曰：「直，當作正。此淺人以今本老子改之也。唐傅奕校定古本老子及邢州龍興觀碑並作「枉則正」，與「窪則盈」「敝則新」爲均，說見讀書雜志淮南。窪則盈，敝則新，少則得，多則惑，聖人抱一爲天下式，睿按：此道德經二十二章文也。

海不辭水，故能成其大；山不辭土石，故能成其高；睿按：「山不辭土」，與「海不辭水」，相對爲文，「土」下不當有「石」字，此蓋後人据淮南泰族篇

「山不讓土石，以成其高」。而增「石」字也。不知淮南作「土石」者，正與「海不讓水潦，以成其大」對文，此獨言「水」，則不應有「石」字也。元本管子形勢解正作「海不辭水，故能成其大；山不辭土，故能成其高」。（今本誤與此同）。意林及文選張茂先勵志詩注引管子亦並無「石」字，宜据刪。

聖人不讓負薪之言，故能廣其智。昔者黃帝立明堂之議，睿按：管子桓公問篇，「堂」作「臺」，「議」作「義」。上觀於賢也；堯有衢室之問，下聽於民也；舜有告善之旌，而主不蔽也；禹立諫鼓於朝，而備訊也；睿按：「訊」下當依管子補「唉」字，「備訊唉」與「主不蔽」對文，尹注，「唉」，驚問也。湯有總街之廷，親民非也。睿按：管子作「觀人誹也」，「誹」「非」古字通，荀子解蔽篇「百姓怨非而不用」，楊注非，或爲誹。武王有靈臺之宮，賢者進也。睿按：「宮」，管子作「復」，尹注「復」，謂「白」也。當作「宮」，「靈臺之宮」，與「總街之庭」，對文，藝文類聚十一引管子正作「宮」。此聖帝明王所以有而勿失，得而勿止也。睿按：「止」，與「失」，義不相近，「止」當爲「亡」，二形相似而誤，「亡」，亦「失」也。管子作「有而勿失，得而勿忘」，「亡」，「忘」，古相通，呂氏春秋權勳篇「是忘荊國之社稷」，韓子十過篇，「忘」作「亡」。荀子勸學篇「怠慢忘身」，大戴禮，「忘」，作「亡」。呂氏春秋貴公篇「一聞人之過，終身不亡」，「亡」，即「忘」，是「亡」「忘」古通之證，「有而勿失，得而勿亡」。其義一也古人自有複語，若譌爲「止」，則不詞矣宜据管子改正。若夫高居而遠望，深視而簡聽，譬之天高而不可極，川深而不可測，則臣下閉口，左右結舌，大賊乃發。

慎子曰：「夫道，所以使賢，無奈不肖何也；所以使智，無奈愚何也。若此，則謂之道勝矣，道勝，則名不彰。

萬物所異者，生也；所同者，死也。生則有賢愚貴賤，所以異也；死則有腐臭消滅，是所同也。睿按：「所以異也」，當作「是所異也」，與「是所同也」，對文。列子楊朱篇正作「是所異也」，宜据改。故生則堯舜死則腐骨；生則桀紂，死則膚骨，一矣。睿按：「膚」當爲「腐」，聲之誤也。言人生則不同，爲堯舜，爲桀紂，及其死也，則同爲腐骨。故上文云：「萬物所同者死也」，列子正作「腐」，宜据改。孰知其異哉。睿按：「熟」，當爲「孰」。以上見列子楊朱篇。

盜跖；曰「人上壽百歲，中壽八十，下壽六十，除病瘦死喪憂患，王念孫曰：「瘦」，當爲「瘐」，字之誤也，「瘐」，亦「病」也，「病瘐」爲一類，「死喪」爲一類，「憂患」爲一類，「瘐」，本作「瘉」，爾疋云：「瘉，病也」。小雅，正月篇「胡俾我瘉」，毛傳與爾疋同，漢書宣帝紀「今繫者或以掠辜若飢寒，瘐死獄中」，蘇林曰：「瘐，病也。囚徒病，律名爲瘐」。師古曰：「瘐，音庾，字或作瘉」，王子侯表曰：「富侯龍下獄瘐死」。睿按：王說甚塙，宜改正。其中開口而笑者，一月之中不過四五日而已。天與地無窮，人死者有時，操有時之具而託於無窮之間，忽然無異騏驥之馳過隙也。不能悅其志意，養其壽命者，非通道者也。睿按：「非」上當据莊子補「皆」字，以上見莊子盜跖篇。

法者，所以齊天下之動，至公大定之制也。故智者不得越法而肆謀，辨者不得越法而肆議，士不得背法而有名，臣不得背法而有功。我喜可抑，可忿可窒，睿按：上「可」字誤，當作「我」，「我忿可窒」，與「我喜可抑」，對文。繆輯佚文正作「我」，宜据改。我法不可離也；骨肉可刑，親戚可滅，至法不可闕也。

善爲國者，移謀身之心而謀國；移富國之術而富民，移保子孫之志而保治，移求爵祿之意而求義，則不勞而化理成矣。

許犯曰：「敢問昔聖帝明王巡狩之禮，可得聞乎？」子愼子曰：「古者天子將巡狩，必先告於祖禰，命史告羣廟及社稷圻內名山大川，睿按：「及」當依下文在「社稷」下。告者七日而徧。親告用牲，史告用幣，申命冢宰，而後道而出，以遷廟之主行，載於齊車，每舍莫焉。睿按：「莫」字無義，當爲「奠」。「莫」，或作「莫」，形與「奠」相似，故「奠」誤爲「莫」，「奠」，奠祭也，言每行一舍必奠祭其廟主也。禮曾子問篇曰：「孔子曰：天子巡守，以遷廟主行，載于齊車，……每舍奠焉」，宜据正。及所經五嶽四瀆，皆有牲幣。歲二月，東巡狩，至於岱宗，柴於上帝，睿按：書舜典無「於上帝」三字。「望秩于山川，所過諸侯，各待於境，天子先問高年者所在，而親問之，然後覲方岳之諸侯，有功德者，則發爵賜服，以順陽義；無功者，則削黜貶退，以順陰義。命史采民詩謠，以觀其風；命市納賈，察民之所好惡，以知其志；命典禮正制度，均量衡，考衣服之等，協時月日辰。睿按：尚書舜典，史記五帝本紀，封禪書，「日辰」，並作「正日」。遂南巡。五月，至於南嶽，又西巡。八月，至於西嶽。又北巡，十有一月至於北嶽，其禮皆如岱宗。歸反，舍於外次，三日齋，親告于祖禰，用特，命有司，告郡廟社稷，睿按：「郡」字誤，當依上文作「羣」。及圻內名山大川，而後聽朝，此古者明王巡狩之禮也。」

雀性爲淫，名飲器爲爵，所以爲飲戒也；鳩食多噎，刻老人杖爲鳩，所以爲食戒也；鵲行不良，借其字爲鳥履之鳥，所以爲行戒也；鷩性耿介，畫其形於衣，所以爲飾訓也；飾鼎以饕餮，貪之戒也；飾簠簋，以龜廉之勸也。」王師儀臣曰：『此節疑非愼子文，考水經注七引風俗通曰：「俗說高祖與項羽戰於京索，遁於薄中，羽追求之，時，鳩止鳴其上，追之者以爲必無人，遂得脫，及即位，異此鳩，故作鳩杖以扶老」。是漢時始有鳩杖，此云刻鳩於杖云云，顯係後人僞託』，睿按師說是，後漢書禮儀志亦曰：「仲秋按戶比民，年七十者，授之玉杖，杖端以鳩爲飾，鳩，不噎之鳥也，欲老人不噎」，是知飾鳩於杖，乃漢制也，戰國時烏得有此？

墨翟曰：「衞小國也，處於齊晉之間，猶貧家之處於富家之間也。貧家而學富家之衣食多用，則速亡必矣。今簡子之家，孫詒讓曰：廣雅釋言曰：「簡，閱也」。飾車數百乘，馬食菽粟者數百匹，婦人衣文繡者數百人。吾取飾車食馬之費，與繡衣之財，以畜士，必千人有餘。俞樾曰：「吾」，當爲「若」。若有患難，則使百人處於前，數百處於後，睿按：「數百」下當有「人」字，王念孫曰：「百人」，亦當爲「數百人」。上文云：「千人有餘」，故此分言之曰：「數百人處於前，數百人處於後」。今作「百人」，則與上下文不合。與婦人數百處前後，孰安？睿按：「數百下亦當有人字，此挩，宜据墨子補。吾以爲不若畜士之安也。睿按：此乃墨子貴義篇文，爲子墨子謂公良桓子之語。

樂所由來者尚也，必不可廢。有節有侈，有正有淫，賢者以昌，不肖者以亡。昔古朱襄氏之治天下也，多風而陽氣蓄積，萬物散解，果實不成，故士達作爲五絃瑟，以采陰氣，睿按：「采」字誤，當作「來」，「采」，或作「釆」，「來」，或作「来」，形與「采」相似，故「來」誤爲「采」，「以來陰氣」，以召陰氣也。呂氏春秋古樂篇舊亦訛爲「采」，畢据御覽五百七十七改正，黃氏日抄同，宜据改。以定羣生。陶唐氏之始，睿按：「始」，文選傳武仲舞賦注引呂覽作「時」，畢校呂覽引孫云：「陶唐，乃陰康之誤，顏師古曰：漢書司馬相如傳云：古今人表有陰康氏，案李善注文選竟沿其誤，唯章懷注後漢書馬融傳引作陰康」。陰多滯服而湛積，睿按：「服」，當爲「伏」，聲之誤也。「滯伏」與「湛積」對文。呂覽正作「伏」，文選舞賦注引亦作「伏」，宜据改。水道壅塞，不行其原，王念孫曰：「水道」，當作「陽道」，「陽道壅塞」，與「陰多滯伏」正相對，「原」，當爲「序」，字之誤也。（莊子則陽篇「隨序之相理」，釋文「序」或作「原」）陽道壅塞，故行不由序，漢書司馬相如傳正作「陽道壅塞，不行其序」。民氣鬱閼而滯者，睿按：「者」，義不可通，當依呂覽作「著」，「著」，重著之謂也。筋骨瑟縮不達，故作爲以宣導之。睿按：「爲」下，挩「舞」字，宜据呂覽補。黃帝令伶倫作爲律，畢云：「伶倫」說苑脩文篇作泠倫，「古今人表作「泠淪」。睿按：作「伶」字是也，「伶」，司樂官也。「周景王二十四年，將鑄無射，問之伶州鳩」「伶」，司樂官，「州鳩」名也。古多以其職守，與名並稱，如師曠師聽師乙優孟工倕之類是也」。伶倫自大夏之西，乃之阮隃之陰，俞樾曰：「阮」，讀若「昆」，說文𨸏部「阮，代郡五關也，從𨸏，元聲，讀若昆」，「阮」，讀與「昆」同，故可借爲「昆」，「隃」，當爲，「陯」，「陯」，「侖」之借字。睿按：俞說甚是，文選馬季長長笛賦注，漢書律歷志並作「昆侖」，（嵇叔夜琴賦注引漢書作崑崙）。取竹於嶰谿之谷，以生空竅厚鈞者，睿按：「厚」上當有「薄」字，此言取竹之薄厚相等，斷而吹之也。若無「薄」字，則語意似未足，文選長笛賦注引呂覽有「薄」字，今本呂覽挩。斷兩節間，其長三寸九分，而吹之以爲黃鍾之宮，制十二筒，聽鳳皇之鳴以別十二律，其雄鳴六，其雌鳴亦六，以比黃鐘之宮，適合黃鐘之宮，六律六呂皆可以生之，故曰：「黃鐘之宮，律呂之本。」睿按：此節見呂氏春秋古樂篇，說苑脩文篇。

田繫問曰：睿按：田繫，墨者鉅子，呂氏春秋當染篇曰：「田繫學於許犯」。『仲尼曰：「志士仁人，無求生以害仁，有殺身以成仁，」何也？』子慎子曰：「始吾未生之時，焉知生之爲樂也；今吾未死，又焉知死之不樂也。睿按：「不樂」上當有「爲」字，與「生之爲樂」對文，繆輯佚文有「爲」字，宜据補。故生不足以使之，利何足以動之；死不足以禁之，害何足以恐之。睿按：呂氏春秋知分篇曰：「夏后啓曰：生不足以使之，則利曷足以使之；死不足以禁之，則害曷足以禁之」。明於死生之分，達於利害之變，是以目觀玉輅琬象之狀，睿按：「輅」，當爲「璐」，玉輅爲王者所乘之車，與琬象非類，陶方琦淮南許注異同詁云：文選雪賦注引許本淮南，璐，美玉也，玉璐琬象，皆飾也。說文璐，玉也，楚辭王逸注璐，美玉也。耳聽白雪清角之聲，睿按：淮南覽冥篇曰：「昔者師曠奏白雪之音，而神物爲之下降」。高注「白雪太乙五十弦瑟樂名也」，俶眞訓注又云：「白雪，師曠所奏太乙五弦之琴樂曲，（五下疑挩十字）清角，商聲也。」不能以亂其神；登千仞之谿，臨蝯眩之岸，不足滑其和，「和」，守山閣本作「知」。睿按：作「和」者是也。隸書和，或作知，與知相似，見漢白石神君碑，故「和」譌爲「知」，韓詩外傳二，「君子易和而而難狎」，荀子不苟篇作「君子易知而難狎」。大略篇寄節而不知不成禮，楊注知或爲和，（按當作和）。莊子齊物論篇釋文，荀子解蔽篇楊注並云：「滑，亂也」，不足滑其「和」，言不足以亂其天和也。若譌爲「知」則不詞矣，淮南原道篇，「不以欲滑和」，精神訓「何足以滑和」，俶眞篇亦作「不足以滑其和」，並其證。夫如是，身可以殺，生可以無，仁可以成。」睿按自「始吾未生之時」，至「不足以滑其和」，見淮南俶眞篇。

墨翟曰：「和氏之璧，隋侯之珠，三棘六異，孫詒讓曰：史記楚世家云：「居三代之傳器，吞三翮六翼，以高世主」。索隱曰：「翮，亦作鬲，三翮六翼，亦謂九鼎，空足曰翮，六翼，卽六耳，翼近耳旁」。宋翔鳳云：「棘同翮，異同翼，亦謂九鼎也」。爾疋釋器「附耳外謂之釴」，「翼」「釴」字通，釋器又云：「款足者謂之鬲」，卽「翮」也。漢書郊祀志「鑄九鼎，其空足曰鬲，以象三德」。蘇林曰：「足中空不實者，名曰鬲也」。睿按：「棘」「革」古同聲而通用。莊子逍遙篇「湯之問棘也是已」，列子湯問篇「殷湯問夏革」，張湛注「夏革，卽夏棘」，論語「棘子成」，漢書古今人表作「革子成」，詩「匪棘其欲」禮坊記引作「匪革」，「棘」可爲「革」，故叚「棘」以爲「翮」也。此諸侯之所謂良寶也，可以富國家，衆人民，治刑政，安社稷乎？」曰：「不可。」所爲貴良寶者，睿按：「爲」，墨子作「謂」，古通用。其爲可以利也，睿按：利下當有民字，下文不可以利人，正對此而言，墨子誤與此同。而和氏之璧，隋侯之珠，三棘六異，不可以利人，是非天下之良寶也。今用義爲政於國家，睿按：此下疑挩「國家必富」句。人民必衆，刑政必治，社稷必安。所爲貴良寶者，可以利民也，睿按：「可以」上，亦當有「爲其」二字，此重述上文之詞也。而義可以利人，故曰：「義，天下之良寶也。」睿按：此節見墨子耕柱篇。

心者，五臟之主也，制使四肢，流行血氣，馳騁是非之境，出入百事之門。

受人者常畏人；與人者常驕人。睿按：家語在厄篇曾子曰：「吾聞受人施者常畏人；與人者常驕人」：拯饑者，與之徑寸之珠，睿按：「饑」，當爲「飢」，「飢」，「餓」也。孰若一簞之食；拯溺者，與之方尺之玉，孰若一葉之匏，貴賤無常，時使之然也。

匠人知爲門，能以門，所以不知門也，故必杜，然後能門。睿按：此節頗難解，疑有挩誤，淮南齊俗篇引此同。高注云：「不知門，不知門之要也，門之要，在門外」。意亦難明，文子精誠篇襲此云：「故匠人智爲不以能以時，閉不知閉也，故必杜而後開」，文亦譌挩難讀。

富貴而禮人，人無有不敬；富貴而愛人，人無有不親。

鷙鳥之擊也，卑飛斂翼；睿按：當作「斂翼卑飛」，與「弭耳俯伏」對文。猛獸之搏也，弭耳俯伏。王念孫曰：「搏當爲捕，字之誤也，弭耳，當作弭毛，毛字因弭字而誤爲耳。離騷注曰：「弭，按也」。呂覽決勝篇高注曰：「若狐之搏雉，俯體弭毛」。吳越春秋勾踐歸國外傳亦云：「猛獸將擊，必弭毛帖伏」。（說見讀書雜志淮南）。

古者五行之官，水官得職，則能辨其性味。潛而復出，合而更分，皆可辨之。故師曠易牙品天下之水性味不同，蓋古水官之遺法，不獨爲口腹也。

鳥飛於空，魚游於淵，非術也，故爲鳥爲魚者亦不自知其能飛能游；苟知之，立心以爲之，則必墮必溺，猶人之足馳手捉，耳聽目視，當其馳捉聽視之際，應機自至，又不待思而施之乎；睿按：「乎」，猶「也」也。家語相魯篇「雖天下可乎，豈但魯國而已哉」。言雖天下可也，守山閣本正作「又不待思而施之也」。苟須思之，而後可施之，則疲矣。是以任自然者久，得其常者濟。

商容有疾，睿按：淮南繆稱篇高注「商容，神人也，商容吐舌示老子，老子知舌柔齒剛」。主術篇注及呂氏春秋愼大篇注並云：「商容，殷之賢人，老子師」。說苑敬愼篇作「常樅」。文子上德篇曰：「老子學於「常樅」」，舊注「老子師，姓常，名樅」，「常樅」、「商容」，一聲之轉。老子曰：「先生無遺教以告弟子乎？」容曰：「將語子，過故鄉而下車，知之乎？」老子曰：「非謂不忘故耶？」睿按：「非謂」下疑挩「其」字，下文「非謂其敬老耶」？「非謂其剛亡而弱存乎」？兩「非謂」下並有「其」字，是其證。容曰：「過喬木而趨，知之乎？」老子曰：「非謂其敬老耶？」容張口曰：說苑作「張其口而示老子曰」：於義較長。「吾舌存乎？」曰：「存，」「吾齒存乎？」曰：「亡，」「知之乎？」睿按：說苑作「常樅曰：子知之乎」？疑此「知之乎」上挩「曰」字。老子曰：「非謂其剛亡而弱存乎？」容曰：「嘻！天下事盡矣。」睿按：此節見說苑敬愼篇。

公父文伯之母，季康子之從叔祖母也。睿按：「從叔祖母」，國語魯語作「從祖叔母」，攷敬姜爲穆伯之妻，而穆伯又爲季平子之弟，故於康子爲從祖叔母，家語公西赤問篇作從祖母。康子往焉，闔門與之語，皆不踰閾，仲尼聞之，以爲別於男女之禮矣。

公父文伯退朝，朝其母，其母方績，文伯曰：「以歜之家而主猶績，胡不自安？」其母歎曰：『使僮子備官，魯其亡乎！昔聖王之處民也，擇瘠土而處之，勞其民而用之，故長王天下。夫民勞則思，思則善心生；逸則淫，淫則忘善，忘善則惡心生，沃土之民不材，淫也；睿按：「瘠土之民，莫不嚮義」。四字爲句，此與之對文。「不材」，疑當作「多不材者」，淮南務修篇「沃土之民，多不才者「饒也」，「才」「材」古通，是其證。瘠土之民，莫不嚮義，勞也。君子勞心，小人勞力，先王之訓也。自上以下，誰敢淫心舍力？今我寡也，爾又在下位，朝夕處事，猶恐忘先人之業，況有怠惰，睿按：「忘」「亡」通，「有」，讀曰「又」。其何以避辟？吾冀而朝夕脩我曰：「必無廢先人。」爾今曰：「何不自安？」睿按：「何」，當依上文作「胡」；國語正作「胡」，宜據改。以是承君之官，余懼穆伯之絕嗣也。』仲尼聞之曰：「弟子志之！季氏之婦不淫矣！」睿按：此乃敬姜論勞逸事，及上節並見國語魯語，均與慎到法家之言無關，疑亦後人竄入者。

公輸子削竹木以爲鵲，成而飛之，王念孫曰：此當作「削竹木以爲鵲，鵲成而飛之」，今本少一「鵲」字，則文不足義，太平御覽工藝部九所引，已與今本同，初學記果木部，白帖九十五，並多一「鵲」字，（見讀書雜志墨子）。睿按：無下「鵲」字亦可，「成」字絕句，「而」，猶「乃」也。禮記檀弓鄭注云：「而，猶乃也」。「成而飛之」，言既成而飛之也。三日不下，公輸子自以爲至巧，墨翟言於公輸子曰：「子之爲鵲也，不如翟之爲車轄，睿按：「翟」，王氏据御覽工藝部九引，改作「匠」。須臾，睿按：卽韓子所謂「不費一朝之事」也。劉三寸之木，王云：「劉」，當爲「剅」，集韵「斲」，或作「剅」。廣雅曰：「剅，斫也」，今本廣雅譌作「劉」，俗書「剅」字作「斲」，故「剅」字亦作「劉」，形與「劉」相似，因譌爲「劉」，此言爲車轄者，斫三寸之木，而任五十石之重，非刻鏤之謂也。而任五十石之重故所爲巧，睿按：「巧」，猶「工」也，「所爲巧」，所爲工也，淮南覽冥訓注「巧，工也」，齊俗訓「魯般墨子，以木爲鳶而飛之，三日不集，而不可使爲工也」，此云「爲巧」，猶彼云「爲工」也。墨子作「功」，「功」「工」通。周官肆師注古者功工同字。利於人，謂之巧；不利於人，謂之拙。睿按：此節見墨子魯問篇。

翟王使使至於楚，楚王誇使者以章華之臺，賈子曰：「翟王使使之楚，楚王饗之章華之臺」。高廣美麗無匹也。楚王曰：「翟國亦有此臺乎？」對曰：「翟王茅茨不翦，綵椽不刻，猶以爲作之者勞，居之者佚。」楚王大怍，睿按：此節見韓詩外傳八，作齊景公使人於楚，「章華之臺」，作「九重之臺」。

文王在鎬召太子發曰：「我身老矣，吾語汝我所保與我所守，睿按：「汝」下疑挩「以」字。傳之子孫，吾厚德而廣惠不爲驕侈，不爲泰靡，童牛不服，童馬不馳，土不失其宜，萬物不失其性，天下不失恃以成萬材，睿按：「恃」，當爲「時」。下字疑涉下「天下」而衍，「天不失時」，言天不失雨露之時也，故下文曰：「天下利之而勿德」。萬材已成，牧以爲人，天下利之而勿德，是謂大仁。

榮啓期者，睿按：淮南齊俗篇，列子天瑞篇，說苑雜言篇並作「榮啓期」，與此同，家語六本篇作「榮聲期」王肅注曰：「聲，當爲啓，或曰：榮益期也」。鹿裘帶索，鼓琴而歌，孔子遊於泰山，見而問之曰：「先生何樂也？」對曰：「吾樂甚多，天生萬物，唯人爲貴，（睿按：「唯」「惟」通。）吾得爲人矣，是一樂也；男女之別，男尊女卑，故以男爲貴，吾既爲男矣，是二樂也；人生有不見日月，不免襁褓者，吾既已行年九十矣，是三樂也。貧者，士之常也，死者，民之終也，居常以待終，何不樂也？」（睿按：此節見列子天瑞篇，家語六本篇，說苑雜言篇，「何不樂也」，並作「當何憂哉」？（當，疑倘）文選琴賦注引列子作「復何憂乎」？）

舜一徙成邑，再徙成都，三徙成國，堯聞其賢，徵之草茅之中，與之語禮樂而不逆；與之語政，至簡而易行；與之語道，廣大而不窮。於是率羣臣刻壁爲書，東沈洛水，言天命傳舜之意。

湯放桀而歸於亳，三千諸侯大會，湯取天子之璽，置之於天子之座，左復而再拜，從諸侯之位，湯曰：「此天子之位，有道者可以處之矣。天下，非一家之有也，有道者之之有也。（睿按：衍一「之」字，宜刪。）故天下者，唯有道者理之，有道者宜處之。」湯以此三讓，三千諸侯，莫敢即位，然後湯即天子之位。

周成王問鬻子曰：（睿按：漢書藝文志道家有鬻子二十二篇，班固曰：「名熊，爲周師，自文王以下問焉，周封爲楚祖」。按今本鬻子僅十四篇，且文多殘缺雜亂，蓋非原本。）「寡人聞聖人在上位，使民富且壽，若夫富，則可爲也；若夫壽，則在天乎？」鬻子對曰：「夫聖王在上位，天下無軍兵之事，故諸侯不私相攻，而民不私相鬬也，則民得盡一生矣；（睿按：「盡」字疑衍。）聖王在上，則君積於德化，而民積於用力，故婦人爲其所衣，丈夫爲其所食，則民無凍餓，民得二生矣；聖人在上，睿按：當依上下文作「聖王」，上文「寡人聞聖人在上位」，疑亦當作「聖王」。「則君積於仁，吏積於愛，民積於順，則刑罰廢，而民無夭遏之誅，民則得三生矣；睿按：「民則」二字疑倒，宜据上文乙。聖王在上，則使之有時，睿按：「之」，當依守山閣本作「人」，「使人有時」，卽論語「使民以時」也。而用之有節，則民無厲疾，民可得四生矣。」睿按：「可」字衍，宜据守山閣本删。

齊桓公謂管仲曰：「吾欲伐大國之不服者，奈何？」管仲對曰：「先愛四封之內，然後可以惡境外之不善者；睿按：「境」，管子作「竟」，「竟」，古「境」字。先定鄉大夫之家，睿按：「鄉」字誤，當依管子作「卿」。然後可以危鄰之敵國，睿按：「危鄰之敵國」，當作「危鄰敵之國」，「鄰敵」二字連文，韓子飾邪篇曰：「則兵弱而地削，國制於鄰敵矣」。喻老篇曰：「有道之君，外無怨讎於鄰敵」。管子形勢篇曰：「鄰敵畏其威」，形勢解曰：「以事鄰敵」，荀子王制篇威彊未足以殆鄰敵，並其證。管子小問篇誤與此同，中匡篇作「危救敵之國」。是故先王必有置也，然後有廢也；必有利也，然後有害也。」睿按：此節見管子小問篇中匡篇。

仲尼曰：「凡人心險於山川，難於知天，故君子遠使之而觀其忠；近使之而觀其敬；煩使之而觀其能；率然問焉，睿按：「率」當爲「卒」，字之誤也，隸書「卒」，或作「率」。（見漢韓勑造孔廟禮器碑），形與卒相似，故卒譌爲率，國語齊語曰：「十邑爲卒」，管子小匡篇「卒」譌「率」，是其證，此「卒然問焉」，卽孟子梁惠王篇之「卒然問曰」也。莊子列禦寇篇正作「卒」，宜据改。而觀其知；急與之期，而觀其信；委之以財，而觀其仁；告之以危，而觀其節；醉之以酒，而觀其則；雜之以處，而觀其色，九徵至，賢不肖人得矣，睿按：此節見莊子列禦寇篇；無「賢」字。

知忠，此篇原刻全脫，依治要補。

亂世之中，亡國之臣，非獨無忠臣也；治國之中，顯君之臣，非獨能盡忠也。治國之人，忠不偏於其君；亂世之人，道不偏於其臣。然而治亂之世同世，有忠道之人臣之欲忠者不絕世，而君未得寧其上，無遇比干子胥之忠，而毀瘁主君於闇墨之中，遂染溺滅名而死。由是觀之，忠未足以救亂世，而適足以重非。何以識其然也？曰：「父有良子而舜放瞽瞍；桀有忠臣而過盈天下。然則孝子不生慈父之家；○原作「義」，依意林引此文改。而忠臣不生聖君之下，故明主之使其臣也，忠不得過職，而職不得過官，是以過修於身而下不敢以善驕矜。守職之吏人務其治，而莫敢淫偷其事，官正以敬其業，和順以事其上。○「吏」，原作「史」，又於「和」下複衍「吏人」至「正以」凡十五字，今依文義刪正。如此，則至治已。亡國之君，非一人之罪也；治國之君，非一人之力也，將治亂在乎賢使任職而不在於忠也。故智盈天下，澤及其君；忠盈天下，害及其國。故桀之所以亡，堯不能以為存。然而堯有不勝之善，而桀有運非之名，則得人與失人也。故廊廟之材，蓋非一木之枝也；粹白之裘，○「粹」，原作「狐」，依意林引此文改。蓋非一狐之皮也；○意林「皮」作「腋」，按御覽七百六十六，又九百九，並作「皮」，與治要合。治亂安危存亡榮辱之施，非一人之力也。○案此六句，又見文選盧子諒答魏子悌詩注，四子講德論注。

君臣

此篇原刻全脫，依治要補。

爲人君者不多聽，據法依數，以觀得失，無法之言，不聽於耳；無法之勞，不圖爲功；○二句又見文選長楊賦注。無勞之親，不任於官。官不私親，法不遺愛，上下無事，惟法所在。

慎子逸文

行海者，坐而至越，有舟也；○六帖十一，「舟」下有「故」字。行陸者，立而至秦，有車也。○句又見六帖十二。秦越，遠塗也；安坐而至者，械也。○御覽七百六十八。

禮從俗，政從上，使從君，國有貴賤之禮，無賢不肖之禮；睿按：以上五句見內篇。有長幼之禮，無勇怯之禮；有親疏之禮，無愛憎之禮也。○類聚三十八，御覽五百二十三。

河之下龍門，○寰宇記四十六，「河」下有「水」字。其流駛於竹箭，駟馬追弗能及。六帖六，作「追之不及」，寰宇記亦有「之」字，御覽四十。○睿按文選張平子南都賦注，引作「西河下龍門，其流敵於竹箭」。

有虞之誅，以幪巾當墨，○書鈔四十四，引作「畫跪當黥」。睿按荀子正論篇楊注引同。以草纓當劓，以菲履當刖，以艾鞸當宮，睿按正論篇注引「菲履」作「履[illegible]」，「鞸」作「畢」。布衣無領當大辟，此有虞之誅也。斬人肢體，鑿其肌膚，謂之刑；畫衣冠，異章服，謂之戮，上世用戮，而民不犯也；睿按：「戮」辱也。當世用刑，而民不從。○御覽六百四十五。

昔者天子手能衣，而宰夫設服；足能行，而相者導進；口能言，而行人稱辭，故無失言失禮也。○御覽七十六。

堯讓許由，舜讓善卷，皆辭爲天子，而退爲匹夫。〇類聚二十一，御覽四百二十四。

折券契，屬符節，睿按：「屬」，「斸」之借字，說文曰：「斸，斫也，從斤，屬聲，職玉切」，古同聲之字，例得相叚。賢不肖用之。〇御覽四百三十，鈔本書鈔百四云：「折券契節，賢不肖曰之，物以此得，而不記於信也」。按文有脫誤，不可讀。

魯莊公鑄大鐘，曹劌入見曰：「今國褊小而鐘大，君何不圖之？」〇初學記十六，御覽五百七十五。

公輸子，巧用材也，不能以檀爲瑟。〇御覽五百七十六。

孔子曰：「邱少而好學，晚而聞道，以此博矣。」〇御覽六百七。

孔子曰：「有虞氏不賞不罰，夏后氏賞而不罰，殷人罰而不賞，周人賞且罰。罰，禁也；賞，使也。」〇御覽六百三十三。

燕鼎之重乎千鈞，乘於吳舟，則可以濟，所託者，浮道也。〇御覽七百六十八。

君臣之間，猶權衡也。權，左輕則右重，右重則左輕，睿按當云「左重則右輕」。輕重迭相概，天地之理也。〇御覽八百三十。

飲過度者生水，食過度者生貪。〇御覽八百四十九。

勁而害能，則亂也；云能而害無能，則亂也。〇荀子非十二子篇注。睿按：「云」，有也，說見王引之經傳釋詞。

棄道術，舍度量，以求一人之識識天下，誰子之識能足焉。〇荀子王霸篇注。

多賢不可以多君，無賢不可以無君。〇荀子解蔽篇注。

獸伏就穢。〇文選西都賦注。

趨事之有司賤也。〇文選謝元暉始出尚書省詩注。

久處無過之地，則世俗聽矣。〇文選吳季重答魏太子牋注。

家富則疏族聚，家貧則兄弟離，睿按：此二句見內篇。非不相愛，利不足相容也。〇林意。

蒼頡在庖犧之前。〇尚書序疏。

爲毳者患塗之泥也。〇書益稷疏。

晝無事者夜不夢。〇雲笈七籤三十二。

田駢名廣。〇莊子天下篇釋文。

桀紂之有天下也，四海之內皆亂，關龍逢王子比干不與焉，而謂之皆亂，其亂者衆也；堯舜之有天下也，四海之內皆治，而丹朱商均不與焉，而謂之皆治，其治者衆也。〇長短經勢運篇注。

日月爲天下眼目，人不知德；山川爲天下衣食，人不能感。〇御覽三，以此四句爲任子文，「感」作「謝」。有勇不以怒，反與怯均也。〇二句又見覽御四百三十七，及四百九十九。

昔周室之衰也，厲王擾亂天下，諸侯力政，人欲獨行以相兼。文選東方曼倩答客難注，睿按此條，錢熙祚輯。

跋

慎子，劉向校定四十二篇。隋唐志皆十卷，崇文總目二卷三十七篇，是其文代有散佚，書錄解題稱麻沙本五篇，則宋末通行之本已與今同。江陰繆氏藕香簃藏寫本，蓋從明萬歷間吳人慎懋賞刻本鈔錄者，其書分內外篇，內篇三十六事，外篇五十事，（睿按：細考本書，當云：「內篇三十七事，外篇五十六事」，內篇舊以「許犯問法」與「小人食於力」條，合而爲一，故孫云三十六事也。）較四庫本、守山閣本均不同，守山閣據治要、御覽各書輯爲逸文者，此均有之，似高出各本上，而從未見收於著錄家之目，亦可謂驚人祕笈矣。藝風先生又據羣書治要補出二篇，並附逸文于後，毓修更以藝文、御覽及治要、守山等本校其異同，綴于簡末，慎子善本當推此矣。刻成，先生已歸道山，輒誦海岳「賞物懷賢心不已」之句，爲之慨然！庚申十月無錫孫毓修跋。

集說

事實及卷帙

司馬遷曰：「愼到，趙人。學黃老道德之術，因發明序其旨意，著十二論。」史記孟荀列傳。

又曰：「齊宣王喜文學游說之士，自如鄒衍、淳于髡、田駢、接予、愼到、環淵之徒七十六人，皆賜列第，爲上大夫，不治而議論，是以齊稷下學士復盛，且數百千人。」史記田敬仲完世家。

張守節曰：『愼到，趙人，戰國時處士。藝文云「作愼子四十二篇也」』。史記田敬仲完世家正義。

高誘曰：「愼子名到，齊人。」淮南道應訓注。

又曰：「愼子，名到，作法書四十二篇。畢沅曰：「舊本作四十一篇，今據漢書藝文志改」。在申不害、韓非前，申韓稱之也。」呂氏春秋愼勢篇注。

漢書藝文志法家：「愼子四十二篇。」諸子略。班固曰：「名到，先申韓，申韓稱之。」

楊倞曰：「齊宣王時處士愼到，其術本黃老，歸刑名，先申韓，其意相似，多明不尙賢不使能之道，著書四十一篇。睿按：「此四十一篇亦誤，宜據漢志作四十二篇」，荀子脩身篇注。

新舊唐書藝文志：「愼子十卷，滕輔注。」隋書經籍志「愼子十卷，滕輔注」。崇文總目「愼子三十七篇」。

鄭樵曰：「愼子一卷，戰國時處士愼到撰，舊有十卷，漢有四十二篇，隋唐分爲十卷，今亡九卷，三十七篇。」通志藝文略。

又曰：「愼到爲韓大夫，著愼子三十篇。」通志氏族略引風俗通，〇睿按：徧考周秦諸子及漢志史記並云：「愼到，趙人，著書四十二篇」楊倞曰：「周處士愼到」。其曰處士，則未仕可知，應氏謂爲韓大夫，並著書三十篇，未審所本，想非本書之愼子也，姑錄之以待考。

陳振孫曰：「愼子一篇，趙人愼到撰。」直齋書錄解題法家類。

姚明暉曰：「今本凡五篇，爲一卷，四庫入雜家類，提要疑爲明人捃拾殘剩，重編次者。愼到見史記孟荀列傳，」姚氏注解漢書藝文志。

徐廣曰：「今愼子，劉向所定，有四十一篇。」史記孟荀列傳註。

張守節曰：「愼子十卷，在法家。」史記孟荀列傳正義。

顧實曰：『「愼子四十二篇。」名到，先申韓，申韓稱之。殘。清四庫雜家類，著錄愼子一卷。司馬遷曰：「愼到，趙人，學黃老道德

之術，故著書十二論。」楊倞曰：「慎到本黃老之術，明不尙賢不使能之道。」荀子解蔽篇注，案非十二子篇，以慎到田駢同譏，
儒效篇，又以慎墨同詆，正與韓詩外傳以老墨爲俗儒略同也。王應麟曰：「漢志四十二篇，今三十七篇亡，惟有威德因循民雜德立思
人五篇，滕輔注。」攷證沈欽韓曰：「今五篇亦非完篇矣。」疏證嚴可均曰：「隋志舊新唐志皆十卷，
滕輔注。崇文總目三十七篇，書录解題稱麻沙刻本纔五篇。余所見明刻本，亦皆五篇，今從羣書治要
寫出七篇，有注，即滕輔注，其多出之篇曰知忠，曰君臣，其威德篇，多出二百五十三字，雖亦節本，視陳
振孫所見本爲勝，藝文類聚六十，有漢滕輔祭牙文，隋志梁有晉太學博士滕輔集，慎子注爲漢爲弩，
未敢言之。」鐵橋漫稿。錢熙祚亦有校本，附輯逸文。』漢書藝文志講疏○睿按：錢校本，即守山閣本也。
胡適曰：「漢書藝文志有慎子四十二篇，今不傳，惟存佚文若干條，後人集成慎子五篇。漢書云：「慎子先
申韓，申韓稱之」，此言甚謬，慎子中國哲學史大綱在申子後，第十二篇第一章。
商務印書館四部叢刊書录子部曰：「慎子內外篇附補遺逸文校語一册，江陰繆氏藫香簃寫本。周慎到
撰。此簃寫明萬歷間慎懋賞刻本，分內外篇，內篇三十六事，外篇五十事，較四庫本守山閣本均不同，
守山閣據羣書治要御覽各書，輯爲佚文，此均有之，實高出各本上，繆氏又從羣書治要，補出二篇，並

輯佚文，後附校語，極爲完善。」

清四庫全書提要曰：『愼子一卷，周愼到撰，到趙人。中興書目作瀏陽人。陳振孫書录解題曰：「愼到，趙人，見於史記。」瀏陽在今潭州，吳時始置縣，與趙南北事不相涉，則稱瀏陽者非矣。明人刻本又云「到，一名廣。」案陸德明莊子釋文田駢下注曰：「愼子云：名廣。」然則駢一名廣，非到一名廣，尤舛誤也。愼子之學，觀莊周天下篇所稱，近乎釋氏，然漢志列之於法家，今考其書大旨欲因物理之當然，各定一法而守之，不求於法之外，亦不寬於法之中，則上下相安，可以清淨而治；然法所不行，勢必刑以齊之，道德之爲刑名，此其轉關，所以申韓多稱之也。語見漢書藝文志。其書，漢志作四十二篇，唐志作十卷，崇文總目作三十七篇，書录解題則稱麻沙刻本凡五篇，已非全書，此本雖亦分五篇，睿按：謂四庫本。而文多刪削，又非陳振孫之所見，蓋明人捃拾殘剩，重爲編次，如云「孝子不生慈父之家，忠臣不生聖君之下。」二句，前後兩見，知爲雜录而成，失除重複矣。』

學術之眞諦及其批評

莊周曰：「公而不當，睿按釋文云：「崔」本作「黨」。盧文弨曰：作「不黨」是。易而无私，決然无主，趣物而不兩，不顧於慮，不謀於知，於物无擇，與之俱往，古之道術有在於是者，彭蒙田駢愼到聞其風而悅之。齊萬物以爲首，曰：天能覆之而不能載之；地能載之而不能覆之；大道能包之而不能辯之，知萬物皆有所可，有所不可，故曰選則不徧，教則不至，道則无遺者矣。是故愼到棄知去己，而緣不得已，冷汰於物，以爲道理，曰：「知不知，將薄知而後鄰傷之者也。」謑髁无任，而笑天下之尚賢也；縱脫无行，而非天下之大聖，椎拍輐斷，與物宛轉；舍是與非，苟可以免，不師知慮，不知前後，魏然而已矣。推而後行，曳而後往，若飄風之還，若羽之旋，若磨石之隧，全而无非，動靜无過，未嘗有罪，是何故？夫无知之物，无建己之患，无用知之累，動靜不離於理，是以終身无譽。故曰：「至於若无知之物而已，无用賢聖，夫塊不失道。」豪傑相與笑之曰：「愼到之道，非生人之行，而至死人之理，適得怪焉。」……彭蒙田駢愼到不知道。雖然，概乎皆嘗有聞者也。』莊子天下篇。

成玄英曰：「息慮棄知，忘身去己，機不得已，感而後應，揀鍊是非，據法斷決，愼到守此，用爲道理。」莊子天下篇疏。

荀卿曰：「愼子有見於後，無見於先。」荀子天論篇。

又曰：「復愼墨季惠百家之說，誠不詳。」睿按：王念孫曰：「詳祥古字通，不祥不善也」荀子成相篇。

又曰：「愼子蔽於法而不知賢。」荀子解蔽篇。

又曰：「苦夫譎德而定次；睿按：「譎」本作「謫」，誤，今從王氏說改正。量能而授官，使賢不肖皆得其位，能不能皆得其官，萬物得其宜，事變得其應，愼墨不得進其談。」荀子儒效篇。

又曰：「尙法而無法，下脩而好作，睿按：王念孫曰：「下脩當爲不循，謂不循舊法也」。上則取聽於上，下則取從於俗，終日言成文典，反紃察之，則偶然無所歸宿，不可以經國定分，然而其持之有故，其言之成理，足以欺惑愚衆，是愼到田駢也。」荀子非十二子篇。

韓嬰曰：「夫當世之愚，飾邪說，文姦言，以亂天下，欺惑衆愚，使混然不知是非治亂之所存者，則是范雎，魏牟，田文，莊周，愼到，田駢，墨翟，宋鈃，鄧析，惠施之徒也。此十子者，皆順非而澤，聞見雜博，然而不師上古，不法先王，按往舊造說，務自爲工，道無所遇，而人相從，故曰十子者之工說，說皆不足合大道，美風俗，治綱紀；然其持之各有故，言之皆有理，足以欺惑衆愚，交亂樸鄙，則是十子之罪也。」韓詩外傳四。

楊倞曰：『愼子本黃老，歸刑名，多明不尙賢不使能之道，故其說曰：「多賢不可以多君；無賢不可以無君，」其意但明得其法，雖無賢亦可爲治而不知法待賢而後舉也。』荀子解蔽篇注。

又曰：『愼到本黃老之術，明不尙賢不使能之道。故莊子論愼到曰：「塊不失道。」以其無爭先之意，故曰「見後而不見先」也。』荀子天論篇注。

劉勰曰：「愼到析密理之巧。」文心雕龍諸子篇

郝懿行曰：「……法者愼到，李悝，韓非，商鞅，……各得旨趣，遞相傳述。」節录梁章鉅退庵隨筆卷十七。

梁章鉅曰：「愼子之學，近乎釋氏，而漢志列之法家。今考其書，大旨欲因物理之當然，各定一法以守之，不求於法之外，亦不寬於法之中，則上下相安，可以清淨爲治。然法有不行，勢不能不以刑齊之，黃老之爲申韓，此其轉關乎？」同上〇睿按：此說本之清四全庫書提要。

慎子通考

張心澂 撰

民國二十八年(1939)上海商務印書館排印《僞書通考》本

愼子 一卷 後有僞作。

周趙愼到撰。

司馬遷曰：「愼到，趙人。學黃老道德之術，故著十二論。」（史記孟荀列傳）

漢書藝文志法家載愼子四十二篇。註云「名到，先申韓，申韓稱之。」

陳振孫曰：「唐志十卷，滕輔註。今麻沙刻本纔五篇，固非全書也。崇文總目言三十七篇。」

王應麟曰：「今三十七篇亡。惟有威德因循民雜德立君人五篇，滕輔注。」（漢書藝文志考證）

姚際恆曰：「今止五篇，其僞可知。」

沈欽韓曰：「今五篇亦非完篇矣。」（漢書疏證）

嚴可均曰：「余所見明刻本亦皆五篇。今從羣書治要寫出七篇，有注，卽滕輔注。其多出之篇曰知忠曰君臣。其威德篇多出二百五十三字。雖亦節本，視陳振孫所見本爲勝。」（鐵橋漫稿）

羅根澤作愼懋賞本愼子辨僞，玆摘錄其大要如左：

（一）來歷不明。愼子在鄭漁仲時僅餘五篇，今愼氏本多出十數倍，授之何人，著之何書，無徵不信，僞證一也。

（二）與愼子思想矛盾。莊子天下篇荀子解蔽篇與楊倞荀子注言愼到以尙賢使能爲非，而愼氏本兼有非尙賢與尙賢之言，一人之言焉能僨亂如此？蓋非尙賢之言鈔之韓非子藝文類聚太平御覽所載愼子逸文，而尙賢之言雜采墨子尙賢篇之文而成，僞證二也。

(三)鈔襲他書。（甲）通章鈔襲者：內篇自「飛龍乘雲」至「而勢位足以屈賢也」鈔自韓非子難勢篇，自「楚懷王爲太子時」至「東地復全」鈔自戰國策楚策，自「不教民而用之」至「務引其君以當道志於仁而已」鈔自孟子告子篇而將孟子申斥之言採入；外篇自「古之全大體者」至「禍莫久於安」鈔自「韓非子大體篇，自「古之民未知爲宮時」至「衣服節而肌膚和」鈔自墨子辭過篇，自「不肖者」至「猶謂之患」鈔自鬻子道符五帝三王傳政甲第二，自「聖人在上」至「猶比肩也」鈔自鬻子守道五帝三王周政甲自「備小國也」至「不若畜士之安也」鈔自墨子貴義篇。(乙)通章鈔襲而略加修飾者：內篇爲「自夫王公大人」至「而不明大物也」采自墨子尙賢上中兩篇；外篇自「樂由所來者尙矣」至「律呂之本」采自呂氏春秋仲春紀古樂篇，自「榮啓期者」至「何不樂也」采自說苑雜言篇，自「周成王問於鬻子曰」至「可得四生矣」采自賈誼新書修政語下。(丙)摘鈔而加以附益者：內篇自「昔者宓羲氏」至「以類萬物之情」鈔自易繫辭自「是故明主知其然」至「慶賞之謂德」鈔自韓非子二柄篇。僞證三也。

(四)據意林及他書所載愼子逸文而略有附益。采自意林者九事，采自藝文類聚太平御覽文選注初學記困學紀聞淮南子者七事，僞證四也。

(五)與古本不合。史記言愼到著十二論，漢志則謂四十二篇，今愼氏本內篇三十六事外篇五十三事，與史記漢志皆不合。嚴可均等從羣書治要輯出之知忠君臣二篇，而此本無之。且尚有與古本馳舛者五事。僞證五也。

（六）混愼子爲禽滑釐。孟子告子篇愼子對孟子自稱滑釐。趙注不以爲愼到，謂滑釐其名。焦氏雖以爲卽到，而謂「與禽滑釐同名；或以愼子卽禽滑釐，或以愼子師事禽稱其師不識皆非是。」今本既以滑釐爲到，采入其文，又以呂氏春秋當染篇「許犯學於禽滑釐，田繫學於許犯」遂以犯繫爲愼子之徒，載其請問愼子。愼子之書何能紕繆至此，僞證六也。

（七）有孟軻字。孟子之字，史漢不書，趙岐不聞，至王肅始言字子居，又曰「字子車，」傅玄謂「字子輿。」今本一再曰孟子輿，若爲愼著，則遷固岐豈能不知？僞證七也。

（八）尚有逸文。完整之書，必無逸文，此本雖采入不少，據嚴可均錢熙祚所輯，在此本外者數十則，知非愼子原書，僞證八也。（燕京學報第六期）

梁啓超曰：「其書代有散佚。今所存者，威德因循民雜德立君人凡五篇。書錄解題稱麻沙本五篇，殆卽此也。其文簡短，似是後人掇輯所成。……近江陰繆氏有一鈔本，云是明萬歷間吳人愼懋賞所刻，分爲內外篇。其書鄙俚蕪穢，將現存五篇改頭換面，文義全不相屬。諸書佚文，則一無所采。又攀引孟子書中之愼滑釐爲愼到。又因史記之文，而僞造爲鄒忌淳于髡愼到田駢接子環淵問答語。眞所謂小人無忌憚者。」（飮冰室專集漢書藝文志諸子略考釋）

蔡汝堃 撰

慎子集説

民國二十九年(1940)上海商務印書館排印本

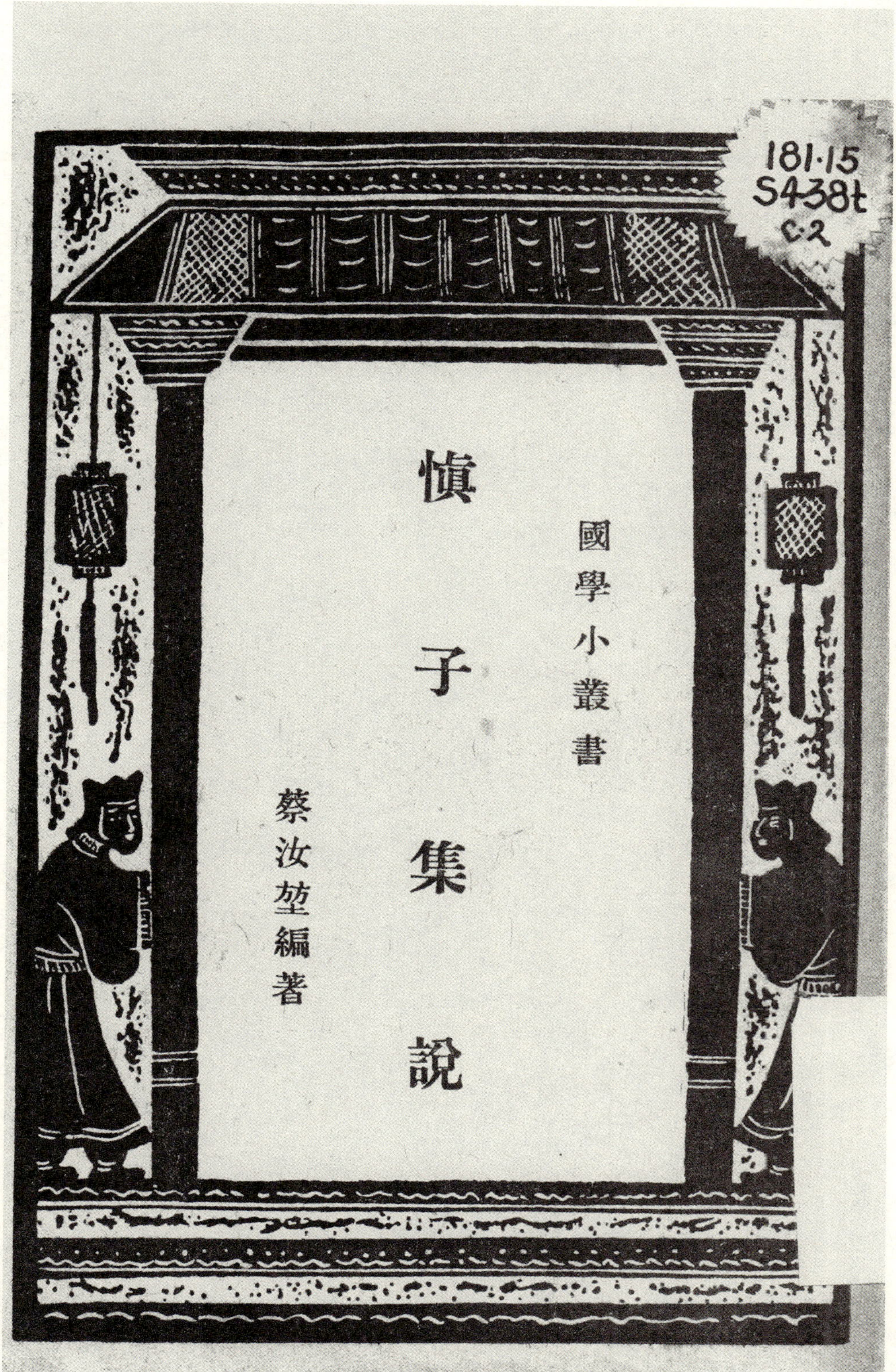
國學小叢書
愼子集說
蔡汝堃編著

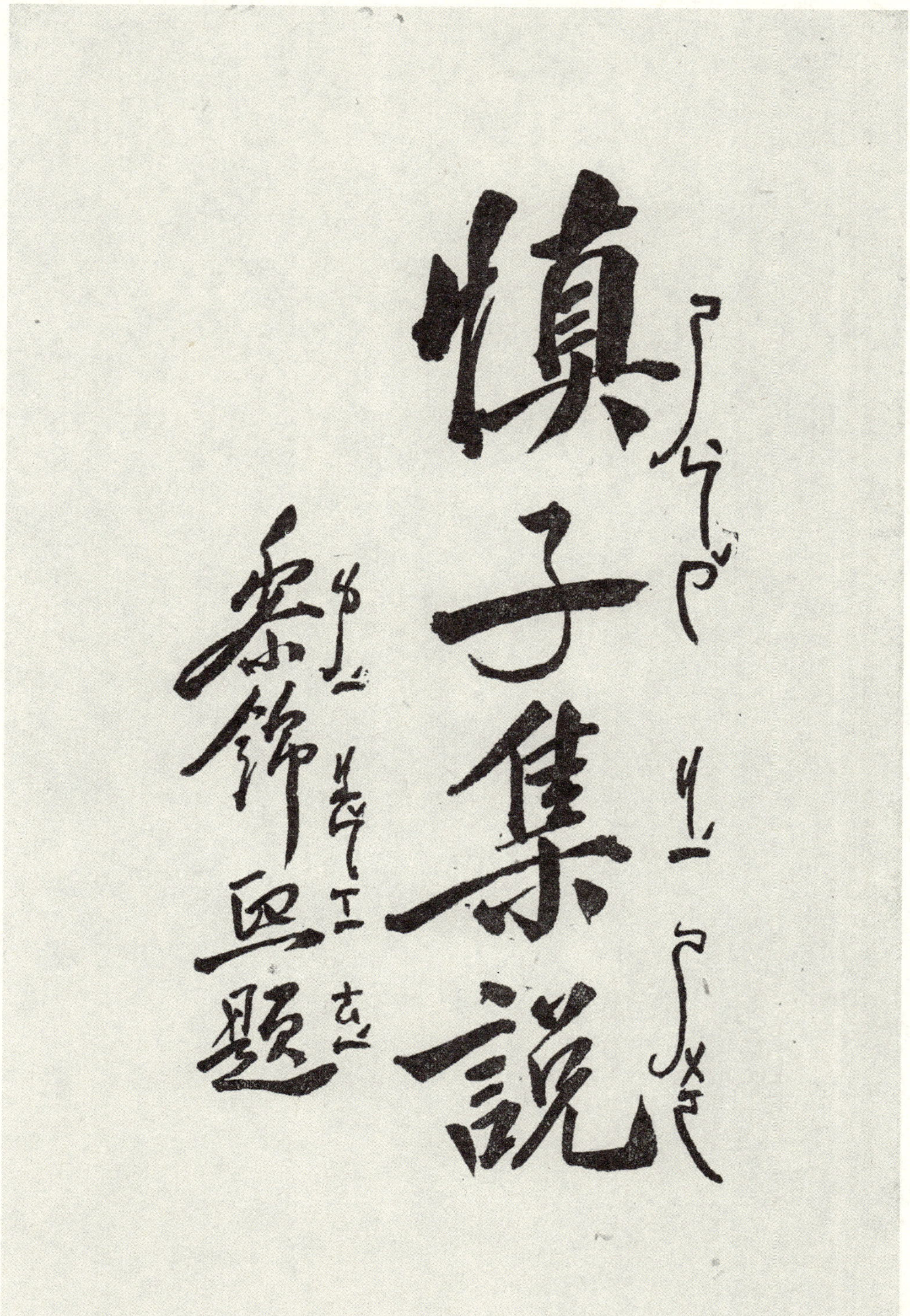
慎子集說
黎錦熙題

自序

慎子在先秦諸子中，地位較低；書之存於今世者，亦甚簡短。慹賞僞本，穿鑿附會；錢嚴校本，所據失實。唯有明子彙五篇本及錢氏所輯逸文，純而勿贋，簡而賅明，因就先賢所論，纂此集說，非敢正諸大雅，聊備初學參攷而已。

本書蒙黎錦熙先生校閱題字，謹此誌謝。

民國二十六年六月一日自序

目次

愼子集說

第一章　愼子考

一　愼子之篇數

愼子篇數，各書所載不同，玆先論唐以前之愼子：

1. 史記孟荀列傳曰：

『愼到，趙人。學黃老道德之術，因發明序其旨意，著十二論。』

2. 漢志法家類：

『愼子四十二篇。』

3. 高誘呂氏春秋愼勢篇注曰：

『慎子，名到，作法書四十二篇。（畢沅曰：「舊本作四十一篇，今據漢書藝文志改。」）』

4. 楊倞荀子脩身篇注曰：

『齊宣王時處士慎到，……著書四十一篇。』

5. 應劭風俗通義曰：

『慎子爲韓大夫，著慎子三十篇。』

6. 隋志、新舊唐志曰：

『慎子十卷，滕輔注。』

綜上所述，則慎子篇數，發生三問題如下：

1. 史記謂慎子著書十二論，漢志云四十二篇，名詞數字，均各不同。
2. 高誘、楊倞並云慎子四十一篇，較漢志所云少一篇，而應劭更云三十篇，其相差尤鉅。
3. 隋志及新舊唐志均著錄慎子爲十卷，與上述各不相同。

關於上述第一問題，近人金德建謂「篇」、「論」二字同意，史記作爲十二者，以「二」上脫

「四」所致（見厦門圖書館聲二卷五期金著愼子流傳與眞僞。）其說穿鑿，不足信據。四庫提要子部總序曰：

『自六經以外立說者，皆子書也。其初亦相亂，自七略區而列之，名品始定；其初亦相軋，自董仲舒別而白之，醇駁乃分。其中或佚不傳，或傳而後莫爲繼，或古無 其目而今增，古各爲類而今合。』

由上觀之，則知愼子之最後釐定或整理，出自劉向手也。史記前於劉氏，自無從龜本，遂以己意析爲十二論；而漢志後於劉氏，自可準襲其說，仍析爲四十二篇，此其所以不同，實詞異而量同也。

第二問題，淸畢沅謂爲高注之誤（見前引3）。此說殊不足信。愼子篇數，至劉向始爲之確定，自後班固、高誘、楊倞等，均本劉氏之分篇；而因序錄之計入與否，遂生一篇之差。徐廣史記孟荀列傳注曰：『今愼子劉向所定，有四十一篇。』斯爲確證。至於應劭所言，未詳所本，案愼子至唐時尚屬完帙，何能唐前反有殘闕？

第三問題，甚易解決。鄭樵通志藝文略曰：

『慎子一卷……舊有十卷，漢有四十二篇，隋唐分爲十卷。』

案上言，則篇卷之意義已明，無庸贅述矣。

據上考，已知慎子在唐以前尚屬完帙，茲所論者，則爲唐以後殘佚之慎子：

1. 崇文總目：

『慎子三十七篇。』

2. 鄭樵通志藝文略曰：

『慎子一卷……隋唐分爲十卷，今亡九卷，三十七篇。』

慎子經五代而亡失，固爲意料中事；然總目通志所載篇數，何以相差甚多？此爲一極重要之問題。金德建曰：

『慎子宋時有二本：一爲五篇本，鄭樵等所見者也；一爲三十七篇本，王堯臣等所見者也。其後三十七篇本亡，而五篇本得傳於後，試兩本相加，恰爲原書之四十二篇也。』詳見廈門圖書館聲二卷五期金著慎子流傳與眞僞。

案上說不足信，使宋果有二本愼子同行，則博學如鄭王，官修如總目者，不容不知也；且案宋修總目在景祐元年（合民元前八七八年），鄭纂通志在紹興年中（紹興元年合民前七八一年）其相差已不下百餘年，愼子又不爲人所重視，中間固難免佚亡也。篇數相差之鉅，又何足怪哉。

通志以後，若陳振孫書錄解題、王應麟漢志考證以及元、明諸目錄家均云愼子亡三十七篇，存五篇。直至明愼懋賞始僞纂爲內外二篇；淸嚴可均及錢熙祚更從羣書治要中輯出知忠、君臣二篇，益前五篇，是爲今之七篇通行本也。茲圖解之於左：

論	史記	十二
篇	漢志	四十二
	高注呂覽	四十一
	楊注荀子	
	徐注史記	
	風俗通義	三十
卷	隋志	十
	新舊唐志	
篇	崇文總目	三十七
	通志	五
	書錄解題	
	諸子辨	
	愼懋賞本	內一　外一
	守山閣本	七

二　愼子之版本

愼子版本不同，內容各異，茲分述之於下：

（1）子彙本——明萬歷五年刊，全文五篇，通行於世，頗可信據。慎子自總目後，佚爲五篇，元、明以來諸著錄家皆承此說。王應麟漢書藝文志考證曰：

『慎子……漢志四十二篇，今三十七篇亡，惟有威德、因循、民雜、德立、君人五篇。』

嚴可均鐵橋漫稿曰：

『書錄解題稱麻沙刻本纔五篇，余所見明刻本，亦皆五篇。』

（2）四庫本——此本雖亦五篇，然與子彙本不同，不足信據。四庫提要曰：

『此本雖亦五篇而文多删削；又非陳氏之所見。蓋明人據拾殘剩，重爲編次。如云「孝子不生慈父之家，忠臣不生聖君之下」二句前後兩見，知爲雜錄而成，失除重複矣。』

（3）羣書治要本——羣書治要一書，魏徵等撰，唐後即亡失，直至日寬永中（寬永元年合西曆一六二四，明熹宗天啓四年）始自日本發現，天明五年（西曆一七八五，清乾隆五〇年）始鏤版行世，內有慎子七篇，附滕輔注，較明各本多知忠、君臣二篇，已收入四部叢刊，並由商務及中國學會景印行世，予頗惑焉。案治要本較明五篇本除多二篇外，其餘大部相同，明本爲自然之佚存，治要乃人爲之删摘，十存一二，而存者大多相合，此實令人可疑者也。茲欲解決此問題，當先比較二本之孰爲可信。（余非謂治要全書爲贋作，本文所論僅及治要中之愼子也。）

a.來歷——治要一書，唐後即全亡，宋、元、明諸藝文志及私家藏目著述中均無一言及之，何以經千餘年後，忽出現於日本，來歷不明，此其不如明本可靠者，一也。

b.字句——明子彙本文意簡鍊，字句典雅；治要本則文氣沮贅，意義含混，其所多二篇，蹐駁尤甚，絕不類先秦子書及原有五篇之文氣，此其不如明本可靠者，二也。

c.時代——明本治要，不能並眞，或並僞，形影相依，非彼抄此，即此抄彼。今治要唐後即全亡，明末始出於日，清中葉（乾隆五〇年以後，因四庫未著錄）始傳入中國，是只有治要抄襲明本（或更古宋本）之可能，而絕無明本抄襲治要之理，此其不如明本可靠者，三也。

d.篇數——愼子抵宋佚爲五篇（見鄭樵通志），篇名具存（見王應麟漢志攷證）；自後諸書同說，迄未聞尚有知忠、君臣二篇，此其不如明本可靠者，四也。

e.其他——案日林敬宗及細井德民所撰治要序例，並未言明治要發現之始末；且數謂該書多經校改，知非治要之本來面目，雖眞亦贋矣。何況日人性好作僞，似慎子之短而易纂者，難保其非僞古文孝經孔傳之儔歟。此其不如明本可靠者，五也。

(4)錢熙祚校本——清錢熙祚據日得治要慎子，並唐、宋類書所引，以相校正明五篇本，全書七篇，逸文五十七條，名守山閣本。現由世界書局景入諸子集成中，通行於世。

(5)嚴鐵橋校本——此本今不見，據鐵橋漫稿卷五云：

『余所見明刻本，亦皆五篇。今從羣書治要寫出七篇，有注，卽滕輔注；其多之篇曰知忠、君臣，其威德篇多出二百五十三字，雖亦節本，視陳振孫所見本爲勝。』

可知嚴氏所校，與錢校本無大異，此其所以不傳也。

(6)慎懋賞僞本——此本爲明慎懋賞所刻，有江陰繆氏手抄本，已由商務及中國學會景印行世，總分內外二篇，篇各數十事，末附補遺校語及逸文，較之明五篇本多出倍蓰，然不盡道法家言也。近人羅雨亭先生曾著文駁議之，謂爲懋賞所僞撰（見古史辨第四册）。例證八條，大旨如下：

a. 來歷不明——慎子至鄭漁仲時已僅餘五篇，自後各朝著錄家，如陳振孫（書錄解題、）馬端臨（文獻通攷、）宋濂、（諸子辨、）黃震（黃氏日鈔、）焦竑（國史經籍志）等，均言愼子五篇。至姜思睿（諸子鴻藻）則更云爲四篇，愈後愈少，理固然也。而今愼氏本則較明五篇本多出倍蓰，與諸書所言不合，授之何人？無徵不信，僞證一也。

b.與愼子思想矛盾——莊子天下篇稱愼到『謑髁無任，而笑天下之尙賢也；縱脫無行，而非天下之大聖。』荀子解蔽篇稱『愼子蔽於法而不知賢。』卽愼氏本內篇第六事亦曰：『吾以此知勢位之足恃，而賢智之不足慕……』是愼子以尙賢使能爲非也；然於同篇十三事中又謂『王公大人爲政於國家者，皆欲國家之富……不得治而得亂……是其故何也？不能以尙賢使能爲政……』是愼子又主尙賢使能也。忽而尙之，忽而非之，一人之言，胡能僨亂若此，僞證二也。

c.鈔襲他書——周秦諸子，各自名家，絕無因人之言而據爲己說者；有之，亦後人所竄入，愼氏本卽此書也。其有通章鈔襲者，如內篇第六事：『飛龍乘雲……而勢位足以屈賢也。』通章鈔自韓非子難勢篇；有通章鈔襲而略加補飾者，如內篇第十三事：『夫王公大夫……而不明大物也。』通章采自墨子尙賢上中兩篇而酌加去取；有摘錄而加附益者，如內篇第十二事：『昔者宓羲氏……

以類萬物之情。』鈔自易繫辭，於前後略有附益。僞證三也。

d. 據意林及他書所載慎子逸文而略加附益——據意林者共九事，均有附益。如內篇第九事：『孝子不生慈父之家，忠臣不生聖君之下。』二句據意林；而於前忽附入戰國策蔡澤『君明臣直，……無明君賢父以聽之。』等言。語意不相融合，知爲雜輯而成，僞證四也。

e. 與古書所論不合——慎氏本內篇三十六事，外篇五十三事，與史記漢志所言篇論皆不合；又治要所多知忠、君臣二篇，慎氏本亦無之；此外尚有與古本駁舛者，如『毛嬙、西施，天下之至姣也。衣之以皮倛，則見者皆走；易之以元緆，則行者皆止。』一段在治要爲威德篇文，後復有『由是觀之，則元緆色之助也，姣者辭之，則色厭矣。』數句；而在慎氏本則反是（自爲一章，無後面數句。）若其爲慎子舊製，則不能與古本駁舛；若爲綴輯舊文，又不容加以附會，古今不合，僞證五也。

f. 混慎子爲禽滑釐——明慎氏以禽滑釐爲慎到，遂多采入其文，如內篇第三十四事；又以呂覽仲春紀當染篇有『許犯學於禽滑釐，田繫學於許犯。』等語，遂謂許犯、田繫爲慎子徒，曾問教於慎子（見內篇第三十二事，外篇第三十一事及三十五事。）若其眞爲慎子書，焉能紕繆若此，僞證六也。

g.有孟軻之字——孟軻之字史漢不書，趙岐弗聞。至王肅聖證論駁馬、鄭時，始云孔叢子謂孟子字子居。是孟軻之字古未聞之，何以愼氏本竟數稱孟子?與言之無稽，僞證七也。

h.有逸文——書之全帙者無逸文。今愼子之逸文，愼氏本雖采入不少，然尚多闕漏者。據錢熙祚、嚴可均所輯，已有數十則，知非愼子舊觀，僞證八也。

綜觀羅氏所論，立辨精詳，僞跡畢抉。今余復從其思想方面言之。案懋賞僞纂此書者，意欲爲同姓人張目耳；既欲張目，則難免於浮誇，浮誇，正其僞跡也。吾人稽諸子史，愼子實爲出道入法之法家；而明愼氏牽引各家，穿鑿附會，使愼到反變爲雜而不家者矣。茲略述之於下：

a. 道家言：

『堯讓天下於許由……故曰「全生爲上，虧生次之，死次之，迫生爲下。」』此節見莊子讓王篇及呂覽貴生篇，唯文稍有同異。

『萬物所異者也……非通道也。』此節見莊子盜跖篇。

以上皆道家言，蓋懋賞因史記有愼到學黃老道術一語，遂牽引上文而附會之。

b. 墨家言：

「古之民未知爲宮時，就阜陵而居，穴而處下……風雨節而五穀熟，衣服節而肌膚和。」此節見墨子辭過篇，乃墨翟節用之說。

「王公大人爲政於國者，皆欲國家之富……皆以明小物而不明大物也。」此節見墨子尙賢篇，稍有刪置。

以上墨家言，與愼子不尙賢不使能之道相矛盾。其爲懋賞所竄入者，自無疑義。

c. 陰陽家言：

「天地旣判，而生兩儀，輕清浮而爲天，重濁凝而爲地……或升或降，莫之覺也。」此節皆言天文陰陽之事。史記孟荀列傳曰：

「鄒衍深觀陰陽消息，而作怪迂之變，終始大篇千餘萬言，其語閎大不經，先列中國名山大川……及海外之人所未覩……。」

此外如劉向別錄、班固漢志、劉勰文心雕龍等書，均謂鄒衍之書言天文，辨陰陽，閎大不經，愼子此文，寧自鄒書乎？

d. 法家言：

『古之全大體者，望天地，觀江海，……故曰：「利莫長於簡，福莫久於安。」』此節見韓非子大體篇。

『夫耕之用力也勞，而民爲之者何？……無戰之危，而有貴之實，則人孰不爲也。』此節見韓非子五蠹篇。

以上法家言，愼到爲法家，固無問題；惟似此襲人言以爲己說者，先秦子書，未之有也。

e. 儒家言：

『天地大矣……不誠則卑。』

『與天下於人……唯其義也。』

『禮從俗……故孔子言於魯哀公曰：「人之所以生，禮爲大，非禮無以辨君臣之位。」』

以上各節，均爲儒家言仁述禮之語，何以愼子亦力主之？其爲僞纂也無疑。

f. 縱橫家言：

『愼子仕楚，爲太子傅。楚襄王爲太子時，質於齊……解齊患，士卒不用，東地後全。』此節見戰國策楚策。

『愼子仕魯，魯使愼子爲將軍。……務引其君以當道，志於仁而已。』此節見孟子告子篇。

案愼子乃戰國時處士（見成玄英莊子天下篇疏及楊倞荀子脩身篇注）絕無此類事。

g. 名家言：

『行高者，人妬之；權重者，主疑之；……故老子曰：「貴以賤爲本，高以下爲基。」』此節見文子符言篇。

『仁義禮樂，名法刑賞……名以正之，法以齊之，賞以勸之。』此節見尹文子大道下。

h. 雜家言：

『樂所由來者，尙也。必不可廢……故曰：「黃鐘之宮，律呂之本。」』此節見呂覽古樂篇。

『商容有疾……容曰「嘻！天下事盡矣。」』此節見說苑敬愼篇。

『始吾未生之時，焉知生之爲樂也……臨蝬眩之岸，不足以滑其和。』此節見淮南俶眞篇。

愼氏本尙有襲自韓詩外傳、管子、列子、孔子家語等書者，難以一一詳擧。總之，周、秦諸子，各自名家，相互之關係甚淺，焉能一家而兼衆說，衆說又多自矛盾，愼懋賞本之僞，瞭如掌上，無庸再辨矣。

第二章　慎子評傳

慎子生平事蹟，文獻失載，史實難徵。明慎懋賞撰有慎子傳，穿鑿附會，妄造事實，羅雨亭先生已駁議之（古史辨第四册慎懋賞慎子傳疏證）茲余復擬一如下：

慎子，名到。

徧考周、秦子書、史記、漢志、通志等書，皆云慎子名到，無言其字者；唯孟子告子篇曰：『魯欲使慎子爲將軍，孟子曰：「不教民而用之，謂之殃民。殃民者，不容於堯、舜之世，一戰勝齊，遂有南陽，然且不可。」慎子勃然不悅曰：「此則滑釐所不識也。」』

案上文趙岐、朱熹注曰『滑釐，慎子名。』是趙、朱並未言慎子與慎到爲一人。「子」乃古代男子有德爵者之美稱，同姓者盡可同稱爲姓子，其意至顯；而後人不察，竟因告子文穿鑿附會。一說慎到卽慎滑釐，或師事滑釐；一說釐與來通，詩周頌思文「貽我來牟。」漢書劉向傳作「飴我釐麰。」到同釐義，爾雅釋詁釋到爲至，禮記樂記注解至爲來，是到與釐義同也。故愼子字到，滑釐其名也（見焦循孟子正義。）愚謂上二說均妥，依前說，則愼子爲墨徒，當主非戰，何以反駁孟子息戰之說；依後說，則『魯爲齊弱久矣，安能伐齊，若謂因湣王敗而走莒』之時（見黃鶴四書異同商辨引薛方山說）則此時愼子已年老力衰，烏能將魯而伐齊。或謂此乃一時擬議之辭，然擬議亦須先有可能之條件；再按鹽鐵論及太平寰宇記所云，知愼子於湣末稷下散後，實老死於齊，並未去國（見後考。）故知告子中之愼滑釐，乃另一魯將，非愼到也。戰國策楚策曰：

『襄王爲子質於齊，懷王薨，太子辭於齊王而歸。齊王強索東地五百里，襄王退而問愼子。』

懷王入秦，案史記大事年表在周赧王十六年，當齊湣王之二十五年；近人錢穆先秦諸子繫年考辨云爲齊湣王二年（史記年表謂湣王在位四十年，錢穆謂湣王在位十九年，）姑無論其孰是孰非，卽以二八年齡而論，則楚愼子與魯愼子爲一人，頗有可能也。

偏考周、秦子書及各史志，皆曰愼子趙人；唯高誘淮南道應注爲齊人，中興書目署爲瀏陽人，趙人。

均不足信。蓋前者因慎子嘗客於齊，因而致誤；後者未詳所本，然案瀏陽，在今潭州，吳時始置縣，與趙南北實不相涉。

先世不可考。

案周、秦子書及各史志，均未言及慎子先世。至明慎懋賞慎子傳僞爲慎淸之後，羅雨亭先生已駁辨之，可勿復言。

齊宣、湣時，與鄒衍、淳于髡、接予、環淵之徒，並爲齊稷下學士。

史記田敬仲完世家曰：『齊宣王喜文學游說之士，自如鄒衍、淳于髡、田駢、接予、慎到、環淵之徒七十六人，皆賜列第，爲上大夫，不治而議論，是以齊稷下學士復盛，且數百千人。』又莊子天下篇，曾數以田駢、彭蒙、慎到並稱，亦爲一證。

至湣王末年而散去。

鹽鐵論曰：『……及湣王奮二世之餘烈，南舉楚淮北，并巨宋，苞十二國，而摧三晉，卻強秦，五國賓從。鄒、魯之君，泗上諸侯，皆入臣，矜功不休，百姓不堪，諸侯分散，慎到、接予亡去，田駢如薛，而孫卿適楚。』

終隱於齊。

案張守節史記田敬仲完世家正義、楊倞荀子修身篇注、鄭樵通志藝文略，均稱愼子爲戰國時處士。又太平寰宇記卷十三謂『愼子墓在濟陰縣西南。』可知愼到自齊稷下散後，遂隱處於齊，並未他去也。

其學本黃老。

史記孟荀列傳：『愼到，趙人，學黃老之術……。』楊倞荀子修身篇注：『齊宣王時處士，其術本黃老。』荀子天論篇曰：『愼子有見於後，無見於前。』是愼子之學，本於黃老也。

明不尙賢因循自然之道。

莊子天下篇曰：『是故愼子棄知去己，而緣不得已，冷汰於物，以爲道理。曰：「知不知，將薄知，而後鄰傷之者也。」謑髁无任，而笑天下之尙賢也；縱脫无行，而非天下之大聖；椎拍輐斷，與物宛轉，舍是與非，苟可以免，不師知慮，不知前後，魏然而已矣。推而後行，曳而後往，若飄風之還，若羽之旋，若磨石之隧，全而无非，動靜无過，未嘗有罪，是何故？夫无知之物，无建己之患，无用知之累，動靜不離於理，是以終身无譽。故曰：「至於若无知之物而已，无用賢聖，夫塊不失道。」豪傑相與笑之曰：「愼到之道，非生人之行，而至死人之理，適得怪焉。」』成玄英疏曰：『息慮棄知，忘身去己，機不得已，感而後應，揀鍊是非，據法斷決，愼到守此，用爲道理。』愼子威德篇曰：『故聖人處上，能無害人，不能使人無己害也，則百姓除其害矣。聖人之有天下也，愛之也，非敢取之也；百姓之於聖人也，養之也，非使聖人養己也，則聖人無事矣。』又因循篇曰：『天道因則大，化則細。因也者，因人之情也。人莫不自爲也，化而使之爲我，則莫可得而用……故用人之自爲，不用人之爲我，則莫可得而用矣：此謂之因。』

後歸於法，明尙法尙勢之要。

自漢志以下，多列愼子於法家。四庫提要曰：『其大旨欲因物理之當然，各定一法而守之。不求於法而守之，亦不寬於法之中，則上下相安，可以清靜而治；然法所不行，勢必刑以齊之……。』此乃愼子由道入法之轉樞。愼子威德篇曰：『法雖不善，猶愈於無法，所以一人心也。』又君人篇曰：『君人者，舍法而以身治，則誅賞予奪，從君心出；然則受賞者雖當，望多無窮；受罰者雖當，望輕無已。君舍法以心裁輕重，則同功殊賞，同罪殊罰矣，怨之所由生也。……故曰：「大君任法而弗躬，則事斷於法，法之所加各以分，蒙賞罰而無望於君，是以怨不生而上下合矣。」』此明法之重要也。

又太平御覽引愼子逸文曰：『離朱之明，察秋毫之末於百步之外；下於水尺而不見淺深，非目不能見也，其勢難覩也。』此明勢之重要。

蓋無勢則法不行。

韓非子難勢篇引愼子曰：『飛龍乘雲，騰蛇遊霧，雲罷霧霽，而龍蛇與螾螘同矣，則失其所乘也。賢人而詘於不肖者，則權輕位卑也；不肖而能服於賢者，則權重位尊也。堯爲匹夫，不能治三人；而桀爲天子，能亂天下。吾以此知勢位之足恃，而賢智之不足慕也。』

有法則私爭不起。

書鈔四二引愼子曰：『法之功，莫大於使私不行；君之功，莫大於使民不爭。今立法而行私，是私與法爭，其亂甚於無法。』

明僞定分，唯法是賴。

御覽八四九引慎子曰：『一兔走街，百人追之貪人具存，人莫之非者，以兔爲未定分也；積兔滿市，過而不顧，非不欲兔也，分定之後，雖鄙不爭。』又意林引慎子曰：『有權衡者不可欺以輕重；有尺寸者，不可差以長短；有法度者，不可巧以詐僞。』

工有專事，國有常法。

慎子威德篇曰：『古者，工不兼事，士不兼官，工不兼事則事省，省則易勝；士不兼官則職寡，寡則易守。故士位可世，工事可常。百工之子，不學而能者，非生巧也，言有常事也。今也國無常道，官無常法，是以國家日繆。教雖成，官不足；官不足，則道理匱矣。』

權須定於一尊，而一尊實非專制。

慎子德立篇曰：『立天子不使諸侯疑，立諸侯不使大夫疑……疑則動，兩則爭，雜則相傷，害在有與，不在獨也。故臣有兩位者，國必亂；……臣疑君，而無不危國……。』又威德篇曰：『古者，立天子而貴之者，非以利一人也。曰：天下無一貴，則理無由通，通理以爲天下也。故立天子以爲天下，非立天下以爲天子也；立國君以爲國，非立國以爲君也；立官長以爲官，非立官以爲官長也。』

臣勞君逸，反之則亂。

愼子民雜篇曰：『君臣之道，臣有事而君無事也。君逸樂而臣任勞，臣盡智力以善其事，而君無與焉仰成而已，事無不治，治之正道然也。……是以人君自任而躬事，則臣不事事也。是君臣易位也，謂之倒逆；倒逆，則亂矣；人君任臣而勿自躬，則臣事事矣。是君臣之順，治亂之分，不可不察也。』

此愼子思想之大概，亦後世勢、術、法三派法家之濫觴也。

第三章　愼子校注

愼子校本，淸有錢熙祚、嚴鐵橋據羣書治要二校本，近有王斯睿據愼懋賞僞本校正本。嚴本未傳，錢本通行於世。其據治要以正明本或依僞愼本而撰補正者，均爲妄作。今余復其舊觀，以現存較古明子彙本爲主，參附治要，用相對勘。治要雖不足信，而其纂據原書，則爲明本或更古本，仍不失爲子彙本之一重要參考也。

愼子在先秦諸子中，地位較低，文亦簡短，爲之撰注者，僅有晉滕輔及明愼懋賞二家。滕注早亡，存於治要中者不足信，愼注亦撰據僞本，故本篇引文均識以僞滕注及明愼注云云。

威德一（治要無此篇目。）

天有明，不憂人之暗；（治要「暗」下有「也」字。）地有財，不憂人之貧；（治要「貧」下有「也」字，又「暗」作「闇」。）

明愼注曰：天之明無私照，而何憂於暗；地之利足以養民，而何憂於貧。

案四句見文子符言篇，暗作晦。

聖人有德，不憂人之危也。

愼注曰：聖人輔世長民之德，足以安天下，而何憂於危。

天雖不憂人暗，治要「人」下有「之」字。闢戶牖必取已明焉，則天無事也；地雖不憂人貧，治要「人」下有「之」字。伐木刈草必取已富焉，則地無事也。

愼注曰：明在於天，開闢戶牖以取明者，人也。天何所事之有；財出於地，伐木刈草以致富者，人也。地何所事之有。

聖人雖不憂人之危，百姓準上而比於下，其必取已安焉，治要「必」上無「其」字。則聖人無事也。

愼注曰：德在聖人，準其法而治比於下，則風俗醇和，四境無虞，而百姓自安其生矣，聖人何所事之有。

案：淮南覽冥篇高誘注云：準，望也。荀子不苟篇楊倞注云：比謂暱狎。言百姓取合上意，而相比周於下也。

故聖人處上，能無害人，不能使人無已害也，則百姓除其害矣。

愼注曰：聖人有安百姓之心，其或自底不類而已害者，不得不爲民以除其害也，非爲己而害人也。

聖人之有天下也，愛之也，非敢取之也；（治要「愛」作「受」，無「敢」字。）百姓之於聖人也，養之也，非使聖人養己也，則聖人無事。（治要「事」下多「矣」字。又多「毛嬙西施……其得助博也。」一大節，凡二四五字，與後引逸文略異。）

僞滕注曰：有光明之德，故百姓推而與之耳，豈其心哉。

愼注曰：聖人有光明之德，故百姓推而與之耳，非以征誅取之而害人也。百姓之於聖人，則養之以安己，非使之養一己而不爲民也。上下各得其所，各安其分，而天下平：是以聖人無事。

古者工不兼事，士不兼官。工不兼事則事省，省則易勝；（治要「省」上有「事」字。）士不兼官則職寡，寡則易守。（治要「寡」上有「職」字。）百工之子，不學而能者，非生巧也，言有常事也。

僞滕注曰：古之宰物，皆用其一能，以成其一事。是以用無弃人，使無弃才；若乃任使於過分之中，役物於異便之地，則上下顚倒，事能淆亂矣。

愼注曰：士位可世，以其賢也；工事可常，以其專也。觀工有常而事集，則官人者可類推矣。

今也國無常道，官無常法，是以國家日繆。教雖成，官不足；官不足，則道理匱矣。治要「匱」下無「矣」字。並多「慕賢智，則國家之政要，在一人之心矣。」十五字。

僞滕注曰：人之情也，莫不自賢，則不相推，政要在一人，從一人之所欲，不必善，則政教陵遲矣。

愼注曰：繆，猶差也。官不足以任其事，雖教何補？官所以明道理事，兼官則衆職廢而道理匱矣。

古者立天子而貴者，治要「貴」下有「之」字。非以利一人也。曰：天下無一貴，則理無由通，通理以爲天下也。

愼注曰：立天子而尊貴之，非以利一人也。兩貴不相事，兩賤不相使。無天子之貴，天下無由而理。

理，卽治也。

故立天子以爲天下，非立天下以爲天子也；立國君以爲國，非立國以爲君也；立官長以爲官，非立官以爲官長也。治要「官」下無「長」字。法雖不善，猶愈於無法，所以一人心也。治要以此句爲注文。

愼注曰：以一人治天下，非以天下奉一人。官長，宰庶官者也。玄之使衆職兼擧，非徒盛其任使也。

立法以一人心，雖有不善，民亦懼法而不敢越也。

夫投鈎以分財，投策以分馬。（治要下無「以鈎」「策」字。）非鈎策爲均也，使得美者不知所以美，（治要第二「美」作「賜」。）使得惡者不知所以惡，（治要第二「惡」作「怨」。）此所以塞願望也。（治要「願」作「怨」，無「也」字，並多「使不上也」四字。）明君動事分□由慧，定□分財由法，（□子彙本所脫，治要此兩句作「明君動事必由惠，定罪分財必由法。」明僞愼本作「明君動事分理由慧，定鼎分財由法。」）行德制中由禮。（治要「中」下有「必」字。）

僞滕注曰：法者，所以愛民；禮者，所以便事。

愼注曰：君必聽明智慧，而後能理天下之事。財者，民所共趨，法令旣一，則無爭鬬之患，禮無過而不及者也。由乎禮則德教制度，自無不中。

故欲不得干時，愛不犯法，貴不得踰親，（治要「親」作「規」。）祿不得踰位，士不得兼官，（治要「士」作「惠」。）工不得兼事，以能受事，以事受利，上無羨賞，民無羨財。

僞滕注曰：用民必於農隙，犯法當官而行，羨，猶溢也。

愼注曰：羨，猶溢也。用法之善，則人安於法，上之賞下，下之事上，各當其則，而不過也。

因循二

天道因則大化，則細。

滕注曰：因百姓情，遂自然性，則功高而道大；化民從我，非物所樂，其理偏狹。

僞滕注曰：因百姓之情，遂自然之性，則其功至高其德至大也；化使從我，非物所樂，其理禍狹，其德細小也。

愼注曰：因百姓情，遂自然性，則功高而道大化；民從我，非物所樂，其理偏狹，其德細小。

案僞滕注：其理禍狹，禍疑爲褊字之誤。

因也者，因人之情也，人莫不自爲也；化而使之爲我，則莫可得而用。治要「用」下有「也」字。

僞滕注曰：違性矯情，引彼就我，則忿戾乖違，莫有從之者矣。

愼注曰：言人情莫不欲爲上者，拂其性而引之就我，則不爲之用。化，猶教令也。

是故先王不受祿者不臣，不厚祿者不與入。治要作「祿不厚者，不與入難。」人不得其所以自爲也，則上不取用焉。

僞滕注曰：夫君上取用，必須天機之動，性分之通，然後上下交泰，經世可久耳。故放使自爲，則無不得；仕而使之，則無不失矣。

愼注曰：不拂其高尚之志而強臣之，人不遂其欲爲之情，則上不能取用之矣。

故用人之自爲，不用人之爲我，則莫不可得而用矣：此謂之因。治要「謂之」作「之謂」。

愼注曰：用人之自爲，以順其情也；不用人之爲我，以拂其情也。順其情則人人爲之樂用也。

民雜三

民雜處而各有所能者不同，治要「者」上多「所能」二字。此民之情也。

僞滕注曰：故聖人不求備於一人也。

愼注曰：情，卽理也。賢愚不同，自然之理，故聖人不求備於一人也。

大君者，太上也，兼畜下者也。下之所能者不同，而皆上之用也。

愼注曰：太上者，無以尙之也。民之賢能不同，而皆聽上所取用也。

是以大君因民之能爲資，盡包而畜之，無能去取焉。治要「去取」作「取去」。

僞滕注曰：夫人君之御世也，皆曲盡百姓之能，兼羅萬物之分，因其長短，就而用之。使能文者爲文，能武者爲武，聾者使其視，盲者使其聽，故理有盡用，物無弃財。

愼注曰：君子小人，皆資於用也。

是故必執於方，（治要「必執」作「不設」。）以求於人，故所求者，無一足也。（治要「一」作「不」。）

愼注曰：方，類也。人君執己見以求備，則所求者無一足也。

大君不擇其下，故足。（治要「足」下有「也」字。）不擇其下，則爲下易矣。（治要「易」在「則」下。）易爲下，則莫不容；（治要「莫」上有「下」字。）容故多下，（治要「容」上有「莫不」二字。）多下謂之太上。（治要「謂之」作「之謂」。）

愼注曰：賢愚皆稱任使也。君子易事，人皆樂從也。其下既多，故在上者大。

君臣之道，臣有事而君無事也。（治要「有」字作「事」字。）君逸樂而臣任勞，臣盡智力以善其事，而君無與焉，仰成而已。事無不治，（治要「事」上有「故」字。）治之正道然也。（治要無此句。）

僞滕注曰：百官之屬，各有所司。

愼注曰：人臣分任其事，則人君無爲，而享成功，治道之正者也。

人君自任，而務爲善以先下，則是代下負任蒙勞也，臣反逸矣。

愼注曰：人君自任而務爲善以先下，自矜其能也。

案：任，職責也。淮南主術篇曰：君人者，不任賢能而好自爲之，則智日困，而自負其責也。意與此同。

故曰：君人者，好自爲善以先下，則下不敢與君爭爲善以先君矣。治要無「不」上，「下」字。

僞滕注曰：君好見其善，則羣下皆逞善於君矣。上以一方之善而施於衆方之中，求其爲贍，偏已多矣；君偏既多，而臣韜其善，則天下亂矣。

皆稱所知，治要「稱」作「私」。以自掩覆。有過，則臣反責君，逆亂之道也，治要無「也」字。

僞滕注曰：夫所以置三公而列百官者，將使羣臣各進所知，以康庶績耳；若乃君顯其善，而臣藏其能，百事從君而出，衆端自上而下，則臣善不用，而歸惡有在矣。

愼注曰：君察察以爲明，則臣將救過之不暇矣，孰敢與之爭，秦皇漢宣是也。

君之智，未必最賢於衆也。以未最賢而欲善盡被下，治要「欲」下有「以」字。則下不贍矣。治要無「下」字。

僞滕注曰：假使其賢，猶不可推一己之志以察羣下，而況不最賢？

愼注曰：不贍者，一人之智有限，雖有所被，其善易窮也。

近人王斯睿曰：此言人君之智，未賢於衆，而欲以善盡被於下，則智日困而不足，非謂臣下也。下文「衰則復返於不贍之道也」正承此言之，則「則下不贍也」句無下字明矣。

案：王說是，恐爲明本之誤。

若君之智最賢，治要「若」下有「使」字。以一君而盡贍下則勞，勞則有倦，倦則衰，衰則復返於人，治要無「人」字，句連下。不贍之道也。錢熙祚曰：「人」字衍，此十字當一句讀。」

王斯睿曰：倦正字當作券。說文力部云：券，勞也。考工記輈人，鄭注曰：券，今倦字也。

是以人君自任而躬事，則臣不事事也。治要「也」作「矣」。是君臣易位也，謂之倒逆，倒逆則亂矣；人君任臣而勿自躬，則臣事事矣。「臣」下，守山閣本有「皆」字。

僞滕注曰：言君之專荷其事，則臣下不復以事爲事矣。

愼注曰：所謂君任勞，臣返逸矣。

是君臣之順，治亂之分，不可不察也。治要無「也」字。

僞滕注曰：所謂任人者逸，自任者勞也。

愼注曰：任人則治，自任則亂，治亂之分，君所當致察也。

德立四

立天子不使諸侯疑，（治要「子」下有「者」，「疑」下有「爲」。）立諸侯不使大夫疑，（治要「侯」下有「者」，「疑」下有「爲」。）立正妻不使羣妻疑，（治要「妻」下有「者」，「疑」下有「爲」；「羣妻」作「嬖妾」。）立嫡子不使庶孽疑，（治要「子」下有「者」，「疑」下有「爲」。）

愼注曰：疑，惑也。分不一則民志不定。天子既立，諸侯之分定矣，自不敢擬於諸侯。秦之李斯，漢之王莽，臣疑於君也；周之褒姒，晉之驪姬，妾疑於妻也；周之伯服，晉之奚齊卓子，孽疑於嫡也。

王斯睿曰：疑，讀曰擬，僭也。漢書食貨志曰：遠方之能疑者。顏注疑讀曰擬，僭也，是其證。

疑則動兩，（治要無「兩」字。）動兩則爭，（治要無「動」字。）雜則相傷，害在有與不在獨也。

愼注曰：分不定則疑起，兩動者國有二君也。勢無兩大則爭，爭則雜亂無紀，必相賊也。

案：上兩句，疑子彙本有誤，僞愼本作『疑則兩動，動兩則爭。』

故臣有兩位者，國必亂，臣兩位國不亂者，（治要「位」下有「而」字。）君在也。恃君不亂矣，（治要無「矣」字，「不」上有「而」字。）失君則亂；（治要「則」作「必」。）子有兩位者家必亂，子兩位而不亂者，（治要「兩」上有「有」字，「而」下有「家」字。）父在也。（治要作「親猶在也」。恃父不亂矣，治要作「恃親而不亂」。失父則亂；治要作「失親必亂」。臣疑君，治要「疑」下有「其」字。而無不危國；治要無「而」字，「危」上有「之」字。孽疑宗，治要「疑」下有「其」字。而無不危家。治要無「而」字，「危」下有「之」字。

慎注曰：臣有兩位，國必亂者，政出多門也；子有兩位，家必亂者，家無嫡子也。

君人五

君人者，舍法而以身治，則誅賞予奪，治要「予奪」作「奪與」。從君心出。治要「出」下有「矣」字。然則受賞者雖當，望多無窮；受罰者雖當，望輕無已。

僞滕注曰：民之所信者，法也。今在賞者欲多，在罰者欲少，無法以限之，則不知所論矣。雖極聰明以極輕重，盡心以班奪與，夫何解于怨望哉。

慎注曰：從君心出者，出一時之喜怒也。賞不由法，雖賞當其功，而望多之心無已；罰不由法，雖罰當其罪，而望輕之心無已。

君舍法以心裁輕重，治要「以」上有「而」字。則同功殊賞，同罪殊罰矣，怨之所由生也。

慎注曰：賞不當功，罰不當罪，是不以功罪爲賞罰，而以喜怒爲賞罰，則不公矣，焉得不怨。

是以分馬之用策，分田之用鉤治要「鉤」下有「也」字。非以鉤策爲過於人智，治要無「於」字，「智」下有「也」字。所以去私塞怨也。

慎注曰：分馬以策，分田以鉤。非鉤策之智，有過於人，以鉤策之法，出於公而無怨也。法者，治天下之鉤策也。

故曰：大君任法而弗躬，治要「躬」下有「爲」字。則事斷於法。治要「法」下有「矣」字。法之所加各以分治要「以」下有「其」字。蒙賞罰而無望於君，治要「蒙」下有「其」字，「君」下有「矣」字。是以怨不生而上下和矣。

慎注曰：賞罰循其法，而不出一人之意，則不僭不濫，而民志定矣，太和之治也。

第四章　愼子逸文

行海者，坐而至越，有舟也；（白孔六帖十一，「舟」下有「故」字。）行陸者，立而至秦，有車也。（此句亦見六帖十一。）秦越，遠塗也。安坐而至者，械也。（太平御覽七百六十八。）

厝鈞石，使禹察錙銖之重，則不識也；懸於權衡，則氂髮之不可差，則不待禹之智，中人之智，莫不足以識之矣。（御覽八百三十，又意林節引。）

諺云：『不聰不明，不能爲王；不瞽不聾，不能爲公。海與山爭水，海必得之。』（御覽四百九十六，又見意林。）

禮從宜，政從上，使從君。國有貴賤之禮，無賢不肖之禮；有長幼之禮，無勇怯之禮；有親疏之禮，無愛憎之禮也。（藝文類聚三十八，御覽五百二十三。）

法之功，莫大使私不行；君之功，莫大使民不爭。今立法而行私，是私與法爭，其亂甚於無法；立君而尊賢，是賢與君爭，其亂甚於無君。故有道之國，法立則私議（書鈔四十三，引作私善。）不行，君立則賢者不尊，民一於君，事斷於法，是國之大道也。類聚五十四，御覽六百三十八。

河之下龍門，太平寰宇記四十六「河」下有「水」字。其流駛如竹箭，駟馬弗能及。六帖六作「追之不及」，御覽四十。

有權衡者，不可欺以輕重；有尺寸者，不可差以長短；有法度者，不可巧以詐僞。意林，御覽四百二十九。

有虞之誅，以幪巾當墨，書鈔四十四引作「畫跪當黥」。以草纓當劓，以菲履當刖，以艾韠當宮，布衣無領當大辟，此有虞之誅也。斬人肢體，鑿其肌膚，謂之刑；畫衣冠，異章服，謂之戮；上世用戮而民不犯也；當世用刑，而民不從。御覽六百四十五。

昔者天子手能衣，而宰夫設服；足能行，而相者導進；口能言，而行人稱辭，故無失言失禮也。御覽七十六。

廊廟之材，非一木之枝；狐白之裘，非一狐之腋。意林。

離朱之明，察秋毫之末於百里之外，下於水尺，而不能見淺深，非目不明也，其勢難覩也。文選演連珠注，楊荊州誄注，類聚十七，御覽三百六十六。

堯讓許由，舜讓善卷，皆辭爲天子，而退爲匹夫。類聚二十一，御覽四百二十四。

折卷契，屬符節，賢不肖用之。御覽四百三十。

魯莊公鑄大鐘，曹劌入見曰：「今國褊小而鐘大，君何不圖之。」初學記十六，御覽五百七十五。

公輸子，巧用材也，不能以檀爲瑟。御覽五百七十六。

孔子曰：「邱少而好學，晚而聞道，以此博矣。」御覽六百七。

孔子曰：「有虞氏不賞不罰，夏后氏賞而不罰，殷人罰不賞，周人賞且罰。罰，禁也；賞，使也。」御覽六百

三十三。

燕鼎之重乎千鈞，乘於吳舟，則可以濟。所託者，浮道也。御覽七百六十八。

君臣之間，猶權衡也。權左輕則右重，右重則左輕，輕重迭相概，天地之理也。御覽八百三十。

飲過度者生水，食過度者生貪。御覽八百四十九。

故治國無其法則亂，守法而不變則衰，有法而行私，謂之不法。以力役法者，百姓也；以死守法者，有司也；以道變法者，君長也。類聚五十四。

一兔走街，百人追之，貪人具存，人莫之非者，以兔爲未定分也；積兔滿市，過而不顧，非不欲兔也，

分定之後，雖鄙不爭；呂覽慎勢篇，後漢書袁紹傳注，意林，御覽九百七。

匠人知爲門，能以門；所以不知門也，故必杜，然後能爲門。淮南道應訓。

勁而害能，則亂也；云能而害無能，則亂也。荀子非十二子篇注。

棄道術，舍度量，以求一人之識識天下，誰子之識能足焉。荀子王霸篇注。

多賢不可以多君，無賢不可以無君。荀子解蔽篇注。

匠人成棺，不憎人死，利之所在，忘其醜也。意林，御覽五百五十一。

獸伏就穢。文選西都賦注。

夫德精微而不見，聰明而不發。是故外物不累於內。文選沈休文遊沈道士館詩注，養生論注。

夫道所以使賢無奈不肖何也？所以使智無奈愚何也？若此則謂之道勝矣。文選張景陽雜詩注。

道勝則名不彰。仝上。

趨事之有司，賤也。文選謝元暉始出尚書省詩注。

久處無過之地，則世俗聽矣。文選吳季重答魏太子牋注。

昔周室之衰也，厲王擾亂天下，諸侯力政，人欲獨行以相兼。文選東方朔答客難注。

衆之勝寡，必也。文選夏侯常侍誄注。

詩，往志也；書，往誥也；春秋，往事也。意林。

兩貴不相事，兩賤不相使，家富則疎族聚，家貧則兄弟離，非不相愛，利不足相容也。仝上。

藏甲之國，必有兵遁，市人可驅而戰，安國之兵，不由忿起。仝上。

愛赤子者，不慢其保；絕險者，不慢其御。仝上。

蒼頡在庖犧之前。尚書序疏。

爲蠧者，患塗之泥也。尚書益稷疏。

晝無事者夜不夢。雲笈七籤三十二。

田駢，名廣。莊子天下篇釋文。

桀、紂之有天下也，四海之內皆亂，關龍逢、王子、比干不與焉，而謂之皆亂，其亂者，衆也；堯、舜之有天下也，四海之內皆治，而丹朱、商均不與焉，而謂之皆治，其治者，衆也。長短經勢運篇注。

飛龍乘雲，騰蛇遊霧，雲罷霧霽，而龍蛇與螾螘同矣，則失其所乘也。賢人而詘於不肖者，則權輕位卑也；不肖而能服於賢者，則權重位尊也。堯爲匹夫，不能治三人；而桀爲天子，能亂天下。吾以此知勢位之足恃，而賢智之不足慕也。夫弩弱而矢高者，激於風也；身不肖而令行者，得助於衆也。堯教於隸屬，而民不聽；至於南面而王天下，令則行，禁則止。由此觀之，賢智未足以服衆，而勢位足以缶賢者也。（韓非子難勢篇。此文與治要文不同，當以韓非引文爲是。）

附識

案錢熙祚校所據明本，此外尚載愼子逸文十餘條，云載文獻通攷。今檢通攷，並無其文，尋其文句，多係雜取鬻子、墨子、韓非子、戰國策者，其爲僞篡無疑，故略之不載焉。

中華民國二十九年一月初版

G四五一〇上 壽

(29120)

國學小叢書 慎子集說一冊

每冊實價國幣貳角
外埠酌加運費匯費

編著者 蔡汝堃

主編
發行人 王雲五
長沙南正路

印刷所 商務印書館

發行所 商務印書館
各埠

(本書校對者徐壽齡)

(周)申不害 撰

申子一卷

清同治間濟南黄華館刊本

申子一卷周申不害撰不害京人故鄭之賤臣學術以干韓昭侯昭侯用爲相史記與老莊韓非同傳傳言申子之學本於黄老而主刑名著書二篇號曰申子漢志法家申子六篇七錄云三卷隋志云梁有申子三卷韓相申不害撰亡唐志復以三卷著目今佚馬總意林引六節首有劉向一節是七略別錄語他皆脫略不全茲更搜輯合二十四節劉向節與史記本傳並附錄篇後戰國策載申子三事一爲成子從趙謂之曰子以韓重我於趙請以趙重子於韓一爲

申子

微視王之所說以言於言王大悅之一爲請仕其從兄官昭侯不許有怨色皆策之最下者太史公謂申子卑卑施之於名實申韓並稱遜吃公子遠矣歷城馬國翰竹吾甫

申子

周 申不害 撰

明君治國 意林引無此據御覽補 三寸之篋 御覽引作機 運而天下定方寸之基 御覽作謀 正而天下治 馬總意林卷一太平御覽卷三百九十

妒妻不難破家亂臣不難破國一妻擅夫衆妻皆亂一臣專君衆臣皆蔽 意林卷一

智均不相使力均不相勝 同上太平御覽卷四百三十二

鼓不預五音而爲五音主 意林卷一

百世有聖人猶隨踵而生千里有賢者是比肩而立

同上太平御覽卷四百一引上二句踵下有而生二字卷四百二引下二句歐陽詢藝文類聚卷二十亦引下二句肩下並有而立二字據補

韓昭侯謂申子曰法度甚不易行也申子曰法者見功而與貴因能而受官今君設法度而聽左右之請此所以難行也昭侯曰吾自今以來知行法矣韓非子外儲說

申子曰上明見人備之其不明見人惑之其知見人飾之其不知見人匿之其無欲見人伺之其有欲見人餌之故曰吾無從知之惟無爲可以規之

慎而言也人且知女慎而行也人且隨女而有知見也人且匿女而無知見也人且意女女有知也人且藏女女無知也人且行女故曰惟無爲可以規之

獨視者謂明獨聽者謂聰能獨斷者故可以爲天下主並同上。

失之數而求之信則疑矣韓非子難三

治不踰官雖知不言同上又定法篇作弗言

韓昭釐侯視所以祠廟之牲其豕小昭釐侯令官更之官以是豕來也昭釐侯曰是非嚮者之豕邪官無

以對命吏羿之從者曰君王何以知之君曰吾以其
耳也申不害聞之曰何以知其聾以其耳之聽也何
以知其盲以其目之明也何以知其狂以其言之當
也故曰去聽無以聞則聰去視無以見則明去智無
以知則公去三者不任則治三者任則亂以此言耳
目心智之不足恃也耳目心智其所以知識甚闕其
所以聞見甚淺以淺闕博居天下安殊俗治萬民其
說固不行十里之間而耳不能聽帷牆之外而目不
能見三畝之宮而心不能知其以東至開梧南撫多

顯西服壽靡北懷儋耳若之何哉故君人者不可不察此仁忘仁至德不德無言無思靜以待時時至而應心暇者勝凡應之理清淨公素而正始卒焉此治紀無唱有和無先有隨古之王其所爲少其所因多因者君術也爲者臣道也爲則擾矣因則靜矣因冬爲寒因夏爲暑君奚事哉故曰君道無知無爲而賢於有知有爲則得之矣呂氏春秋任數篇

明君治國而晦晦而行行而止止故一言正而天下治一言倚而天下靡太平御覽卷六百二十四又卷三百九十歐陽詢藝文類聚

卷十九並至言正二句虞世南北堂書鈔卷二十九引末句

君之所以尊者令令之不行是無君也故明君慎之北堂書鈔卷四十五藝文類聚卷五十四慎之作愼令

天道無私是謂恒正天道恒正是以清明北堂書鈔卷一百四十八藝文類聚卷一太平御覽卷二

地道不作是以常靜帝以是正方舉事爲之乃有恒常之道北堂書鈔卷一百五十七

君必明法正義若懸權衡以稱輕重所以一羣臣也藝文類聚卷五十四文選顏延年應詔曲水詩李善注又鄒陽上書吳王注太平御覽卷六百

（二十八）

堯之治也善（御覽作蓋）明法察令而已聖君任法而不任智任數而不任說黃帝之治天下置法而不變使民安樂其法也（藝文類聚卷五十四太平御覽卷六百三十八）

昔七十九代之君法制不一號令不同然而俱王天下何也必當國富而粟多也（同上）

豈不知鏡設精無爲而美惡自備矣（徐堅初學記卷二十五白居易六帖卷十三矣作也）

疑言無成（史記太史公自序司馬貞索隱）

四海之內六合之間曰奚貴曰貴士士食之本也太平御覽卷三十七

子曰丘少好學晚而聞道此以博矣薛據孔子集語

子張見魯哀公七日不見禮托僕夫而去曰臣聞君好日舍重趼來見七日而不禮君之好士也有似葉公子高之好龍也葉公子高好龍居室雕文以象龍天龍聞而下之窺頸于牖拖尾于堂葉公見之棄而還走失其魂魄是葉公非好龍也好夫似龍而非龍者也今臣聞君好士不遠千里而見君七日不禮

君非好士也子張以告夫子子曰彼好夫士而非士者也同上太平御覽卷九百二十九引莊子同

(周)申不害 撰

申子一卷

清光緒十年(1884)楚南湘遠堂刊本

申子一卷周申不害撰不害京人故鄭之賤臣學術以干韓昭侯昭侯用爲相史記與老莊韓非同傳傳言申子之學本於黃老而主刑名著書二篇號曰申子漢志法家申子六篇七錄云三卷隋志云梁有申子三卷韓相申不害撰亡唐志復以三卷著目今佚馬總意林引六節首有劉向一節是七略別錄語他皆脫略不全茲更搜輯合二十四節劉向節與史記本傳並附錄篇後戰國策載申子三事一爲成子從趙請之曰子以韓重我於趙請以趙重子於韓一爲

微視王之所說以言於言王大悅之一爲請仕其從兄官昭侯不許有怨色皆策之最下者太史公謂申子卑卑施之於名實申韓並稱遜吃公子遠矣歷城馬國翰竹吾甫

申子

周　申不害　撰

明君治國（意林引無此據御覽補）三寸之篋（御覽作機）運而天下定方寸之基（御覽作謀）正而天下治（馬總意林卷一太平御覽卷三百九十）

妬妻不難破家亂臣不難破國一妻擅夫衆妻皆亂一臣專君衆臣皆蔽（意林卷一）

智均不相使力均不相勝（同上太平御覽卷四百三十二）

鼓不預五音而爲五音主（意林卷一）

百世有聖人猶隨踵而生千里有賢者是比肩而立

同上太平御覽卷四百一引上二句踵下有而生二字卷四百二引下二句歐陽詢藝文類聚卷二十亦引下二句肩下並有而立二字據補

韓昭侯謂申子曰法度甚不易行也申子曰法者見功而與貴因能而受官今君設法度而聽左右之請此所以難行也昭侯曰吾自今以來知行法矣韓非子外儲說

申子曰上明見人備之其不明見人惑之其知見人飾之其不知見人匿之其無欲見人伺之其有欲見人餌之故曰吾無從知之惟無爲可以規之

愼而言也人且知女愼而行也人且隨女而有知見也人且匿女而無知見也人且意女女有知也人且藏女女無知也人且行女故曰惟無爲可以規之獨視者謂明獨聽者謂聰能獨斷者故可以爲天下主並同上

失之數而求之信則疑矣韓非子難三

治不踰官雖知不言同上又空法篇作弗言

韓昭釐侯視所以祠廟之牲其豕小昭釐侯令官更之官以是豕來也昭釐侯曰是非嚮者之豕邪官無

以對俞吏罪之從者曰君王何以知之君曰吾以其耳也申不害聞之曰何以知其聾以其耳之聽也何以知其盲以其目之明也何以知其狂以其言之當也故曰去聽無以聞則聰去視無以見則明去智無以知則公去三者不任則治三者任則亂以此言耳目心智之不足恃也耳目心智其所以知識甚闕其所以聞見甚淺以淺闕博居天下安殊俗治萬民其說固不行十里之間而耳不能聽帷牆之外而目不能見三畝之宮而心不能知其以東至開梧南撫多

顯西服壽靡北懷儋耳若之何哉故君人者不可不察此仁忘仁至德不德無言無思靜以待時時至而應心暇者勝凡應之理清淨公素而正始卒焉此治紀無唱有和無先有隨古之王者其所爲少其所因多因者君術也爲者臣道也爲則擾矣因則靜矣因冬爲寒因夏爲暑君奚事哉故曰君道無知無爲而賢於有知有爲則得之矣呂氏春秋任數篇

明君治國而晦晦而行行而止止故一言正而天下治一言倚而天下靡太平御覽卷六百二十四又卷三百九十歐陽詢藝文類聚

卷十九並至一言正二句　虞世南北堂書鈔卷二十九引末句

君之所以尊者令令之不行是無君也故明君慎之北堂書鈔卷四十五　藝文類聚卷五十四愼之作慎令

天道無私是謂恆正天道恆正是以清明北堂書鈔卷一百四十八藝文類聚卷一太平御覽卷二

地道不作是以常靜常以是正方舉事爲之乃有恆常之道北堂書鈔卷一百五十七

君必明法正義若懸權衡以稱輕重所以一羣臣也藝文類聚卷五十四　文選顏延年應詔曲水詩李善注又鄒陽上書吳王注　太平御覽卷六百

二十八

堯之治也善御覽作蓋明法察令而已聖君任法而不任智任數而不任說黃帝之治天下置法而不變使民安樂其法也藝文類聚卷五十四太平御覽卷六百三十八

昔七十九代之君法制不一號令不同然而俱王天下何也必當國富而粟多也同上

豈不知鏡設精無爲而美惡自備矣徐堅初學記卷二十五白居易六帖卷十三矣作也

疑言無成史記太史公自序司馬貞索隱

四海之內六合之閒曰奚貴曰貴土土食之本也太平御覽卷三十七

子曰丘少好學晚而聞道此以博矣薛據孔子集語

子張見魯哀公七日不見禮託僕夫而去曰臣聞君好曰舍重趼來見七日而不禮君之好士也有似葉公子高之好龍也葉公子高好龍居室雕文以象龍天龍聞而下之窺頭于牖拖尾于堂葉公見之棄而還走失其魂魄是葉公非好龍也好夫似龍而非龍者也今臣聞君好士不遠千里而見君七日不禮

君非好士也子張以告夫子子曰彼好夫士而非士者也同上 太平御覽卷九百二十光引莊子同

申子治要

（唐）魏徵等 節選

民國八年（1919）上海商務印書館《四部叢刊》影印日本天明七年（1787）刊《群書治要》本

申子　不害

大體

夫一婦擅夫、衆婦皆亂、一臣專君、羣臣皆蔽、故妒妻不難破家也、亂臣不難破國也、是以明君使其臣並進輻湊、莫得專君、今人君之所以高爲城郭、而謹門閭之閉者、爲寇戎盜賊之至也、今夫弒君而取國者、非必踰城郭之險、而犯門閭之閉也、蔽君之明、塞君之聽、奪之政、而專其

令有其民而取其國矣今使烏獲彭祖負千鈞
之重而懷琬琰之美令孟賁成荊帶干將之劒
衛之行乎幽道則盜猶偷之矣今人君之力非
賢乎烏獲彭祖而勇非賢乎孟賁成荊也其所
守者非特琬琰之美千金之重也而欲勿失其
可得耶明君如身臣如手君若號臣如響君設
其本臣操其末君治其要臣行其詳君操其柄
臣事其常爲人臣者操契以責其名名者天地
之綱聖人之符張天地之綱用聖人之符則萬

端疑跡

物之情、無所逃之矣。故善爲主者、倚於愚、立於不盈、設於不敢、藏於無事、竄端匿疏、示天下無爲、是以近者親之、遠者懷之、示人有餘者、人奪之、示人不足者、人與之、剛者折、危者覆、動者搖、靜者安、名自正也、事自定也、是以有道者、自名而正之、隨事而定之也、鼓不與於五音、而爲五音主、有道者、不爲五官之事、而爲治主、君知其道也、官人知其事也、十言十當、百爲百當者、人臣之事、非君人之道也、昔者堯之治天下也、以名其、名正、則天下治、桀之治天下也、亦以名其名倚而天下亂、是以聖人貴名之正也、主處其大、臣處其細、以其名聽之、以其名視之、以其名命之、鏡設精、無爲、而美惡自備、衡設平、無爲、而輕重自得、凡因之道、身與公無事、無事而天下自極也、

申子

（元）陶宗儀 輯

明抄《説郛·讀子隨識》本

甲子

堯之治也善明法察令而已聖君任法而不任智任
數而不任說黃帝之治天下置法而不變使民而安
樂其法也

(元)陶宗儀 輯　張宗祥 重校

申子

民國十六年(1927)上海商務印書館排印《説郛·讀子隨識》本

申子

堯之治也善明法察令而已聖君任法而不任智任數而不任說

黃帝之治天下置法而不變使民而安樂其法也

(周)申不害 撰 (清)馬國翰 輯

申子

清光緒九年(1883)長沙嫏嬛館刊《玉函山房輯佚書》本

申子一卷周申不害撰不害京人故鄭之賤臣學術以干韓昭侯昭侯用爲相史記與老莊韓非同傳傳言申子之學本於黃老而主刑名著書二篇號曰申子漢志法家申子六篇七錄云三卷隋志云梁有申子三卷韓相申不害撰亡唐志復以三卷著目今佚馬總意林引六節首有劉向一節是七略別錄語他皆脫略不全茲更搜輯合二十四節劉向節與史記本傳並附錄篇後戰國策載申子三事一爲成子從趙謂之曰子以韓重我於趙請以趙重子於韓一爲

微視王之所說以言於言王大悅之二爲請仕其從
兄官昭侯不許有怨色皆策之最下者太史公謂申
子卑卑施之於名實申韓並稱遜吃公子遠矣歷城
馬國翰竹吾甫

申子

周　申不害　撰

明君治國意林引無此據御覽補三寸之僟御覽引作機運而天下定方寸之基御覽作謀正而天下治馬總意林卷一太平御覽卷三百九十

妒妻不難破家亂臣不難破國一妻擅夫衆妻皆亂一臣專君羣臣皆蔽意林卷一

智均不相使力均不相勝同上太平御覽卷四百三十二

鼓不預五音而爲五音主意林卷一

百世有聖人猶隨踵而生千里有賢者是比肩而立

·同上太平御覽卷四百一引上二句踵下有而生二字卷四百二引下二句歐陽詢藝文類聚卷二十亦引下二句肩下並有而立二字據補

韓昭侯謂申子曰法度甚不易行也申子曰法者見功而與賞因能而受官今君設法度而聽左右之請此所以難行也昭侯曰吾自今以來知行法矣韓非子外儲說

申子曰上明見人備之其不明見人惑之其知見人飾之其不知見人匿之其無欲見人伺之其有欲見人餌之故曰吾無從知之惟無爲可以規之

慎而言也人且知女慎而行也人且隨女而有知見也人且匿女而無知見也人且意女女有知也人且臧女女無知也人且行女故曰惟無爲可以規之獨視者謂明獨聽者謂聰能獨斷者故可以爲天下主並同上

失之數而求之信則疑矣韓非子難三

治不踰官雖知不言同上又定法篇作弗言

韓昭釐侯視所以祠廟之牲其豕小昭釐侯令官更之官以是豕來也昭釐侯曰是非響者之豕邪官無

嫏嬛館補校

以對俞叟罪之從者曰君王何以知之君曰吾以其耳也申不害聞之曰何以知其聾以其耳之聽也何以知其盲以其目之明也何以知其狂以其言之當也故曰去聽無以聞則聰去視無以見則明去智無以知則公去三者不任則治三者任則亂以此言耳目心智之不足恃也耳目心智其所以知識甚闕其所以聞見甚淺以淺闕博居天下安殊俗治萬民其說固不行十里之間而耳不能聽惟牆之外而目不能見三畝之宮而心不能知其以東至開梧南撫多

顯西服壽靡北懷儋耳若之何哉故君人者不可不察此仁忘仁至德不德無言無思靜以待時時至而應心暇者勝凡應之理清淨公素而正始卒焉此治紀無唱有和無先有隨古之王者其所爲少其所因多因者君術也爲者臣道也爲則擾矣因則靜矣因冬爲寒因夏爲暑君奚事哉故曰君道無知無爲而賢於有知有爲則得之矣呂氏春秋任數篇

明君治國而晦晦而行行而止止故一言正而天下治一言倚而天下靡太平御覽卷六百二十四又卷三百九十歐陽詢藝文類聚

鄦嫚館補校

卷十九並至言正二句　虞世南北堂書鈔卷二十九引末句

君之所以尊者令令之不行是無君也故明君慎之北堂書鈔卷四十五　藝文類聚卷五十四慎之作慎令

天道無私是謂恒正天道恒正是以清明北堂書鈔卷一百四十八　藝文類聚卷一太平御覽卷二

地道不作是以常靜常以是正方舉事爲之乃有恒常之道北堂書鈔卷一百五十七

君必明法正議若縣權衡以稱輕重所以一羣臣也藝文類聚卷五十四　文選顔延年應詔曲水詩李善注又鄒陽上書吳王注　太平御覽卷六百

二十

八

堯之治也善（御覽作蓋）明法察令而已聖君任法而不任智任數而不任說黃帝之治天下置法而不變使民安樂其法也（藝文類聚卷五十四太平御覽卷六百三十八）

昔七十九代之君法制不一號令不同然而俱王天下何也必當國富而粟多也（同上）

豈不知鏡設精無為而美惡自備矣（徐堅初學記卷二十五「自居易六帖卷十三矣作也）

疑言無成（史記太史公自序司馬貞索隱）

四海之內六合之間曰奚貴曰貴士士食之本也太平御覽卷三十七

子曰丘少好學晚而聞道此以博矣薛據孔子集語

子張見魯哀公七日不見禮托僕夫而去曰臣聞君好曰舍重趼來見七日而不禮君之好士也有似葉公子高之好龍也葉公子高好龍居室雕文以象龍天龍聞而下之窺頸于牖拖尾于堂葉公見之棄而而還走失其魂魄是葉公非好龍也好夫似龍而非龍者也今臣聞君好士不遠千里而見君七日不禮

君非好士也子張以告夫子子曰彼好夫士而非士者也同上　太平御覽卷九百二十光引莊子同

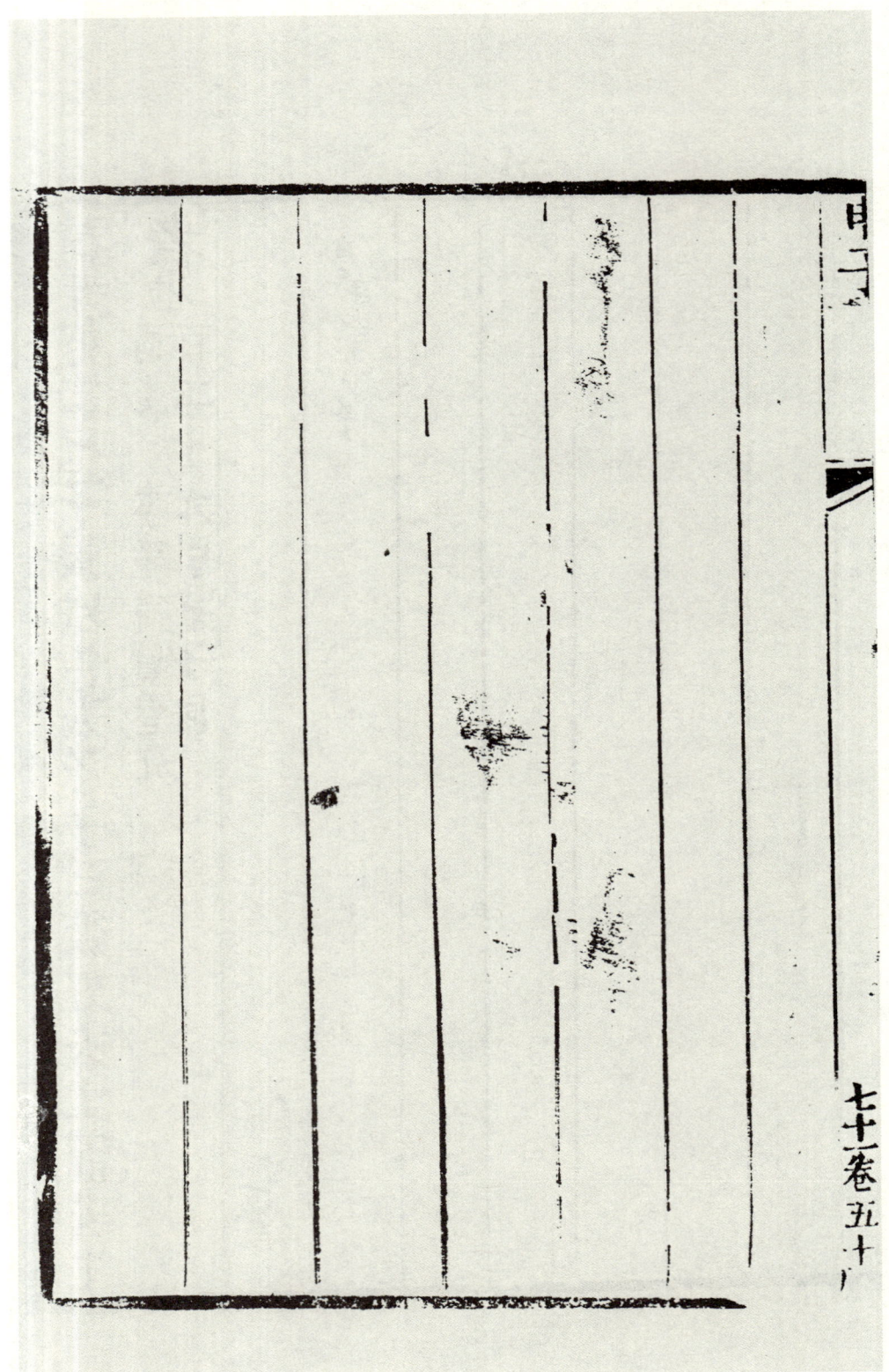

(周)申不害 撰

申子

民國間柯昌濟輯本

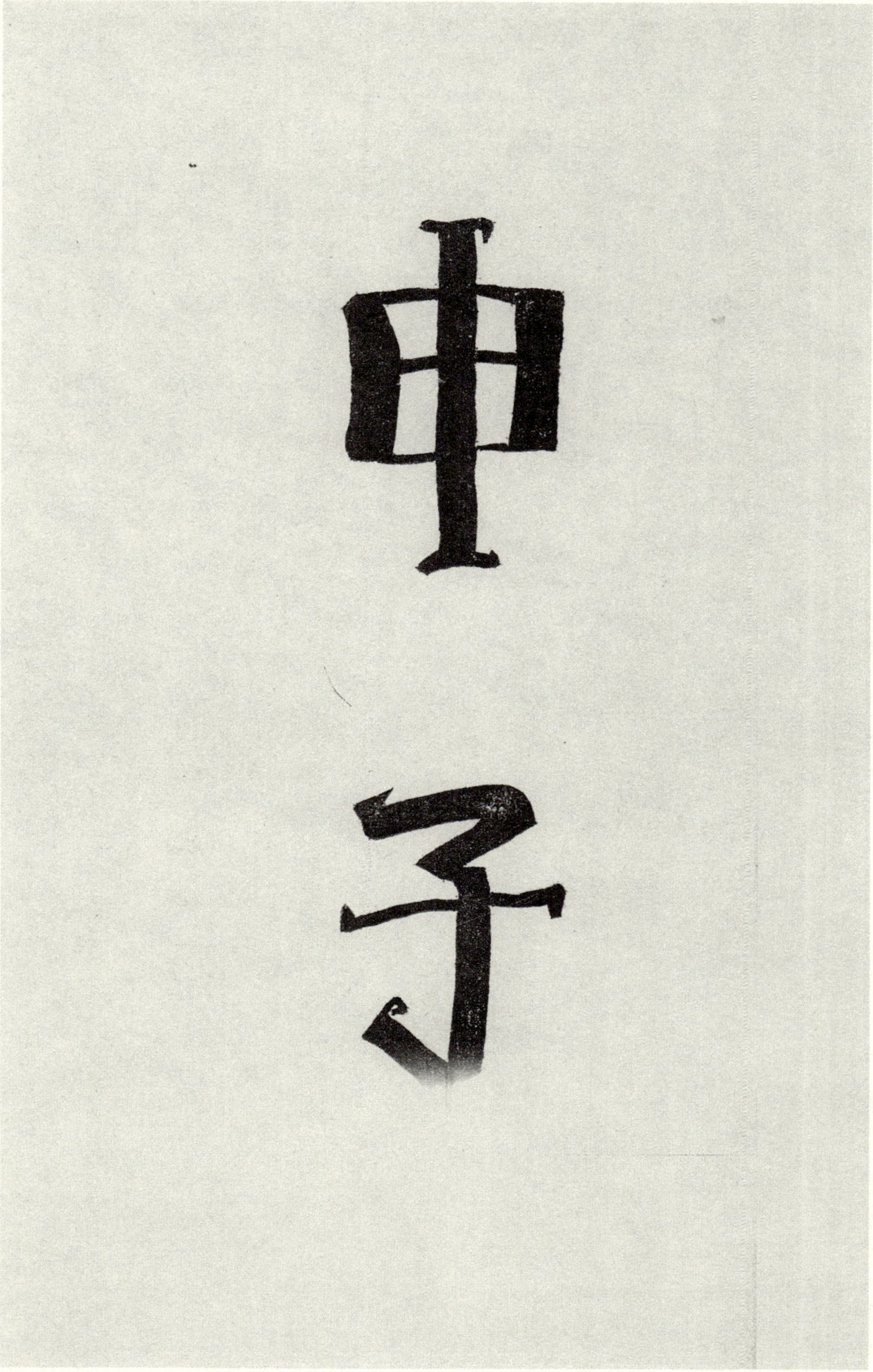
申子

申子六篇史記申不害京人也京今河南京縣也史記老莊申韓列傳索隱

學號曰刑名者循名以責實其尊君卑臣崇上抑下合於六經也史記張叔傳索隱

孝宣皇帝重申不害君臣篇使黃門郎張子喬正其字太平御覽卷二百二十一

漢書元帝紀注師古引云申子學號刑名刑名者以名責實尊君卑臣崇上抑下宣帝好觀其君臣篇

今民間所有上下二篇中書六篇皆合二篇史記老莊申韓列傳集解　案此上皆劉向七略別錄之文當在原書之首如今代所傳各子書之冠以劉向奏錄也馬氏省去非是

申子

周　申不害　撰　　　膠縣柯昌濟重輯

大體

夫一婦擅夫衆婦皆亂一臣專君羣臣皆蔽故妬妻不難破家也亂臣不難破國也（意林卷一引作妒妻不難破家亂臣不難破國一妻擅夫衆妻皆亂一臣專國衆臣皆蔽）是以明君使其臣並進輻輳莫得專君今人君之所以高爲城郭而謹門閭之閉者爲寇戎盜賊之至也今夫弒君而取國者非必踰城郭之險而犯門閭之禁也蔽君之明塞君之聽奪之政而專其令有其民而

取其國矣今使烏獲彭祖負千鈞之重而懷琬琰之美令孟賁成荆
帶千將之劍衛之行乎幽道則盜猶偷之矣今人君之力非賢乎烏
獲彭祖而勇非賢乎孟賁成荆也其所守者非特琬琰之美千金之
重也而欲勿失其可得耶明君如身臣如手君若號臣若響君設其
本臣操其末君治其要臣行其詳君操其柄臣事常爲人臣者操契
以責其名名者天地之綱聖人之符張天地之綱用聖人之符則萬
物之性無所逃之矣故善爲主者倚於愚立於不盈設於不敢藏於
無事竄端匿疏示天下無爲是以近者親之遠者懷之示人有餘者
人奪之示人不足者人與之剛者折危者處動者撫靜者安名自正

也事自定也是以有道者自名而正之隨事而定之也鼓不與於五音而爲五音主意林卷一引此一句同有道者不爲五官之事而爲治主君治其道也官人知其事也十言十當百爲百當者人臣之事非君人之道也昔者堯之治天下也以名其名正則天下治桀之治天下也亦以名其名倚而天下亂是以聖人貴名之正也主處其大臣處其細以其名聽之以其名視之以其名命之豈不知鏡設精無爲而美惡自備初學記卷二十五白氏六帖卷十三引此二句初學記作美惡自備矣白帖矣作也衡設平無爲而輕重自得凡因之道身與公無事無事而天下自極也羣書治要卷三十六續輯

君臣

明君治國三寸之篋運而天下定方寸之基正而天下治馬總意林卷一太平御覽卷三百九十

明君治國而晦晦而行行而止止故一言正而天下治一言倚而天下靡太平御覽卷六百二十四歐陽詢藝文類聚卷十九

雜篇

智均不相使力均不相勝意林卷一

百世有聖猶隨踵而王千里有賢者是比肩而立同上

韓昭侯謂申子曰法度甚不易行也申子曰法者見功而與貴因能而受官今君設法度而聽左右之請此所以難行也昭侯曰吾自今

以來知行法矣韓非子外儲說

申子曰上明見人備之其不明見人惑之其知見人飾之其不知見人匿之其無欲見人伺之其有欲見人餌之故曰吾無從知之惟無爲可以規之

愼而言也人且知汝愼而行也人且隨汝而有知見也人且匿汝而無知見也人且意汝汝有知也人且臧汝汝無知也人且行汝故曰唯無爲可以規之

獨視者謂明獨聽者謂聰能獨斷者可以爲天下主並同上

失之數而求之信則疑矣韓非子難三

治不踰官雖知不言　同上

韓昭釐侯視所以祠廟之牲其豕小昭釐侯令官更之官以是豕來也昭釐侯曰是非嚮者之豕耶官無以對命吏罪之從者曰君王何以知之君曰吾以其耳也申不害聞之曰何以知其聾以其耳之聰也何以知其盲以其目之明也何以知其狂以其言之當也故曰去聽無以聞則聰去視無以見則明去智無以知則公去三者不任則治三者任則亂以此言耳目心智之不足恃也耳目心智其所以知識甚闕其所以聞見甚淺以淺闕博居天下安殊俗治萬民其說固不行十里之間百耳不能聽帷墻之外百目不能見三畝之宮而心不

能知其以東至開梧南撫多顯西服壽靡北懷儋耳若之何哉故君人者不可不察此仁忘仁至德不德無言無思靜以待時時至而應心暇者勝凡應之理清淨公素而正始卒焉此治紀無唱有和無先有隨古之王者其所爲少其所因多因者君術也爲者臣道也爲則擾矣因則靜矣因冬爲寒因夏爲暑君奚事哉故曰君道無知無爲而賢於有知有爲則得之矣 呂氏春秋任數篇

君之所以道者令令之不行是無君也故明君懷之 北堂書鈔卷四十五 藝文類聚卷五十四

天道無私是謂恒正天道恒正是以清明 北堂書鈔卷一百四十八

地道不作是以常靜帝以是正方舉事爲之乃有恒常之道 北堂書鈔卷一百五十七

君必明法正義若懸權衡以稱輕重所以一羣臣也 藝文類聚卷五十四 文選鄒陽上吳王書注

堯之治也善明法察令而已聖君任法而不任智任數而不任說黃帝之治天下置法而不變使民安樂其法也 藝文類聚卷五十四

昔七十九代之君法制不一號令不同然而俱王天下何也必當國富而粟多也 同上

四海之內六合之間曰奚貴曰貴土土食之本也 太平御覽卷三十七

申子曰有天下而不恣睢命之曰以天下爲桎梏史記李斯傳補輯

申子曰疑言無成史記太史公自序司馬貞索隱

子曰丘少好學晚而聞道此以博矣薛據孔子集語

子張見魯哀公七日不見禮托僕夫而去曰臣聞君好士自舍重趼來見七日而不禮君之好士也有似葉公子高之好龍也葉公子高好龍居室雕文以象龍天龍聞而下之窺頸于牖拖尾於堂葉公見之棄而還走失其魂魄是葉公非好龍也好夫似龍而非龍者也今臣聞君好士不遠千里而來見君七日不禮君非好士也子張以告夫子子曰彼好夫士而非士者也同上案此二節疑本非申子書姑從舊輯附此

魏之圍邯鄲也申不害始合於韓王然未知王之所欲也恐言而未必重於王也王問申子曰吾誰與而可對曰此安危之要國家之大事也臣請深惟而苦思之乃微謂趙卓韓鼂曰子皆國之辯士也夫爲人臣者言可必用盡忠而已矣二人各進議於王以事申子微視王之所說以言於王王大說 戰國策韓策

大成午從趙來謂申不害於韓王曰子以韓重我於趙請以趙重重子於韓是子有兩韓而我有兩趙也

申子請仕其從兄昭侯不許也申子有怨色昭侯曰非所謂學於子者也聽子之謁而廢子之道乎又亡其行子之術而廢子之謁乎子

嘗敎寡人循功勞視次第今有所求我將奚聽乎申子乃辟舍請罪曰君眞其人也並同上

趙令人因申子於韓請兵將以攻魏申子欲言之君而恐君之欲疑己外市也不則恐惡於趙乃令趙紹韓沓嘗試之動貌而後言之內則知昭侯之意外則有得趙之功韓非子內儲說

史記列傳

申不害者京人也索隱曰申子名不害按別錄云京今河南京縣故鄭之賤臣學術以干韓昭侯昭侯用爲相內修政敎外應諸侯十五年終申子之身國治兵彊無侵韓者索隱曰王劭按紀年韓昭侯之世兵寇屢交異乎此言申子之學本於黃老而主

刑名著書二篇號曰申子劉向別錄曰今民間所有上下二篇中書六篇皆合二篇已備過太史公所記也。正義曰阮教緒七略云申子三卷也

（清）馬驌　撰

申不害相韓

清康熙九年（1670）刊《繹史》本

繹史卷一百十一　　戰國第十一

申不害相韓

戰國策 魏之圍邯鄲也申不害始合於韓王然未知王之所欲也恐言而未必中於王也王問申子曰吾誰與而可對曰此安危之要國家之大事也臣請深惟而苦思之乃微謂趙卓韓鼂曰子皆國之辯士也夫爲人臣者言可必用盡忠而已矣二人因進議於王以事申子微視王之所說以言於王王大說之

韓非子 趙令人因申子於韓請兵將以攻魏申子欲言之君而恐君之疑己外市也不則恐惡於趙乃令趙紹韓沓嘗試君之動貌而後言之內則知昭侯之意外則有得趙之功

史記 申不害者京人也故鄭之賤臣學術以干韓昭侯昭侯用

爲相內修政教外應諸侯十五年終申子之身國治兵彊無侵韓者申子之學本於黃老而主刑名著書二篇號曰申子　昭侯八年申不害相韓修術行道國內以治諸侯不來侵伐

淮南子申子者韓昭釐之佐韓晉別國也地墽民險而介於大國之閒晉國之故禮未滅韓國之新法重出先君之令未收後君之令又下新故相反前後相繆百官背亂不知所用故刑名之書生焉 漢書法家申子六篇

申子天道無私是謂恒正天道恒正是以清明　地道不作是以常靜帝以是正方舉事爲之乃有恒常之道符信受令必行也　君子之所以尊者令令不行是無君也故明君愼令　一言正天下定一言倚天下靡　君必有明法正義若懸權衡以

稱輕重所以一羣臣也　堯之治也善明法察令而已聖君任
法而不任智任數而不任說黃帝之治天下置法而不變使民
安泰　昔七十九代之君法制不一號令不同然而俱王天下
何也必當國富而粟多也　四海之內六合之閒誰貴曰貴土
土食之本也　妒妻不難破家亂臣不難破國一妻擅夫衆妻
皆亂一臣專君衆臣皆蔽　智均不相使力均不相勝鼓不預
五音而爲五音主　百世有聖人猶隨踵千里有賢者是比肩

○申子書已亡此諸書所引者

韓非子　申子曰上明見人備之其不明見人惑之其知見人飾
之不知見人匿之其無欲見人司之其有欲見人餌之故曰吾
無從知之惟無爲可以規之一曰申子曰愼而言也人且知女

愼而行也人且隨女而有知見也人且匿女而無知見也人且意女女有知也人且臧女女無知也人且行女故曰惟無爲可以規之　韓昭侯謂申子曰法度甚易行也申子曰法者見功而與賞因能而受官今君設法度而聽左右之請此所以難行也昭侯曰吾自今以來知行法矣寡人奚聽矣

【戰國策】申子請仕其從兄官昭侯不許也申子有怨色昭侯曰非所謂學於子者也聽子之謁而廢子之道乎人亡其行子之術而廢子之請乎子嘗教寡人循功勞視次第今有所求此我將奚聽乎申子乃避舍請罪曰君眞其人也　成午從趙來謂申不害於韓曰子以韓重我於趙請以趙重子於韓是子有兩韓而我有兩趙也

韓昭釐侯視所以祠廟之牲其豕小昭釐侯令官更之官以是豕來也昭釐侯曰是非嚮者之豕邪官無以對命吏罪之從者曰君王何以知之君曰吾以其耳也申不害聞之曰何以知其聾以其耳之聰也何以知其盲以其目之明也何以知其狂以其言之當也故曰去聽無以聞則聰去視無以見則明去智無以知則公去三者不任則治三者任則亂以此言耳目心智之不足恃也耳目心智其所以知識甚闕其所以聞見甚淺以淺闕博居天下安殊俗治萬民其說固不行十里之間而耳不能聞帷牆之外而目不能見三畝之宮而心不能知其以東至開梧南撫多顂西服壽靡北懷儋耳若之何哉故君人者不可不察此言也治亂安危存亡其道固無二也故至智棄

智至仁忘仁至德不德無言無思靜以待時時至而應心暇者勝可應之理淸淨公素而正始卒焉此治紀無唱有和無先有隨古之王者其所爲少其所因多因者君術也爲者臣道也爲則擾矣因則靜矣因冬爲寒因夏爲暑君奚事哉故曰君道無知無爲而賢於有知有爲則得之矣

韓非子堂谿公謂昭侯曰今有千金之玉巵通而無當可以盛水乎昭侯曰不可有瓦器而不漏可以盛酒乎昭侯曰可對曰夫瓦器至賤也不漏可以盛酒雖有千金之玉巵至貴而無當漏不可盛水則人孰注漿哉今爲人之主而漏其羣臣之語是猶無當之玉巵也雖有聖智莫盡其術爲其漏也昭侯曰然昭侯聞堂谿公之言自此之後欲發天下之大事未嘗不獨寢恐

夢言而使人知其謀也一曰堂谿公見昭侯曰今有白玉之卮而無當有瓦卮而有當君渴將何以飲君曰以瓦卮堂谿公曰白玉之卮美而君不以飲者以其無當邪君曰然堂谿公曰爲人主而漏泄其羣臣之語譬猶玉卮之無當堂谿公每見而出昭侯必獨臥惟恐夢言泄於妻妾申子曰獨視者謂明獨聽者謂聰能獨斷者故可以爲天下主　韓昭侯使騎於縣使者報昭侯問曰何見也對曰無所見也昭侯曰雖然何見曰南門之外有黃犢食苗道左者昭侯謂使者毋敢洩吾所問於女乃下令曰當苗時禁牛馬入人田中固有令而吏不以爲事牛馬甚多入人田中亟舉其數上之不得將重其罪於是三鄉舉而上之昭侯曰未盡也復往審之乃得南門之外黃犢吏以昭侯爲

明察皆悚懼其所而不敢爲非　昭僖侯之時宰人上食而羹中有生肝焉昭侯召宰人之次而誚之曰若何爲置生肝寡人羹中宰人頓首服死罪曰竊欲去尚宰人也一曰僖侯浴湯中有礫僖侯曰尚浴免則有當代者乎左右對曰有僖侯曰召而來譙之曰何爲置礫湯中對曰尚浴免則臣得代之是以置礫湯中　韓昭侯之時黍種常貴甚昭侯令人覆廩吏果竊黍種而糶之甚多　韓昭侯握爪而佯亡一爪求之甚急左右或割其爪而效之昭侯以此察左右之臣不誠　韓昭侯曰吹竽者衆吾無以知其善者田嚴對曰一一而聽之　韓昭侯使人藏弊袴侍者曰君亦不仁矣弊袴不以賜左右而藏之昭侯曰非子之所知也吾聞明主之愛一嚬一笑嚬有爲嚬而笑有爲笑

今夫袴豈特嚬笑哉袴之與嚬笑遠矣吾必待有功者故收藏之未有予也

呂氏春秋 韓昭釐侯出弋靷偏緩昭釐侯居車上謂其僕靷不偏緩乎其僕曰然至舍昭釐侯射鳥其右攝其靷適之昭釐侯已射駕而歸上車選間曰鄉者靷偏緩今適何也其右從後對曰今者臣適之昭釐侯至詰庳令各避舍故擅爲妄意之道雖當賢主不由也

韓非子 昔者韓昭侯醉而寢典冠者見君之寒也故加衣於君之上覺寢而說問左右曰誰加衣者左右對曰典冠君因兼罪典衣與典冠其罪典衣以爲失其事也其罪典冠以爲越其職也非不惡寒也以爲侵官之害甚於寒

莊子 韓魏相與爭侵地子華子見昭僖侯昭僖侯有憂色子華
子曰今使天下書銘於君之前書之言曰左手攫之則右手廢
右手攫之則左手廢然而攫之者必有天下君能攫之乎昭僖
侯曰寡人不攫也子華子曰甚善自是觀之兩臂重於天下也
身亦重於兩臂韓之輕於天下亦遠矣今之所爭者其輕於韓
又遠君固愁身傷生以憂戚不得也昭僖侯曰善哉教寡人者
衆矣未嘗得聞此言也子華子可謂知輕重矣

說苑 韓昭侯造作高門屈宜咎曰昭侯不出此門曰何也曰不
時吾所謂不時者非時日也人固有利不利昭侯嘗利矣不作
高門往年秦拔宜陽明年大旱民饑不以此時恤民之急也而
顧反益奢此所謂禍不重至福必重來者也高門成昭侯卒竟

不出此門

【論衡】韓用申不害行其三符兵不侵境蓋十五年其後不能用

之又不察其書兵挫軍破國幷於秦

(清)嚴可均 輯

申不害

清光緒二十年(1894)刊《全上古三代秦漢三國六朝文》本

申不害

不害京人故鄭賤臣韓昭侯以爲相有申子三卷

申子

君臣

明君治國而晦晦而行行而止止三寸之機運而天下定方寸之基正而天下治故一言正而天下定一言倚而天下靡藝文類聚十九意林二太平御覽三百九十又六百二十四

大體

夫一婦擅夫眾婦皆亂一臣專君羣臣皆蔽故妬妻不難破家也而亂臣不難破國也是以明君使其臣竝進輻湊莫得專君焉今人君之所以高為城郭而謹門閭之閉者為寇戎盜賊之至也今夫弒君而取國者非必踰城郭之險而犯門閭之閉也蔽君之明塞君之聰奪之政而專其令有其民而取其國矣羣書治要又見長短經大體又略見意林

智均不相使力均不相勝意林

今使烏獲彭祖負千鈞之重而懷琬琰之美令孟賁成荊帶干將

之劍衛之行乎幽道則盜賊偷之矣今人君之力非賢乎烏獲彭祖而勇非賢乎孟賁成荆也其所守者非特琬琰之美千鈞之重也而欲勿失其可得耶明君如身臣如手君若號臣如響君設其本臣操其末君治其要臣行其詳君操其柄臣事其常爲人臣者操契以責其名名者天地之綱聖人之符張天地之綱用聖人之符則萬物之情無所逃之矣故善爲主者倚於愚立於不盈設於不敢藏於無事竄端匿疏示天下無爲是以近者親之遠者懷之示人有餘者人奪之示人不足者人與之剛者折危者覆動者搖靜者安名自正也事自定也是以有道者自名而正之隨事而定之也鼓不與於五音而爲五音主有道者不爲五官之事而爲治主君知其道也臣知其事也十言十當百爲百當者人臣之事也非君人之道也昔者堯之治天下也以名其名正則天下治桀之治天下也亦以名其名倚而天下亂是以聖人貴名之正也主處

其大臣處其細以其名聽之以其名視之以其名命之鏡設精無爲而美惡自備衡設平無爲而輕重自得凡因之道身與公無事無事而天下自極也羣書治要又見長短經反經又略見意林初學記二十五

已下篇名缺

百世有聖人猶隨踵戰國策十此下有而至二字千里有賢者是比肩而立也藝文類聚二十意林御覽四百二已上申子原次如此已下各書引見不得原次

有天下而不恣睢命之曰以天下爲桎梏史記李斯傳長短經是非案此申子謂亡王如此耳魏志高堂隆上疏引之責李斯不正諫

天道無私是以恆正天道常正是以清明北堂書鈔一百四十九藝文類聚一御覽一

地道不作是以常靜地道常靜是以正方舉事爲之乃有恆常之靜者符信受令必行也北堂書鈔一百五十七

君必有明法正義若懸權衡以稱輕重所以一羣臣也藝文類聚五十四文選顏延年讌華林詩注又鄒陽上書吳王注御覽六百三十八

大四百九十八
小一百六十五

堯之治也蓋明法審令而已聖君任法而不任智任數而不任說

黃帝之治天下置法而不變使民安樂其法也藝文類聚五十四御覽六百三十八

君之所以尊者令令不行是無君也故明君愼令藝文類聚五十四

昔七十九代之君法制不一號令不同然而俱王天下何也必當國富而粟多也藝文類聚五十四御覽六百三十八

四海之內六合之間曰奚貴曰貴土土食之本也御覽三十七

(清)王仁俊 輯

申子

手稿本《玉函山房輯佚書續編》

申子

周 申不害 撰

大體

夫一婦擅夫衆婦皆亂一臣專君羣臣皆蔽故妬妻不難破家也亂臣不難破國也是以明君使其臣並進輻湊莫得專君令人君之所以高爲城郭而謹門閭之閉者爲寇戎盗賊之至也今夫弑君而取國者非必踰城郭之險而犯門閭之閉也蔽君之明塞君之聽奪之政而專其令有其民而取其國矣今使烏獲彭祖負千鈞之重而懷琬琰

之美令孟賁成荊帶干將之劍衛（之行）乎幽道則盜猶偷之矣今人君之力非賢乎烏獲彭祖而勇非賢乎孟賁成荊也其所守者非恃（原案持疑恃）琬琰之美千金之重也而欲勿失其可得耶明君如身臣如手君若號臣如響君設其本臣操其末君治其要臣行其詳君操其柄臣事其常為人臣者操契以責其名名者天地之綱聖人之符張天地之綱用聖人之符則萬物之情無所之逃之矣故善為主者倚於愚立於不盈設於不敢藏於無事竄端匿疏（原案疏疑跡）示天下無為是以近者親之遠者懷之示人有餘者人奪之示人不

足者人與之剛者折危者覆動者搖靜者安名自正也事自定也是以有道者自名而正之隨事而定之也鼓不與於五音而為五音主有道者不為五官之事而為治主君知其道也官人知其事也十言十當百為百當者人臣之事非君人之道也昔者堯之治天下也以名其名正則天下治桀之治天下也亦以名其名倚而天下亂是以聖人貴名之正也主處其大臣處其細以其聽之以其名視之以其名命之鏡設精無為而美惡自備衡設平無為而輕重自得凡因之道身與公無事無事而天下自極也

羣書治要三十

六

孔子曰丘少而好學晚而聞道此以博矣 繹史八十六 孔子逸語

俊按與御覽引慎子同

申子

周　申不害　撰

孔子曰丘少而好學晚而聞道此以博矣孔子逸語繹史八十六

俊按與御覽引愼子同

李寶淦 撰

申子文粹

民國六年(1917)上海商務印書館排印《諸子文粹續編》本

申子

諸子文粹續編卷六

武進李寶洤纂

大體

明君如身。臣如手。君如號。臣如響。君設其本。臣操其末。君治其要。臣行其詳。君操其柄。臣事其常。爲人臣者。操契以責其名。名者天地之綱。聖人之符。張天地之綱。用聖人之符。則萬物之情。無所逃之矣。故善爲主者倚於愚。立於不盈。設於不敢。藏於無事。竄端匿跡。示天下無爲。是以近者親之。遠者懷之。示人有餘者人奪之。示人不足者人與之。剛者折。危者覆。動者搖。靜者安。

鼓不與於五音。而爲五音主。有道者不爲五官之事。而爲治主。君知其道也。官人知其事也。十言十當。百爲百當者。人臣之事。非君人之道也。

羣書治要

三寸之篋運而天下定。方寸之基正而天下治。

百世有聖人猶隨踵。千里有賢人是比肩。意林

諸子文粹續編卷六

張文治 撰

申子治要

民國十九年(1930)上海文明書局排印《諸子治要》本

申不害

京人。相韓昭侯。爲刑名之學。後人與韓非並稱。漢志法家載有其書。今亡。有輯本。

大體

夫一婦擅夫。衆婦皆亂。一臣專君。羣臣皆蔽。故妬妻不難破家也。亂臣不難破國也。是以明君使其臣並進輻湊。莫得專君。今人君之所以高爲城郭。而謹門閭之閉者。爲寇戎盜賊之至也。今夫弒君而取國者。非必踰城郭之險。而犯門閭之閉也。蔽君之明。塞君之聽。奪之政而專其令。有其民而取其國矣。今使烏獲彭祖負千鈞之重。而懷琬琰之美。令孟賁成荊帶干將之劍。衞之行乎幽道。則盜猶偸之矣。今人君之力。非賢乎烏獲彭祖。而勇非賢乎孟賁成荊也。其所守者。非特琬琰之美。千金之重也。而欲勿失。其可得耶。明君如身。臣如手。君若號。臣如響。君設其本。臣操其末。君治其要。臣行其詳。君操其柄。臣事其常。爲人臣者。操契以責其名。名者天地之綱。聖人之符。張天地之綱。用聖人之符。則萬物之情。無所逃之矣。故善爲主者。倚於愚。立於不盈。設於不敢。藏於無事。竄端匿疏。示天下無爲。是以近者親之。遠者懷之。示人有餘者人奪之。示人不足者人與之。剛者折。危者覆。動者搖。靜者安。名自正也。事自定也。是以有道者自名而正之。隨事而定之也。鼓不與於五音。而爲五音主。有道者不爲五官之事。而爲治主。君知其道也。官人知其事也。十言十當。百爲百當者。人臣之事。非君人之道也。昔者堯之治天下也。以名。其名正則天下治。桀之治天下也。亦以名。其名倚而天下亂。是以聖人貴名之正也。主處其大。臣處其細。以其名聽之。以其名視之。以其名命之。鏡設精無爲。而美惡自備。衡設平無爲。而輕重自得。凡因之道。身與公無事。無事而天下自極也。

王時潤 輯

申子逸文一卷

民國四年(1915)宏文圖書社排印《聞雞軒叢書》本

商君書斠詮附錄

長沙王時潤啟湘甫校錄

申子逸文一卷

大體

夫一婦擅夫衆婦皆亂一臣專君羣臣皆蔽故妬妻不難破家也亂臣不難破國也是以明君使其臣並進輻湊莫得專君今人君之所以高爲城郭而謹門閭之閉者爲寇戎盜賊之至也今夫弒君而取國者非必踰城郭之險而犯門閭之閉也蔽君之明塞君之聽奪之政而專其令有其民而取其國矣今使烏獲彭祖負千鈞之重而懷琬琰之美令孟賁成荆帶干將之劍衛之行乎幽道則盜猶偷之矣今人君之力非賢乎烏獲彭祖而勇非賢乎孟賁成荆也其所守者非恃琬琰之美（時潤謹案恃當作特）千金之重也而欲勿失其可得耶明君如身臣如手君若號臣如響君設其本臣操其

末君治其要臣行其詳君操其柄臣事其常爲人臣者操契以責其名名者天地之綱聖人之符張天地之綱用聖人之符則萬物之情無所逃之矣故善爲主者倚於愚立於不盈設於不敢藏於無事竄端匿疏視天下無爲時潤謹案疏疑當作跡是以近者親之遠者懷之示人有餘者人奪之示人不足者人與之剛者折危者覆動者搖靜者安名自正也事自定也是以有道者自名而正之隨事而定之也鼓不與於五音而爲五音主有道者不爲五官之事而爲治主君知其道也官人知其事也十言十當百爲百當者人臣之事非君人之道也昔者堯之治天下也以名其名正則天下治桀之治天下也亦以名其名倚而天下亂是以聖人貴名之正也主處其大臣處其細以其名聽之以其名視之以其名命之鏡設精無爲而美惡自備衡設平無爲而輕重自得凡因之道身與公無事無事而天下自極也時潤謹案此篇見羣書治要卷三十六引歷城馬氏蓋未見此書故輯申子未錄此篇茲因其

文義完備。故以冠於篇首。

明君治國。意林引無此。据御覽補。三寸之篋運、御覽篋作機。而天下定。方寸之基正、御覽基作謀。而天下治。意林一。御覽三百九十。時潤謹案。以下各條皆据馬氏所輯。

妒妻不難破家。亂臣不難破國。時潤謹案。治要引大體篇妬妻二句。在衆臣皆蔽句下。一妻擅夫。衆妻皆亂。時潤謹案。治要妻作婦。一臣專臣。衆臣皆蔽。意林一。

智均不相使。力均不相勝。意林一。御覽四百三十三。

鼓不預五音。時潤謹案。治要預作與於。而爲五音主。意林一。

百世有聖人。猶隨踵而生。千里有賢者。是比肩而立。意林一。御覽四百一引上二句。踵下有而生二字。卷四百二引下二句。類聚卷二十亦引下二句。肩下並有而立二字。据補。

韓昭侯謂申子曰。法度甚不易行也。申子曰。法者見功而與貴。因能而受官。今君設法度而聽左右之請此所以難行也昭侯曰吾自今以來知行法矣韓非子外儲說申子曰上明見人備之其不明見人惑之其知見人飾之其不知見人匿之其無欲見人伺之其有欲見人餌之故曰吾無從知之惟無爲可以規之愼而言也人且知女愼而行也人且隨女而有知見也人且匿女而無知見也人且意女女有知也人且臧女女無知也人且行女故曰惟無爲可以規之獨視者謂明獨聽者謂聰能獨斷者故可以爲天下主並同上

失之數而求之信則疑矣韓非子難三

治不踰官雖知不言同上又空法篇作弗言

韓昭釐侯視所以祠廟之牲其豕小昭釐侯令官更之官以是豕來也昭釐侯曰是非嚮者之豕耶官無以對命吏罪之從者曰君王何以知之君曰吾以其耳也申不

害聞之曰何以知其聾以其耳之聽也何以知其盲以其目之明也何以知其狂以其言之當也故曰去聽無以聞則聰去視無以見則明去智無以知則公去三者不任則治三者任則亂以此言耳目心智之不足恃也耳目心智其所以知識甚闕其所以見聞甚淺以淺闕博居天下安殊俗治萬民其說固不行十里之間百耳不能聽帷牆之外而目不能見三畝之宮而心不能知其以東至開梧南撫多顒西服壽靡北懷儋耳若之何哉故君人者不可不察此仁忘仁至德不德無言無思靜以待時時至而應心暇者勝凡應之理清淨公素而正始卒焉此治紀無唱有和無先有隨古之王者其所爲少其所因多因者君術也爲者臣道也爲則擾矣因則靜矣因冬爲寒因夏爲暑君奚事哉故曰君道無知無爲而賢於有知有爲則得之矣

呂氏春秋任數篇

明君治國。而晦晦。而行行。而止止。故一言正。而天下治。一言倚。而天下靡。〔御覽六百二十四又三百九十類聚十九並止引言正二句書鈔二十九引末句〕

君之所以尊者。令。令之不行。是無君也。故明君慎之。〔書鈔四十五。類聚五十四愼之作愼令〕

天道無私。是謂恆正。天道恆正。是以清明。〔書鈔一百四十八。類聚一。御覽二〕

地道不一。是以常靜。帝以是正方、舉事爲之、乃有恆常之道。〔書鈔一百五十七。〕

君必明法正義。若懸權衡以稱輕重。所以一羣臣也。〔類聚五十四。文選顏延年應詔曲水詩李善注又鄒陽上書吳王注御覽六百二十八〕

堯之治也善〔御覽作蓋〕明法察令而已。聖君任法而不任治。任數而不任說。黃帝之治天下。置法而不變。使民安樂其法也。〔類聚五十四御覽六百三十八〕

昔七十九代之君。法制不一。號令不同。然而俱王天下。何也。必當國富而粟多也。〔同上。〕

豈不知鏡設精無爲、而美惡自備矣。〔初學記二十五。六帖卷十三。矣作也。時潤謹案。治要引無豈不知矣四字〕

疑言無成。史記太史公自序司馬貞索隱。

四海之內。六合之間。曰奚貴曰貴土、土食之本也。御覽三十七

劉咸炘 撰

申不害

民國十六年（1927）尚友書塾刊《推十書·子疏》本

申不害

荀子解蔽曰申子蔽于勢而不知知由勢謂之道盡便矣

韓非曰申不害徒術而無法術者因任受官循名責實操生殺之柄課羣臣之能此人主之所執又謂其徒術無法姦臣有所譎其詞又駁其治不踰官之說

淮南要畧曰申子者韓昭釐之佐韓地墽民險而介于大國之間晉國之故禮未滅韓國之新法重出先君之令未收後君之令又下新故相反前後相繆百官背亂不知所用故刑名之書生焉

太史曰申子之學本于黃老而主刑名又曰申子卑卑施于名實

申子書今存佚文有君臣大體二篇又有三符篇名見淮南泰族今亾韓非主道揚榷二篇蓋亦其書按其言極論威柄不可下移曰善爲主者倚于愚立于不盈設于不敢藏于無事竄端匿疏示天下無爲示人有餘者人奪之示人不足者人與之韓非外儲說右引其說曰上明見人備之其不明見人惑之其知見人惑之不知見人匿之其無欲見人司之其有欲見人餌之故曰吾無從知之惟無爲可以規之又曰愼而言也人且知女愼而行也人且隨女而有知見也人且匿女而無知見也人且意女女有知也人且藏女女無知也人且行女故曰惟無爲可以規之又曰獨視者謂明獨聽者謂聰獨斷者故可以天下主陳澧曰其所謂無爲者本于老子因而欲使人主自專自秘臣下

莫得窺其旨趙高說秦二世所謂天子稱朕固不聞聲秦之亾
由此術也按老子曰以智治國國之賊不害之極言無爲無事
而至寵匿乃誤解老語耳不如慎到田駢之自愚而任法也太
史遷宗道家而以不害爲卑卑斯可見矣故其言曰名自正也
事自定也名者天地之總名正則天下治又曰君知其道臣知
其事十言十當百爲百當者人臣之事非君人之道主處其大
臣知其細以其名聽之以其名視之以其名命之凡因之道身
與公無事此皆與慎似而實殊慎不言名也又揚榷曰聖人之
道去智與巧又曰虛以靜後未嘗用已則與慎　同蓋不害之
術本同慎而變之者也不害豈能去智哉其言亦自相繆矣其
佚文又曰天道無私天道常正地道不作地道常正斯固得之

于道家者然其所謂執要者非道家之所謂也又曰聖君任法
而不任智任數而不任說此語獨異胡適謂似非原著是也又
有貴土之說蓋亦如商之務耕

別錄曰刑名者循名以責實尊君卑臣崇上抑下陸心源曰刑
名者循名責實之謂或以刑法當之過矣此說是也刑卽形見
尹文子新序曰申子言術商子言法皆謂之刑名

李斯引申子曰有天下而不恣睢命之曰以天下爲桎梏嚴可
均曰此申子謂亾王如此耳魏志高堂隆上疏引之責李斯不
正諫